律令制と正倉院の研究

柳　雄太郎　著

吉川弘文館

目次

第一部　律令制と公文書制度

第一章　詔書式の成立

はじめに

大宝令詔書式および勅旨式については、令文の復元をはじめ、唐制の継受、宣命との関係、また政治制度との関連等、様々な角度からの研究が積み重ねられているが、なお検討すべき問題も残されているように思われる。私は別に、大宝令の勅符式は、勅旨式に先行する制度であり、勅符式から勅旨式への移行の可能性を想定している。[(1)]本章では、その想定に関連し、大宝令詔書式成立の契機を明らかにすることを課題として、改めて大宝令詔書式の復元を試み、大宝令詔書の施行方式、『続日本紀』宣命の検討を行いたいと思う。

一　大宝令詔書式の復元と漢文詔書

大宝令詔書式の書式を復元するために、養老令詔書式の五形式の文言を、『日本思想大系三　律令』によって次に掲げる。[(2)]

A　明神御宇日本天皇詔旨　云々咸聞

B　明神御宇天皇詔旨　云々咸聞

C　明神御大八洲天皇詔旨　云々咸聞

D　天皇詔旨　云々咸聞

E　詔旨　云々咸聞

年月御画日（下略）

Aについては、詔書式条集解に「古記云、御宇日本天皇詔旨、対二隣国及蕃国一而詔之辞、（下略）」とあることから、傍線部が大宝令に定められていたことが確認され、BCについては、「古記云、御宇、御大八洲者、並宣大事之辞也、（下略）」とあることから、傍線部がそれぞれ大宝令文にあったことが確認される。ところで古記は、DEについて次のように注釈している。

古記云、天皇詔旨書並同、皆宣二小事一之辞、

「天皇詔旨書」の表現は、「天皇詔旨」と「詔書」を合わせた表現であるとすると、大平聡氏が指摘されているように、いかにも不自然である。「天皇詔旨書」はDとEについて、「天皇詔旨」と「天皇詔書」および「詔旨」と「詔書」を合わせた表現であると考えてみたい。即ち、Dは「天皇詔旨」であっても「天皇詔書」であっても、またEも「詔旨」であっても「詔書」であっても、Dの二形式とEの二形式は並びに同じある、の意であると考えられる。そうすると、古記の後半「皆宣二小事一之辞」が自然に理解される。なぜなら、「天皇詔旨」と「詔旨」に「天皇詔書」と「詔書」を加えた四形式であれば、「皆」の表現を自然に理解することが出来るからである。即ち、DEの合わせて四形式は、「皆」朝廷において小事を宣するの辞であるというのである。そして、Eの大宝令文については、大平聡氏が明らかにされたように、Eのもう一つの古記に「古記云、云々聞宣者、五事惣云々」とあるので、旧稿を改め、「詔旨」と考えたいと思う(3)。

それでは、前掲古記「天皇詔旨書並同」に見られる「詔旨」と「詔書」が同じであるという注釈は、何を意味するのであろうか。この古記が言う「詔旨」は、大宝令詔書式が規定する宣命の「詔旨」であろうから、「詔旨」に対比される「詔書」は、漢文詔書であると考えられる。即ち古記は、詔書式運用の実態に基づき、詔書には「詔旨（宣命）」と「詔書（漢文）」があり、いずれも発行手続きは同じである、と注釈しているのではないかと思われる。

旧稿においては、「詔書（漢文）」はD、Eに限られると解したが、霊亀元年九月の元明譲位、元正即位、後に触れる光明立后等の漢文の詔が存在し（『続日本紀』）、これらはCの古記が言う「大事」に当たると見られることから、前掲古記が注釈する「詔書（漢文）」は、A～Eのいずれについても、発行される可能性があったのではないかと思われる。その可能性は、後述するように、漢文詔書の書式と発行手続きを定めた『延喜式』の詔書式（漢文詔書式と呼ぶ）および奉詔条が、大宝令制にさかのぼる可能性によっても支持される。

「詔旨」と「詔書」のちがいについては、「詔旨」は天皇の言詞、「詔書」は文書、即ち漢文詔書を意味するのが原則ではないかと思われる。「詔旨」が宣命において用いられることは、後に触れる大宝令施行後の宣命の実例によって知られるところである。中村裕一氏によると、唐代文献に散見する「詔旨」という語は、詔書（制書）の主旨という意味であるという。(4)そうすると、大宝令詔書式の「詔旨」は、天皇の言詞の主旨という意味になろうか。

「詔書」については、天平九年（七三七）の但馬国正税帳に、

賷二太政官逓送免田租詔書一来使単壱拾日（注略）

とある詔書は、森田悌氏によって、『続日本紀』天平九年八月甲寅の詔（漢文体）にあたることが指摘されており、(5)『政事要略』所載の天慶二年（九三九）二月十五日の太政官符が引く天平十六年七月二十三日の詔書も漢文体と見られる。一方、『類聚三代格』所載の大同元年（八〇六）八月二十五日太政官符が引く、慶雲三年（七〇六）三月十四日

や和銅四年（七一一）十二月六日の、漢文と見られる詔旨の例もあり、実例においては必ずしも一定しないように思われる。(6)

以上によって復元される大宝令詔書式の冒頭部分は、次の通りである。「現神」は古記の注釈にはないが、小林敏男氏の復元に従い、大宝令制下の実例によって補ったものである。(7)

A　現神御宇日本天皇詔旨

B　現神御宇天皇詔旨

C　現神御大八洲天皇詔旨

D　天皇詔旨

E　詔旨　云々聞宣

年月日(8)（下略）

次に、漢文体の詔書については、延喜中務省式に、

詔書式

詔云々主者施行

年月御画日

中務卿位臣姓名宣

中務大輔位臣姓名奉

中務少輔位臣姓名行

のように定められ、併せて奉詔条、即ち詔書の発行手続きに関する条文が規定されている。(9)この詔書式と奉詔条は、

中務省段階における漢文詔書の書式と発行手続きを定めたものと考えられる。奉詔条には「別写二一通一印署送二太政官一」と規定されているが、これは養老詔書式令文の「右御画日者、留二中務省一為レ案、別写二一通一印署、送二太政官一」の部分に一致するので、漢文詔書の発行手続きは養老詔書式に則っており、太政官に送られてからの施行手続きは、おおむね公式令詔書式によったであろうことが推定される。即ち、養老令詔書式の発行手続きは、漢文詔書を含む規定であることが明らかである。ところで、施行細則として定められている漢文詔書式が、大宝令制にさかのぼるかどうかであるが、森田悌氏によって、『延喜式』に漢文詔書式とともに定められている慰労詔書が、すでに『続日本紀』の慶雲三年正月丁亥条に見えること等から、施行細則としての漢文詔書式の制定が、慶雲年間にさかのぼる可能性が指摘されている[10]。大宝三年閏四月の新羅使に対する詔（『続日本紀』）、慶雲三年三月の礼に反するものの検察を命じた詔、および山沢占有を禁ずる詔（『同書』『類聚三代格』）等、大宝令施行直後から漢文詔書が見られることから、漢文詔書式に相当する規定が大宝令制にさかのぼる可能性は高いと考える。

なお、前掲の養老令文「右御画日者、留二中務省一為レ案、別写二一通一印署、送二太政官一」の大宝令文復元については、大平聡氏の復元案に従い、「詔書者写二一通一、一通留二中務一為レ案、更一通送二太政官一」であったと考える。大宝令文になかった「印」が養老令文に加えられたことは、大宝令詔書式が養老令によって、さらに文書制度としての性格を強めたことを意味する。大平聡氏が明らかにされたように、詔書式の最初の日付が、大宝令の「年月日」から養老令の「年月御画日」に改められたことと、同じ意味を持つものと考えられ、このことは漢文詔書の持つ役割がより大きくなることを意味すると思われる[11]。

二　大宝令詔書式の施行

宣命と漢文詔勅との関係については、櫛木謙周氏が八世紀の事例等を検証された上で、「これらから直ちに、すべての宣命について、それに対応した漢文詔勅が出されたことを論証できないことは言うまでもないが、少くとも実効的効果を期待する法令施行としては、漢文詔勅が同時に出される場合の多いことは推測してよいと思われる」と指摘されている。(12) 櫛木氏が取り上げられた事例のうち、大宝令制下に属する『続日本紀』天平勝宝元年（七四九）四月甲午（一日）の宣命の一部が、同年七月十一日の勅によって施行された事例に注目したいと思う。右の宣命を要約して次に掲げる。(13)

従三位中務卿石上朝臣乙麻呂宣、現神御宇倭根子天皇詔旨宣大命、親王・諸王・諸臣・百官人等、天下公民、衆聞食宣、（中略）辞別弖宣久、大神宮乎始弖諸神多知尓御戸代奉利、諸祝部治賜夫、又寺々尓墾田地許奉利、（下略）

右の宣命の前段は、黄金の産出を祝い、年号を天平感宝に改めることを述べ、「辞別弖宣久」以後の後段において、諸社寺や功臣等に感謝し恵みを垂れること等を述べており、その後段の中の傍線部分は、寺々の墾田地の額を定めることを述べたものと思われる。櫛木氏によって、右の宣命の傍線部分を施行する勅が、『東大寺要録』所収の次の民部省符に見られることが明らかにされた。(14)

民部省符山陽道諸国司等
大安寺　薬師寺　興福寺　大和国法花寺　諸国分金光明寺
右寺別一千町

大和国々分金光明寺

右寺四千町

元興寺飛鳥寺

（中略）

以前被二太政官去天平勝宝元年七月十四日符一偁、奉二今月十一日勅一偁、去四月一日詔書寺々墾田地許奉者、宜依二件数一施行、今以レ状下、符到奉行、

天平勝宝二年三月廿九日

右の民部省符に見える「今月十一日勅」は、「去四月一日詔書」を施行するに際し、同詔書を宣命体から漢文体に改めたものと考えられ、かつ寺々の墾田地の額を定め、「宜依二件数一施行」として施行を命じたものと思われる。この「勅」は勅旨である可能性もあると思うが、その確証はなく、奉勅の手続きを経ていることは確実であるので、右の太政官符は奉勅官符であると考えておきたい。

さらに櫛木氏は、『続日本紀』天平元年八月戊辰（十日）の、

詔立二正三位藤原夫人一為二皇后一、

の記事の後、同月壬午（二十四日）に藤原夫人を皇后と定める宣命が出されているので、八月戊辰の詔はおそらく漢文の詔書であろうとされている。また、養老令制下の事例であるが、『続日本紀』天平神護元年（七六五）正月己亥（七日）に、

勅曰、朕以二眇身一、忝承二宝祚一、無レ聞二徳化一、屢見二奸回一、又疫癘荐臻、頻年不レ稔、傷レ物失レ所、如レ納二深隍一、其賊臣仲麻呂、外戚近臣、先朝所レ用、（中略）幸頼二神霊護レ国、風雨助レ軍、不レ盈二旬日一、咸伏二誅戮一、（下略）

とあって、仲麻呂の乱鎮定と改元および叙位のことが述べられており、これに続けて宣命があり、この度の叙位は乱の鎮定に功績のあった人々に対する特別なものであることが述べられており、対応する勅と宣命であることが指摘されている。右の事例のうち、天平元年八月戊辰の詔は詔書であろうし、天平神護元年正月己亥の勅は、文中に「朕」とあるのでおそらく勅旨であろう。即ちこれらは、宣命が奉勅官符によって漢文に改められて施行された事例であり、また、漢文の詔書あるいは勅旨と、宣命とが対応する事例である。(15)

　右のような事例を前提にして、古記が注釈する詔書の施行方式について検討したいと思う。詔書式条の古記は次のように述べている。

　古記云、問、宣訖付レ省施行、未レ知、宣方、又施行方、答、有二聚レ衆宣一、或直付レ省施行、或太政官造レ符施行、或直写二詔書一施行也、付レ省、謂八省所レ由之省也、

右の古記によって、大宝令文は「宣訖付レ省施行」であったことが確認される。ところで令文が規定する施行方式「宣訖付レ省施行」は、古記の注釈に「直付レ省施行」とあるので、「詔書（宣命）」を宣示したならば、直ちに即ち太政官を経由することなく、八省に付して施行する」の意味であろう。古記の注釈には、「有二聚レ衆宣一、或（a）直付レ省施行、或（b）太政官造レ符施行、或（c）直写二詔書一施行也」とあって、令文にない（b）と（c）が付け加えられている。即ち古記の（a）は、太政官を経由することなく、即ち太政官符によることなく施行する方式であり、（b）と（c）は、宣した詔書を太政官符によって施行する方式と考えられる。そして、宣命が漢文体に改められる手続きとしては、詔書式および漢文詔書式によって、宣命に対応する漢文詔書が発行される場合、また先に見た事例のように、宣命に対応する奉勅官符、あるいは勅旨が発行される場合等を、想定したいと思う。

　そこで（b）は、後掲の義解の「騰二官符一施行」を勘案するならば、太政官符に記載して施行するの意であって、

宣命が右の手続きによって漢文に改められたものを、太政官符に記載して施行するものと考えられる。また（c）は、後掲の義解に「直写二詔書一、副二官符一行下」とあるのを勘案すると、漢文体の詔書の写しに太政官符を副えて施行する方式であると考えられる。そして（c）の実例と言うべきものとして、前掲の天平九年但馬国正税帳所載の「太政官逓送免田租詔書」を、挙げることができるのではないかと思う。ここには明確に「詔書」とあるので、いわゆる謄詔符とは考えにくく、（c）の方式に従って詔書の写しに太政官符が副えられ但馬国等に逓送されたものと思われる。（b）と（c）の方式の実例によれば、（b）方式、即ち官符に記載して施行する方式は、先に検討した民部省符により、在京諸司に対して行われた事例が存在し、（c）方式、即ち詔書の写しに官符を副えて施行する方式については、但馬国正税帳の「詔書」がその事例であるとすれば、諸国に対して行われた事例が存在することになる。ところが、詔書式条の義解には、

　凡施行詔書者、於二在京諸司一、直写二詔書一、副二官符一行下、若其外国者、更謄二官符一施行、（下略）

とあって、詔書の写しに官符を副える方式が在京諸司に対して、官符に記載する方式が諸国に対して行われるとあるので、詔書の施行方式について大宝令制と養老令制に相違がある可能性があるが、大宝令制と養老令制の関係については、今後の課題にしたいと思う。

次に、大宝令制においては、詔書が勅符によって施行される場合があったと考えられる。詔書式条集解跡記に次の一文がある。

　又古令勅符式故也、今行事、詔書副二官符一下者、依二古令一不改、

「故也」の読みについては、森田悌氏が「ふるきなり」とされた読みに従いたいと思う[16]。そしてその意味は、この一文が、跡記が詔書の施行方式を議論する文章の中の一文であることから、「大宝令には、詔書の施行方式として勅符

があったが、それは廃止された旧制度である」と解したいと思う。そうすると「今行事」以下は、「従って養老令制の今行事においては、詔書に官符を副えて施行する方式が、大宝令制を踏襲して行われている」の意となる。詔書に官符を副えて施行する方式とは、先に検討した古記の（c）方式である。詔書が勅符によって施行される方式の実例としては、『続日本紀』天平六年七月辛未の大赦の詔を施行する勅符であることが指摘されている、出雲国計会帳所載の勅符の事例がある。(17)

三　続日本紀宣命の検討

浄御原令制と大宝令制の宣命を比較・検討するために、次に文武元年（六九七）八月甲子の文武天皇即位の宣命を掲げる。(18) 検討すべき表記として選んだのは、「大八嶋国所知」、「大命」、段落末尾の「詔」の三つの表記である（傍線を付す）。これらの表記を選んだのは、大宝令詔書式に規定されている、「御大八洲」、「詔旨」、「宣」に対応する表記であると考えられるからである。

詔曰、現御神止大八嶋国所知天皇大命良麻止詔大命乎、集侍皇子等・王等・百官人等、天下公民、諸聞食止詔、高天原尓事始而、遠天皇祖御世、中・今至麻弖尓、天皇御子之阿礼坐牟弥継々尓、大八嶋国将知次止、天都神乃御子随母、天坐神之依之奉之随、此天津日嗣高御座之業止、現御神止大八嶋国所知倭根子天皇命、授賜比負賜布貴支高支広支厚支大命乎受賜利恐坐弖、此乃食国天下乎調賜比平賜比、天下乃公民乎恵賜比撫賜牟止奈母、随神所思行佐久止詔天皇大命乎、諸聞食止詔、是以、天皇朝庭敷賜行賜幣留百官人等、四方食国乎治奉止任賜幣留国々宰等尓至麻弖尓、国法乎過犯事無久、明支浄支直支誠之心以而、御称々而緩怠事無久、務結而仕奉止詔大命乎、諸聞食止詔、故如此之状

『続日本紀』宣命表記表（文武元年～天平宝字元年5月）

年月日	第1段落											第2段落～							段落末尾のノル		
	冒頭のオホミコト				オホミコト・ミコトノリ				大八嶋（洲）（国）所知	御宇	御大八洲	オホミコト					大八嶋（洲）（国）所知	御宇			
	大命	命	御命	詔旨	大命	命	御命	御事法				大命	命	御命	詔命	勅			詔	勅	宣
文武元・8・庚辰	1				1				1			4					1		4		
慶雲4・4・壬午				1									1					1			2
同・7・壬子				1		1					1	2	4		1			2			4
和銅元・正・乙巳				1		1				1			4								4
神亀元・2・甲午				1	1				1			4	2	1			2　1（天下所知）	1			4
天平元・8・癸亥				1		1				1		1	3								4
同・同・壬午	1											1				2	1	1			2
同日				1				1													1
同15・5・癸卯（奏太上天皇）	1																1				
同日（太上天皇詔報）	1										1	1									
同日	1											3									2
天平勝宝元・4・甲午（白仏）		1																			
同日				1	1					1		7					2				6
同・7・甲午			1				1			1			1	9				2		2	4
同・12・丁亥（白神）			1																		

注：原文・訓読ともに前掲『続日本紀』による。

乎聞食悟而、款将仕奉人者、其仕奉礼良牟状随、品々讃賜上賜治将賜物曽止詔天皇大命乎、諸聞食止詔、

文武天皇即位の宣命においては、右掲の原文のように、オホミコトはすべて「大命」と表記されているが、大宝令以後は、『続日本紀』宣命表記表のように、第一段落の冒頭のオホミコトは、「詔旨」七例、「大命」四例、「命」一例、「御命」二例であるが、大宝令施行直後の五例はすべて「詔旨」に変化している。「大八嶋国所知」については、第一段落における一例のみであるが、「御大八洲」の例が見られる。第二段落以後については、多くが「大命」「命」のままであるが、各段落末尾につい

ては、ほとんどが「宣」に変化している。

この調査結果について注目すべきは、オホミコトの表記が大宝令の施行後、部分的にもせよ「大命」から「詔旨」に改められていることである。「大命」は、訓読によるとオホミコトと読み、天皇の言詞そのものを意味し、「命」と表記される場合もある。ここで「大命」についての事例を見ると、例えば『古事記』応神記の、日向国から髪長比売が宮中に召された時のこととして、

太子大雀命、（中略）即誂二告建内宿禰大臣一、是、自二日向一喚上之髪長比売者、請二白天皇之大御所一而、令レ賜レ於レ吾、尓、建内宿禰大臣、請二大命一者、天皇即以二髪長比売一、賜二于其御子一、

とあるが、これは応神天皇の許諾のオホミコトである。また安康記に、安康天皇が弟大長谷王子（後の雄略天皇）のために、根臣を大日下王のもとに遣わした時のこととして、

令レ詔者、汝命之妹、若日下王、欲レ婚二大長谷王子一、故、可レ貢、尓、大日下王、四拝白之、若疑レ有二如此大命一、故、不レ出レ外以置也、是恐、随二大命一奉進、（中略）根臣、（中略）譏二大日下王一曰、大日下王者、不レ受二勅命一曰、（下略）

とあるが、ここに見える大日下王の言う二つの「大命」、根臣の言う「勅命」は、すべて安康天皇の同じオホミコトを意味している。[19] 同じ話は『日本書紀』安康元年にも見えるが、そこには大草香皇子の言として、「是甚之大恩也、何辞二命辱一」とあり、この「命」も同じオホミコトを指している。[20]『日本書紀』天智三年（六六四）二月丁亥に、

天皇命二大皇弟一、宣下増二換冠位階名一、及氏上・民部・家部等事上、

天武二年（六七三）八月戊申、天皇の即位を祝賀する使等に対し、

命二大宰一、詔二耽羅使人一曰、天皇新平二天下一、初之即位、（下略）

とあるが、オホミコトを下すことを「命」、オホミコトをノルことを「宣」「詔」で表記して区別している。文武天皇即位の宣命に見える「大命」は、以上のような『古事記』『日本書紀』に見られる「大命」「命」の用例に通じるものであろう(21)。これが大宝令施行直後において、第一段落冒頭の表記が「詔旨」に改められているのは、言うまでもなく大宝令詔書式の規定によるところである。

次に注目すべきは、文武天皇即位の宣命の段落末尾の「詔」が、岸俊男氏が指摘されたように、大宝令制下の宣命では、ほとんどすべて「宣」に改められていることである。岸氏は、藤原宮跡出土の宣命木簡を『続日本紀』所載の宣命と比較され、慣用句の文末に「詔」の字を用いた例は、文武元年八月庚辰詔がほとんど唯一の例で、他はもっぱら「宣」を用いるのが通例であることを明らかにされた(22)。宣命の文末に「詔」の字が配されるのは、和文の文脈によるところであると思われる。後掲の法隆寺金堂薬師仏造像記に見られる「我大御病太平欲坐、故将造寺薬師像作仕奉詔」の「詔」もその例であろう。文武天皇即位の宣命に見られる段落末尾の「詔」も、元来は和文の文脈によるところであろうと思われるが、宣命が第三者によって宣告されるようになると、この「詔」は、天皇の言詞を第三者が宣する意味を有するようになる(23)。この「詔」は、『続日本紀』宣命表記表に見られるように、大宝令の施行後、「宣」に改められた。

大宝令制下の宣命の段落末尾の「宣」は、古記によって復元される大宝令文「云々聞宣」によって規定されているところである。大宝令によって、「詔」が「宣」に改められたのはなぜであろうか。文武天皇即位の宣命において、四つの段階で繰り返されている「大命乎……止詔」の表現は、大命（オホミコト）を第三者が詔（ノル）の意味であると考えられるが、詔書式の制定にともなって、宣命体におけるオホミコトは「詔旨」と表記することとなったため、ノルことを「宣」と表記して、「詔」がオホミコトのみを意味することを確定したのであろうと思う。このような理由によって、大宝令施行後に「詔」と「宣」が区別されたとすれば、このことは、大宝令によってはじめてオホミコトを詔旨あるいは詔書とする、唐制を継受した詔書式が成立したことを意味するものと思う。このように考えると、大宝令詔書式における「詔旨」と「宣」の表記は互いに関連しており、また、大宝令前の宣命における「大命」と「詔」も、関連した表記であるということになろう。「大命」と「詔」の関連する表記は、次の法隆寺の金銅薬師仏造像記にも見られる。

　池辺大宮治天下天皇大御身労賜時、歳次丙午年、召於大王天皇与太子而、誓願賜、「我大御病太平欲坐、故将造寺薬師像作仕奉詔」、然当時崩賜、造不堪者、小治田大宮治天下大王天皇及東宮聖王、「大命受賜而、歳次丁卯年仕奉」、

この銘文の成立年代については議論のあるところであるが、「　」を付した宣命的な表現の中に、オホミコトを意味する「大命」と、段落末尾の「詔」の表記が見られることから、大宝令前の宣命の特徴を備えていると考えられる(24)。

次に、「大八嶋国所知」から「御大八洲」への改定について見ておきたいと思う。文武天皇即位の宣命では、「大八嶋国所知」が第一段落と第二段落に一例ずつ見られるが、大宝令施行後においては、第一段階で「大八洲所知」一例、「御大八洲」一例、「八洲御宇」一例であって、大宝令詔書式の影響が認められる。第二段落以後は、「所知」八例（「大八嶋（洲）（国）所知」七例、「藤原宮尓天下所知」一例）であって、大宝令によって「御大八洲」に改められたにもかかわらず、大宝令前の「所知」の影響が強く見られる。これに対し「治天下」は、大宝令で「御宇」に改められたとされており(25)、大宝令制下の宣命には、「天下乎治賜比」（天平十五年五月癸卯）、「天下者平久安久、治賜比恵賜布問支物尓有止奈毛」（天平勝宝元年七月甲午）のように、類似する表現は見られるものの、「治天下」そのものは全く見られず、かわって「御宇」が七例見られる。

ところで文武天皇即位の宣命において「大命」、「大八嶋国所知」、段落末尾の「詔」等、表記が統一されている可能性が考えられ、このことは、浄御原令に宣命についての何らかの規定が存在したことを、うかがわせるように思われる。その規定については、次の『日本書紀』の持統四年（六九〇）十月戊午の記事が一つの示唆を与えているのではないかと思われる。

遣二使者一、詔二筑紫大宰河内王等一曰、饗二新羅送使大奈末金高訓等一、准下上二送学生土師宿禰甥等一、送使之例上、其慰労賜レ物、一依二詔書一、

右の記事は、筑紫の大宰河内王等に詔して、新羅の送使に対する饗応を、天武朝の例に準じて行うように指示したものであるが、「使者を遣わし、……詔して曰く」とあるので、宣命の可能性があり、かつそれが詔書とよばれていることは、浄御原令に、宣命あるいは詔書についての何らかの規定が存在したことを示唆しているように思われる。本書第一部第二章において検討するように、勅符式についての古記の注釈の「不依中務」を、浄御原令制には中務省の前身官司が存在しなかったことを意味すると解することができるならば、宣命あるいは詔書についての規定は、大宝令詔書式とはかなり異なるものであったことが想定される。

おわりに

大宝令詔書式と漢文詔書との関係、詔書の施行方式、『続日本紀』宣命の表記の検討を通して、大宝令詔書式成立についての若干の側面を明らかにすることが出来たのではないかと思う。しかし検討を保留し今後の課題とした問題点もあり、かつ浄御原令に宣命あるいは詔書についての規定が存在したとの想定などは、憶測の域を出ないが、敢え

て私見を述べて大方のご示教を仰ぐ次第である。

【付　記】

(一) 本章第一・二節については、古記の解釈の変更等によって、大宝令詔書式の令文復元、および漢文詔書に関する部分の旧稿を書き改めた。

(二) 本章第三節について、若干補足しておきたいと思う。まず『日本書紀』の孝徳朝に見える、次掲の宣命的な表現の史料的性格である。

1大化元年七月丙子

巨勢徳太臣、詔二於高麗使一曰、明神御宇日本天皇詔旨、天皇所遣之使、與二高麗神子奉遣之使一、既往短而将来長、(中略)、又詔二於百済使一曰、明神御宇日本天皇詔旨、始我遠皇祖之世、以二百済国一、為二内官家一、譬如二三絞之綱一、(中略)是故、百済王随レ勅、悉示二其堺一、(下略)

2同二年二月戊申

天皇幸二宮東門一、使二蘇我右大臣詔一曰、明神御宇日本倭根子天皇、詔二於集侍卿等臣連国造伴造及諸百姓一、朕聞、明哲之御レ民者、懸二鐘於闕一、而観二百姓之憂一、作二屋於衢一、而聴二路行之謗一、(26)(下略)

右掲の史料1、2に見られる「明神御宇日本天皇詔旨」、「集侍卿等臣連国造伴造及諸百姓」等の宣命的文言を含む詔文について、金子武雄氏は、おそらく和文であった原文を、『日本書紀』の編者が漢文に翻訳したもので、翻訳できなかった和文的な部分が、そのまま残ったものとされたが、松本雅明氏は、文章表現は全くの中国的であり、和文の翻訳であるとは思われない、稲岡耕二氏は、孝徳朝の詔はもともと漢文であったと見る方が正しいとされた。これに対し小谷博泰氏は、大宝令の知識によって書き改められたものがあっても、原文は和風傾向の強い表記であった可能性があることを示唆されている。(27)

史料1、2に見られる「詔」の伝達には、いずれも第三者が介在していることから、二重傍線を付した「詔」は、オホミコトを第三者がノルの意味であり、大宝令制以前の古い「詔」の用法であると見られる。(28) 従って、史料1、2の詔文に見られる宣命的な表現には、大宝令詔書式等による書紀編者の潤色が加えられているとしても、原文は、宣読され得る当時の和文的文章がベースであった可能性があるのではないかと思われる。(29)

3天智八年十月甲子

天皇幸㆓藤原内大臣家㆒、命㆓大錦上蘇我赤兄臣㆒、奉㆓宣恩詔㆒、（下略）

4天武二年八月戊申

喚㆓賀騰極使金承元等、中客以上廿七人於京㆒、因命㆓大宰㆒、詔㆓耽羅使人㆒曰、天皇新平㆓天下㆒、初之即位、(30)

（下略）

右の史料3、4の「奉宣」「詔」を、前掲『日本書紀　下』は、それぞれ「奉宣《のたま》ふ」「詔《みことのり》して」と訓読しているが、この場合の「奉宣」「詔」の意味も、第三者がオホミコトを「ノル」の意であろうと思われ、従って、宣命的伝達方式の存在がうかがわれる。

5持統三年五月甲戌

命㆓土師宿禰根麻呂㆒、詔㆓新羅弔使級飡金道那等㆒曰、「太政官卿等、奉㆑勅奉宣、二年、遣㆓田中朝臣法麻呂等㆒、相㆓告大行天皇喪㆒、時新羅言、『新羅奉㆑勅人者、元来用㆓蘇判位㆒、今将㆓復爾㆒』、由㆑是、法麻呂等、不㆑得レ奉二宣赴告之詔一、若言二前事一者、在昔a難波宮治天下天皇崩時、遣二巨勢稲持等一、告レ喪之日、翳飡金春秋奉レ勅、而言下用二蘇判一奉上レ勅、即違二前事一也、又於b近江宮治天下天皇崩時、遣二一吉飡金薩儒等一奉レ弔、而今以二級飡一奉レ弔、亦違二前事一、又新羅元来奏云、『c我国、自二日本遠皇祖代一、並レ舳不レ干レ檝、奉仕之国』、而今一艘、亦乖二故典一也、又奏云、『c自二日本遠皇祖代一、d以二清白心一仕奉』、而不レ惟三竭忠宣二揚本職一、而傷二清白一、詐求二幸媚一、是故、調賦與二別献一、並封以還之、然c自二我国家遠皇祖代一、広慈二汝等一之徳、不レ可レ絶之、故弥勤弥謹、戦々兢々、修二其職任一、奉レ遵二法度一者、天朝復広慈耳、汝道那等、奉二斯所レ勅、奉二宣汝王一」、[31]

右の史料は、土師根麻呂に命《おほ》せて、新羅の弔使に対し、詔を宣告させたもので、詔の内容は、新羅側の奉勅者の位階が先例に合わないなどの問題点を指摘して、新羅からの貢進物を返還し、今後、忠誠心をもって奉仕することを求めたものである。詔文には、傍線部 a〜d のような宣命的文言が見られるので、原文は宣命的和文であると思われる。[32]

そして、右の詔文の冒頭の文言「太政官卿等、奉勅奉宣」は、太政官の卿等が勅を奉じて宣下したことを意味し、「奉勅」形式の宣命であると考えられる。しかし、「奉勅」形式の宣命は、『続日本紀』宣命には見られない。そして、同詔文中には、「奉勅」のほかに、「勅」四、「詔」一が見られるが、「勅」と「詔」とは正確に使い分けられている（二重傍線）。これらのことから、右掲の詔については、次のことが想定される。

一、当時の官制は、太政官―六官制であって、中務省の前身官司は存在しないと見られる。[33] 従って右掲の詔は、オホミコトが太政官を経由して奉宣され、時に「奉勅」形式の詔（宣命）が発令されるという、当時の官制における、オホミコトの発令方式を示していると思われる。

二、右掲の新羅使に対する詔が、「奉勅」の形式をとっていることには、朝貢国である新羅に「勅」を下達するという意味があると思われる。(34) また詔文中において、「勅」と「詔」が使い分けられていることから見て、新羅使に対しては、詔が宣示されるとともに、何らかの文書が伝達された可能性が考えられる。

本章において述べたように、文武天皇即位の詔において、表記の統一が見られること、また、持統四年十月戊午に、使者を派遣して筑紫大宰に詔が宣示されたと見られる記事に、「詔書」の名辞が見られることは、浄御原令に詔（宣命）についての何らかの規定が存在したことをうかがわせる。

次章において述べるように、大宝令に規定されている勅符式は、浄御原令制にさかのぼるものと思われる。『令集解』符式条古記に、「不レ依二中務一、直印、太政官為二勅符一、遣宣」とあるのは、勅符の施行には、使者を遣わして宣示するという手続きがともなっていたことを示している。

このことは、右に挙げた持統四年十月戊午の、使者を遣わして詔が宣示されたと見られる例とともに、浄御原令制下の伝達には、宣示の手続きがともなうことを示している。

本章において、文武天皇即位の宣命の段落末尾の「詔」が、大宝令制において「宣」に改められたのは、大宝令の制定にともなって、オホミコトそのものを「詔旨」あるいは「詔書」、オホミコトをノルことを「宣」と表記して区別したことに関連することを指摘した。その背景には、律令制の導入にともなう文書制度の発展があると考えられる。即ち、オホミコトとそれをノルこととは、本来不可分の関係にあったが、律令制による文書制度が導入され、オホミコトの発令・施行に文書が一定の役割を果たすようになるにともない、オホミコトそのものと、オホミコトをノルこととを区別する必要が生じたものと思われる。

かくして、浄御原令制の「詔」から、大宝令制の「宣」への変化は、宣命を含む文書制度としての詔書式の成立を意味するものと思われる[35]。

注

(1) 本書第一部第二章。本章の旧稿は、「詔書式の成立」『続日本紀研究』三九六、二〇一二年である。

(2) 『日本思想大系三　律令』三六五～三六七頁。

(3) 大平聡「奈良時代の詔書と宣命」土田直鎮先生還暦記念会編『奈良平安時代史論集』吉川弘文館、一九八四年、四五四～四五六頁。なお、前掲『日本思想大系三　律令』頭注のように、A～Dについては、「云々聞宣」の四字はなかったと考える。

(4) 中村裕一『唐代制勅研究』汲古書院、一九九一年、三八〇～三八四頁。

(5) 『大日本古文書二』六〇～六一頁。森田悌「勅符について」『続日本紀研究』三〇三、一九九六年、二七頁。

(6) 『新訂増補国史大系第二八巻　政事要略』三八六～三八七頁。『同第二五巻　類聚三代格』五〇一～五〇二頁。早川庄八「続日本紀関係単行法令索引（稿）」笹山晴生研究代表『続日本紀を中心とする八世紀史料の編年的集成とその総合的研究』東京大学文学部、一九八三年。

(7) 小林敏男「宣命と詔書式」『鹿児島短期大学研究紀要』二七、一九八一年、五頁。なお、文武天皇即位の宣命においては「現御神」二例、大宝令制下の宣命においては「現御神」一例、「現神」八例である。

(8) 『日本思想大系三　律令』公式令補注1c参照。ただし、Eは「詔書」かとする。

(9) 『新訂増補国史大系第二六巻　延喜式』三四九～三五〇頁。

(10) 森田悌「詔書・勅旨と宣命」『日本古代の政治と地方』高科書店、一九八八年、四～七頁。

(11) 大平聡氏は、詔書式条の「古記云、問、詔書者写二二通一、留二中務一為レ案、（中略）又問、写二二通一、一通留二中務一為レ案、（下略）」と勅旨式の「古記云、問、更写二一通一送二太政官一、於二詔書一有レ文、（下略）」から、大宝令文を「右詔書者写二二通一、一通留二中務一為レ案、更一通署送二太政官一」と復元され、「印」の問題に言及しておられる（前掲、四五八～四六〇、四六三～四六九頁）。なお私は、古記によって復元される「写二二通一、一通留二中務一為レ案」に「署」が見えない以上、令文上は、太政官へ送付の一通についても、「署」は含まれない可能性があると考える。また「年月御画日」については、同氏前掲、四五六～四五七頁および補注1参照。

(12) 櫛木謙周「宣命に関する一考察―漢文詔勅との関係を中心に―」『続日本紀研究』二一〇、一九八〇年。

(13) 『新日本古典文学大系一四　続日本紀　三』六四〜七三頁。

(14) 『東大寺要録』国書刊行会、一九八二年、二三八〜二三九頁。

(15) 『新日本古典文学大系一三　続日本紀　二』二二〇〜二二五頁。『同一五　続日本紀　四』六〇〜六三頁。

(16) 森田悌「大宝令勅符の性格」『続日本紀研究』三六二、二〇〇六年、一五頁。

(17) 早川庄八「天平六年出雲国計会帳の研究」坂本太郎博士古稀記念会編『日本古代史論集　下』吉川弘文館、一九七二年、二八八〜二八九頁。

(18) 『新日本古典文学大系一二　続日本紀　一』二〜五頁。

(19) 『日本思想大系一　古事記』二一〇〜二一三、二六〇〜二六一頁。

(20) 『日本古典文学大系六七　日本書紀　上』四五二〜四五五頁。

(21) 『同六八　日本書紀　下』三六〇〜三六一、四一三〜四一五頁。

(22) 岸俊男「宣命簡」柴田実先生古稀記念会編『日本文化史論叢』一九七六年、三一一〜三一六頁。岸氏は、この木簡の宣命は用字上からは『続日本紀』の文武天皇即位宣命に近いとし、宣命の内容は文武天皇から元明天皇への譲位のことに関わる可能性があることを示唆されながらも、語法や年代について、なお検討する必要があるとしておられる。

(23) 東野治之『日本古代木簡の研究』塙書房、一九八三年、二七三〜二七四頁。

(24) 『寧楽遺文　下』九六一〜九六二頁。『飛鳥・白鳳の在銘金銅仏　銘文篇』奈良国立文化財研究所、一九七七年、一一二頁。本書第一部付論一において、宣命関連の史料として同銘文に言及している。同銘文については、福山敏男氏が、天武朝後半以降の造作とされて以来（「法隆寺の金石文に関する二三の問題」『夢殿』一三、一九三五年）、推古朝の銘文とすることには否定的な意見が多い。北康宏氏は、同銘文を天皇号の成立関連の史料であるとされ、宣命体的和文の成立時期は舒明朝に遡ると推定されている（「天皇号の成立とその重層構造―アマキミ・天皇・スメラミコト―」『日本史研究』四七四　二〇〇二年）。

(25) 市川寛「「御宇」用字考―附、古書成立年代に関する一考察―」『国語・国文』三―六、一九三三年。前掲『日本書紀　下』補注25―五。

（26）前掲『日本書紀　下』二七一～二七三、二八三～二八五頁。

（27）金子武雄『続日本紀宣命講』高科書店、一九四一年（一九八九年復刊）。松本雅明「宣命の起源」古代学協会編『日本古代史論叢—西田先生頌寿記念—』吉川弘文館、一九六〇年。稲岡耕二「続日本紀における宣命」前掲『続日本紀　二』。小谷博泰「孝徳紀・天武紀の詔書」『木簡・金石文と記紀の研究』和泉書院、二〇〇六年。

（28）本書第一部付論一参照。

（29）東野治之氏は、長屋王家木簡等を検討され、「七世紀から八世紀初めの日本語表記の基層にあったのは、和風漢文であったといってよかろう」とされている（『長屋王家木簡の研究』塙書房、一九九六年、一一二～一三五頁）。

（30）前掲『日本書紀　下』三七二～三七三、四一三～四一五頁。

（31）同四九六～四九七頁。

（32）傍線部a～dに類似する文言として、『続日本紀』宣命に、次の例が見られる（前掲『続日本紀　一』二～三、一一〇～一一一頁。『同二』一四〇～一四一頁。『同三』二一八～二一九頁）。

文武元年八月庚辰詔
　c遠天皇祖御世
慶雲四年四月壬午詔
　a難波大宮御宇掛母畏支天皇命
神亀元年二月甲午詔
　b挂畏淡海大津宮御宇倭根子天皇
天平宝字元年七月癸酉詔
　d以清明心仕奉

前掲『日本書紀　下』の頭注は、「以下の詔は宣命体の原史料を漢訳したもの。宣命ふうな発想と措辞が残っている。」との注釈を付している（四九六頁）。

（33）浄御原令の班賜は、持統三年六月であるから、同年五月における右掲の詔の発令は、その直前である。なお、中務省の成立については、本書第一部第四章参照。

(34)『続日本紀』慶雲三年正月と十一月に、新羅に対する二通の勅書が見えるが（前掲『続日本紀　一』九二〜九五、一〇六〜一〇九頁）、『同』補注は、勅書に「王有国以還、多歴年歳、所貢無虧」等とあることを引いて、「当時の対新羅外交が、新羅を古来の朝貢国とみなす立場に立っていたことをよく示している。」と注釈している（二五四頁）。持統三年五月の新羅使に対する詔が、「奉勅」の形式をとり、かつ朝貢国としての忠誠を要求していることは、慶雲三年の二通の勅書に共通している。

(35) 春名宏昭氏は、唐代において「宣命」の語が用いられていたことを指摘され、「「宣命」の語も律令国家のシステムが導入された時期（七世紀後半）に採用されたと考えるべきである。」とされている（「宣命とミコトノリ」『日本歴史』七九七、二〇一四年）。

付論一　詔と宣

宣命についての研究は、最近活発になりつつあるが、宣命の成立を考える材料として、気の付いた若干の史料を報告してみたいと思う。

まず、「詔」と「宣」の使い分けの問題である。岸俊男氏は、藤原宮跡出土の宣命簡の語句を検討され、次に掲げるように、宣命の慣用句の末尾に「詔」の文字が使われているのは、この宣命簡と文武元年（六九七）八月十七日の即位の宣命だけで、慶雲四年（七〇七）四月十五日の藤原不比等に食封五〇〇〇戸を賜る宣命以後は、もっぱら「宣」を用いるのが通例であることを指摘された（「宣命簡」柴田実先生古稀記念会編『日本文化史論叢』一九七六年）。

藤原宮跡出土宣命簡（傍点柳、以下同じ）

A面　「　止詔大□□（御命）乎諸聞食止詔」

B面　「　御命受止食国々内憂白　」

『続日本紀』文武元年八月庚辰（『新訂増補国史大系第二巻』、以下同じ）

現御神止大八嶋國所知天皇大命良麻止詔大命乎、集侍皇子等王等百官人等、天下公民諸聞食止詔、（中略）止詔天皇大命乎諸聞食止詔、（中略）止詔大命乎諸聞食止詔、（中略）止詔天皇大命乎諸聞食止詔、

同書慶雲四年四月壬午

天皇詔旨勅久、（中略）止宣、（中略）止勅命聞宣、

このような、宣命における「詔」から「宣」への用字の変化の背景として、直ちに想定されるのは、大宝令の施行との関連であるが、そのように想定することについては慎重な検討を要するので、今は仮に大宝元年（七〇一）の前後に分けて、「詔」と「宣」の用字を検討してみたいと思う。なお、文武天皇即位の宣命以外に慣用句の末尾に「詔」を用いている例として、岸氏は天平宝字元年（七五七）七月癸酉の宣命を挙げられたが、これには検討すべき問題があるように思う。むしろ、天平神護元年（七六五）三月丙申の宣命に見られる「詔」は、おそらく「詔」の古い用法がたまたま残存した例外的なものであって、大勢としては岸氏の言われるように、慶雲四年の宣命以後は「宣」を用いるのが通例であったと考えてよいと思う。

小林敏男氏は、『日本書紀』における「宣」の用例を類型化して検討され、「宣」は代理者をして天皇の詔勅を告げ聞かしめる意であることを明らかにされた。そして、注意すべき用例として、大化元年（六四五）七月丙子の「巨勢徳太臣、詔二於高麗使一曰」、同二年二月戊申の「使二蘇我右大臣詔一曰」、持統四年（六九〇）十月戊午の「遣二使者一、詔二筑紫大宰河内王等一曰」など（『新訂増補国史大系第一巻』）、代理者をして詔勅を告げ聞かしめる場合にかならず「宣」の字を使用しているわけではないことを指摘された。そして「のる」「のたまふ」に当たる文字に「曰」「云」が用いられており、かならずしも「宣」に用語が統一されているわけではないとし、「宣」と「曰」「云」の相違を検討され、「宣」は「曰」「云」に比し荘重な用法であるとされた（「宣命と天皇制―宣命の成立時期をめぐって―」『古代文化』三一―三、一九七九年）。しかし、安閑元年閏十二月壬午の「奉レ勅宣曰」、欽明四年十一月甲午の「持二詔書一宣曰」、大化二年正月甲子の「宣二改新之詔一曰」などの表現があることから見て、「曰」「云」は単に引用を表わす文字と考えるべきではなかろうか。むしろ私は、「詔」の文字そのものの用法に注目したいと思う。例えば前出大化元年七月丙子条は次のように記されている。

巨勢徳太臣、詔㆓於高麗使㆒曰、明神御宇日本天皇詔旨、（中略）又詔㆓於百済使㆒曰、明神御宇日本天皇詔旨、（下略）、

『日本古典文学大系六八　日本書紀　下』の訓読文に「巨勢徳太臣《こせのとこだのおみ》、高麗の使に詔《みことのり》して曰《い》はく」「百済《くだら》の使に詔《みことのり》して曰《のたま》はく」とあるように、右の史料は、巨勢徳太臣が高麗使や百済使に「詔」したと解される。このような「詔」の用例は、大宝元年以後においてはまず見られない。むしろ次に示すように、「宣㆑詔」と表記されるのが普通である。

『続日本紀』天平十五年（七四三）五月癸卯

右大臣橘宿禰諸兄宣㆑詔曰、天皇大命良麻等勅久、（下略）、

同書天平宝字八年十月壬申

山村王宣㆑詔曰、挂末久毛畏朕我天先帝乃御命以天朕仁勅之久、（下略）

同書宝亀八年（七七七）四月癸卯

是日、遣唐大使佐伯宿禰今毛人輿㆑病進㆑途、到㆓摂津職㆒、積㆑日不㆑損、勅㆓副使石根㆒、持㆑節先発、行㆓大使事㆒、即得㆓順風㆒、不㆑可㆓相待㆒、遣㆓右中弁従四位下石川朝臣豊人㆒、宣㆓詔使下㆒曰、判官已下犯㆓死罪㆒者、聴㆓持節使頭専恣科決㆒、

即ち、大化元年における巨勢徳太臣の「詔」は、大宝元年以後の同様の例においては、「宣㆑詔」と表記されているのである。巨勢徳太臣が、天皇と同じ立場において「詔」したとは考えられないから、この「詔」は「宣㆑詔」の意味であると考えざるを得ない。従って、大宝元年以前の「詔」は、「宣㆑詔」と同じ意味で用いられる場合があったと考えることができよう。

同様の例として、『家伝　上』に次のように見える（『寧楽遺文　下』）。

即位二年冬十月、稍纒沈痾、遂至大漸、帝臨私第、親問所患、（中略）即時還宮、遣東宮太皇弟、就其家詔曰、（中略）頃聞病重、朕意彌軫、作汝可得之任、仍授大職冠、以任内大臣、改姓為藤原朝臣、（下略）

鎌足の病が重態に及んだ時、天智天皇が皇太弟大海人皇子を鎌足の家に遣わし、大織冠を授ける等のことがあったという記事である。この場合は薨去の直前であるが、薨卒後のいわゆる贈位贈官に類似するケースである。ここに見える皇太弟を遣わし「就其家詔曰」の「詔」は、大宝元年以後の類似の例においては、ほとんど例外なく「宣㆑詔」と表記されている。その例は枚挙に遑ないが、二、三の例を次に掲げよう。

『続日本紀』大宝元年正月己丑

大納言正広参大伴宿禰御行薨、（中略）遣㆓直広壱藤原朝臣不比等等㆒、就㆑第宣㆑詔、贈㆓正広弐右大臣㆒、

同書同年同月癸卯

直広壱県犬養宿禰大侶卒、遣㆓浄広肆夜気王等㆒、就㆑第宣㆑詔、贈正広参、

同書慶雲四年十月戊子

従四位下文忌寸禰麻呂卒、遣㆑使宣㆑詔、贈㆓正四位上㆒、

即ち、前掲の家伝の「詔」は、大宝元年以後の例と比べると、「宣㆑詔」の意味で用いられていると解するのが自然であろう。

以上により、『日本書紀』大化元年の巨勢徳太臣の「詔」や、家伝に見える皇太弟の「詔」は、「宣㆑詔」の意味であることが明らかになったと思う。そうすると、古くは、「詔」の文字は、天皇のことばそのものを意味するだけでなく、それを宣することをも意味する場合があったということになる。即ち「詔」には、天皇自身のことばを意味する場合と、代理者による伝宣を意味する場合の二用例があったと考えられる。このことは、天皇のことばそのものと

それを宣することとが截然と区別されず、「詔」と「宣」とが未分化の状態にあったことを示しているのではなかろうか。藤原宮跡出土の宣命簡や文武天皇即位の宣命の慣用句の末尾の「詔」は、「詔」と「宣」とが未分化の段階における「詔」であり、慶雲四年以後の宣命においてそれが「宣」に変わっているのは、「詔」と「宣」が明瞭に区別されるようになったことによると思われる。このような「詔」と「宣」の区別は、おそらく天皇のことばが、一定の手続きと機構によって伝達され公布されるようになったこと、とりわけ文書としての詔書の成立に由来するのではないかと思う。

次に、宣命慣用句の末尾に「詔」の字を用いる宣命簡や文武天皇即位の宣命等に共通する文体をもつと思われる金石文として、次に掲げる法隆寺蔵の金銅薬師仏造像記がある。

池邊大宮治天下天皇（用明天皇）大御身労賜時、歳次丙午年、召於大王天皇（推古天皇）与太子（聖徳太子）而、誓願賜、「我大御病太平欲坐、故将造寺薬師像作仕奉詔」、然当時崩賜、造不堪者、小治田大宮治天下大王天皇及東宮聖王、大命受賜而、歳次丁卯年（推古十五年）仕奉、（第一部第一章注（24）参照。銘文中の「 」柳）

まず右の銘文中には、「欲坐」「仕奉」「大命受賜而」など宣命的な文言の含まれていることが注意をひく。例えば文武天皇即位の宣命にも、「恐坐」「仕奉」「大命乎受賜利」と見えるのに似通ったところがある。また、銘文中「 」を付した部分は、用明天皇が推古天皇と聖徳太子を召して、御自身の病気平癒のために薬師像の造像を命じたことばを引用する形式をとっていると解されるが、その末尾に「詔」の文字が用いられているのが注目される。この「詔」は天皇自身のことばに対して用いられたものであろうが、文尾に「詔」の文字が用いられているのは、宣命簡や文武天皇即位の宣命に共通するところがある。この造像記の成立年代については議論のあるところであり、おそらく天武朝後半以降天平十九年の法隆寺資財帳以前の製作との福山敏男氏の研究があるから（「法隆寺の金石文に関する二三の問題」『夢殿』一三、一九三五年）、ただちに推古朝の遺文と考えることはできないが、漢文体の詔と異なり、文末に「詔」の文字があることから、宣命の系統に属する史料と考える余地があるのではなかろうか。従って、宣命の成立を考える際に注意すべき史料の一つではないかと思う。

付論二　朝廷の語義

「朝廷」は、日本史においてよく用いられる歴史名辞であるが、あらたまってその意味を説明するとなると甚だ難しい。日本史においては、ある程度自明の言葉として用いられているためか、手元にある日本史辞典などをみても、辞典の項目として取り上げられていないのである（例えば、『日本歴史大辞典』河出書房新社、『世界歴史事典』平凡社、『世界大百科事典』同など）。

諸橋轍次『大漢和辞典』によると、「朝」には、「まつりごと」という意味がある。それは、同書が掲げている出典の一つ『正字通』に、「朝、古者朝而聴レ政、百官咸見、故朝見曰レ朝」とあるように、古くは早旦に君子が政を聴き、百官が君子にまみえたため、朝見を「朝」といったことから来ているらしい。「朝参」「朝政」「朝集」などの「朝」も元は同じ意味であろう。「廷」は「庭」に通じ、「ひろにわ」の意味である。

同書で「朝廷」の項をみると、「㈠群臣が天子に謁見し、天子が万機を聴くところ。朝庭。朝堂。廟堂。㈡天子をいふ。」の二つの釈義が掲げられ、その出典として、『詩経』『礼記』『孟子』『荀子』『史記』など中国の文献が引用されている。したがって、「朝廷」の語は、元来中国で用いられ、日本へも輸入された言葉であることがわかる。そこで、日本の「朝廷」については、諸橋氏の釈義のうち、天子を天皇に置き代えれば、一応の説明になろうかと思う。しかし、日本の古代の政治制度は、中国のそれを模しているとはいえ、異質な点も多いから、日本において「朝廷」がどのような意味で用いられているかは、あらためて調べてみる必要がある。そこで、日本の古代において、「朝廷」の語が、どのような場合にどのような意味で用いられているかを考えてみたいと思う。

奈良時代の基本法である『律令』の中の儀制令に、次のような条文がある。

凡文武官初位以上、毎㆓朔日㆒朝、各注㆓当司前月公文㆒、五位以上、送㆓着朝庭案上㆒、即大納言進奏、若逢㆑雨失㆑容、及泥潦、並停、弁官取㆓公文㆒、惣納㆓中務省㆒、

この条文は、毎月一日に、各官司の官人がそれぞれ前月の業務内容を報告する際の儀式を定めたものであるが、ここに「朝庭の案（机）の上」とみえるから、「朝廷」は一定の場所を指すものと思われる。しかも、雨天あるいはぬかるみの場合は中止せよというのであるから、屋外である。令の注釈書である『令義解』は、本条について次のように注釈している。

朝者朝会也、言、尋常之日、唯就㆓庁座㆒、至㆓於朔日㆒特於㆑庭会也、

即ち「朝」とは「朝会」のことで、「朝会」は通常庁座（庁舎内の座席）に就いて行うが、毎月一日の「朝会」は特に庭において行うというのであるから、本条に見える「朝庭」は、場所としての「庭」であることがわかる。

それでは、「朝廷」の具体的な場所はどこであろうか。ここで、『日本書紀』にみえる次のような大射（正月十七日に行われる射礼）の記事を手懸りにして考えてみよう。

天武六年正月十七日　射㆓于南門㆒、
同七年正月十七日　射㆓于南門㆒、
同九年正月十七日　親王以下至㆓于小建㆒射㆓南門㆒、
同十年正月十七日　親王以下小建以上射㆓于朝廷㆒、

大射の行われた場所として、「南門」という表現と「朝廷」という表現があるが、これらは同じ場所を指している

と考えるのが自然である。そして『続日本紀』天平十二年（七四〇）正月十七日に、

天皇御二大極殿南門一観二大射一、

とみえることから、天武紀の南門は一応大極殿の南門と考えられる。ただし、直木孝次郎氏によると、天武朝には大極殿はまだ成立していなかったらしく、後の大極殿に相当する殿舎の南門であろうという。そうすると、大極殿に相当する殿舎の前庭を「朝廷」と称する伝統があったことが認められる。同じく慶雲三年（七〇六）正月に、

天皇御二大極殿一受レ朝、新羅使金儒吉等在レ列、朝廷儀衛有レ異二於常一、

とあるのは、大極殿の前庭を「朝廷」と称したことを示唆している。

さらにさかのぼって、大極殿が成立する以前はどうであったかというと、『日本書紀』推古十六年（六〇八）、同十八年に、隋使裴世清などが入朝した際の次のような記事がある。

推古十六年八月　召二唐客於朝庭一、……大唐之国信物置二庭中一、……承レ書置二於大門前机上一而奏之、

同十八年十月　客等拝二朝庭一、……自二南門一入、立二于庭中一、……両国客等各再拝、以奏二使旨一、乃四大夫起進、啓二於大臣一、時大臣自レ位起、立二庁前一而聴焉、

これらの記事により、岸俊男氏は、当時の小墾田宮の構造を次のように推定している。即ち、南門を入ると朝庭があり、その左右に庁舎が並び、大臣・大夫らが座位する。朝庭の北中央に大門があり、その奥に天皇の居所があったとする。当時の「朝廷」が、天皇による重要な政治の舞台であったことがうかがわれる。

次に第二の意味として、「朝廷」が、「宮中」に対する「府中」といった意味で用いられる場合である。そのような例として、『日本書紀』天武十一年（六八二）十一月に次の記事がある。

凡糺二弾犯レ法者一、或禁省之中、或朝庭之中、其於二過失発処一、即随見随聞、無二匿弊一而糺弾、

即ち、「法を犯した者を糺弾する場合には、禁省の中であっても、朝廷の中であっても、過失の発生した場所において、ありのままに匿すことなく糺弾せよ」の意であるが、禁省は天皇の居所、即ち内裏であるから、それに対するところの「朝廷」は、内裏を除いたいわゆる二官八省の政庁のある場所である。したがって、この場合の「朝廷」は、「宮中」に対する「府中」という意味で用いられている。

「朝廷」の意味の第三は、天皇を中心とする政権、ないしはその治世を指して用いられる場合である。例えば、天平十二年反乱を起した藤原広嗣の言葉に、

広嗣敢捍二朝廷一者、天神地祇罰殺、

天平宝字八年藤原仲麻呂の乱平定後の宣命に、

兵乎発朝廷乎傾動武止之天鈴印乎奪復皇位乎掠天……、

などとみえる「朝廷」は、場所ではなく、明らかに天皇を中心とする政権の意味で用いられている。また、対外的な関係において、次のような例がある。

養老元年十一月　高麗百済二国士卒、遭二本国乱一、投二於聖化一、朝庭憐二其絶域一給レ復終レ身、

天平勝宝四年六月　詔曰、新羅国来奉二朝庭一者、始レ自二気長足媛皇太后（神功）平二定彼国一以至二于今一為二我蕃屏一、

これらは、とくに外国と区別して日本の政権を称した場合である。さらに、天武元年六月、壬申の乱に際しての詔に、

今聞、近江朝庭之臣等、為レ朕謀レ害、

とあるのは、大友皇子の政権を指し、同十一年九月に、

勅、……更用二難波朝廷之立禮一、

とあるのは、孝徳天皇の治世を意味している。これらは、特定の政権ないし治世を指して用いられた例である。

以上、古代史料に見える「朝廷」の意味は、大きく分けて三つに分類できる。即ち、第一に、天皇によって政治が行われる具体的な場所であり、第二に、天皇の居所である内裏を除いたところの府中の意味であり、第三に、天皇を中心とする政権という抽象的な意味である。もちろん、これら三つの意味は相互に関連しているから、実際には明確に分類できない例も多い。しかし、先に小墾田宮の例から知られるように、律令制以前のいわゆる大和朝廷の時代においては、「朝廷」が天皇による朝政の具体的な場所として、史料の表面にあらわれることが多いのに対し、律令制が整備されるとともに、場所としての「朝廷」は次第に儀式の場となり、「朝廷」という言葉は、天皇の政権といった抽象的な意味で用いられることが多くなる。このことは「朝廷」という一定の具体的な場所で行われていた天皇の政治が、律令制の成立とともに、二官八省以下の官司機構によって、官僚制的に運営されるようになるという、政治制度の変化と関係があろう。日本の古代に限ってみても、「朝廷」という言葉の意味には、歴史的な変遷があるように思われる。

第二章　勅符式と飛駅式

——勅旨式の成立に関連して——

はじめに

私がかつて「公式令飛駅式と勅符式について」（『日本歴史』二八三、一九七一年）と題する小論を発表してから、多くの関連する論考が発表され、勅符式や飛駅式については、すでに論じ尽くされている感があるが、なお若干の問題も残されているように思われるので、先学の諸論考に導かれながら少しく考察を付け加えてみたいと思う。

一　大宝令勅旨式の構造

まず、大宝令の勅旨式の構造を検討するために、養老令の同条の書式と麁文を要約して掲げる[1]。

勅旨式

　勅旨云々、

年月日

中務卿位姓名

大輔位姓名

少輔位姓名
奉二勅旨一如レ右、符到奉行、
年月日　史位姓名
大弁位姓名
中弁位姓名
少弁位姓名

右受レ勅人、宣二送中務省一、中務覆奏、訖依レ式取レ署、留為レ案、更写二一通一送二太政官一、少弁以上、依レ式連署留為レ案、更写二一通一施行、（下略）

右記の書式および麁文のように、養老令では、中務省から勅旨の写しが弁官に送られると、書式の末尾に弁官の史が「奉二勅旨一如レ右、符到奉行」を書き加え、大・中・少弁が署名を加えることになっている。この場合、「符到奉行」の「符」は、言うまでもなく太政官符である。大宝令については同条古記に、

（1）古記云、問、奉二勅旨一如レ右、符到奉行、未レ知、誰筆、答、中務筆也、

（2）古記云、問、更写二一通一送二太政官一、（中略）問、若送二諸司一者、連署留為レ案、更取二諸司返抄一、未知、其義、答、不レ経二太政官一、直送二於諸司一、々々連署為、而留為レ案、後中務更取二諸司返抄一、

とあるので、（1）（2）の傍線部分によって大宝令文は、養老令文と同様に書式の末尾に、「奉二勅旨一如レ右、符到奉行」があり、麁文に養老令文と同じ「更写二一通一送二太政官一」があり、その後に養老令文にない「若送二諸司一者、連署留為レ案、更取二諸司返抄一」の一文のあったことが確認される。右の古記には「不レ経二太政官一、直送二於諸司一」即ち、中務省から直接諸司に送付される場合があった。したがって、大宝令においては、中務省において勅旨の案が

作成されると、その写しが中務省から太政官に送られる場合と、諸司に送られる場合があったことが知られる。

　中務省から太政官に送られた場合は、「奉二勅旨一如レ右、符到奉行」および日付・署名は、太政官、具体的には弁官において書かれるから、「符到奉行」の「符」は、太政官符ということになる。中務省から諸司に送られる場合は、「奉二勅旨一如レ右、符到奉行」および日付・署名は、諸司において、例えば民部省に送付された場合は、民部省において書き加えられるので、「符」は民部省符となる。したがって、勅旨は、中務省から太政官に送られた場合は太政官符によって、諸司に送られた場合は諸司の符によって施行されることが、令文に規定されていたことになる。太政官符による場合も、諸司の符による場合も、施行の対象は諸国である。ところで、古記に「古記云、奉二勅旨一如レ右、符到奉行、未レ知、誰筆、答、中務筆也」とあって、この文言を中務が書き加えるとしているが、これは古記の注釈が正しくないのであって、勅旨式が定める法的な手続きとしては、太政官に送られた場合は太政官が、「奉二勅旨一如レ右、符到奉行」以下を書き加え、諸司に送られた場合は、諸司において「奉二勅旨一如レ右、符到奉行」以下を書き加えるべきものと考える。あるいは、古記は実態、即ち中務省が「奉二勅旨一如レ右、符到奉行」および日付あたりまでを記入して送付し、太政官または諸司が署名のみを加えるという実態があり、この実態に基づいて注釈したということもあり得るかもしれないが、法的にはあくまでも、「奉二勅旨一如レ右、符到奉行」以下は、太政官または諸司が記入すべきものと考える[2]。

　勅旨式の発行手続きをこのように考えた場合、「奉二勅旨一如レ右、符到奉行」の「符」が勅符である可能性はあり得ないと思われる。なぜなら符式の古記によれば、大宝令制においては、勅符の作成は太政官に限られると解されるから、中務省から勅旨の写しが諸司に送られた場合、諸司において勅符が作成されることはあり得ないと考えられるからである。さらに時代は下るが、『兵範記』所載の保元三年（一一五八）八月十一日の勅符の末尾の文言「勅符、奉行」は「勅符到奉行」の省略形と見られるから、勅符の文末は「勅符到奉行」であったと考えられ、(3)したがって勅旨式文末の「符到奉行」の「符」は、太政官符ないし諸司の符であって、勅符ではあり得ないと考えられる。

勅旨式が規定する勅旨の施行は、太政官符または諸司の符によることが明らかになったが、養老令制においてはその太政官符による施行に二種類あり、一つは勅旨に太政官符を副える方式、もう一つは勅旨の内容を謄写した太政官符、即ち謄勅符を作成する方式であったと考えられている。(4)

大宝令時代に謄勅符が行われたことについては、山田英雄氏によって、『類聚三代格』に次の例があることが、指摘されている。(5)

承和二年八月十五日太政官符（応㆑令㆑常㆓住肥前国松浦郡弥勒知識寺僧五人㆒事）

　天平十七年十月十二日　謄勅符

貞観四年十二月十一日太政官符（応㆔重禁㆓断月六斎日並寺辺二里内殺生㆒事）

　太政官去宝亀二年八月十三日、天平勝宝四年閏三月八日、承和八年二月十四日数度謄勅符

また森田悌氏によって、出雲国計会帳の移部天平六年（七三四）二月に、

　八日移太政官下符弐道（一官稲混合状　一国司等貸状）

とある官稲混合についての太政官符は、『続日本紀』天平六年正月庚辰（十八日）の勅を施行する太政官符であり、謄勅官符と解し得ることが指摘されている。(6)

さらに、計会式太政官会㆓諸国及諸司㆒式条には、養老令によると、(7)

　太政官

　下㆓其国㆒（省台亦准㆑此、）

合詔勅若干条別顕注云、為二其事一、若有二人物名数一者、即件二人物於前一、

合官符若干准レ前顕注、

とあり、義解に「謂、詔勅者、是謄詔勅符、其正詔勅者、無二下レ国之文一故也、（下略）」とあって、この「詔勅」は謄詔勅符であるという。古記には、

古記云、問、条別顕注云、其事、未レ知、条別何、答、詔勅若干、勅書若干、官符若干、

とあって、「勅書若干」は後に検討する勅符等の正勅をさすと考えられるので、「詔勅若干」の「勅」は、謄勅符である可能性が高いと思われる。

これらの事例によって、勅旨式が規定している、勅旨施行の太政官符の一つである謄勅符が、大宝令制下にも存在した可能性は高いと考える。

二　符式と勅符式

勅符式の大宝令文復元については、早川庄八氏が提唱された符式の付則として規定されていたとの見解が、今日に至るまで基本的に支持されているように思われる。早川氏は、符式の「太政官符其国司」の下に「勅直云、勅符其国司位姓等」の本注があったとされ、後に「若勅直云二勅符一」と修正された。これに対し、森田悌氏と八木充氏が、付則の位置と文言について修正案を提出された。森田氏は、古記の注釈が符式令文の末尾に付せられていたと考えられること、「注」は必ずしも令文の本注を意味しないこと、勅旨式において、皇太子監国の場合の転用の指示が、勅旨式令文の末尾に、簡潔な文言で付せられていること等を根拠に、付則の位置は符式令文の末尾で、文言は「若勅直

云、為二勅符一」であるとされた。八木氏は、古記の引用文を大宝令文の直写と見て、付則の文言は「勅直云二勅符一」とされた。付則の位置は、森田氏が言われるように符式令文の末尾が、文言は、古記の引用文をそのまま生かした八木氏の「勅直云二勅符一」が妥当ではないかと思われる。(8)

勅符についての基本的な史料は、符式条の次の古記である。(9)

古記云、（中略）問、勅直云二勅符一、未レ知、勅符、答、不レ依二中務一、直印、太政官為二勅符一、遣宣、故太政官得レ為二勅符一、注云二勅符其国司位姓等一、不レ称二太政官一、知二太政官勅符一者、以二大弁署名一耳、

この古記の解釈および勅符の性格については、基本的に二つの考え方がある。一つは、石尾芳久氏、押部佳周氏、筆者、早川庄八氏、吉川真司氏等の、勅命が中務省を経由することなく太政官にもたらされ、太政官が勅符を作成して施行すると解釈し、勅符は詔書式や勅旨式と並ぶ勅命の下達方式であるとする考え方である。(10)これに対し森田悌氏は、「不レ依二中務一」は踏印手続きのみのことであって、勅命は勅旨式に則って中務省を経由して太政官にもたらされ、勅旨の施行段階において発給されるのが勅符であると解され、八木充氏、大平聡氏、鹿内浩胤氏、早川万年氏、加藤麻子氏等が、基本的に森田説を支持しておられる。(11)私は、前者の考え方を支持する立場から、若干の考察を試みてみたいと思う。まず、確認しておきたいのは、勅符を規定している令文「勅直云二勅符一」は、『紅葉山文庫本令義解』符式条書き入れ「釈云若勅直之〔云〕勅符也」によっても確認されるところであり、(12)符式の付則として規定された「勅直云二勅符一」は、勅符式の復元令文としておおむね確実なものと認められるということである。勅符についての大宝令の規定が「勅直云二勅符一」のみであって、令文上、発給者を太政官に限るといった規定が含まれていないとすれば、そのことが重要な意味を持っているのではないかと考える。

早川庄八氏が指摘されたように、(13)符式条の古記と移式条の令釈に、(14)

符式条
古記云、右太政官下レ国符式、未レ知、於二省台一何、解式云、八省以下、内外諸司上二太政官一為レ解、明知二為レ符状一、
移式条
令釈云、（中略）案二古令一、省台准レ此者、省台為レ符下レ国灼然、見二古令符式一、何者、其令鹿云、省台准レ此、注云、署名准二弁官一、故為二灼然一也、但其令无下凡応二為レ解向レ上者、其上官向レ下、皆為レ符之文上、仍為レ明下国司向二省台一時為レ解之事上故生レ文耳也、於レ今依レ令耳也、

とあることにより、大宝令文に「右太政官下レ国符式　省台准レ此、署名准二弁官一」があり、その意味は、太政官と省・台が国に下す符の書式であるの意で、「凡応二為レ解向レ上者、其上官向レ下、皆為レ符」の養老令文は、大宝令にはなかったことが確認される。即ち、大宝令符式は、太政官と省・台が国に下す符の書式を定めたものであることが明らかである。符式条の右掲の古記が、解式条を引いて、太政官から省台に対して符を用いると述べているのは、むしろ符式にその規定がなかったことを示しており、大宝令においては、在京諸司の間では符は用いられなかったと考えられる。そして、符式が書式として太政官符を掲げているのは一つの例示であって、太政官のほか省・台もこれに準じていることは、右掲の古記によって知られる大宝令文に、「右太政官下レ国符式　省台准レ此、署名准二弁官一」と規定する通りである。

勅符についての付則「勅直云二勅符一」に特に限定がないとすると、これは符式が対象とする太政官および省・台のすべてに適用される付則であったと考えざるを得ない。符式の古記には「太政官得レ為二勅符一」とあって、太政官のみが勅符を発行できるがごとき注釈がなされているが、これは大宝令制下において、符式の付則によって勅符を発

行したのは、太政官のみであったという実態に基づいて注釈がなされたからであって、令文上の符式の付則「勅直云二勅符一」に特別な限定がない以上、太政官および省・台のすべてに適用される付則であったと考えるべきであろう。

これはどのようなことを意味するのであろうか。

『令集解』の中で、勅符に言及している箇所が、前掲の符式条古記のほかに六ヵ所ほどあるが、その最初の例である詔書式条の跡記には、次のようにある。

跡云、（中略）又古令勅符式故也、今行事、詔書副二官符一下者、依二古令一不レ改、

このように『令集解』諸説が「古令勅符式」あるいは「勅符式」と称して引用している箇所が五ヵ所見られるのであるが、符式の付則に過ぎない勅符についての規定を「勅符式」と称して引用していることには、若干の違和感が感じられる。森田悌氏は、移式を僧綱用に転用した書式を、『令集解』朱説が「牒式」と称している事例のあることをもって、某式とあっても直ちに独立した式条を想定する必要のないことを指摘しておられるが、この場合は一応牒式という独立した条文が別に存在するので、勅符式の場合とは若干異なるように思われる[15]。

もし、勅符についての符式の付則が、符式が適用される太政官および省・台のすべてに適用され、勅符が発給され得ることを規定していたとするならば、そのような規定は、本来は独立の条文であったと考えるのが自然ではなかろうか。もちろん大宝令制下において、符式条付則に基づいて実際に発給されたのは、おそらく太政官の勅符のみであったので、古記は太政官の勅符のみについて注釈を付したものと思われるが、太政官のみならず省・台のすべてに適用されると解される「勅直云二勅符一」の付則から、かつて独立の条文であった勅符式の存在を想定してもよいのではないかと思われる。先に述べたように、『令集解』に見られる「勅符式」という表現は、その想定を裏付けるように思われる。そして、前掲詔書式条跡記に見られるような「古令勅符式」の「古令」は、直接には大宝令をさすので

あろうが、その背後には、かつて勅符式が独立の条文であった浄御原令制の存在があるのではないかと考える(16)。

それでは、浄御原令制に勅符式が定められていた証左は存在するであろうか。私は、古記の注釈の「不レ依二中務一」を、その証左として考えてみたいと思う。即ち、古記の注釈にある「不レ依二中務一」を、中務省を経由しないという意味に解すると、もし勅符式が大宝令制で新設された制度であるとするならば、天皇の秘書局たる中務省が存在するのに、なにゆえに中務省を経由することなく勅符が発給されるのか、その説明はきわめて難しいように思われる。そこで、もし勅符が浄御原令に存在した制度であり、かつ浄御原令に中務省の前身官司が存在しなかったとするならば、当然勅命は太政官あるいは省・台の前身官司に、直接に伝達され勅符が発行されるであろう。この浄御原令制の勅符が、中務省が存在する大宝令制に継承されたとするならば、中務省を経由せずに発行されるという浄御原令制勅符の性格が維持されることは、あり得るのではなかろうか。中務省が存在する大宝令制に継承された浄御原令制勅符式であればこそ、古記はあえて「不レ依二中務一」と注釈したのではなかろうか。このように考え、古記の「不レ依二中務一」は、浄御原令制には中務省の前身官司がなく、かつ勅符式が存在した証左になるのではないかと考える(17)。

浄御原令に勅符式が存在したとするならば、その勅符式と大宝令の勅旨式は、どのような関係にあるのであろうか。浄御原令の勅符式は、先に述べたように勅命が太政官および省・台の前身官司に直接伝達され、勅符が発行される方式であったと考えられる。先に明らかにしたように、大宝令勅旨式の発行手続きは、勅命により中務省において勅旨案が作成されると、勅旨案は太政官あるいは諸司に送られ、太政官あるいは諸司において「奉二勅旨一如レ右、符到奉行」即ち太政官符あるいは諸司の符によって施行する旨の文言、年月日、署名を加えて、勅旨の発行が完了するというものである。したがって勅符式と勅旨式は、中務省経由の有無を除けば、勅命が太政官あるいは諸官司に伝達され、かつ太政官あるいは諸官司において勅符または勅旨が発行されるという伝達・発行の体制において、きわめて類似しているということができよう。ただし大きく異なるところは、勅符式においては勅命の起草と勅命を施行する符が、未分化のまま発行されたのに対し、勅旨式においては、中務省における勅旨案の作成と、太政官あるいは諸司における施行文言の記入とが分離したこと、いわば勅旨の発行手続きにおける内廷と外廷が分離したことである。このように考えると、浄御原令の勅符式は、大宝令の制定に際し、唐制を導入することによって、勅命の起草と施行手続きを分離し、より官僚制的な勅旨式に改定されたと考えることができるのではなかろうか(18)。

それでは、勅符式から勅旨式に発展的に改定されたとするならば、なにゆえに大宝令に勅符式が継承されたのであろうか。おそらく一種の経過措置であると考えてみたいと思う。即ち、勅符式から勅旨式への改定は、中務省の新設をともなう大きな変化であり、したがって、勅旨式という新たな制度が定着するまでの経過措置として、勅符式が大宝令に継承され、養老令の制定にともなって削除されたのではないかと思う。また、後に述べるように、勅符の役割の一つに詔書の施行があったことも、おそらく太政官符による詔書の施行方式が定着するまでの経過措置として、勅符が継承された理由ではないかと思われる。

三　詔書の施行と勅符

次に『令集解』等の関係史料によって、詔書の施行と勅符との関係を検討してみたいと思う。

詔書式条

跡云、訖施行、謂有レ可レ下二於外国一者、謄レ詔可レ出二官符一、而者下条云、太政官施行詔勅、案成以後頒下、給二写程一者、則知、詔訖後謄レ詔成レ案、(a)又古令勅符式故也、今行事、詔書副二官符一下者、依二古令一不

レ改、

穴云、問、更写二一通一、誥訖施行者、（中略）施行、謂或謄或不レ謄、而下二諸国諸司一、（中略）一云、下二外国一者、謄而出レ符者、不レ明、私案、（b）古令有二勅符式一、故不レ謄端見、今新令省二其文一、故下条云、太政官施行詔勅、案成之後頒下、給二写程一、即知、謄出之言、有レ所レ拠也、（中略）師云、（c）於二詔書一者、可レ有二謄不之時一、但於三勅書下二諸国一者、必謄可レ出、若下二京官一者不レ可レ謄、何者除二勅符式一之故、於レ勅必可レ謄、於レ詔不レ可二一執一不、案可レ検、後定、詔書者、皆不レ可レ謄、

跡記の（a）は、詔書が勅符によって施行される場合があることを、前提にした文章であろうと思う。即ち、「故也」の読みについては、森田悌氏が「ふるきなり」とされた読みに従いたいと思う。[19]そしてその意味は、この（a）の一文が、跡記が詔書の施行方式を議論する文章の中の一文であることから、「大宝令には、詔書の施行方式として勅符があったが、それは廃止された旧制度である」と解される。そうすると「今行事」以下は、「したがって養老令制の今行事においては、詔書に官符を副えて施行する方式が、大宝令制を踏襲して行われている」の意となる。

穴記私案の（b）も、詔書式の施行方式について、太政官符に謄写するか否かの議論の中で、古令勅符式が引き合いに出されている。私案の注釈に見える「端見」の語は、正しい見解・意見という意味であると思われるので、私案の述べるところは次のようになる。即ち、古令には勅符式があったがゆえに、詔書は謄写しないのが正しい見解であった。今、新令においては勅符の文を省いたので、公式令受事条に、太政官施行の詔勅には写程を給うとあるように、謄写して施行するとの言には根拠がある、の意となる。ここで古令の勅符式は、官符に謄写せずに正勅が施行される事例とされているのであるが、詔書の施行を議論するのに古令勅符式を引用しているのは、大宝令において、詔書が勅符によって施行される場合があったからである、と考えるのが自然であると思われる。

（a）も（b）も、詔書の施行方法に関する議論の中で勅符を引用しているのであって、いずれも大宝令制におい

ては、詔書が勅符によって施行される場合のあったことが前提になっているのではないかと思われる。

次に穴記師説の（c）も、詔書と勅書の施行方法を議論しているが、詔書と勅書を分けて議論しており、詔書が勅符によって施行される場合についての言及はない。なお、（c）の後半の「除㆓勅符式㆒之故、於㆑勅必可㆑謄」の解釈については、大宝令には正勅が施行される勅符と謄勅符として施行される勅旨の二つの方式があったが、養老令においては勅符式が除かれたので勅旨のみとなり、従って勅においては必らず謄写して施行されることとなった、の意であると考える。

ここで、出雲国計会帳に見える勅符について、検討しておきたいと思う。同計会帳に天平六年七月のこととして、

十九日移　勅符壱道、太政官下符弐道、一遊書状 一新任国司状 合参道、

とある。(20) ここに見える遊書状について、早川庄八氏は、伊勢国計会帳に見える「遊牒」を手がかりに、「遊」とは何ものかに副えられたものと解され、「遊書状」は「勅符」に副えられたものであるに違いないとされた。(21) ところで、鐘江宏之氏によって、写真資料の調査の結果、次掲のもとの記載を擦消した上に書き直されていることが指摘されている。

十九日移勅符壱道遊書状 太政官下符壱道
同日移太政官下符壱道新任国司状

鐘江氏は、遊書状が官符であるにもかかわらず、勅符として記してしまった誤りなどによって、擦消訂正が行われたとされている。(22) ところで鹿内浩胤氏は、出雲国計会帳に次掲の返抄を記載する断簡があり、これは右記の勅符と官符の返抄であろうという重要な指摘をされた。(23)

一　廿六日進上返抄弐道一勅書付領状 一太政官勅書状

早川氏の研究によって、この返抄を記した断簡は天平六年七月の断簡とされているので、前記の勅符と官符の返抄である可能性は、十分にあると思われる。「赦書付領状」の「付領」は、計会式の諸国応官会式に、

右弐条附二駅家一進上

若両国自相付領者、亦准レ此為レ会、送レ官対勘、

とあるように、その意味は送付し受領することであるから、「赦書付領状」は赦書を隣国との間で授受したことを報告する文書という意味になるので、この返抄には受取った文書の付領のことまで書かれたものとすると、鹿内氏の指摘の通り勅符の返抄ということになり、勅符は即ち赦書と認識されていたことになる。一方、書き直し後の記載について、二通の太政官符のうち一通に「遊書状」の注記があり、返抄の方には「太政官赦書状」とあるので、同じ太政官符であるとすると、内容は赦書に関するもので、勅符に副えられた文書であるから、これは勅符を施行する太政官付と考えてよいであろう。

この勅符は、かつて早川庄八氏が、『続日本紀』天平六年七月辛未（十二日）の大赦の詔と推定されたものである。さらに早川氏は、正税帳に恩勅とあって、『続日本紀』に詔とある例が若干あることをもって、詔の諸国への頒下が勅で行われることもあり、このことも古令勅符式に規定されていたことなのではないかと考えておられる。この早川氏の指摘を受けて、その後いくつかの見解が出されている。森哲也氏は、上記の勅符は、京―伯耆間の逓送日数が八日以内できわだって早いこと等から、飛駅勅符の可能性が高いとされているが、移によって伝達されていることに若干の疑問があるように思われる。八木充氏は、『続日本紀』天平六年七月辛未の大赦の詔が勅符によって施行されたものと見ておられ、また森田悌氏は、『続日本紀』の詔は勅と混同されることがあるから、七月辛未の赦令は勅旨であった可能性があり、大赦を内容とする勅旨が勅符によって施行されたものと見ておられるようである。[24]

櫛木謙周氏は、宣命の内容が漢文体の詔勅として施行されることがあることを明らかにされ、大平聡氏は、右の出雲国計会帳の勅符について、「詔書→勅旨→勅符」という文書の流れを想定された(25)。私は先に『令集解』諸説について検討したように、詔書が勅符によって施行される場合があったと考えられることをもって、早川庄八氏や八木充氏が指摘されたように、『続日本紀』の七月辛未の詔を施行する勅符であるとの見解を支持したいと思う。

四　飛駅式の勅符

大宝令には、符式付則の勅符式のほかに、飛駅式の勅符が存在したと考えられるので、改めて関係史料を検討したいと思う。まず、飛駅式条の義解と令釈である(26)。

飛駅式条

謂、（中略）（a）其前令、別有二勅符式一、（b）此令既除、即知、飛駅之外、更无二勅符一、釈云、（中略）前令有二勅符之文一、新令既除、然則、自飛駅之外无二勅符一可レ知、

右掲の義解の（a）は、前令には、別に勅符式があったの意であるが、この「別に」はどのような意味であろうか。この義解は飛駅式条に付せられた注釈であるから、「大宝令には、飛駅式とは別に」の意に解される。この飛駅式が養老令なのか、それとも大宝令なのかが問題であるが、大宝令である可能性もあるように思われる。そうであれば大宝令にも飛駅式が存在した可能性があることになる。そして「別有二勅符式一」の表現から、大宝令に存在した可能性がある飛駅式の書式もまた勅符であった可能性があることになろう。次に（b）はどのような意味であろうか。これは、養老令飛駅式の書式は「勅」であるにもかかわらず、実態において飛駅式の「勅」は「勅符」と称されている

ことを、前提にした議論ではないかと思う。養老令制下において飛駅下式が「勅符」と称されていたことは、軍防令差兵条の義解に、

凡差レ兵、廿人以上者、須二契勅一謂、有レ関国須レ契、余国皆待二勅符一(27)、始合二差発一、

とあることによって、確認することができる。なぜなら、後に検討する勅旨式条の令釈が、差兵条の勅は飛駅式の勅であると注釈しており、したがってこの勅符は飛駅式の勅符であると考えられるからである。よって（b）の意味は、この令即ち養老令においては、符式付則の勅符は削除されたので、飛駅式のほかには勅符と称されるものは存在しない、の意となる。それでは、なにゆえに養老令制下の実態において、飛駅下式の「勅」が「勅符」と称されたのであろうか。その理由としては、大宝令に飛駅式があり、その書式が勅符であって、養老令制下の実態において、大宝令制が踏襲されていたからである、と考えるのが最も自然であると考えられる。したがって（a）と（b）を合わせるならば、大宝令には飛駅式があり、その書式は勅符であった可能性が高いと考えられる。右掲の令釈もほぼ同じことを述べていると思われる。

次に、勅旨式条の令釈を検討する。

勅旨式条

釈云、勅旨不レ下二諸国一、若有レ可二行下一者、謄レ勅之官符下耳、其計会式之詔勅者、謄二詔勅一之符也、何者、職制律詔書稽程条、云下謄二詔勅一符移之類皆是上故、（c）軍防令、須契勅勘同、始合二差発一者、飛駅式勅是也、不レ渉二勅旨式一、何者除二勅符式一故、

令釈の前半は、勅旨式は、勅旨そのものが諸国に下されるのではなく、勅旨を謄写した官符が下達されることを、公式令計会式条や職制律の詔書稽程条を根拠として説明している。即ちこの令釈は、勅旨式の施行の方式について、正

勅が下達されるのではなく、太政官符に謄写した謄勅符が施行されるということを主張しているのである。そして後半の傍線部も、同じテーマについて議論を展開していると考えられる。即ち軍防令差兵条を引用して、「契勅」の「勅」が勅旨式の勅旨であるかどうかを問題にし、それは飛駅式の勅であって、勅旨式の勅旨ではないと主張している。それはなぜであろうか。飛駅式の勅が正勅と認識されていたことは、右掲の令釈に続く穴記に、

　穴云、下㆓外国㆒者謄者、新令問答所㆑云、但案㆑之、謄色不㆑謄色、各可㆑有、一端軍機急速等、飛駅式下㆓正勅㆒、

　（下略）

とあることによっても確認される。したがって、「契勅」の「勅」は正勅である飛駅式の勅であって、謄勅符として施行される勅旨式の勅旨ではないというのである。そうすると「何者除㆓勅符式㆒故」は、なぜならば大宝令にあった符式付則の勅符式は正勅であったが、それが削除されたので正勅と言えば飛駅式の「勅」しか存在しないからである、の意となろう。

以上、飛駅式の勅符について検討したところをまとめるならば、飛駅式条義解の解釈から、大宝令には飛駅式が定められており、その書式は、養老令飛駅式の書式「勅」が「勅符」と称されていたことから、勅符であった可能性が高いと考える。

また、私はかつて「広嗣の乱と勅符」と題する小稿を発表し、『続日本紀』には、広嗣の乱に関係した「勅符」の語が三例見え、そのうちに飛駅の勅符が含まれていることを指摘したが、それが事実であれば、大宝令飛駅式が勅符であったことの傍証となろう。(28)

おわりに

大宝令勅符式について、古記の注釈に見られる「不レ依二中務一」の意味等を手がかりに、勅符式は浄御原令制が大宝令に継承された制度であると想定し、勅符式と大宝令勅旨式の勅命伝達・発行の体制がきわめて類似している等のことから、浄御原令勅符式が大宝令勅旨式に発展的に改定されたという試論を提起した。そして大宝令において勅旨式が成立したにもかかわらず、一方で勅符式が継承されたのは、一種の経過措置であると考えてみた。また、飛駅式の義解の解釈および養老飛駅式が勅符と称されていること等から、大宝令に飛駅式が存在しその書式は勅符であった可能性が高いことを明らかにした。したがって大宝令には、符式付則の勅符と飛駅式の勅符の二つの勅符が存在し、いずれも浄御原令勅符式を継承する制度であると考えられる。

ただし、浄御原令に勅符式が定められており、それが大宝令で勅旨式に改定されたことを明確にするためには、なお浄御原令制に勅符式を位置づけることができるかどうか、また勅符式から勅旨式への改定が、唐制の継受とどう関係するか等の問題を検討する必要があるが、それらは今後の課題としたい。

勅符式と飛駅式についての一つの試論を提起し、大方のご示教を仰ぐ次第である。

注

（1）『新訂増補国史大系第二四巻　令集解　後篇』七八二～七八六頁。

（2）森田悌氏は、「勅符論」（『日本古代の政治と宗教』雄山閣、一九九七年）において、勅旨式条の古記が、「奉二勅旨一如レ右、符到奉行」は中務の筆である、としているのを引用した上で、「大宝令制では「勅旨云々……奉勅旨如右、符到奉行」を中務省で書記するとしていたのである。（中略）中務省の符という性格を併有する大宝令勅旨を弁官が直写、頒行することには違和感が生じることになると思うのである」と述べておられるように、古記の注釈をそのまま受取ると、勅旨の施行過程における中務省と太政官・諸司の関係に混乱が生じるので、私は、古記の注釈は正しくなく、勅旨式に則った手続きとしては、「奉二勅旨一如レ右、符到奉行」以下は、中務省からの送付先に従い、太政官あるいは諸司が書き加えるものと考えたいと思う。

（3）相田二郎『日本の古文書　下』岩波書店、一九五四年、〔一五〕後白河天皇御譲位勅符。また吉川真司氏は、『紅葉山文庫本令義解』（東京堂出版、一九九九年）、符式条書き入れの令釈について、「釈云」と「師説云」が離れている等の問題があり、慎重な吟味を必要とすることを指摘された（「勅符論」井上満郎・杉橋隆夫編『古代・中世の政治と文化』思文閣出版、一九九四年）。確かにその通りであるが、『新訂増補国史大系第二二巻　令義解』のように、「釈云」と「師説云」を一連の文章と見る可能性も否定はできず、一連の文章と認められる場合は、その「師説云」に「其勅符者以二勅字一代二太政官一以二勅到字一代二符到一（下略）」とあることから、大宝令勅符の文末は「勅到奉行」であった可能性もあると思われる。

（4）『日本思想大系三　律令』公式令補注2b。

（5）山田英雄「奈良時代における太政官符について」坂本太郎博士古稀記念会編『続日本古代史論集　中』吉川弘文館、一九七二年。

（6）森田悌「詔書・勅旨と宣命」『日本古代の政治と地方』高科書店、一九八八年。

（7）前掲『令集解　後篇』八二四～八三一頁。

（8）早川庄八「律令太政官制の成立」坂本太郎博士古稀記念会編『続日本古代史論集　上』吉川弘文館、一九七二年。後に『日本古代官僚制の研究』岩波書店、一九八六年所収。森田悌「勅符式と太政官制」『古代文化』二八―四、一九七六年。後に『平安時代政治史研究』吉川弘文館、一九七八年所収。八木充「大宝令勅符について」『山口大学文学会志』二九、一九七八年。

（9）前掲『令集解　後篇』八一五～八一六頁。

（10）石尾芳久『日本古代天皇制の研究』法律文化社、一九六九年等。押部佳周「養老令の撰修方針」『史学研究』九六、一九六六年。前掲拙稿。早川庄八前掲。吉川真司前掲。

（11）森田悌前掲注（8）。八木充前掲。大平聡「奈良時代の詔書と宣命」土田直鎮先生還暦記念会編『奈良平安時代史論集　上』吉川弘文館、一九八四年。鹿内浩胤「大宝令勅符の再検討」『歴史』七五、一九九〇年。早川万年「文書行政上における謄勅符」『続日本紀研究』二三四、一九八四年。加藤麻子「大宝令勅符とその削除の意義」『続日本紀研究』三五八、二〇〇五年。

(12)『紅葉山文庫本令義解』書き入れの令釈については、吉川真司氏の指摘の通り、「釈云」と「師説云」が一連の文章であるかどうか、慎重な吟味を必要とするが（吉川真司前掲）、「釈云若勅直之勅符也」については、古記に酷似しており、大宝令文の引用である可能性が高いと思う。
(13)前掲『律令』公式令補注13ａ。
(14)前掲『令集解　後篇』八一三、八一一頁。
(15)森田悌前掲注（8）。
(16)中村裕一氏は、「唐令を継受した大宝公式令には勅符式という独立した文書形式の規定が存した。このことから推測すれば、唐公式令にも勅符式が存在した可能性はあるが、唐代文献に勅符の詳細を伝える史料はなく、明確に勅符式が唐公式令に存在したとすることはできない」と述べておられる（『唐代制勅研究』汲古書院、一九九一年）。
(17)浄御原令制における中務省の前身官司については、青木和夫「浄御原令と古代官僚制」（『日本律令国家論攷』岩波書店、一九九二年、一〇四頁）、黛弘道「中務省に関する一考察―律令官制の研究（一）―」（『学習院大学文学部研究年報』一八、一九七一年）が、中務省条令集解跡記の「奈賀乃司」（なかのつかさ）の訓が中官なる官名に由来するとの想定から、浄御原令における中官の存在を推定される。早川庄八前掲は、組織・職掌ともに未完成の前身官司を推定され、小林敏男「中務省に関する諸問題―中務省の成立・性格と中務卿―」（『天皇制の基礎的研究』校倉書房、一九九四年）は、宮内官の中務省、宮内省への分化を推定され、福原栄太郎「中務省の成立をめぐって」（『ヒストリア』七七、一九七七年）は、中務省の被官諸司の検討等から、大宝令における成立を推定されている。
(18)早川庄八氏が、勅符は、おそらくは浄御原令に存した勅命下達の様式であり、詔書式、勅旨式とは異なる様式であるとされた見解（前掲『律令』公式令補注13ａ）には、私も従いたいと思う。しかし、勅命が議政官を経ることなく、直接弁官に伝えられ作成される様式であるとされ、勅符と弁官の関係を重視されることには賛成しがたい。また森田悌氏の、勅符は勅旨を施行する文書とされる見解にも従いがたい。私は、勅符は、浄御原令制が大宝令制に継承された、大宝令勅旨式に先行する勅命下達方式であると考える。
(19)森田悌「大宝令勅符の性格」『続日本紀研究』三六二、二〇〇六年。
(20)『大日本古文書一』五九〇頁。

(21) 早川庄八「天平六年出雲国計会帳の研究」坂本太郎博士還暦記念会編『日本古代史論集　下』吉川弘文館、一九六二年。
(22) 鐘江宏之「計会帳に見える八世紀の文書伝達」『史学雑誌』一〇二―二、一九九三年。
(23) 鹿内浩胤前掲。『大日本古文書二』六〇五頁。
(24) 森哲也「律令制下の情報伝達について―飛駅を中心に―」『日本歴史』五七一、一九九五年。八木充前掲。森田悌前掲注(6)。
(25) 櫛木謙周「宣命に関する一考察―漢文詔勅との関係を中心に―」『続日本紀研究』二一〇、一九八〇年。大平聡前掲。
(26) 前掲『令集解　後篇』八〇六頁。
(27) 前掲『令義解』一八六頁。
(28) 拙稿「広嗣の乱と勅符」直木孝次郎先生古稀記念会編『古代史論集　中』塙書房、一九八八年。なお同拙稿において、私は、符式条古記「太政官為二勅符一、遣宣」の「遣宣」について、「太政官は勅符を作成して遣わすと宣す」と読んだが、森田悌氏が明らかにされたように「官人が遣わされ宣告する」と解釈すべきであるので(「勅符について」『続日本紀研究』三〇三、一九九六年)、「遣宣」の解釈を訂正する。また、前掲拙稿「公式令飛駅式と勅符式について」に関して、榎本淳一氏から、飛駅の存在が論証されても、文書形式である飛駅式の存在を証明したことにはならないとのご批判をいただいたが(「養老律令試論」笹山晴生先生還暦記念会編『日本律令制論集　上』吉川弘文館、一九九三年)、私は、本文で検討したように、飛駅式条義解の解釈等から、大宝令に飛駅式が存在し、その書式は勅符であった可能性が高いと考えている。同条に古記が存在しないのは、義解と令釈がいずれも大宝令制に触れた注釈を行っており、集解の編者は、古記を収載する必要がないと考えた可能性もあると思われる。また、永田英明氏が、飛駅制度は飛駅上下式と不可分であるとの視点を提起されたのは、飛駅式の存在を考える上で、有力な視点であると思われる(「律令駆駅制度と封函伝達」『ヒストリア』一五七、一九九七年)。

第三章　太政官における四等官構成

一　大宝・養老令太政官の四等官構成

大宝・養老令制太政官が、太政大臣、左・右大臣、大納言、および令外官たる中納言、参議からなる議政官と、少納言・外記、左右の弁・史によって構成されていることはよく知られている。この太政官の構成について、中田薫氏は次のような重要な分析を行われた[1]。

中田氏によれば、大宝・養老令の定める二官八省以下の各官司は、すべて長官・次官・判官・主典のいわゆる四等官制によって組織されている。そして神祇官条に、伯一人（掌神祇祭祀……惣判官事、余長官判事准此）、大副一人（掌同伯、余次官不注職掌者掌同長官）、大祐一人（掌糺判官内、審署文案、勾稽失、知宿直、余判官准此）、大史一人（掌受事上抄、勘署文案、検出稽失、読申公文、余主典准此）とあるように、各官司の四等官にはそれぞれ共通する職権が定められている。従って太政官については、左大臣（掌統理衆務、挙持綱目、惣判庶事、弾正糺不当者兼得弾之）が長官、右大臣（掌同左大臣）が次官、左・右弁（掌……糺判官内、署文案、勾稽失、知諸司宿直）が判官、外記（掌勘詔奏、及読申公文、勘署文案、検出稽失）が主典であり、左・右史には職掌の規定はないが神祇官の史から類推して主典である。そして大納言（掌参議庶事、敷奏、宣旨、侍従、献替）には職掌を大臣と同じくすることが規定されていないから次官とは認められず、少納言（掌奏宣小事、請進鈴印伝符、進付飛駅函鈴、兼監官印）も糺判の職掌が含まれていないから判官ではない。従って職員令の規定からすれば、太政官の四等官は、長官—左大臣、次官—右大臣、判官—弁、主典—外記・史であって、大納言と少納言は四等官の系統に属さない別種の官職であると考えねばならない。

ところが獄令公坐相連条には、「凡公坐相連、右大臣以上及八省卿諸司長並為長官、大納言及少輔以上諸司弐皆為次官、少納言左右弁及諸司糺判皆為判官、諸司勘署皆為主典」と定められており、明らかに長官—右大臣以上、次官—大納言、判官—少納言・弁、主典—外記・史と規定されていて、職員令の定める四等官構成と矛盾する。

以上のような中田氏の分析は、太政官の歴史的性格を考える上できわめて重要な視点を提供している。私は太政官の四等官構成にみられる特殊性を、単に立法技術の問題としてでなく律令国家における権力のあり方と関連させて考えてみたいと思う。

さて職員令太政官条の義解は、

太政官内惣有二三局一、少納言、左弁官、右弁官是也、大納言以上即兼通摂也、

と注釈しており、公坐相連条の規定する太政官の四等官構成を是認する立場に立っている。(2)それでは実態において、太政官における四等官制はどのように機能していたのであろうか。それを明らかにするために、太政官符を取り上げてみたい。太政官符には必ず弁と史の署名が加えられているから弁官が発行する文書であることは明らかであるが、太政官符の多くには本文中に「右大臣宣、奉勅……」あるいは「右大臣宣、……」という文言が見られることに注目したい。この文言は第一に太政官符の発行を命じたところの宣者を明記し、第二に宣の内容が勅を奉じたものか、あるいは太政官独自の決定によるものかを表現している。そこでどのような官職の人物が太政官符の宣者になっているかを、天平十年（七三八）の初見以後延暦二十五年（八〇六）までの間について検討してみよう。この間に太政官符の宣者になっている人物および官職は、山田英雄氏の調査等によれば次の通りである。(3)

右大臣　（橘諸兄）
大納言　藤原仲麻呂
大納言　藤原永手
右大臣　藤原永手
大納言　吉備真備
左大臣　藤原永手
右大臣　吉備真備
内大臣　（藤原良継）
右大臣　（大中臣清万呂）
内臣　（藤原良継）
内大臣　（藤原魚名）
左大臣　（藤原魚名）
大納言　藤原是公
右大臣　藤原是公
右大臣　藤原継縄
大納言　紀古佐美
大納言　神王
中納言　壱志濃王

右大臣　神王

大納言　壱志濃王

以上の結果によれば、太政官符の宣者となっているのは左大臣、右大臣、大納言、中納言、内大臣、内臣である。中納言が宣者となっている最初の例は延暦十七年六月四日の太政官符に見える壱志濃王であり、(4)以後弘仁年間になると藤原葛野麻呂、藤原縄主、藤原冬嗣、藤原貞嗣、天長年間には清原夏野、良峰安世、直世王など、中納言で宣を行っている例が多く見られるようになる。それでは奈良時代に中納言が太政官符の宣者となっている例が見られないのはなぜであろうか。太政官符の宣者がいわゆる能吏に集中する傾向のあることは否定できまい。しかし藤原永手は大納言に任ぜられる以前天平宝字元年（七五七）五月から天平宝字八年九月まで七年あまりの間中納言に任じられており、吉備真備は天平神護二年（七六六）正月八日から同年三月十二日まで二ヵ月あまりの間、大中臣清麻呂は神護景雲二年（七六八）二月十八日から宝亀元年（七七〇）末まで二年あまりの間、藤原是公は天応元年（七八一）九月三日から延暦元年六月二十一日まで十ヵ月あまりの間、藤原継縄は宝亀十一年二月一日から延暦二年七月十九日まで三年あまりの間、それぞれ中納言に任じられているのであって、(5)能吏であるはずの彼らが中納言として宣を行っている例がないのは、奈良時代の中納言にはその権限がなかったことによると考えるべきではなかろうか。平安初期以後中納言が太政官符の宣者となるのは、中納言の職権に何らかの変化が生じたことによるのではないかと思われる。

また内臣が宣者となっているのは宝亀二年三月十五日条に、

勅、内臣職掌、官位、禄賜、職分雑物者、宜㆔皆同㆓大納言㆒……、

とあるように、大納言と同等の職権を与えられたことによるのは明らかである。(6)内大臣については明証がないが大臣に準ずる職権が与えられていたと考えてよいのではなかろうか。(7)なお参議で宣を行った例がみられないことはすでに

先学が明らかにされた通りである。[8]以上のように考えることができるならば、太政官符の発行を命ずる権限は左・右大臣および大納言の専有する職権であったということになろう。

また太政官処分は、先に触れた太政官符の二つの形式のうち、奉勅を行わず太政官独自に決定し施行する方式である。このことは、『類聚三代格』所収の貞観四年（八六二）三月八日の太政官符「得二左京職解一偁……者、右大臣宣依レ請」や、同七年三月二十五日太政官符「得二少僧都法眼和尚位恵進牒一偁……者、右大臣宣依レ請」が、『三代実録』においていずれも太政官処分と表現されていることから明らかである。[9]ところで『続日本紀』には大宝元年（七〇一）五月一日条を初見とする多数の太政官処分が見られるが、これらのうち大宝三年十一月十六日、天平元年四月三日、同年五月二十一日、同二年四月十日、同年六月一日、同三年十一月二日、天平宝字元年十月十一日の太政官処分は、いずれも左・右大臣が欠員の期間に発令されたものである。これらの期間にはいずれも大納言は在任しているから、太政官会議を主催し太政官処分を発令したのは大納言であったと考えてよかろう。[10]従って大納言は左・右大臣と同様に太政官を統轄する権限を有し、そのような大納言の職権は大宝令の施行直後にすでに確立していたと考えられる。以上考察したような左・右大臣と大納言が専有する権限は、左・右大臣が太政官の総判を行う長官、大納言が左・右大臣と職掌を同じくする次官たる職権にほかならないと思われる。

次に少納言の判官としての位置づけはどうであろうか。少納言が左・右弁官局と並ぶ一局を形成していたらしいことは次のような事実によってうかがうことができる。選叙令同司主典条に次の規定がある。

凡同司主典以上、不レ得レ用二三等以上親一

これは同一官司の四等官に三親等以内の近親者を同時に任ずることはできないという規定である。ところで職員令太政官条の令釈に次のような注釈がみられる。[11]

凡太政大臣以下右少史以上、幷少外記以上等親相避也、但外記員与二弁官員一不レ合二相避一也、古記无レ別也、

従って大宝令制下においても、外記と弁官とは同司主典条の適用を受けない互いに独立の職掌を有する官職であったと考えてよいようである。ここでは少納言については全く触れていないけれども、次のように同一人が少納言と弁官を兼ねた事例が見出される。一つは威奈真人大村墓誌に、

……藤原聖朝（文武天皇）……特擢卿除小納言……以大宝元年律令初定更授従五位下仍兼侍従、……慶雲二年命兼太政官左小弁……、

とあるにより、威奈真人大村は慶雲二年（七〇五）に少納言と左少弁を兼ねたことが知られる。[12] また『続日本紀』によると天平四年九月五日条に、

従五位上県犬養宿禰石次為二（右）少弁一、

そして同七年九月二十八日条に「(右) 少弁従五位上県犬養宿禰石次」と見えるから、この間彼は右少弁であったことがわかるが、同五年十二月二十七日条に、

以二従五位上県犬養宿禰石次一為二少納言一、

と見えるから、この時彼は少納言と右少弁を兼任したものと考えざるを得ない。[13] 選叙令同司主典条の規定する三等親以上の中に同一人による兼任も含まれるとすれば、以上の二例から少納言もまた外記とともに、弁官とは独立の職掌を有する官職として太政官内に位置づけられていたことが知られる。このことから少納言が左・右弁官と並ぶ判官として位置づけられていたことをうかがう余地があろうかと思う。以上により大納言が次官として位置づけられていたこと、また少納言が左右弁官と並ぶ判官であったらしいことが知られるとすれば、公坐相連条に定められている太政官の四等官制が実際に機能していたと考えることができよう。

次の問題は、大・少納言が太政官の次官・判官として位置づけられていたとしても、果たして大・少納言の職権のすべてが長官たる左・右大臣の統轄のもとにあったのかどうかということである。このことを職員令に規定された職掌について検討してみよう。大納言の職掌は「参議庶事」と「敷奏、宣旨、侍従、献替」とに大別できるが、前者は議政官たる職掌、後者は天皇に近侍して奏上および奉勅を行うという意味での侍奉官たる職掌であることは明らかである。ところで公式令によれば、太政官奏には事の大小によって論奏、奏事、便奏の三つの形式が定められているが、このうち論奏式については大納言が、奏事式については大納言もしくは少納言が、便奏式については少納言が奏上すべきことが規定されている。そして論奏式の集解に、

　穴云、師云若无二大納言一者注二右大臣位臣姓名等言一、一如二大納言一、

また奏事式の集解に、

　穴云、師云大少納言並无者右大臣可奏、

とあるように[14]、奏上を行うことは右大臣に優先するところの大・少納言固有の職権であったことがうかがわれる。

また少納言の職掌のうち「監二官印一」は、太政官印のことと思われるが、集解に、

　釈云、兼監二官印一、謂監掌捺印、不レ掌二印実一、但印者長官掌レ之、若長官无者次官掌也、見職制律也、

　謂、唯得レ監二視蹋印一、其印者依レ律長官執掌也、

とある[15]。即ち職制律在外長官使人有犯条の疏を引用して[16]、太政官印は太政官の長官、次官の管掌するところであると注釈しているのである。『続日本紀』宝亀八年五月十九日条に、

　自二宝字八年乱一以来、太政官印収二於内裏一毎日請進、至レ是復置二太政官一、

とみえることにより、官印は元来太政官に置かれていたことが明らかである[17]。少納言が官印のことを掌るのは、神祇

官の判官である大祐の職掌についての集解に、

跡云、審二署文案一者、謂主典自勘二造公文一、訖判官見監二印其文并案一署也、

古記云、問、判官勘二校稽失一監印若為、答、勘二校長官以下稽失一往来公文印レ之、監印知耳、但无二印所一レ掌也、

とあるように、少納言の判官たる地位に基づく。(18)従って官印についての少納言の職掌は、完全に長官あるいは次官の統轄下にあったと考えられる。

これに対し少納言の職掌のうちの「請進鈴印伝符」は、駅鈴・伝符とともに内印を請受しかつ返納することを意味すると思われる。中務省大主鈴の職掌に「掌出納鈴印伝符」とあるように、内印の出納は主鈴が行う。古記が、

凡在二御所一鈴印管鎰等進付事、中務所レ掌、少納言兼与知耳、何以知者少納言職掌兼知故、

と述べているように、(19)内印は御所に保管されており、その取り扱いは中務省の所管であって、少納言は職員令に「其少納言在二侍従員内一」と規定されているごとく、中務省に所属するところの侍従を兼ねるという立場において請印のことに与るのである。別のところで古記が、

少納言率二主鈴等一請進也、即卿輔等請進時并事緒知耳

と注釈しているように、(20)少納言による請印手続きは、中務卿および輔の統轄のもとに行われる。従って少納言の職掌のうち、官印についての手続きは全面的に太政官の管掌下におかれているが、内印についての手続きは中務省の管掌するところであって、太政官の管掌外であると考えられる。

以上考察したように、大・少納言の侍奉官としての職掌には、太政官に所属しながらも長官たる左・右大臣の統轄を受けないという意味での独自性が認められるように思う。大宝・養老令の立法者は、このような大・少納言の職掌の独自性を考慮したがゆえに、職員令太政官条において大納言を次官、少納言を判官と明確に規定することを避けた

のではなかろうか。

二　律令国家権力の二元性

内印と外印の使途について、公式令天子神璽条に次のような規定がある。

……内印方三寸五位以上位記及下㆓諸国㆒公文則印、外印方二寸半六位以下位記及太政官文案則印……、

即ち右の規定によれば、内印は律令国家が諸国に対して発給する公文書に用いられるのに対し、外印は太政官における案文に用いられるにすぎない。従って内印は、律令国家が中央集権的な機能を発揮するために、きわめて重要な役割りを果していたといわなければならない。ところが『続日本紀』養老四年五月二十一日条に次のような太政官奏が見られる。(21)

太政官奏、諸司下㆑国小事之類、以㆓白紙㆒行下於㆑理不㆑穏、更請㆓内印㆒恐煩㆓聖聴㆒、望請自今以後、文武百官下㆓諸国㆒符、自㆑非㆓大事㆒、差㆓逃走衛士仕丁替㆒、及催㆓年料㆒廻㆓残物㆒并兵衛采女養物等類事、便以㆓太政官印㆒印㆑之、奏可之、

この太政官奏により、在京諸司から諸国に対して公文書を発行する場合には内印を必要とするにもかかわらず、小事に関する公文書については内印を押さずに下すことがすでに養老四年当時において一般化していたこと、小事についての公文書に内印を請うことは「煩㆓聖聴㆒」と表現されるほど実質的意味を失い形式化していることをうかがうことができる。そしてあくまでも小事之類という限定はあるにしても、内印に体現されている天皇権力を排除しつつ、太政官が官僚機構に対する一元的な統轄権を獲得しようとする方向を読み取ることができるのではなかろうか。

次に天平宝字八年九月十八日条の薨伝に、内乱直前のこととして次のような記事がある。[22]

諷二高野天皇一、為二都督使一掌レ兵自衛、准二拠諸国試兵之法一、管内兵士毎レ国廿人、五日為レ番、集二都督衙一、簡二閲武芸一、奏聞畢後、私益二其数一、用二太政官印一而行二下之一、大外記高丘比良麻呂懼二禍及レ己、密奏二其事一、

これは同月二日条に「以二大師正一位藤原恵美朝臣押勝一為二都督四畿内三関近江丹波播磨等国兵事使一」とあるに相当するが[23]、当時左右大臣ともに在任していないから、太師（太政大臣）仲麻呂は太政官の長官として、大外記高丘比良麻呂に対し、奏可されたところの太政官奏を改竄し、かつ内印によって施行すべき太政官奏を太政官印で施行するという重大な違法行為を命じたものと思う。なぜなら薨伝がわざわざ「用二太政官印一而行二下之一」と明記したのは、それが重大な違法行為であったことを示しているからである。この太政官奏は軍政に関する重要な内容のものであって、決して小事に類する事柄ではないと思われるから、当然内印によって施行すべき性質のものであろう。それを仲麻呂は太政官印によって施行することにより、太政官印の施行力を著しく拡大したと考えることができる。そしてそれが天皇権力に抵触する関係にあったことは、高丘比良麻呂が違法行為として密奏した事実によって明らかであろう。

また仲麻呂の乱は天平宝字八年九月十一日に、中宮院に置かれていた鈴印の争奪戦となって勃発した。[24]この印が内印であったか官印であったかが問題であるが、翌十二日の勅に「今聞逆臣恵美仲麻呂盗二取官印一逃去者」と明記されており[25]、また二十日の詔に「鈴印乎奪、復皇位乎掠天、先仁捨岐良比賜天之道祖我兄塩焼乎皇位仁定止云天、官印乎押天天下乃諸国仁書乎散天告知之米」とあるので、仲麻呂が中宮院から奪取した印は太政官印であったと考えられる。もし仲麻呂側が内印を手中にしていたならば、塩焼王即位のことを布告するのに当然内印を用いるはずだからである。内印はすでに孝謙太上天皇側の掌握するところだったのであろう。従って内乱の進行過程において、太上天皇側が発行する公文書は内印によって、仲麻呂側が発行する公文書は太政官印によってそれぞれ施行されたものと思われる。そして太

上天皇側が勅書によって「北陸道諸国不レ須レ承二用太政官印一」とて太政官印の有効性を否定すれば、(26)仲麻呂側は「今乃勅乎承用与、先仁詐天勅止称天在事乎承用流己止不得」と太上天皇側の勅書の有効性を否定する。(27)このような内印と官印の効力をめぐる対立は、内乱にともなう特殊な現象として捨象すべきではない。天皇と太政官という律令国家権力の二元的なあり方が、内乱という権力のきわめて不安定な状況のもとで、内印と官印の有効性の対立という形をとって顕在化したと考えることができるのではなかろうか。

大宝・養老令に定められている太政官の四等官構成に、大・少納言の位置づけをめぐる特殊性がみられるのは、律令国家権力の二元的性格に由来するのではないかと思う。

三　太政官における四等官構成の成立

太政官制の成立過程については、先学の多くのすぐれた研究が蓄積されている。(28)私は太政官における四等官構成の成立という観点から、先学の研究に若干の私見を付け加えてみたいと思う。

1　天武朝

かつて八木充氏は天武朝の太政官制について、天武七年（六七八）十月条の官人の考選手続きを定めた詔に注目され、大弁官―六官の統轄関係が成立していたこと、そして同様の考選手続きを定めた養老考課・選叙令の条文が大弁官を太政官に書き改めていることから、天武朝の大弁官は太政官に所属せず、太政官と併存する関係にあったことを推定された。(29)大弁官―六官の統轄関係が成立していたことは八木氏の明らかにされた通りであると思うが、太政官と大弁官が併存関係にあったというのはどうであろうか。この点について最近野村忠夫氏は次のような注目すべき見解を明らかにされた。即ち朱鳥元年（六八六）九月の奉誄記事において、太政官、六官、諸国司の順に奉誄が行われながら大弁官の姿が見えないことを問題にされ、このことから大弁官は太政官と併存していたのではなく、太政官の下に位置づけられた機関として、太政官と六官・諸国司とを結ぶ何らかの機能を果たしていたことを推定された[30]。私は野村氏の見解に従い、この時期の大弁官は太政官に付属する下部機関として位置づけられてはいたが、大弁官を太政官の判官として位置づけるという有機的な結合関係は成立していなかったと理解する。

次に天武朝の太政官を構成する官職として納言のあったことが確められている。即ち朱鳥元年九月条に「直大参布勢朝臣御主人誄二太政官事一」とあり、この人物が持統元年（六八七）正月条に納言と見えるからである[31]。天智十年（六七一）正月条に太政大臣、左・右大臣任命の記事があるが、天武朝においては太政大臣や左・右大臣が任命された形跡はない。しかし、この時期の太政官が原初的ではあれ大弁官―六官を統轄する権限を有していたとすれば、侍奉官的な納言だけでなく、執政官的な太政大臣や左・右大臣が、少なくとも制度的には太政官を構成していたと考えるべきであろう。

ところで井上光貞氏は、朱鳥元年九月条や持統三年五月条に見える「太政官」は官司名として用いられているのに対し、小野毛人墓誌に見られる「任太政官兼刑部大卿位大錦上小野毛人朝臣」は官職名として用いられているという「太政官」の語にみられる二義性を指摘され、それはこの時期の太政官が後の大宝・養老令のように弁官局や少納言局を包括する機関ではなく、太政官が大臣・御史大夫に限られるところの、いわば会議全体の数少ないメンバーをさしていたためであるという、四等官制成立の問題に関してきわめて示唆的な見解を明らかにされた[32]。私は井上氏の見解を次のように理解したい。即ちこの時期の太政官は制度上太政大臣、左・右大臣、納言によって構成されていたが、これらの官職の職権が長官あるいは次官というように明確に分化していなかったため、「太政官」が官職名としても用いられることがあったのであろうと。

先学が明らかにされたように、天武朝においては太政官と大弁官の間に有機的な結び付きが未だ成立していないこと、また「太政官」の語が官職名としても用いられていることから、太政官における四等官構成は未だ成立していなかったと理解したい。

2　浄御原令

持統三年六月における浄御原令の施行にともない、官制上二つの変化のあったことがすでに明らかにされている。一つは大弁官が左右に、そして大・中・小弁に分かれたこと、今一つは納言が大・中・小納言に分化したことである。[33]浄御原令において大弁官が分化したことは、大宝令施行の直前大宝元年（七〇一）正月二十三日条に「左大弁直広参高橋朝臣笠間」とみえることによって確かめられている。このことによって野村忠夫氏が「大弁官は左・右弁官局に分化され、「太政官」と弁官との上下秩序は明確化して、機構的な定着がみられた[34]」と解されるのに異論はないが、ただ私はより明確に弁官が太政官の判官として位置づけられたと考える。即ち養老職員令によれば、左大弁の職掌に「糺判官内、署文案、勾稽失、知諸司宿直」、左中弁は「掌同左大弁」、左少弁は「掌同左中弁」（右大・中・少弁も同じ）と規定されているのは、神祇官条に照らしてこれら弁官が判官であることを示している。従って私は、天武朝の大弁官が大宝・養老令の弁官と同じ形に分化したことの背景に、弁官の判官としての位置づけを想定するのである。このことは浄御原令太政官が四等官制によって組織されたことを意味する。

ここで浄御原令太政官を構成する官職に任じられた人物を次に掲げ官位の相当を検討してみよう（『日本古典文学大

系六八　日本書紀下』の表一二近江令・浄御原令官名に拠った。傍線は任官の時の冠位、↓は任官後の昇叙を示す）。

太政大臣	高市皇子	浄広弐↓浄広壱
左大臣	丹比嶋	正広参↓正広弐
右大臣	丹比嶋	正広参
	大伴御行	正広弐（贈冠）
大納言	阿倍御主人	正広肆↓正広参
	大伴御行	正広肆↓正広参
中納言	三輪高市麻呂	直大弐
	石上麻呂	直大壱
	藤原不比等	直広壱
	大伴安麻呂	直大壱
	紀麻呂	直広弐
小納言	威奈大村	勤広肆↓直広肆
左大弁	高橋笠間	直広参

右の結果から、左・右大臣が正広弐ないし正広参、大納言が正広参ないし正広肆、中納言が直大壱ないし直広弐、小納言が直広肆ないし勤広肆、左大弁が直広参となって、小納言の冠位にかなりの幅があることを除けば、ほぼ官位の相当が認められよう[35]。従って弁官が判官として位置づけられたことと合わせ考えるならば、太政官が四等官制によって組織されたという想定が可能と思う。

ところで大納言や小納言について次のようなことは考えられないだろうか。中臣大嶋はすでに早川庄八氏が納言に関する史料として取り上げられたところであるが、彼は次に掲げるように懐風藻には大納言、大中臣氏本系帳には中納言とみえる。

懐風藻　大納言直大二中臣朝臣大島

大中臣氏本系帳　糠手子大連公孫中納言直大弐中臣朝臣大島

中臣大嶋は持統元年八月に直大肆でみえ、同七年三月に直大弐で賻物を賜わっているからこの時死没したらしい。従って直大弐が彼の極冠であるとすると、大納言あるいは中納言も彼の極官であったと考えるのが自然であって、浄御原令制下の官職と考えてよかろう(36)。そして極官であるとすると、懐風藻と大中臣氏本系帳のいずれかに誤認があると考えなければならない。大納言の相当位が正広参ないし正広肆、中納言が直大壱ないし直広弐であるとすれば、直大弐の中臣大嶋は、大中臣氏本系帳が伝えるように中納言であって、懐風藻の大納言は誤認とすべきであろう。しかし仮にそうであったとしても懐風藻が誤認を犯すにはそれなりの理由があったと考えることはできないだろうか。大宝・養老令においては大納言の相当位は正三位であり、『続日本紀』についてみると大納言はすべて従三位以上であって、四位で大納言の例はみられない。直大弐は従四位上にあたるから、もし浄御原令大納言の相当位が大宝・養老令と同じく正広肆以上（従三位以上）に確定していたならば、中臣大嶋の冠位を直大二と明記している以上、懐風藻の誤認はあり得べからざることのように思われる。むしろ浄御原令においては大納言の相当位が不確定であったからこそ懐風藻の誤認が生じ得たのではなかろうか。先に掲げた大納言阿倍御主人、大伴御行両人の冠位正広肆は任官の時のものではないから、より低い冠位で大納言に任じられた可能性も否定できない。ちなみに両人は持統五年に直大壱とみえ、同八年に正広肆に昇叙され、同十年に正広肆で大納言とみえる。

また威奈大村はその墓誌に「天皇特擢卿除小納言授勤広肆、居無幾進位直広肆」とあるから、[37]彼は小納言に任じられるとともに勤広肆を授けられ、まもなく直広肆に昇叙されたことが知られる。従って彼は小納言のままで八階昇叙されたことになる。[38]このことは浄御原令小納言の相当位が確定していなかったことを示す材料とならないだろうか。以上のように弁官を判官とする何らかの四等官制が成立しており、そして大納言や小納言の官位相当に不確定性が認められるとするならば、私は浄御原令太政官の構成を次のように想定する。

即ち太政大臣、左・右大臣のいずれかを長官および次官、左・右弁官を判官、そしておそらく弁官の下に設けられていたであろう左・右史を主典とする四等官制が成立しており、大・中・小納言は太政官内にあって四等官に属さない侍奉官グループを形成していたであろうと。従って私は、中田薫氏が明らかにされたところの、養老職員令太政官の構成にみられる大・少納言の特殊な位置づけの原形を、浄御原職員令に求めることができるのではないかと思う。

3 大宝令

大宝元年三月二十一日条に「是日罷二中納言官一」とみえるのは、大宝令の施行にともなって太政官の官職構成に重要な変化のあったことを示している。即ち中納言の廃止は、浄御原令制の大・中・小納言のうち、大納言が次官に少納言が判官に位置づけられ、公坐相連条に規定するような右大臣以上を長官、大納言を次官、少納言と弁官を判官、外記と史を主典とする太政官における四等官構成の成立を意味する。[39]先に指摘したように大宝三年十一月十六日に、大納言の決裁によると考えられる太政官処分が発令されているのは、大納言に次官として左・右大臣に準ずる権限がすでに与えられていることを示している。また大宝官員令によれば大納言の定員は四人であるのに、『続日本紀』によれば大宝令の施行後大納言に任じられたのは石上麻呂、藤原不比等、紀麻呂の三人だけである。従って『公卿補任』大宝元年条の阿倍御主人の注記に「任大臣之後兼大納言之由見扶桑記」とあるのが事実を伝えているとすれば(40)、右大臣が大納言を兼ねるという異例の事態は、大宝令による新たな四等官構成成立の過渡的段階を示すものかもしれない。中納言の廃止は、侍奉官グループを四等官制の中に組み込むことによって、太政官の官職構成を一元化しようとする方向であろうと思う。

それでは中納言の廃止からわずか四年後の慶雲二年四月十七日に、中納言が再置されたのはなぜであろうか。中納言再置を命じた勅は次のように述べている(41)。

依二官員令一大納言四人、職掌既比二大臣一官位亦超二諸卿一、朕顧二念之一任重事密充員難レ満、宜下廃二省二員一為定二両人一、更置二中納言三人一以補中大納言不足上、其職掌敷奏、宣旨、待問、参議、……

即ち大納言の職掌は重大でありかつ機密にかかわるため定員を満し難い。従って大納言の定員を二人に減じ、そのかわりに「敷奏、宣旨、待問、参議」を職掌とする中納言三人を置いて大納言の不足を補うという意味である。ここで大納言と中納言の職権の相異を想起したい。即ち先に明らかにしたように、大納言は太政官符を発行する際の宣者となるのに対し、中納言にはそのような権限が与えられていないのである。このことは、大納言は侍奉官であるとともに太政官の次官として官僚機構を統轄する権限に与るのに対し、中納言は太政官会議に参加はするが本質的には侍奉官であることを意味している。従って中納言再置の勅に「敷奏、宣旨、待問、参議」とあるのは、中納言の本質をきわめて明瞭に表現しているといえよう。

中納言再置の勅は、その理由として大納言の定員を満し難いことを述べている。即ち大宝元年に任命された大納言三人、右大臣阿倍御主人の兼任を認めるとすれば四人の大納言のうち、大宝三年までに紀麻呂と阿倍御主人が没し、慶雲元年に石上麻呂が右大臣に昇任したため、大納言は藤原不比等一人だけになってしまったことが慶雲二年に至って中納言を再置した直接の理由であろう。しかし大納言の不足を補うに、本質的に侍奉官たる中納言の再置をもってした制度上の理由は、太政官に所属する侍奉官の職権を強化することにあったと思われる。

以上により、大宝令の施行にともなって侍奉官を組み込んだ太政官の一元的な四等官構成が成立したが、慶雲二年における中納言の再置は四等官構成による一元化と制度的に対立する方向の措置であり、太政官の官職構成が律令国家権力の二元性によって規定されていることを示していると思う。

結び

本章で考察したところを要約して結びとしたい。

(1) 天平十年から延暦十七年までの間にみられる太政官符の宣者は、左・右大臣および大納言、それに左・右大臣および大納言と同じ権限を与えられた内大臣および内臣に限られる。従って太政官符の発令を宣する権限が、太政官の長官および次官の専有する官僚機構に対する統轄権であるとすれば、左・右大臣が長官、大納言が次官と考えられる。中納言が宣者としてみえるのは延暦十七年以後であって、それまでは長官・次官の職権に関与しなかったと考えられる。次に大宝令制のもとで少納言が弁官を兼任している例があるから、同司主典条に照らして少納言は弁官と並ぶ判官として位置づけられていたらしい。従って公坐相連条の規定する太政官の四等官構成が実態において機能していたことがうかがわれる。

少納言の職掌のうち官印についての手続きは全面的に太政官の長官・次官の所管であるのに対し、内印についてのそれは中務省の所管である。少納言の請印手続きを一例に、大納言や少納言の侍奉官としての職権には、太政官の長官の統轄からの独立性が認められる。従って中田薫氏が明らかにされた太政官の四等官構成にみられる法上の混乱は、立法者が大・少納言の侍奉官たる職掌の特殊性を考慮したために生じたものであろう。

（2）公式令天子神璽条に、諸国に下す公文書には内印を用いるべき規定があるにもかかわらず、養老四年の太政官奏によって小事の公文書には、内印にかわって官印が用いられることとなり、また仲麻呂の乱直前には奏可された太政官奏が内印によらずに官印によって施行されたという。内印と官印がそれぞれ天皇と太政官の権限を体現しているとすれば、これらの事例から、太政官が天皇権力を排除しつつ官僚機構に対する一元的な統轄権を獲得しようとする方向をうかがうことができる。さらに仲麻呂の乱の過程で、太上天皇側と仲麻呂側がそれぞれ内印と官印によって発行する公文書が効力をめぐって対立するという事態は、律令国家権力の二元的なあり方を端的に示している。太政官の四等官構成にみられる大・少納言についての特殊性は、このような権力の二元的性格と関係があろう。

（3）四等官制の成立について、まず天武朝においては、太政官の下部機関である大弁官が判官として位置づけられていないこと、太政官を構成する官職の職権が明確に分化していないと考えられることから、太政官の四等官構成は未だ成立していなかったと思われる。

次いで浄御原令において大弁官が左・右そして大・中・小に分化したのは、弁官が判官として位置づけられたこと即ち太政官が弁官を含む何らかの四等官制によって組織されたことを意味する。そして大納言や小納言の官位相当に不確定性が認められるとすれば、大・中・小納言は太政官内において四等官制に属さない侍奉官グループを形成していたと考える余地がある。

大宝令の施行にともなう中納言の廃止は、大納言を次官、少納言を判官に組み込むことによって、公坐相連条に定められた太政官の四等官構成が成立したことを意味する。しかし慶雲二年の中納言再置は、太政官に属する侍奉官の職権を強化することを目的としており、中納言の廃止と再置という相対立する方向は、太政官の官職構成が律令国家権力の二元性によって規定されていることを示している。

注

(1) 中田薫「養老令官制の研究」『国家学会雑誌』三一―一、一九三七年。後に『法制史論集 第三巻上』岩波書店、一九四三年所収。
(2) 『新訂増補国史大系第二三巻 令集解 前篇』四〇頁。
(3) 天平から宝亀までの間については山田英雄氏の調査結果をそのまま転載した(山田英雄「奈良時代における太政官符について」坂本太郎博士古稀記念会編『続日本古代史論集 中』吉川弘文館、一九七二年、二九七〜二九八頁)。以後延暦二十五年までの間については、『新訂増補国史大系第二五巻 類聚三代格』、および同書附載の編年索引によって調査した。
(4) 前掲『類聚三代格』一八六頁。
(5) 中納言任官の時期についてはすべて『新訂増補国史大系第二巻 続日本紀』による。
(6) 前掲『続日本紀』三九一頁。
(7) 二宮正彦「内臣・内大臣考―藤原朝臣魚名を主題として―」『続日本紀研究』九―一、一九六二年、一二〜一三頁。
(8) 土田直鎮「上卿について」坂本太郎博士還暦記念会編『日本古代史論集 下』吉川弘文館、一九六二年、五七四頁。
(9) 前掲『類聚三代格』四八八、七八頁。『新訂増補国史大系第四巻 日本三代実録』八八、一五二頁。
(10) 藤原房前が養老五年(七二一)十月二十四日に内臣となってから天平九年四月十七日に没するまで内臣であったとすると、太政官処分のうち天平元年四月三日から同三年十一月二日までのものが発令された時期に内臣が在任していたことになる。従って「計会内外、准勅施行」(前掲『続日本紀』八八頁)という権限を与えられた内臣がこの時期の太政官処分に関与したという可能性も否定できない。
(11) 前掲『令集解 前篇』五三頁。
(12) 『寧楽遺文 下巻』九六七頁。
(13) 前掲『続日本紀』一三〇、一三八〜一三九、一三二頁。

(14)『新訂増補国史大系第二四巻　令集解　後篇』七八七、七九三頁。
(15)前掲『令集解　前篇』四八頁。
(16)『新訂増補国史大系第二二巻　律』四六頁。
(17)前掲『続日本紀』四三四頁。
(18)前掲『令集解　前篇』三四頁。
(19)同六四頁。
(20)同右。
(21)前掲『続日本紀』八〇～八一頁。
(22)同三〇五頁。
(23)同三〇三頁。
(24)同右。
(25)同三〇四頁。
(26)同右。
(27)同三〇六頁。
(28)本章は特に以下の諸論文の成果に負う。青木和夫「浄御原令と古代官僚制」『古代学』三―二、一九五四年。後に『日本律令国家論攷』岩波書店、一九九二年所収。八木充「太政官制の成立」『古代学』一一―二、一九六三年。後に『律令国家成立過程の研究』塙書房、一九六八年所収。井上光貞「太政官成立過程における唐制と固有法との交渉」『仁井田陞博士追悼論文集　一』勁草書房、一九六七年。野村忠夫「大弁官の成立と展開」『日本歴史』二九〇、一九七二年。早川庄八「律令太政官制の成立」坂本太郎博士古稀記念会編『続日本古代史論集　上巻』吉川弘文館、一九七二年。後に『日本古代官僚制の研究』岩波書店、一九八六年所収。
(29)八木充前掲書、二三〇～二三一頁。
(30)野村忠夫前掲。
(31)井上光貞前掲、二一二頁によると、天智朝の御史大夫は天武朝において納言に改められた。

(32) 同二〇二～二〇四頁。

(33) 青木和夫前掲論文、一三二頁。井上光貞前掲、二一三～二一四頁。

(34) 野村忠夫前掲、一二頁。

(35) 青木和夫氏は官位相当制の全面的採用は天武十四年の位階改正後持統五年頃までの間に行われたと推測される（前掲、一一六頁）。

(36) 『寧楽遺文　下巻』九一〇頁。『群書類従　第五輯』「中臣氏系図」一九三頁。早川庄八氏は、中臣大嶋は浄御原令で大・中・小納言が分立する以前に納言の官に任ぜられていたのであって、この納言を解釈して懐風藻は大納言とし、大中臣氏本系帳は中納言を充てたのではないかと解された（前掲、五五四～五五五頁）。しかし冠位については極冠を記しているのに、なぜ官職については極官を記さなかったのかという疑問が残る。私は、『日本古典文学大系六八　日本書紀　下』付表一二近江令・浄御原令官名に従い、浄御原令制の官職と考えておきたい。

(37) 前掲注（12）。

(38) 青木和夫前掲論文、一二三頁図表による。

(39) 早川庄八氏が「浄御原令制における大納言・中納言・小（少）納言は、厳密な意味における官職階層ではなかったのではないかと考える」「ところが大宝令制定者は、これらを明らかな分掌の職とすることを意図した。第一義的に議政官ないし国政参議官たるべき官と、秘書官たるべき官との明確化である。そして前者には大納言を宛て、後者には少納言を宛てた。だがそのいずれにも該当しない中納言は、その属すべき場所を失うこととなる。大宝令において中納言が廃止されたのは、このような事情によると思うのである」（前掲、五七〇頁）と言われる基本的な構想に異論はない。ただ私は次のような理由によって、より具体的に中納言の廃止は四等官構成成立の問題であると思う。まず太政官を構成する官職の国政参議権と執政権とを明確に区別する必要があると思う。職員令によれば大納言の職掌に「参議庶事」とあり、その義解に「与二右大臣以上一共参二議天下庶事一」とあり、再置された中納言の職掌に「待問参議」とあり、大宝二年に設けられた参議の職掌が「参議朝政」であって、太政官会議に参加するという意味での国政参議権は左大臣以下参議以上が共有する職権である。しかし左・右大臣と大納言は、国政参議権とは区別された権限を専有している。それは神祇官条に定められているところの、長官と次官が専有する「総判」の権限即ち執政権であって、具体的には例えば太政官符を宣する権限である。そして左・右大臣を長官、大納言を次官とする太政官の構成は具体的にどのようなものであるかと言うと、それは公坐相連条に定められている四等官構成に他ならない。ところがこの四等官構成には中納言が含まれていない。従って大宝令の施行にともなう中納言の廃止が、公坐相連条に定められているような太政官における四等官制の成立を意味すると考えるのである。

(40)『新訂増補国史大系第五三巻　公卿補任　一』八頁。

(41)前掲『続日本紀』一二二頁。

第四章　中務省の成立

はじめに

浄御原令制における中務省前身官司の存否については、諸説が提起されている状況にある。(1) 私は、大宝令成立説を支持する立場から、若干の検討材料を報告してみたいと思う。

一　勅符

次掲の『令集解』公式令符式条古記の解釈について、私は本書第一部第二章において一つの試案を提出した。(2)

問、勅直云二勅符一、未レ知、勅符、答、不レ依二中務一、直印、太政官為二勅符一、遣宣、故太政官得レ為二勅符一、注云二勅符其国司位姓等一、不レ称二太政官一、知二太政官勅符一者、以二大弁署名一耳、

私は、右の古記の「不レ依二中務一」を、文字通り「中務省を経由せずに」の意味に解釈し、古記がそのような注釈を施した背景として、勅符は、中務省の前身官司が存在しない浄御原令制が、大宝令制に継承されたものだからではないかと考えた。

ところで、森田悌氏は「不レ依二中務一」の解釈に関して、公式令七一条に、中務省を経由しない勅および口勅は承

け用いてはならないと規定されていることを指摘している。(3) しかし森田氏の指摘にもあるように、同条には「若奉二口勅一索レ物者、不レ得レ経二中務一」（同条古記によると、大宝令にも同文がある）との例外規定があり、また、勅旨式条の古記にも、

古記云、問、其勅処二分五衛及兵庫事一者、本司覆奏、未レ知、其意、答、不レ関二中務一、而直勅耳、又雖レ経二中務一、亦可二覆奏一也、

とあって、五衛府および兵庫のことについての勅処分は、中務省を経ることなく直接本司に伝えるとの例外規定がある。(4) 勅符式の場合は、勅旨式とは異なる勅命下達の方式を規定したものとして、公式令七一条は適用されない例外であったとすることも可能ではないかと考える。

次に、前掲古記の「直印」については、森田悌氏が『延喜式』主鈴式に次の条文があることを指摘されている。(5)

凡下二諸国一公文、少納言奏二請印状一、訖主鈴印レ之、但勅符并位記、少納言印レ之、

確かに、『西宮記　巻七』「内印」の項には「少納言持二官符一帰二案下一、主鈴取二官符一捺レ之了」とあって、官符には主鈴が捺印し、『儀式　巻十』「飛駅儀」には「大臣喚二少納言一授二勅符及官符一或時授二中務輔及少将一少納言受レ之踏印、中務輔相二執勅符一端一」とあり、同「駅伝儀」には「大臣自持二勅符一目二少納言一云参来、少納言称唯、跪受レ之踏印、中務輔相二執勅符一端一」とあって、「飛駅儀」「駅伝儀」ともに、勅符は少納言が踏印することになっている。(6) 大宝令時代から平安前期まで、制度的変遷はあると思われるが、勅符の捺印を少納言が行うのは、元来勅符は太政官で作成するという伝統が、踏襲されているからではないかと推測する。位記が少納言によって捺印される理由は明らかにし得ないが、位記は浄御原令制にさかのぼるとされているので、(7) 位記の作成についても、太政官との密接な関わりがあるのかもしれないと憶測する。

次の「遺宣」についても、森田悌氏が指摘されるように、使者を遣わして勅符の内容を宣告することを意味すると思われる。[8] ここで勅符の実例として、広嗣の乱に際して発行された勅符の性格を検討しておきたいと思う。広嗣の乱における勅符の発行は三回にわたったと考えるので、これを第一、第二、第三の勅符と名付けたいと思う。第一の勅符は、広嗣反すとの報告が入って二日後の天平十二年（七四〇）九月己丑（五日）、佐伯常人・安倍虫麻呂等が勅によって発遣された時に、授けられた勅符であろうと思う。

第一の勅符の性格を明らかにするために、『続日本紀』天平十二年十月壬戌（九日）条を次に掲げる。[9]

> 大将軍東人等言、逆賊藤原広嗣率二衆一万許騎一、到二板櫃河一、（中略）于レ時、佐伯宿禰常人・安倍朝臣虫麻呂、発レ弩射之、広嗣衆却、列二於河西一、常人等率二軍士六千余人一、陳二于河東一、A即令二隼人等呼一云、随二逆人広嗣一、拒二捍官軍一者、非三直滅二其身一、罪及二妻子親族一者、則広嗣所レ率隼人幷兵等、不二敢発一レ箭、于レ時、常人等呼二広嗣一十度、而猶不レ答、良久、広嗣乗レ馬出来云、承二B勅使到来一、其B勅使者為レ誰、常人等答云、B勅使、衛門督佐伯大夫・式部少輔安倍大夫、今在二此間一者、広嗣云、而今知二B勅使一、即下レ馬、両段再拝、申云、広嗣、不三敢捍二朝命一、但請二朝庭乱人二人一耳、広嗣敢捍二朝庭一者、天神地祇罰殺、C常人等云、為レ賜二勅符一、喚二大宰典已上一、何故発レ兵押来、広嗣不レ能二弁答一、乗レ馬却還、（下略）

右のCに見える勅符が第一の勅符であり、勅符を伝達する相手が「大宰典已上」とあるのは、前掲の符式条古記の注釈に「注云勅符其国司位姓等」とあるのに一致するように思われる。またAは、常人等が勅符の内容を宣告したものとも考えられ、Bに「勅使」とあるのは、常人等が勅符を授けられ、その施行を任務とする専使であることを示していると思われる。従って第一の勅符は、前掲符式条古記が注釈する勅符に類似することから、大宝令符式付則の勅符であると考えてよいのではないかと思う。

次に第三の勅符は、九月癸丑（二十九日）条の「筑紫府管内諸国官人百姓等」に宛てた勅そのものであり、同勅の文中に「故更遣㆓勅符数千条㆒、散㆓擲諸国㆒、百姓見者、早宜㆓承知㆒」とある勅符である。第二の勅符は、第三の勅符の文中に「前已遣㆓勅符㆒、報㆓知彼国㆒、又聞、或有㆓逆人㆒、捉㆓害送人㆒、不㆑令㆓遍見㆒」とある勅符であるが、「逆人が送人を捉え害して遍く見せしめず」とあるので、常人・虫麻呂等が、板櫃河で広嗣軍と対峙した時に携行した第一の勅符とは、別のものと思われる。そして第二の勅符に「不㆑令㆓遍見㆒」、第三の勅符に「百姓見者」とあり、不特定多数に見せることを施行の方法としており、また鹿内浩胤氏が指摘されたように、第三の勅符の宛所は「筑紫府管内諸国官人百姓等」であって、第一の勅符の「太宰典以上」とは異なる。従って、第二、第三の勅符は、施行の方法や宛所が第一の勅符とは異なることから、飛駅式の勅符である可能性があるのではないかと考える。(10)

以上により、広嗣の乱に見える勅符は、符式付則の勅符一件と飛駅の勅符二件の可能性があると考える。

二　威奈真人大村墓誌

中務省の成立に関連する史料として、次の威奈真人大村墓誌を取り上げたいと思う。(11)

小納言正五位下威奈卿墓誌銘并序

卿諱大村、檜前五百野宮御宇　天皇之四世、後岡本聖朝紫冠威奈鏡公之第三子也、（中略）後清原聖朝初、授務廣肆、A藤原聖朝小納言闕、於是高門貴冑、各望備員、天皇特擢卿、A除小納言、授勤廣肆、居無幾、進位直廣肆、B以太宝元年、律令初定、更授従五位下、仍兼侍従、C卿対揚宸扆、参賛絲綸之密、朝夕帷幄、深陳献替之規、四年正月、進爵従五位上、慶雲二年、D命兼太政官左小弁、越後北疆衝接蝦虜、柔懐鎮撫允属其人、同歳十一月十六日、Ｅ命卿除越後城司、四年二月、進爵正五位下、Ｆ卿臨之以徳澤、扇之以仁風、化洽刑清、令行禁止、所翼享茲景祜、錫以長齢、豈謂一朝拋成千古、以慶雲四年歳在丁未四月廿四日、寝疾終於越城、時年卌六、（下略）

右の墓誌について、浄御原令制に関する二つのことを指摘したいと思う。第一は小納言と侍従との関係、第二は侍従の存否である。早川庄八氏は、傍線Ｂによって、「浄御原令施行期には、ⅰ侍従という官職が存在しなかったか、ⅱ存在していたとしても小（少）納言とは無関係の官職であったか、のいずれかであったのではないか。」とされているが(12)、少なくとも兼職ではなかったと思われる。なぜならば、Ｂに大宝令制定の際に小納言にして侍従を兼ねたことが明記されているので、個人の経歴を顕彰する墓誌であれば、Ａの藤原聖朝（文武朝）に小納言に任ぜられた際に、侍従を兼ねたのであれば、明記されるはずであるのに、そのことがないのは、浄御原令制には「其少納言、在侍従員内」、即ち小納言が侍従を兼ねる制度がなかったからであると考えられる。問題は、浄御原令における侍従という官職の存否である。

前掲の墓誌において、Ａの小納言、Ｂの侍従、Ｄの左少弁、Ｅの越後城司（『続日本紀』によると慶雲三年〈七〇六〉閏正月庚戌には従五位上猪名真人大村を越後守となすとある(13)）のように官歴が記されているが、任じられた官職の職掌について記述されているのは、Ｂの侍従に関するＣのみである。即ちＣには、「卿は、天皇の命にこたえてその意を天下に表わし、綸言の密なるに預かり助け、朝夕御所に侍奉して、是非の規範を深く言上する」とあり、これはまさに侍従の職掌を述べたものであろう。Ｆ以下は総括的な徳功の顕彰であって、特定の官職の職務を述べたものではない。それでは、何故に侍従についてのみ、その職掌を記述したのであろうか。相当位は、小納言と侍従が従五位下、左小弁が正五位下であるから、侍従のみが特に高位の官職というわけではない。

大・中・小納言や左右の大・中・小弁が浄御原令制に存在したことは、すでに指摘されているところである。この墓誌において、すでに浄御原令制に定められていた小納言や左小弁に、職掌の記述がないことに注目するならば、侍従は大宝律令によってはじめて定められた新しい官職であるが故に、そして侍従の創設と同時に威奈卿が任じられたが故に、侍従がいかなる職掌の官職であるかを記述し、威奈卿の官歴を顕彰しようとしたのではなかろうか。Bの「律令初定」の表現には、大宝律令によって初めて体系的な律令制が定まると同時に、侍従という要職を兼ねたことを、特に顕彰する意味が含まれているように思われる。

以上、威奈真人大村墓誌について、浄御原令制には、小納言と侍従の兼職関係も、さらには侍従という官職そのものも定められておらず、これらは大宝令によって初めて定められた可能性が高い、という解釈を提出した。

少納言による侍従の兼職は、前掲の『延喜式』主鈴に規定されている、少納言と主鈴による請印・踏印の手続きに見られるように、太政官と中務省の制度的連携の一環である。また、侍従という職掌は、中務卿の職掌に「侍従、献替、賛相礼儀、審署詔勅文案、（下略）」とあるように中務省の職掌の根幹であり、それを支えていたのが侍奉官たる侍従であったことは、例えば、公式令詔書式条「右受勅人、宣送中務省」について、

跡云、中務覆奏、謂侍従奉勅、宣送中務、中務即以其勅書覆奏訖、取署印捺為案也、

とあることなどによって明らかである。唐の侍中および中書令の職掌に「侍従」があることも勘案される(14)。

このように考えると、もし浄御原令制に、小納言と侍従の兼職も、さらには侍従そのものも存在しなかったとするならば、中務省の前身官司の存否にかかわる検討材料になるのではないかと思われる。

三　詔書・勅旨の施行方式

詔書式および勅旨式の成立に関連して、古記の注釈等を手掛かりに、その施行方式を検討したいと思う。詔書式の中務省から太政官に送る部分の養老令文と『令集解』古記の注釈を次に掲げる。(15)

〔養老令詔書式条〕右御画日者、留二中務省一為レ案、別写二一通一印署、送二太政官一、

〔同条集解〕古記云、問、詔書者写二二通一、留二中務一為レ案、（中略）又問、写二通、一通留二中務一為案（下略）

〔勅旨式条集解〕古記云、問、更写二一通一送二太政官一、於二詔書一有レ文、（以下、八七頁の古記参照）。

右の二つの古記から、大宝令文は、第一章第一節に述べたように、

　詔書者写二二通一、一通留二中務一為レ案、更一通送二太政官一、

のように復元され、従って詔書の案文が中務省から太政官に送られることは確かである。(16)

次に、詔書式の施行部分の養老令文と同条古記の注釈を次に掲げる。(17)

〔養老令詔書式条〕大納言覆奏、画レ可訖、留為レ案、更写二一通一、A誥訖施行、

〔同条集解〕古記云、問、B宣訖付レ省施行、未レ知、宣方、又施行方、答、有二聚レ衆宣一、a或直付レ省施行、b或太政官造レ符施行、c或直写二詔書一施行也、付レ省、謂八省所レ由之省也、

古記の傍線部Bが大宝令文であると考えられるが、養老令文Aとの対比から、施行に関する大宝令文はBがすべてであると思われる。古記の注釈のうち「宣方」は、「有聚衆宣」であり、「施行方」は、ａｂｃの三通りである。ａｂｃは、従来並列的に理解されることが多いが、ａとｂｃには根拠に違いがあるように思われる。ａは大宝令文そのもの

に根拠があるのに対し、ｂｃは、おそらく当時の実態に基づく古記の注釈であると思われるのである。ｂｃについては、詔書式条の義解に、

謂、凡施二行詔書一者、於二在京諸司一、直写二詔書一、副二官符一行下、若其外国者、更騰二官符一施行、故下条云、太政官施行詔勅、案成以後頒下者、各給二写程一也、

とあるのを参考史料として、ｂは詔書を官符に騰する方法で、諸国への施行法、ｃは詔書の写しに官符を副える方法で、在京諸司への施行法であると考えられる[18]。ただし、詔書を太政官符によって施行した例として、天平九年の但馬国正税帳に、

賷太政官逓送免田租詔書来使単壱拾日（注略）

とあり、これはおそらく詔書に官符を副えて諸国に施行した例であろう。前掲の義解の注釈するところとは異なるが、大宝令制下の方式であり、前掲古記のｃに相当する可能性があろう。

これに対し、ａは詔書式の宣布が行われたならば、直ちに省に付して施行するという大宝令文の規定に基づいており、「直ちに」とあるからおそらく太政官符の作成はともなわず、「付省」とあるから、施行の範囲は在京諸司に限られていたと考えられる。そうだとすれば、ａは浄御原令制等を継承するところの太政官符をともなわない施行方式、ｂｃは大宝令制下において、現に行われているところの太政官符による施行方式である可能性があるのではないかと思われる。

古記のａ即ち詔書式本文による施行方式が、太政官符をともなわず、かつ施行の範囲が在京諸司に限られているのは、伝統的な宣命の施行方式を踏襲しており、かつ太政官符が未整備の段階の施行方式を継承しているためではないかと思われ、詔書式の施行に関する古記のうち、詔書式本文によるａの方が、太政官符をともなうｂｃよりも、より

古い方式であると考えられる。

次に、勅旨式の施行方式について、養老令文と同条古記の注釈を掲げる。(20)

［養老令勅旨式条］中務覆奏、訖依レ式取レ署、留為レ案、A更写二一通一送二太政官一、少弁以上、依レ式連署、留為レ案、更写二一通一施行、

［同条集解］古記云、問、B更写二一通一送二太政官一、於二詔書一有レ文、未レ知、誰色人送、答、少丞以上、又問、年月日下注二録名一、仍録以上送、何障、問、C若送二諸司一者、連署留為レ案、更取二諸司返抄一、未レ知、其義、答、不レ経二太政官一、直送二於諸司一、々々連署為、而留為レ案、後中務更取二諸司返抄一、一云、此条、B送二太政官一、謂送二弁官一、即送二史生等一、唯召付二諸司一、中務不レ為レ送也、此是今行事、又不レ取二返抄一、唯云三月日付二位姓名一耳也、

右の古記は、大宝令文の本文B「更写二一通一送二太政官一」について、中務省の誰が太政官に送るかを注釈したあと、本注であるC即ち中務省から太政官を経ずに諸司に送る場合の手続きを注釈している。本注Cは、諸司に送る場合は、諸司において連署して案とし、中務省は諸司の返抄を取るとしている。大宝令本文は、B部分しか確認できないが、本注Cは、B部分に対する本注であって、「連署留為レ案、更取二諸司返抄一」のあとは、A部分と同様に「更写二一通一施行」に続くのではなかろうか。そのように解することができれば、勅旨案が諸司に送られた場合も、さらに諸司から施行されることがあったということになる。そして古記は、「一云」(21)を引用しているが、「一云」は、太政官に送る場合と諸司に送る場合を注釈しており、諸司に送る場合、今行事では返抄を取らず、「唯云三月日付二位姓名一耳也」は、本注Cの「連署留為レ案」に当たるように思われる。

詔書式および勅旨式の施行方式について、検討したところをまとめ、若干の見通しを述べておきたいと思う。大宝令詔書式本文の施行規定「宣訖付省施行」は太政官符によらない方式であり、浄御原令等の旧制度を踏襲している可

能性がある。一方勅旨式の施行については、確認できる大宝令本文「更写㆓一通㆒送㆓太政官㆒」は、太政官に送った上で、太政官符によって施行されることを意味していると思われ、本注「若送㆓諸司㆒者、連署留為㆑案、更取㆓諸司返抄㆒」は、諸司に送る場合の手続きを規定している。[22] そして、大宝令詔書式の太政官符によらない施行規定が、旧制度を踏襲しているとするならば、直近の浄御原令制を継承しており、浄御原令制には詔書を太政官符によって施行する方式が、未だ行われていなかった可能性が高いと思われる。もし詔書および勅旨を太政官符によって施行する方式（古記のｂｃ）が、大宝令制にはじまるとするならば、詔書式および勅旨式による太政官と中務省の有機的な関係も、大宝令制にはじまる可能性があるのではないかと思う。

おわりに

中務省の成立を考えるための材料として、勅符式、威奈真人大村墓誌、詔書および勅旨の施行方式を検討してみた。詔書および勅旨の施行方式については、詔書式、勅旨式の成立時期をさぐる手掛かりを得ようとしたものであるが、雑駁な考察に終始してしまった。検討したところを報告し、ご示教を仰ぐ次第である。

注

（1）中務省の成立に関する諸説については、第一部第二章注（17）参照。

（2）『新訂増補国史大系第二四巻　令集解　後篇』八一五～八一六頁。本書第一部第二章。

（3）前掲『令集解　後篇』八九五～八九六頁。森田悌「勅符式と太政官制」『平安時代政治史研究』吉川弘文館、一九七八年、一九

〜二〇頁。初出『古代文化』二八—四、一九七六年。
(4) 前掲『令集解　後篇』八七五頁。
(5) 『新訂増補国史大系第二六巻　延喜式』三七〇頁。森田悌前掲、二〇〜二一頁。同「勅符論」『日本古代の政治と宗教』雄山閣出版、一九九七年。初出『続日本紀研究』二九〇、一九九四年。
(6) 『改訂増補故実叢書第七巻　西宮記』八〜九頁。『同第三一巻　儀式』二二八〜二三二頁。
(7) 黛弘道「位記の始用とその意義」『律令国家成立史の研究』吉川弘文館　一九八二年。
(8) 森田悌「勅符考」『天皇号と須弥山』高科書店、一九九九年。初出「勅符について」『続日本紀研究』三〇三、一九九八年。
(9) 『新日本古典文学大系一三　続日本紀　二』三六四〜三七五頁。
(10) 拙稿「広嗣の乱と勅符」直木孝次郎先生古稀記念会編『古代史論集　中』塙書房、一九八八年。先行論文として、鹿内浩胤「大宝令勅符の再検討」(『歴史』七五、一九九〇年)は、第一の勅符は符式付則の勅符とは異なる駅伝の勅符であるとされている。第二、第三の勅符については、飛駅式の勅符と考えられており、私見と同じである。その他の先行論文については、鹿内氏同論文の研究史に委ねさせていただきたいと思う。ここでは鹿内氏の論文以降発表された、吉川真司「勅符論」(井上満郎・杉橋隆夫編『古代・中世の政治と文化』思文閣出版、一九九四年)に触れておきたい。吉川氏の論点のうち、古記の注釈にある「印」を「仰」に意改することの当否については、論ずる用意がないが、勅符は天皇の意志を太政官が直接に受け、施行するための文書とされ、また勅符の「符」は、オホミコトをノタマフ行為が文書化されたもので、公式令成立以前から存在したオホミコトを伝達する行為・文書をよく伝えているとされる見解を支持したいと思う。しかし、勅符の実質がいわゆる奉勅官符に継承されたとされる点には、若干の疑問がある。勅符が、勅命と符が一体となった古い勅命下達方式であるとすれば、勅符を継承するのは、勅旨式をはじめ勅を太政官符等によって施行する大宝令的公文書制度であって、奉勅官符はその一つに過ぎないと思うからである。なお前掲拙稿「広嗣の乱と勅符」において、私は、大宝令に規定された勅符は符式付則の勅符のみで、飛駅の勅符も符式付則の勅符であったと考えたが、本書第一部第二章第四節に述べるように、飛駅式条の義解の解釈等から、大宝令には、符式付則の勅符とともに、飛駅式にも勅符が定められていたと考え、旧説を変更した。
(11) 『寧楽遺文　下』九六七頁。奈良国立文化財研究所飛鳥資料館編『日本古代の墓誌　銘文篇』同朋舎、一九七八年、一〇八〜一〇九頁。

(12) 早川庄八「律令太政官制の成立」坂本太郎博士古稀記念会編『続日本古代史論集　上』吉川弘文館、一九七二年。後に『日本古代官僚制の研究』岩波書店、一九八六年所収。
(13) 前掲『続日本紀　二』九四〜九五頁。
(14) 前掲『令集解　後篇』七八四頁。仁井田陞『唐令拾遺』東京大学出版会、一九六四年、一三四〜一三八頁。
(15) 同七七八〜七七九、七八四頁。
(16) 第一部第一章第一節六頁。
(17) 前掲『令集解　後篇』七七九、七八一頁。古記の注釈のうち、「宣方」が「有聚衆宣」に、「施行方」がａｂｃの施行方式に当たるという文章構成については、櫛木謙周氏の解釈に従う（「宣命に関する一考察―漢文詔勅との関係を中心に―」日本古文書学会編『日本古文書学論集　四　古代Ⅱ』吉川弘文館、一九八八年。初出『続日本紀研究』二一〇、一九八〇年）。
(18) 『日本思想大系三　律令』公式令補注１ｅは、ｂ「或太政官造レ符施行」が義解のいう「於二在京諸司一直写二詔書一副二官符一行下」に当たり、ｃ「或直写二詔書一施行」が義解の「若其外国者、更謄二官符一施行」に相当すると解している（六四〇〜六四一頁）。これに対し八木充「大宝令勅符について」（『山口大学文学会志』二九、一九七八年）、吉川真司前掲は、逆に、ｂが義解の「若其外国者、更謄二官符一施行」に、ｃが「於二在京諸司一直写二詔書一副二官符一行下」と解しておられるが、後者の解釈が妥当と考える。
(19) 『大日本古文書二』六〇〜六一頁。
(20) 前掲『令集解　後篇』七八四頁。
(21) 古記が引用する「一云」は、別の注釈書であって、その注釈書は古記と同様に大宝令の注釈書であると考えられている（虎尾俊哉「令集解考証三題」『弘前大学人文社会』三三　史学篇Ｖ、一九六四年）。
(22) 勅旨式条の書式のうち、「奉二勅旨一如レ右、符到奉行」が、大宝令文にも存在したことは、同条古記によって確認され、「符」は、太政官符、また諸司に送られた場合は諸司符と考えている（本書第一部第二章）。

第五章　国分寺建立の詔の成立

国分寺建立の詔の成立過程については、いくつかの見解が提出されており、問題点はすでに論じ尽くされている感がある。しかし、詔の本文と条例との関係やこれに関連する天平十三年（七四一）二月十四日の「勅処分」、詔の成立時期などについて、なお検討すべき問題が残されているように思われる。本章は、これらの問題点について若干の検討を試みた覚え書きである。なお、いわゆる国分寺建立の詔は、『類聚三代格』や『弘仁格抄』には勅とあり、本来は勅であった可能性があるが、本章では通例に従い国分寺建立の詔と表記し、また詔のうち「布二告遐迩一、令レ知二朕意一」までを詔本文、以下の具体的規定の部分を条例と呼ぶ。

一　詔本文の発布

国分寺建立の詔は、『類聚三代格』所収のものも、『続日本紀』所載のものも、いずれも詔本文と条例から成っている[1]。ところで、周知のように、この詔の本文は天平十三年二月十四日より前に出されたものであるとの有力な見解がある。即ち、萩野由之氏は、詔本文中の「自今春巳来、至于秋稼」の語は、天平十三年二、三月の詔文としては不適切であり、かつ詔本文中の「頃者年穀不豊疫癘頻至」の語は、天平九年までの熾烈な疫病と飢饉を指すと考えられることなどから、この詔本文は天平十年秋冬の交に発せられたものであり、条例は天平十三年二月十四日に下されたも

のとの画期的な所説を発表された。(2)

角田文衛氏は、詔本文の中に「宜令天下諸国各敬二造七重塔一区一、幷写二金光明最勝王経・妙法蓮華経各十部一」とあるが、『続日本紀』天平十二年六月甲戌（十九日）条に、「令下天下諸国毎国写二法華経十部一、幷建中七重塔上焉」とあるので、詔本文が天平十年に発せられたとすると、総括的な詔が出された後でその一部が繰り返されたという不自然を生ずることになるから、詔本文は天平十年ではなく天平十二年に発せられたものと考えるべきであり、かつ『続日本紀』の天平十二年には七月がなく、また八月の上に「秋」の字が落ちているから、この部分の『続日本紀』には錯簡があり、当初八月甲戌条に係けられていた国分寺建立の詔と和泉監統合の二つの記事のうち、前者を六月甲戌条に入れ、かつ法華経書写と七重塔建立のことのみを略記したものであって、詔本文の発布は天平十二年八月甲戌と考えられた。(3) 伊野部重一郎氏は、詔本文発布の時期については角田氏の説を継承され、八月甲戌条の国分寺建立の詔を六月甲戌に移した理由として、『続日本紀』の六月庚午に大赦の記事があるので、これに仏教的行事を続けるためであったとされ角田説を補強された。(4)

これらの先学に導かれながら私見を述べるならば、詔本文発布の時期については、角田氏や伊野部氏の所説のほかに、天平十二年七月と考える余地もあるのではないかと思う。まず、詔本文の発布が天平十二年六月甲戌以前であったとすると、角田氏が言われるように総括的な詔が出された後でその一部が繰り返されるという不自然を生ずる。のみならず、後に述べるように条例は詔本文との関連において制定されたと考えられるので、詔本文が発布されてから条例が定められるまでの間に詔本文の一部が繰り返されるというのは、やはり不自然と言わねばならない。従って、詔本文の発布は天平十二年六月甲戌以後と考えるべきであろう。

角田氏が指摘されたように、天平十二年には七月条がなく、八月条の頭の「秋」の字が落ちているから、七月条が

「秋」の字とともに削除された可能性が高い。そして角田氏が言われるように、「自二今春一巳来、至二于秋稼一」の語が七月にも該当するとすれば、詔本文ははじめ天平十二年七月条に係けられていたが、『続日本紀』編纂の過程で削除された可能性がある。削除された理由は、角田氏が言われるごとく、翌天平十三年三月にも同じ詔本文が条例とともに掲げられていたためであろうと思う。

問題は、六月甲戌条と削除された詔本文との関係である。角田氏は、詔本文を削除した跡に詔本文を略記した記事、即ち法華経書写と七重塔建立の記事を残したものと考えられた。確かに、詔本文発布の事実を残すために、略記した記事を残すことはあり得ることのように思われる。しかし略記記事は六月甲戌条である。六月では、詔本文の「自二今春一巳来、至二于秋稼一」の文言に合わないので、角田氏は、秋七月から九月までの間の唯一の甲戌である八月甲戌条(5)に係けられていたが、何らかの理由で六月に移されたと考えられたようである。

しかし私には、伊野部氏の補強をもってしても、八月甲戌の記事を六月に移したというのは、『続日本紀』編者の編纂方針としていささか恣意的に過ぎるように思われ、また、七月条が削除された痕跡も見過ごし難いように思われる。そこで私は、詔本文ははじめ七月条（干支は不明である）に係けられていたが、翌天平十三年三月条と重複するため削除されたと考え、六月甲戌条と七月条の詔本文を別個の記事と考えてみたい。即ち、六月甲戌条は天下諸国に法華経書写および七重塔建立を命じたものであるが、七月条の詔本文は六月甲戌条の施策を踏まえ、さらに金光明最勝王経書写等の施策を加え国分寺の制の体系化を意図して発布されたものと考えることができるのではなかろうか。このように考えれば、七月条が削除された痕跡を活かすことができるように思われる。

以上により、私は角田氏・伊野部氏の所説に若干の私見を加え、詔本文は天平十二年七月に発布されたものと考えておきたい。

二　勅処分の解釈

詔本文部分が天平十二年七月に発布されたものであるとすると、天平十三年二月十四日にはどのような形でどのような内容のことが定められたのであろうか。萩野氏は、天平十三年二月十四日に具体的細則である条例が勅処分として頒付されたとされ、角田氏は同年月日に条例が太政官符として下されたとされ、伊野部氏は同年月日に勅によって、金字金光明最勝王経書写と条例三ヵ条が定められたとされている。私も天平十三年二月十四日に条例三ヵ条が定められたと考えることに異論はない。そして、条例制定の手続きについて、和田軍一氏が条例三ヵ条は便奏式の勅処分によって決裁されたものとされ、条例制定の手続きに太政官奏と勅処分が関与していることを示唆されたことに注目したいと思う(6)。天平十三年二月十四日の勅処分は、『類聚三代格』の延暦二年（七八三）四月二十八日の太政官符と『続日本紀』の延暦二年四月甲戌（二十八日）条にみえるものである(7)。

ここで、しばらく勅処分なるものがどのようなものであるかを検討しておきたい。勅処分については、次のような史料が見られる。

①　『類聚三代格』天平神護元年（七六五）正月二十日勅(8)

勅、如聞、衛府官人等、輙随二所レ将兵三五人一任縦行往、（中略）自今以後、給二随身一者、長官二人、次官已下一人、若有レ違者宜レ科二違勅罪一、兵亦決レ杖解却、其三人已上応二随身一者、必先奏聞、聴二勅処分一、

②　『続日本紀』天平四年八月壬辰条(9)

勅、（中略）筑紫兵士課役並免、其白丁者、免レ調輸庸、年限遠近聴二勅処分一、

③『同』天平神護元年三月癸巳条(10)

勅、比年遭旱、歳穀不レ登、朕念二於茲一、（中略）若有二今年又不レ熟者、至二於秋時一待二勅処分一、

④『延喜式』（式部上）国造叙位条(11)

凡初任二出雲国造一者、進二四階一叙、其齋畢奏二神寿詞一、又進二四階一叙、進加応レ至二五位一者、聴二勅処分一、

これらの史料には、「先奏聞、聴二勅処分一」「聴二勅処分一」「待二勅処分一」とあり、勅処分の語は、奏聞に対する決裁という意味をもつようである。

また、勅処分の語は太政官奏に対する決裁としても用いられる。養老公式令によると、太政官から天皇への奏上の形式には、論奏式、奏事式、便奏式の三つの書式がある。このうち便奏式に「奉勅依奏、若不依奏者、即云、勅処分云云」とあって、奏による場合は「奉レ勅依レ奏」、奏によらない場合は「勅処分云云」と付記することが定められている(12)。また、奏事式条の古記に次のように見える(13)。

古記云、問、奉レ勅依レ奏、未知、不レ依レ奏、若為処分、答、不レ依レ奏者、即云二勅処分一云々耳、論事式奏亦放レ此、問、若更有二勅語一須レ附者、随レ状附云々、未レ知、更有二勅語一、答、除レ依レ奏亦更有二勅語一耳、

古記の述べるところによれば、次のようになる。

第一に、奏に依らない場合は「奉勅依奏」の代わりに「勅処分云々」と書く。第二に、大宝令の論事式（養老令の論奏式）(14)も同じであり、奏によらない場合は「勅処分云々」と書く。第三に、大宝令文の「若更有勅語須附者、随状附云々」について、さらに勅語ある場合は、「奉勅依奏」のうちの「依奏」の二字を除き、さらに勅語を書く。即ち「奉勅云々」と書く。

要するに奏による場合は「奉勅依奏」、勅語を付加する場合は「奉勅云々」、奏によらない場合は「勅処分云々」と

付記するというのであり、「勅処分云々」の方式は当式（奏事式）だけでなく、論事式（養老令の論奏式）にも用いられるという。

それでは、さらに勅語を付す場合と奏によらない場合とは、どのように異なるのであろうか。奏事式条の跡記に、(15)

跡云、（中略）更有㆓勅語㆒、依㆑奏訖、更有㆓勅宣加㆒㆑事、假令、甲乙成㆓舎人㆒而奏㆑此、景丁亦成加之類、

とあるのによれば、「更有㆓勅語㆒」とは奏を基本的に承認した上で、さらに付け加えるべきことがあった場合であり、例えば甲と乙を舎人とする奏上を認めた上で、さらに勅により景と丁を加えるの類であるという。また、便奏式条の跡記に、(16)

跡云、不㆑依㆑奏者、謂假令、奏状云、差㆑甲充㆑使、而不㆑依㆓奏状㆒、勅称㆓差㆑乙合㆒㆑充之類、論奏之事、若不㆑依奏者、其不依之状、御自勅書画耳、

とあるのによると、奏によらないというのは、例えば甲を使者に遣わすという奏状に対して、勅によって乙を遣わすことを指示する場合であるという。

以上により、「奉勅云々」と「勅処分云々」は、いずれも奏に対する修正の方式であって、奏に勅語を付加する場合が「奉勅云々」、奏に改変を加える場合が「勅処分云々」、であり、前者より後者の方が、奏に対する修正の度合いが大きいということになろう。そして「勅処分云々」は、論事式、奏事式にも用いられるという。太政官奏に勅語を付加する「奉勅云々」の具体例としては、養老五年六月十日の太政官奏が按察使・記事の季禄を定めて奏上したのに対し、「奉勅云々」によって季禄の倍給を指示した例がある。(17)

三　詔本文と条例

ここで本題にもどり、延暦二年四月二十八日の太政官符を次に掲げよう。

太政官符

　応レ定二国分寺僧死闕替一事

右検二案内一、「去天平十四年五月廿八日下二四畿内及七道諸国一符偁、「奉二去天平十三年二月十四日勅処分一、毎国造二僧寺一必令レ有二廿僧一者」、仍取二精進練行操履可レ称者一度レ之、其雖レ可レ称不レ得二即度一、必須下数歳之間観二彼志性始終無變乃聴中入道上者」、而国司等不レ精二試練一、毎レ有二死闕一妄令二得度一、今被二大納言正三位藤原朝臣是公宣一偁、奉レ勅、国分寺僧死闕之替、宜乙当土僧之中擢下堪レ為二法師一者上補甲之、自今以後不レ得二新度一、先申二闕状一待レ報施行、但尼依レ旧、

　延暦二年四月廿八日

延暦二年四月二十八日の太政官符は、天平十四年五月二十八日の太政官符を引用した上で、国分寺の僧の欠員の補充法を定めたものであるが、その天平十四年五月二十八日の太政官符に天平十三年二月十四日の勅処分が引用されている。この勅処分には「毎国造二僧寺一、必令レ有二廿僧一」とあり、国分寺建立の詔の条例の第二条の一部に一致している。この同じ勅処分は、『続日本紀』の延暦二年四月甲戌（二十八日）条にも見えるところである。

　ところで、この天平十三年二月十四日の勅処分は、天平十二年七月発布の詔本文とどのような関係にあるのであろうか。ここで次の例のように、勅によって条例の策定が命ぜられ、太政官奏に対する奏可によって条例が定められる

例のあることに注目したい。[18]

勅、諸国所レ貢調庸支度等物、毎レ有二未納一交闕二国用一、（中略）所司宜下詳沙汰明作二条例一奏聞上、主者施行、

延暦五年四月十一日

太政官謹奏

一撫育有レ方戸口増益　一勧二課農桑一積二実倉庫一

（中略）

伏奉今月十一日勅、（中略）臣等商量所レ定具如二前件一、謹録二事状一伏聴二天裁一、謹以申聞、謹奏、

延暦五年四月十九日

奉勅依奏

『類聚三代格』や『続日本紀』に見える天平十三年二月十四日の勅処分は、このような条例策定の太政官奏に対する勅処分ではないかと思う。即ち国分寺に関する条例の策定は、おそらく論奏か奏事によって行われたものと思われるが、先に検討したように、古記によれば論事式や奏事式に対しても勅処分が行われるという。従って、論事式あるいは奏事式によって奏上された条例（おそらく三ヵ条）の一部を修正したのが、天平十三年二月十四日の勅処分であろうと思う。

天平十二年七月発布の詔本文にすでに条例策定を命ずる文言があったのか、それとも詔本文発布の後に改めて条例策定を命ずる詔勅が出されたのかは明らかでないが、いずれにしても条例は、詔本文の細則として太政官奏によって定められたものである。そして、天平十三年二月十四日の勅処分によって条例が定まった後、詔本文と条例は合せられ一つの詔として発布されたものと思われる。[19]

次に、詔本文と条例が合せられ一つの詔として発布されたのが何時であるかを考えたい。そのために、次に掲げる『続日本紀』天平十九年十一月己卯（七日）条を検討しよう。[20]

詔曰、朕以㆓去天平十三年二月十四日㆒、至心発㆑願、欲㆑使㆓国家永固、聖法恒修㆒、遍詔㆓天下諸国㆒、々別令㆑造㆓金光明寺・法華寺㆒、其金光明寺各造㆓七重塔一区㆒、并写㆓金字金光明経一部㆒、安㆓‐置塔裏㆒、而諸国司等怠緩不㆑行、或処㆑寺不㆑便、或猶未㆑開㆑基、（中略）是以差㆓従四位下石川朝臣年足（中略）等㆒、分㆑道発遣、検㆓‐定寺地㆒、並察㆓作状㆒、国司宜㆘与㆓使及国師㆒、簡㆓‐定勝地㆒、勤加㆗営繕㆖、（下略）

この詔は天平十三年二月十四日の措置を述べた上で、国司等の怠慢により国分寺建立の事業が進捗していないので、使者を発遣して事業を督励するとともに、事業の向こう三年以内の完了等を指示したものである。天平十三年二月十四日の措置については、朕は天平十三年二月十四日に発願して、国家を永く固く、聖法を恒に修めしめんと欲し、遍く天下諸国に詔し、国別に金光明寺と法華寺を造らせ、金光明寺には七重塔を造らせ、金字金光明経一部を安置せしめたと述べている。ここに見える金光明寺と法華寺の名称は、条例によって定められたことであり、七重塔の造立と金字金光明経の安置は、詔本文によって発せられたことである。このように解するならば、天平十九年十一月己卯の詔が引用する天平十三年二月十四日の措置は、詔本文の内容と条例の内容を合わせた内容のものであり、従って天平十九年十一月までには、詔本文と条例が合せられ一つの詔として発布されていたことが確認できるのではないかと思う。そして合せられた詔本文と条例は、「遍詔㆓天下諸国㆒」とあるように、天下諸国に対し発布されたものと思われる。

伊野部氏は、天平十三年二月十四日に条例三ヵ条とともに金字金光明最勝王経書写のことが定められたと考えておられ、正倉院宝物最勝王経帙の銘文[21]「依天平十四年二月十四日勅」を天平十三年の誤りとされている。私はむしろ、

『続日本紀』が係けている天平十三年三月乙巳（二十四日）は、詔本文と条例の合一に関連する可能性があり、正倉院宝物最勝王経帙の銘文にある天平十四年二月十四日の日付は、金字金光明最勝王経の書写・安置に関係があると考えるが、その検討は今後の課題としたい。

以上、国分寺建立の詔に関し、詔本文発布の時期、勅処分と条例の関係等について若干の試論を報告し、大方の御示教を仰ぐ次第である。

注

（1）『新訂増補国史大系第二五巻　類聚三代格』一〇七〜一〇八頁。『同第二巻　続日本紀』一六三〜一六四頁。
（2）萩野由之「国分寺建立発願の詔勅について」『史学雑誌』三三―六、一九二二年。
（3）角田文衛「国分寺の設置」『国分寺の研究　上巻』考古学研究会、一九三八年、一一五〜四一頁。
（4）伊野部重一郎「国分寺創建の詔について」『続日本紀研究』四―一、一九五七年。
（5）『新訂補正三正綜覧』（芸林舎、一九七三年）、内田正男編『日本暦日原典』（雄山閣出版、一九八二年）によると、天平十二年七月から八月までの間の甲戌は、八月甲戌（二十日）のみである。
（6）和田軍一「国分寺の詔の発出の時期」『歴史教育』五―五、一九五七年。
（7）前掲『類聚三代格』一一二〜一一三頁。前掲『続日本紀』四九二〜四九三頁。
（8）前掲『類聚三代格』六二七頁。
（9）前掲『続日本紀』一二九頁。
（10）同三一九頁。
（11）『新訂増補国史大系第二六巻　延喜式』四九〇頁。
（12）『同第二三巻　令義解』二三一〜二三五頁。
（13）『同第二四巻　令集解　後篇』七九二頁。

(14)『日本思想大系三　律令』公式令補注3a。
(15)前掲『令集解　後篇』七九二頁。
(16)同七九四頁。
(17)前掲『類聚三代格』一二二頁。
(18)同二八七～二八八頁。
(19)詔本文と条例の関係について、萩野由之氏前掲は、「然らば十年の詔勅と十三年の条例とを、何故に連記せるかの疑問起る、これは条例頒布の初に其発願の詔勅を冠らして其発願の理由を明にせんとして一紙に連記したるが為に、遂に詔勅の末尾にあるべき年月を失へるなるべし。」とされ、伊野部氏は「恐らく十二年八月の詔と十三年勅とが（天平十四年から十九年迄の間に一つの詔に書き直されていたと見るよりは）別々の史料として一所に置かれてあったのを便宜上一つの詔として表現し、日付は勅のそれを用いたものであろう。」と述べておられる。私は、詔本文と条例は一定の方針をもって合せられ一つの詔として発布されたものと考える。
(20)前掲『続日本紀』一九三～一九四頁。
(21)松島順正『正倉院宝物銘文集成』吉川弘文館、一九七八年、六頁。

第六章　太政官奏から見た国史の原史料

はじめに

『類聚三代格』と『六国史』の両書には、同じ格が多数収載されている。かつて坂本太郎氏は、両書に収載された格は、同じ格であっても往々にして、内容に相異があることを指摘され、相異の生じた原因について、『六国史』編纂時の疎漏による場合が多いこと、なかには『類聚三代格』所収の養老六年（七二二）二月二十二日勅（『続日本紀』では同月甲午詔）や貞観八年（八六六）二月二十五日太政官符（『三代実録』では同日詔）のように、両書収載格の原史料が異なる場合のあることを明らかにされ、さらに坂本氏は、『六国史』の原史料として中務省図書寮の日録が利用された場合のあることを示唆された。(1)

一方吉田孝氏は、三代の格は編纂時における有効法を収録するという立場から、編纂時に格の内容に改変を加えた例のあることを指摘しておられる。(2)これら先学の研究により、両書に収載された格の内容がしばしば相違する理由については、第一に『六国史』編纂時の疎漏、第二に三代の格編纂時における改変、第三に両書の原史料の相違という、三つの問題があることが明らかになっている。私も先学の驥尾に付して、両書に収載されている太政官奏の日付および形式を検討することにより、国史の原史料がどのようなものであったかを追求してみたいと思う。

一　太政官奏の手続き

はじめに、太政官奏についての手続きを検討しておこう。太政官奏には、事の大小によって、論奏、奏事、便奏の三つの書式があるが、いずれもまず太政官が奏上の文書を作成し、次にその太政官奏を天皇が裁可し、その後で太政官が施行するという手続きを踏む。養老公式令によって、三式の書式を次に掲げよう。(3)

論奏式
太政官謹奏其事
太政大臣位臣姓名
左大臣位臣姓名
右大臣位巨姓名
大納言位臣姓名等言、云々、謹以申聞謹奏
　年月日
聞御画
　大納言位姓
奏事式
太政官謹奏
其司位姓名等解状、云々、謹以申聞謹奏

年月日

太政大臣位臣姓

左大臣位臣姓

右大臣位臣姓

大納言位臣姓名

奉レ勅依レ奏、若更有二勅語一須レ附者、各随レ状附、云々

大納言位姓

便奏式

太政官奏

其司所レ申、其事云々謹奏

年月日

少納言位姓名

奉レ勅依レ奏、若不レ依レ奏者、即云、勅処分、云々

職員令大外記の職掌に、

勘二詔奏一

とあり、その義解に、

謂、勘二正詔書一、及勘二造奏文一也（傍点　柳）

とあるように[4]、外記が太政官奏の原案を起草する。そして太政大臣以下大納言以上の署名を取り、年月日を記入して

原案の作成が終わる(5)（ただし、便奏式には太政大臣以下大納言以上の署名はない）。

次に、奏官（論奏式と奏事式は大納言、便奏式は少納言）が天皇に奏上し、裁可になれば、論奏式は宸筆で「聞」の字を画し、奏事式と便奏式は奏官が「奉勅依奏」と記入する。いずれも裁可の後に、奏官が署名を加える(6)。これが裁可の手続きである。

裁可された太政官奏は、弁官の作成する太政官符によって施行される。次に、論奏を施行する太政官符の具体例を、要点のみ掲げよう(7)。

　太政官符

　　応レ停三土師宿禰等例預二凶儀一事

右太政官今月十四日論奏偁、……………伏聴二
天裁一謹以申聞者、画聞既訖、省宜承知…………

　　延暦十六年四月廿三日（傍点　柳）

今月十四日は、論奏の原案が作成された日付であり、延暦十六年（七九七）四月二十三日は、言うまでもなく施行の太政官符の日付である。従って、この太政官符の文中に見える「画聞既訖」即ち天皇による裁可は、十四日から二十三日までの間に行われたということになる。このように、太政官奏をめぐる日付としては、原案作成、天皇による裁可、施行の三つの日付が考えられる。

手続きの前後関係を考慮するならば、これら三つの日付は、この順序に何日かずつずれることが予想される。また場合によっては、手続きが迅速に進められ、同日のうちに太政官奏の作成と天皇による裁可が行われ、あるいはまた天皇による裁可と太政官による施行が行われることもあろう。

二　太政官奏の日付

太政官奏の手続きと日付を以上のように考えた上で、格式所載の太政官奏が、いかなる日付と形式で国史に収載されているかを検討してみよう。その実例をまとめてみたのが表1である。

はじめにこの表について若干の説明をしておきたい。格式所載の太政官奏としては、『類聚三代格』『弘仁格抄』『延暦交替式』のほかに『令集解』からも引用した。先学によって、『令集解』所引の格（太政官奏を含む）は、『弘仁格』を原典としていることが明らかにされているからである。(8) これに対応する国史の記事は『続日本紀』『日本後紀』『続日本後紀』『類聚国史』『日本紀略』から検出した。

国史においては、詔、勅、太政官奏などの形式を明示せずに、格の内容だけを記録している場合がしばしばあるが、それらは引用形式の欄に—印を付した。

備考欄には、格式所載の太政官奏の日付と、国史所載の記事の日付の異同をアルファベットで示した。即ち、前者と後者が一致する場合にA、前者より後者が遅い場合にB、逆に前者より後者が早い場合にC、日付けの異同を判断しがたい場合にDを付した。(9)

出典の欄には、『類聚三代格』は類格、また新訂増補国史大系にならい、同書前田侯爵家所蔵本は前本、東山文庫所蔵本は御本、植松蔵板印本は印本、『続日本紀』『日本後紀』『類聚国史』『日本紀略』はそれぞれ続紀、後紀、類史、紀略と略記した。頁数は、いずれも新訂増補国史大系本である。(10)

先に述べたように、表1には、格式所載の太政官奏と同じ内容と判断される記事が国史（『日本紀略』は国史の欠失

表1　太政官奏と国史所載の記事

番号	格式所載の太政官奏 形式	日付	出典	頁数	国史所載の記事 引用形式	日付	出典	備考
1	太政官奏	霊亀二・五・一七	類格	一一六	詔（？）	霊亀二・五・庚寅（一五）	続紀	C
2	太政官奏	養老五・六・一〇	類格	二二二	太政官奏言	養老五・六・乙酉（一〇）	続紀	A
3	太政官奏	養老六・七・一〇	類格	一三七	太政官奏	養老六・七・己卯（一〇）	続紀	A
4	太政官符（奏） 太政官奏	養老六・八・二九	類格 弘仁格抄	五七九 三一	―	養老六・八・丁卯（二九）	続紀	A
5	太政官奏	神亀五・三・二八	類格	二二八	勅	神亀五・三・甲子（二八）	続紀	A
6	太政官奏	天平二・三・二七	令集解 弘仁格抄	七一、七四 八〇、二二七 一二	太政官奏	天平二・三・辛亥（二七）（二六）	続紀	A（C）
7	太政官奏	天平六・一一・二〇	類格	七五	太政官奏	天平六・一一・戊寅（二一）	続紀	B
8	太政官奏	天平一七・一一・二七	延暦交替式	一〇	制	天平一七・一一・庚辰（二七）	続紀	A
9	太政官奏	天平勝宝六・一〇・一四	類格	六一三	勅	天平勝宝六・一〇・乙亥（一四）	続紀	A
10	太政官奏	宝亀一一・八・二八	類格	二三三	太政官奏	宝亀一一・八・庚申（二八）（二九）	続紀	A（B）
11	太政官奏	延暦二・五・一一	類格	二二四	太政官奏	延暦二・五・丁亥（一一）	続紀	A
12	太政官奏	延暦五・四・一九	類格	二八七	太政官商量	延暦五・四・庚午（一一）	続紀	C
13	太政官奏	延暦八・五・一八	類格	五二二	太政官奏	延暦八・五・己未（一八）	続紀	A

14	太政官奏	延暦九・二・二五 延暦九・三・二五	類格 令集解	一五三 九三	―	延暦九・二・壬辰（二五）	続紀	D
15	太政官奏	延暦一七・四・五	類格	二二八	公卿奏	延暦一七・四・庚午（二〇）	類史	B
16	太政官奏	延暦一八・四・二三 延暦一八・四・一三	類格前本 類格前本	一五一 二二〇	勅	延暦一八・四・辛丑（二七）（二六）	後紀	B
17	太政官奏	延暦二一・六・八	令集解 弘仁格抄	五〇五 八	勅	延暦二一・六・壬寅（一七）（二六）	紀略	B
18	太政官奏	延暦二四・一一・一〇	類格	一八七	公卿奏議	延暦二四・一二・壬寅（七）	後紀	B
19	太政官奏	延暦二四・一二・七 延暦二四・一一・一〇	類格印本 類格前本	三三〇 三三〇	公卿奏議	延暦二四・一二・壬寅（七）	後紀	D
20	太政官奏	大同二・一二・一五	類格	二二一	公卿奏言	大同二・一二・辛未（一八）	類史	B
21	太政官奏	大同三・五・一六	類格	一九六	―	大同三・五・乙未（一四）	後紀	C
22	太政官奏	大同三・七・二〇	類格	一八四	―	大同三・七・壬寅（二二）（二二）	後紀	B
23	太政官奏	大同三・七・二六 大同三・七・一六	類格前本 弘仁格抄 令集解 弘仁格抄	一五二 二八 六八、一二三 二三三 三	―	大同三・八・庚戌（一）	後紀	B
24	太政官奏	大同四・二・一九	類格	二〇〇	―	大同四・二・庚午（二四）	後紀	B
25	太政官奏	弘仁三・一・二六 弘仁三・一・一六	類格御本 令集解 弘仁格抄 類格前本	二二三 一四 一一 二二三	制	弘仁三・正・乙酉（二六）	後紀	D

26	太政官奏	弘仁四・三・二〇	類格	六三〇	公卿奏	弘仁四・三・辛未 一八	類史	C
27	太政官奏	弘仁四・六・一三	令集解 弘仁格抄	一三七 四	―	弘仁四・六・乙未 一四	類史	B
28	右大臣奏状	弘仁五・九・二〇	類格	三九八	右大臣奏言	弘仁五・九・癸巳 二〇	後紀	A
29	論奏	弘仁六・七・一七 弘仁六・七・七	類格御本 類格前本 類格御本	三六三 二三六 二三六	―	弘仁六・七・甲午 二五	後紀	B
30	太政官奏	弘仁一〇・四・一五	類格	四一七	公卿奏議	弘仁一〇・五・己卯 二	類史	B
31	論奏	弘仁一三・三・一四	類格	三五二	公卿奏	弘仁一三・三・乙巳 一四	紀略	A
32	太政官奏	弘仁一四・二・三	類格	一九五	―	弘仁一四・三・丙辰 一	紀略	B
33	太政官奏	天長元・九・三	類格	一九七	―	天長元・一〇・丙子 一	紀略	B
34	太政官奏	承和七・九・二三 承和七・八・二三	類格印本 類格御本	二一一 二一一	―	承和七・九・壬辰 二〇	続後紀	D

部分のみ参照）に収載されている場合を掲げたのであるが、[11] ここでその判断の根拠を明らかにしておきたい。1 2 7 8 9 10 11 12 13 15 18 19 20 26 28 30については、両者の文章がほとんど一致し、また5 14 17 21 22 24 25 27 29 31 32 33 34については、国史が格の文章を要約して掲げているものの、内容は一致するから、同じ格と判断してさしつかえないと思う。[12] 3 6については、内容の一部に一致しない部分があるが、これは編纂の際の省略あるいは『類聚三代格』の欠巻に原因すると考えられる。[13] また4 16 23も内容の一部に一致しない部分があるが、4は吉田孝氏が明らかにされたように、『弘仁格』編纂の時に内容に手が加えられたものである。[14] 16 23についても同様の可能性があると思う。[15]

従ってこれらについても、元来は同じ格であったと考えてよいと思う。以上の理由により、表1に掲げた三四例は、いずれも同じ格と判断して論を進めたいと思う。

まず、表1の問題点を検討しておきたい。4は、『類聚三代格』には太政官符として収載されているが、その書式を見ると明らかに太政官奏であり、『弘仁格抄』にも太政官奏として掲げられているから、『類聚三代格』に太政官符とあるのは誤りで、正しくは太政官奏であると考えられる。

次に14は、『類聚三代格』所収が□二月二十五日、『弘仁格抄』（四頁）並びに『令集解』主計寮条（九六頁）所収が延暦九年二月二十五日であるが、同書民部省条には延暦九年三月二十五日とある。二月を取れば『続日本紀』の日付と一致し、三月を取れば『続日本紀』の日付の方が早くなる。しかし、二月と三月のいずれが正しいか直ちには決め難く、従って『続日本紀』の日付と比較するのは不可能である。25・34も同様の問題があり、日付の異同は判断しがたい。よってこれらは備考欄にDと記した。

23は、『類聚三代格』に大同三年七月二十六日付の太政官奏が収載されており、また同書所収の元慶元年（八七七）十二月十七日太政官符にも、「同年（大同三年）七月二十六日論奏」が引用されている（一四九頁）。ところで『弘仁格抄』には、同一の太政官奏が式部と兵部に分けて収載されているが、式部には大同三年七月十六日で、兵部には同月二十六日で掲げられている。また『令集解』には、内蔵寮、大蔵省、大膳職の各条に同じ太政官奏が引用されているが、日付はすべて大同三年七月十六日である。そこで二十六日と十六日のいずれが正しいかは検討を要するが、いずれにしても『日本後紀』は大同三年八月庚戌条に掲げているから、国史の日付の方が遅いことは確かであると考え、備考欄にBと記した。16・29についても、Bと記したのは同様の理由による。

次に、18の太政官奏は『類聚三代格』巻四に収載されており、延暦二十四年十一月十日付で書式は論奏である。19

は同書巻八所収で、植松蔵板印本では同年十二月七日、前田侯爵家所蔵本では同年十一月十日付で、これは書式から言って奏事である。『日本後紀』は、同年十二月壬寅《七》条に「公卿奏議」として両者をまとめて掲げているが、先に述べたように一方は論奏、一方は奏事であるから明らかに別の太政官奏である。そして18の方は、『類聚三代格』所収の太政官奏より、『日本後紀』の日付が遅いと考えBとした。しかし19については、『類聚三代格』所収の太政官奏の日付が同書の写本によって異なるので、『日本後紀』との日付の比較は困難と考えDとした。

さて、表1によると、全三四例のうちAが一二例（三五・三%）、Bが一四例（四一・二%）、Cが四例（一一・八%）、Dが四例（一一・八%）という結果が得られる。そこで、Dは検討の対象として取り上げることができないので除外し、Cは後で検討することにして、まずAとBの場合について考えてみたい。

まずA一二例のうち、国史において「太政官奏」「右大臣奏言」「公卿奏」のように、太政官奏という形式を示している場合が八例、勅が二例、制が一例、形式を示さない場合が一例で、太政官奏の形式を示している場合が六六・七%を占める。従ってAについては、太政官奏という形式を示す場合が多いという傾向が指摘できる。次にB一四例については、太政官奏という形式を示す場合が五例で三五・七%、形式を全く示さない場合が七例で五〇%、勅が二例である。従ってBについては、太政官奏という形式を示す場合と、形式を全く示さない場合がほぼ相半ばするということになる。

ところで、表1に掲げた三四例のうち、8 28 29 31 32の五例については、裁可された太政官奏が、太政官符によって施行された日付を知ることができる。それらの太政官符の要点を次に掲げよう。（　）は新訂増補国史大系の書名および頁数である。

8　（『延暦交替式』一一頁）

太政官宣、……太政官去天平十八年正月一日符偁、……臣等商量如レ前、今録二事情一伏聴二天裁一、奉レ勅依レ奏
者、国宜二承知、准レ状施行一者、……
天平勝宝七年七月五日

28
太政官符（『類聚三代格』三九八頁）
応三収納官物依二本倉一事
右検二右大臣今月廿日奏状一偁、……者、中納言正三位藤原朝臣葛野麻呂宣、奉レ勅依レ奏、……
弘仁五年九月廿二日

29
（『政事要略』四六一頁）
交替式云、太政官符、応レ停レ給二諸国司歴任五年解退交替料夫幷馬一事……太政官去天長元年正月廿日符偁、
得二上野国解一偁、謹案二太政官去弘仁六年七月廿五日符一偁、……
天長五年十月十一日

31
太政官符（『類聚三代格』三五二頁）
近江国穀一十一万五千斛
……………
右太政官今月十四日論奏偁、……臣等管見所レ及商量如レ件者、画聞既訖、
弘仁十三年三月廿八日

32
太政官符（同一九六頁）
加賀国定二上国一事

右太政官去弘仁十四年三月一日下二式部省一符偁、依二太政官去二月三日論奏一……者、今……

天長二年正月十日

8は、早川庄八氏が明らかにされたように、天平十七年十一月二十七日の太政官奏（一〇頁）を施行する太政官符である(16)。28は右大臣奏状であるが、天皇の裁可を得て施行するという手続きは、太政官奏と同じであり、二十日の奏状が二十二日の太政官符によって施行されている(17)。29は、弘仁六年七月二十五日の太政官符を引用しているが、これは表1に掲げた同月十七日（もしくは七日）の論奏を施行する太政官符である。31については、十四日の論奏が、天皇による画聞（裁可）の後二十八日に施行されたことが知られ、32については、二月三日の論奏が三月一日の式部省宛の太政官符で施行されたことがわかる。右の五例は、太政官奏の日付と、それが施行された太政官符の日付を示しているので、これらと国史の記事によって知られる形式および日付を比較してみよう。

表2　太政官奏施行の官符がわかる例

番号	太政官奏	国史の記事		備考	太政官符
		引用形式	日付		
8	天平一七・一一・二七	制	天平一七・一一・庚辰《二七》	A	天平一八・正・一
28	弘仁　五・九・二〇	右大臣奏言	弘仁五・九・癸巳《二〇》	A	弘仁　五・九・二二
29	弘仁　六・七・一七 弘仁　六・七・七	―	弘仁六・七・甲午《二五》	B	弘仁　六・七・二五
31	弘仁一三・三・一四	公卿奏	弘仁一三・三・乙巳《一四》	A	弘仁一三・三・二八
32	弘仁一四・二・三	―	弘仁一四・三・丙辰《一》	B	弘仁一四・三・一

表2により、8 28 31の三例は国史の記事の日付が太政官奏の日付に一致し、29 32の二例は国史の日付が太政官符の日付に一致するという結果が得られる。特に、国史の日付が太政官奏より遅れている29 31の二例において、いずれも国史の日付が太政官符の日付に一致するということに注目したい。この表2の結果から、国史は、Aの場合については太政官奏そのものを、Bの場合については少なくとも日付から見て施行の太政官符を原史料としている、という想定を立てることができる。[18]そして、Aのうちの二例は、「右大臣奏言」「公卿奏」といった太政官奏を意味する形式を示しているが、Bの場合は何も形式を示さないという引用形式の相違も、それぞれ原史料を異にしていること、即ち一方は太政官奏を、他方は太政官符を原史料として用いていることを示唆するように思われる。

三　国史の原史料

さて、表2によって得た想定を、表1に敷衍するならば、A一二例のうち、太政官奏という形式を示している八例（六六・七％）は、太政官奏そのものを原史料としている可能性が大きい。またB一四例のうち、全く形式を示さない七例（五〇％）は、おそらく施行の太政官符を原史料としているのであろう。ところで、Bの中で太政官奏という形式を示している五例（三五・七％）については、どう考えたらよいであろうか。この五例の原史料については、二つの可能性を想定する必要があると思う。

一つは、太政官奏という形式を示す場合と、全く形式を示さない場合があるのは、国史における記載のしかたの不統一によるという考え方である。この立場に立つと、原史料は太政官奏を施行する太政官符であるから、ある場合には太政官奏という形式を示し、ある場合には形式を示さずに施行の事実内容だけを記載したということになる。

しかしこれとは別に、太政官奏という形式を示す場合と、全く形式を示さない場合とは、それぞれ原史料を異にするという考え方も可能である。それは次の理由による。即ち、国史において太政官奏という形式が示されている場合には、その文末に「奏可之」「許之」「依請」といった、天皇による裁可を意味する文言が付せられるのが普通である。つまり国史は、あたかもその日に太政官奏が裁可されたかのような書き方をしている。従って、国史に収載されている太政官奏の中で、日付が太政官奏そのものより遅れるBの場合は、裁可の日付にかけて収載されている可能性がある。先に述べたように、Bの中で全く形式を示さない七例は、施行の太政官符を原史料としていると考えられるが、太政官奏という形式と裁可の文言を備えている五例は、太政官奏そのものとも、施行の太政官符とも異なる別の記録を原史料としている可能性がある。私は、Bの中で太政官奏という形式の記されている五例については、このように太政官符を原史料とした可能性と、それ以外の何らかの記録を原史料とした可能性の二つが想定されると思う。

ところで、先に、Aの中で太政官奏という形式を示している場合は、太政官奏そのものを原史料としていると想定したが、この場合においても、国史は、天皇による裁可の日付にかけて収載していると考える余地があるであろうか。そのように考えるためには、Aは太政官奏が作成された当日のうちに、天皇による裁可が行われた場合であると考えなければならない。しかしながら、そう考えるのは無理であると思う。なぜならば、表1において、1～14は『続日本紀』、15～33は『日本後紀』によるが（『日本紀略』や『類聚国史』所引の記事も、原典は『日本後紀』である。なおCとDは除外する）、『続日本紀』と『日本後紀』でAとBの割合に著しい相違があるからである。『続日本紀』においては、Aが一〇例、Bが一例でほとんどAであるのに対し、『日本後紀』ではAが二例、Bが一三例で、Bが圧倒的に多い。これは、『続日本紀』が取り扱う時代には、太政官奏作成の当日に天皇の裁可が行われるのが普通であったが、『日本後紀』の取り扱う時代には、何日か遅れて裁可されるようになったという、手続き上の変化によるのであろうか。しかし、『続日本紀』と『日本後紀』の間で、AとBの割合に歴然たる相異があることを考慮すると、太政官奏の手続きの問題ではなく、『続日本紀』と『日本後紀』が参照した原史料の相異と考えるのが自然ではないかと思う。表1を見れば明らかなように、太政官奏という形式を示すのに、『続日本紀』は「太政官奏」、『日本後紀』は「公卿奏」の表現が多いという表現のちがいも、示唆的である。従って、『続日本紀』に多いAの場合は太政官奏そのものを、『日本後紀』に多いBの場合は、施行の太政官符もしくは、天皇による裁可のことを記した何らかの記録を原史料として用いていると考えるのが妥当であろうと思う。

ところで、天皇による裁可のことが記された記録とは、すでに先学によって、国史の編纂材料として用いられた可能性が指摘されている、中務省図書寮作成の記録である。[19] 職員令図書頭の職掌に、

　修二撰国史一

とあり、[20] その集解に、

　古記云、国史、当時之事記書名也、如二春秋漢書之類一実録事也、
　令釈、称下史官之所二記説一書上也、仮如、実録之類也、

とある。[21] この実録と呼ばれる記録が、岩橋小弥太氏が説かれるように、天皇の日々の動静に関する記録であるとすれば、太政官奏については、必ず天皇による裁可のことが記録されるであろう。従って、この記録により、太政官奏が裁可された日付を知ることが可能である。

次に、考察を保留しておいたCの場合について検討しておきたい。表1にCは四例あるが、このうち事情が明瞭なのは12の場合である。この太政官奏は、国司および郡司の成績を審査するための基準として一六ヵ条を定めたものであるが、これは、同月十一日の、条例を定めて奏聞せよという勅を受けて奏上されたものである。『類聚三代格』に

は、十一日付の勅と十九日付の太政官奏が別々に収録されている（二八七〜二八八頁）。ところが『続日本紀』は、庚申《十一》条に詔（『類聚三代格』所収の勅と内容は同じ）を掲げ、同日条につづけて太政官奏を収載している。『続日本紀』の記事の要点を示すと次の通りである。

夏四月庚午《十一》、詔曰、……所司宜㆘詳沙汰、明作㆓条例㆒奏聞㆖、於㆑是、太政官商量、奏㆓其条例㆒……奏可之

即ち、正しくは戊寅《十九》条に太政官奏を掲ぐべきところ、詔の条にまとめて掲げたため『類聚三代格』所収の太政官奏より日付が早いという結果になったのであり、この場合は『続日本紀』の編纂方針に原因があることがわかる。他の三例のうち、1も同じ事情による可能性がある。残る二例については明らかでない。

なお、格式に太政官奏とあって、国史に勅あるいは制の形式で収載されている例については考察しなかったが、これらは詔勅あるいは太政官処分との関連で検討する必要があると思われるので、他日を期することにしたい(22)。しかし、勅はAに二例、Bに二例、制はAに一例だけで比較的少数であるから、大勢をうかがうにはそれほど支障にはならないかと思う。

おわりに

以上、未解決の問題を多く残しながらも、太政官奏に関する国史の原史料について、ある程度の見通しを立てることができたのではないかと思う。最後に、本章で考察したところをまとめておきたい。

一、格式所収の太政官奏と、それに対応する国史の記事を比較すると、『続日本紀』と『日本後紀』で顕著な相異がある。即ち、『続日本紀』においては、両者の日付が一致する場合（表1のA）がほとんどであるのに対し、

『日本後紀』においては、国史の日付が遅れる場合（表1のB）が圧倒的に多い。このことから、『続日本紀』と『日本後紀』は、太政官奏に関する原史料を異にすると考えられる。

二、『続日本紀』に圧倒的に多いAの場合は、太政官奏そのものを原史料として用いている可能性が大きい。

三、『日本後紀』に多いBのうち、全く形式を示さない場合は、太政官奏を施行する太政官符を原史料とし、施行の事実内容だけを記載したものと思われる。またBの中で、「公卿奏」といった形式を明示している場合については、やはり太政官符を原史料としているという可能性と、これとは別に、中務省図書寮作成の記録を原史料とし、天皇による裁可の日付にかけて収載しているという、二つの可能性を想定してみたいと思う。

注

（1）坂本太郎「史料としての六国史」『日本古代史の基礎的研究　上（文献篇）』東京大学出版会、一九六四年。

（2）吉田孝「墾田永世私財法の変質」宝月圭吾先生還暦記念会編『日本社会経済史研究　古代・中世編』吉川弘文館、一九六七年、六八～七四頁。

（3）『新訂増補国史大系第二二巻　令義解』二三一～二三四頁。

（4）同三一頁。

（5）なお、便奏式条の古記（『新訂増補国史大系第二四巻　令集解　後篇』七九四頁）に、

問、年月日注二奉勅之後一、未レ知、不レ記二年月日一奏歟、答、灼然、一云、今行事、先必注二年月日一也

とあり、大宝令便奏式には「年月日注二奉勅之後一」なる令文があったが、今行事即ち実際の慣行においては年月日を先に注記することになっていたという（『日本思想大系三　律令』三七二頁頭注）。即ち、大宝令文の定めるところによれば、便奏式の年月日は天皇裁可の日付であったらしい。養老令が、この令文を削除したのは、古記が言うように、すでに大宝令の時代から、年月日を先に注記した上で天皇の裁可を仰ぐという慣行が成立していたからであろう。

また、論奏式条の古記（前掲『令集解　後篇』七九一頁）に次のような注釈がある。

又問、奏官名下注㆓奏字㆒、未㆑知、注方、答、画㆑可訖、年月日奥其位姓名奏注耳、此今行事也　大納言位姓名等言者、名下等上奏訖而後注㆓奏字㆒（傍点　柳）

右の傍点部分が、論事式の文書を作成する手順に正確に則った表現であるとすると、大宝論事式では、裁可の後に年月日を記入し、その奥に奏官の位姓名を署することになり、そうするとこの年月口は裁可の年月日ということになる。

しかし、この古記は、「奏官名下注㆓奏字㆒」という令文の意味について、「裁可されたならば（年月日の前の連署のところではなく）、年月日の奥に改めて奏官の位姓名を署し、その下に奏の字を注記するのが今行事即ち実際の慣行である。（もし令文の定めるように、年月日の前の）大納言位姓名等言のところに奏の字を注記するとすれば、名と等の間に裁可の後に奏の字を書き加えるということになり、これは不合理である」と説いている。即ち、古記の論点は、奏の字を注記すべき奏官の署名が、年月日の前であるのか後であるのかという点にあるのであって、傍点部分は必ずしも裁可の後に年月日を記入するという意味ではないと思われる。従って大宝論事式も、養老論奏式と同様に、奏文の年月日を記入した後、天皇の裁可を仰ぐという書式であったと考えるのが妥当と思う。ただし、大宝論事式の裁可の文言は、「聞」ではなく「可」であった可能性がある。

（6）大宝論事式および奏事式に、裁可の後の奏官の署名がなかったことについては、前掲『律令』三七一～三七二頁頭注参照。ただし、注（5）で述べたように、今行事としては、論奏式の最後に改めて奏官が署名を加えることになっていた。

（7）『新訂増補国史大系第二五巻　類聚三代格』三六四、五二一頁。

（8）吉田孝前掲、九〇頁。鬼頭清明「令集解所引格と弘仁格について」『大和文化研究』一三―三、一九六八年。

（9）国史の日付については、新訂増補国史大系本の傍注を参照して、干支と数字の日付を併記した。なお、内田正男編『日本暦日原典』（雄山閣出版、一九七五年）の推定する朔日干支により計算したところ、6 10 16 17 22の五例を除いて、すべて大系本の傍注と一致した。これら五例については、『日本暦日原典』による日付を（　）で示し、さらに備考欄の記号が変わる場合（6 10の二例）には、記号を（　）に入れて付記した。しかし、問題があるのは二例だけであるし、また大系本の傍注と『日本暦日原典』のいずれによるべきか、私には判断するだけの準備がないので、ひとまず大系本の傍注によって論を進めることをお許しいただきたい。

（10）『類聚三代格』のほかに、『弘仁格抄』『令集解』などに同じ太政官奏が収録されていても、日付と形式が同じ場合には、出典としては『類聚三代格』のみを記した。日付あるいは形式が異なる場合には、それらのすべてを出典とともに掲げた。

(11)　瀧川政次郎氏は、『新訂増補国史大系第二五巻　弘仁格抄』の兵部に収載の天平三年（七三一）十一月一日太政官奏（二八頁）は、『続日本紀』同月丁未《二》条の太政官処分にあたるとしておられる（『法制史論叢第一冊　律令格式の研究』角川書店、一九六七年、三二〇頁）。早川庄八氏は、この説を踏襲され、『続日本紀』は太政官奏を太政官処分と表記することもあるとされた（「太政官処分について」彌永貞三先生還暦記念会編『日本古代の社会と経済　上巻』吉川弘文館、一九七八年、四二六頁）。『続日本紀』所載の太政官処分は、武官の考選に関する内容のもので、『弘仁格抄』は兵部に収載しているから、確かに同一の格である可能性があるが、しかし早川氏が同論文で明らかにしておられるように、太政官処分は奉勅を経ないで太政官が決裁する方式であるのに対し、太政官奏は奉勅を経て決裁されるものであるから、手続きに著しい相異があり、果して同一内容のものであるかどうか疑問もあるので、表1には掲げなかった。なお今後の検討にまつことにしたい。

(12)　27は、前掲『弘仁格抄』（四頁）、『令集解』所収太政官奏ともに、「加㆓減弾正台官員㆒事」とあり、かつ後者の本文中には、少疏一員の増員と巡察弾正二員の減員のことが見える。これに対し、『類聚国史』所収の弘仁四年（八一三）六月乙未《十四》条によると、少疏一員とともに巡察弾正二員も増員されたことになっている。しかし、同書同十四年十一月癸亥《十三》条には、巡察弾正八員と見えるから、同四年六月乙未《十四》条の増員は、減員の誤りであったことが知られる。従って、『弘仁格抄』および『令集解』所収の太政官奏と、『類聚国史』所載の記事は、同じ格であると考えてよいと思う。

(13)　3は、僧尼の綱紀粛正に関する内容のものであるが、『類聚三代格』所収の太政官奏には、監督官の派遣及び処罰についての細則があるのに、『続日本紀』にはそれが見えない。これは、『続日本紀』編纂の際の省略であろう。6については次のように考えられる。『続日本紀』の天平二年三月辛亥《二十七》条の太政官奏には、（1）大学生の芸業優長なる者十人以下五人以上を選び時服食料を支給すること、（2）陰陽・医術・曜暦の博士七人にそれぞれ弟子を取らせ、大学生に準ずる時服食料を支給すること、弟子の人数は、陰陽・医術が各三人、曜暦が各二人、（3）訳語を養成するため、粟田朝臣馬養以下五人に、各弟子二人を取らせ、漢語を習わせることが記載されている。これに相当する太政官奏が『類聚三代格』に見えないのは、同書の欠巻部分に収録されていたからであると思われるが、しかし『令集解』には同日付けの太政官奏が部分的に引用されており、同書七一、七四、一二七頁所引のものは（2）に相当し、同書八〇頁所引のものは（1）に相当する。そして『弘仁格抄』にも同日付けの太政官奏が掲げられているから、従ってこれは、『続日本紀』所載の太政官奏と同一のものと考えられる。

(14) 吉田孝「類聚三代格」坂本太郎・黒板昌夫編『国史大系書目解題　上巻』吉川弘文館、一九七一年、三六六～三六七頁。

(15) 16は、官制に関する内容のものである。『日本後紀』延暦十八年四月辛丑《二十七》条の勅に記載されている内容のうち、近衛府、衛門府、左右衛士府、左右兵衛府に関する部分は、『類聚三代格』二二〇頁所収の太政官奏にほぼ一致し、内蔵寮、大蔵省に関する部分は、同じく一五一頁所収の太政官奏に一致する。しかし、『日本後紀』の勅に記されている中衛府と治部省のことは、『類聚三代格』の太政官奏には見えない。中衛府は、大同二年（八〇七）四月二十二日に近衛府に併合されているから（『類聚三代格』一五六頁）、『弘仁格』編纂の頃には、中衛府に関する規定が不要であったため、太政官奏から削除された可能性がある。また、『弘仁格抄』の式部上には、

置㆓廃官員㆒事 内蔵寮　大蔵省　　延暦十八年四月廿三日

聞

とあって、太政官奏の内容に内蔵寮、大蔵省のことがあったことはわかるが、治部省のことは見えないから、やはり『弘仁格』編纂の時に、何らかの理由で削除された可能性がある。

23については、『日本後紀』大同三年八月庚戌条に記載されている、左右大舎人寮、内蔵寮、大蔵省、大膳職のことは、『類聚三代格』一五二頁所収の同年七月二十六日付の太政官奏に一致し、隼人司のことは、同じく一五七頁所収の格に相当すると思われるが、少納言増員のことは、『類聚三代格』所収の太政官奏に見えない。『弘仁格抄』式部上にも、

加㆓置官員㆒事 大舎人寮　内蔵寮　大蔵省　大膳職　　大同三年七月十六日

とあって、少納言のことは見えないから、やはり『弘仁格』編纂の際に削除されたのかもしれない。

(16) 前掲『律令』六四四頁補注。早川庄八前掲、四二八～四二九頁。

(17) 一般に国史においては、「太政官符偁」といった形で、その日の記事を立てた例が甚だ少ない。これは、太政官符によってもそのことを明示しないのが国史の方針であったか、あるいは実際に太政官符を参照することが少なかったかのいずれかであろうと思われる。太政官符を原史料にしていると想定する場合、なおこのような問題が残されているが、その検討は他日に譲ることにしたい。

(18)『新訂増補国史大系第五三巻　公卿補任　一』によると、弘仁五年の頃には、大臣としては右大臣（藤原園人）だけしか在任していない（八七頁）。従って、太政官奏の連署の筆頭は右大臣であったはずで、そのため太政官奏のことを、太政官符が引用する

際に右大臣奏状と称した可能性がある。その場合、天皇に奏上して勅を奉じたのは中納言藤原葛野麻呂である。

(19) 岩橋小弥太『増補　上代史籍の研究』吉川弘文館、一九七三年、二七七〜二八四頁。坂本太郎前掲、二八二、二八三頁。

(20) 前掲『令義解』三四頁。

(21) 『新訂増補国史大系第二三巻　令集解　前篇』六七頁。

(22) 山田英雄氏は、表1の8の制は、本来太政官奏であるが、式となったため、『続日本紀』がこれを制と称したとされ、制は式と関係があることを指摘しておられる。(「奈良時代における太政官符について」坂本太郎博士古稀記念会編『続日本古代史論集中』吉川弘文館、一九七二年、三〇七頁)。また早川庄八氏は、制は太政官処分と関わりがあることを示唆しておられる(前掲、四三八頁)。

第二部　日本古代の駅伝制

第一章　伝の設置および但馬国の駅路

三十数年前、拙稿「駅伝制についての若干の考察」（井上光貞博士還暦記念会編『古代史論叢　中』吉川弘文館、一九七八年）を発表したが、拙稿についていくつかご示教をいただき、また多くの関連する論考が発表された。遅ればせながら、改めて旧稿を補足・訂正し、若干の新しい知見を付け加えてみたいと思う。(1)

一　伝の全郡設置

1　令文の解釈

厩牧令一六置駅馬条の「伝馬毎郡各五」に付せられた『令集解』令釈および跡記の注釈について、前掲拙稿では、意味するところが明瞭ではないとしたが、今改めてその解釈を試みたいと思う。永田英明氏は、令文および『令集解』から、伝馬は駅路に沿って置かれたと解されているが、(2)私は全郡に置かれたと解することが可能ではないかと考える。まず同条の令文の要点と、「其伝馬毎郡各五」に付せられた令釈、跡記の注釈を次に掲げる。(3)

凡諸道置駅馬、大路廿匹、中路十匹、小路五匹、使稀之処、国司量置、不必須足、（中略）其伝馬毎郡各五、皆用官馬、（下略）

釈云、小路使稀之処、不必須足也、古記无別也、

跡云、伝馬无使之道者置耳、

令釈は、伝馬については、令文に使者が稀なところについての規定がないため、駅馬についての令文「使稀之処、国司量置、不㆓必須㆑足」を援用して、伝馬についても、使者の稀なところは五匹という定数を満たす必要はない、と注釈しているものと思われる。「小路」は、令文「使稀之処、国司量置、不㆓必須㆑足」が適用されるのは、「小路」であるという令釈の解釈であろう。というのは、令文「使稀之処、国司量置、不㆓必須㆑足」に付せられた朱説の注釈に、

　朱云、只為㆓小路㆒者、釈心亦然也、而何、

とあるのは、朱説は、令文の「使稀之処、国司量置、不㆓必須㆑足」という例外規定は、駅路のうちの小路に適用されると解釈しており、令釈もまた同様に解釈しているという意味に解されるからである。令釈が例外規定のうち「国司量置」を落としたのは、駅馬が国司の管轄下にあるのに対し、伝馬は郡司の管理下にあることを考慮したからであろう。

　跡記の注釈は、使者が全く存在しない道には、伝馬を置くのかそれとも否かという問題を設定し、その答えとして、置くという解答を与えたもので、使者の多寡にかかわらず定数を満たすべきであると注釈していると考える。

　次に令文「皆用㆓官馬㆒」についての、集解諸説を次に掲げる。

　謂、以㆓軍団馬㆒充之也、其駅馬亦同也、釈云、牧馬堪㆓乗用㆒者、先充㆓伝馬㆒、所㆑残為㆓兵馬㆒耳、古記云、問、伝馬皆用㆓官馬㆒、未㆑知、何処在馬、答、牧馬堪㆓乗用㆒付㆓軍団㆒令㆑養、是除㆑充㆓伝馬㆒以外、名為㆓兵馬㆒、其小路国有㆓官馬㆒者、用㆓官馬㆒充、若无者、以㆓駅稲㆒買充也、一云、諸国有㆓官馬㆒者、先以㆓官馬㆒充、若大中路、不㆑得㆘以㆓官馬㆒充㆖者、小路亦同也、

跡云、大中小路、路別駅伝馬、皆用二官馬一是、朱云、額同、穴云、皆、謂駅伝並用二官馬一也、

右の集解諸説は、令文の「皆」の意味を議論しており、論点は、①伝馬には官馬が充てられるが、駅馬にも充てられるかどうか、②官馬を駅馬に充てる場合、駅路としての大・中・小路に差異があるかどうか、の二点である。

義解は、伝馬には軍国馬（官馬）を充て、駅馬も同じであるとし、令釈は、牧馬（官馬）は伝馬に充て、残りは兵馬にすると述べる。古記は、伝馬には官馬を充てるとし、それ以外は兵馬とすると注釈する。続く「其小路国」以下は、駅馬について、小路国においては、官馬があれば駅馬に充て、なければ駅稲をもって買い充てるとし、「一云」以下は、大・中・小路にかかわりなく、官馬があれば、駅馬に充てるとする。「其小路国」以下には「駅稲」の語が含まれており、古記以外の注釈が混入している可能性がある。跡記は、大・中・小路の駅路とは別に、駅馬にも伝馬にも、すべて官馬を用いるの意であり、次の穴記と同じ意味であると解される。即ち、古記と令釈は、官馬は伝馬に充てると注釈し、跡記、義解、穴記は、伝馬にも駅馬にも充てるとする。そして、諸説に見られる大・中・小路への言及は、官馬を駅馬に充当することについての議論であると解される。集解の諸説を以上のように解するならば、「其伝馬毎郡各五」を伝馬はすべての郡に設置されると解釈することを妨げないと考える。

2　正税帳等に見える伝の設置状況

前掲拙稿において、正税帳、郡稲帳、計会帳等によって伝の設置状況を調査し、和泉監と伊勢国には全郡に伝が設置されており、伊勢国については駅路と無関係な郡が含まれることを明らかにした。しかし、諸論考によって私の調査はきわめて不十分であることが明らかになったので、ここに補足しておきたい。

米澤康氏と岡田登氏は、井上辰雄氏が越前国郡稲帳（以下、越前郡稲帳のように略記する）について、郡名不詳の断

簡を大野郡のものと推定され、同郡に不用馬・死馬皮の記載があることを復元された研究に依拠して、大野郡に伝馬の設置があり、従って越前国には全郡に伝馬が設置されており、かつ大野郡は駅路が通過しない郡であることを明らかにされた。また岡田氏は、淡路国正税帳（以下、淡路帳のように略記する）に買立伝馬七匹がみえることから、淡路国全二郡に各五匹の伝馬の設置があったと推定された。さらに岡田氏は、駿河帳について、経過諸使が六郡で各一日の食を給付されており、かつ使者の人数が伝符の剋数に一致するものがあることから伝使が含まれており、従って少なくとも六郡には伝の設置があると推定された。さらに同正税帳の国司巡行の項の欠失部分に、検駅伝馬の国司巡行記事が含まれていると想定され、榎英一氏の同欠失部分には三郡別三日と七郡別四日の二種類の国司巡行記事が欠けているという復元的研究と、少なくとも六郡に伝の設置があるとの推定に基づき、欠けている検駅伝馬の国司巡行は七郡別四日であり、従って駿河国には全郡に伝の設置があると推定された(4)。

諸論考に導かれて得られた結論は次の通りである。即ち、全郡に伝の設置が確認されるのは、和泉監、伊勢国に加え、越前国、淡路国、駿河国であり、このうち伊勢国と越前国には、駅路を帯しない郡が含まれている。

二　但馬国の駅路

1　先行研究

前掲拙稿において、天平八年（七三六）の薩摩帳および同九年の但馬帳に、同十一年の駅起稲の正税混合以前であるにもかかわらず、駅使に対する正税からの食料支給が記載されている理由については、大山誠一氏が指摘されたように(5)、駅起稲の備えがある駅路においては、駅起稲から支給されるが、その備えがない場合に正税から支給され、正税帳に記載されたものと考えた。そして、山陰道本道と但馬国で分岐して同国府に至る支道は、駅起稲の備えがある旧道であり、山陰道から丹波国で分岐して丹後を廻り、但馬国府を経て山陰道に合流する山陰道支道は、駅起稲の備えがない新道であり、新道は武藤直氏が指摘されたように(6)、和銅六年（七一三）の丹後国の成立にともなって開設されたものと考えた。また、前掲拙稿においては、但馬帳に記載されている駅伝使の項目は、「当国所レ遣駅伝使」と「経過上下伝使」の二項目であるが、前者が新道である山陰道支道、後者が旧道である山陰道本道・支道を通行した使者であると考えた。この見解に対して、永田英明氏からご批判をいただいた(7)。この問題については、次章において検討し、論旨の一部を修正したいと思う。

木下良氏は、『延喜式』諸国駅伝馬条の但馬国について、駅名は所属郡の順に書かれており、また同じ駅路においては原則的に同数の駅馬を備えているとの基本的なコンセプトによって、山陰道本道は駅馬八匹で、東から粟鹿、郡部、養耆、射添、面治の五駅が配され、丹後から但馬国府を経て山陰道本道に合流する支道は、駅馬五匹で、東から山崎、高田、春野の三駅が配され、面治で本道に合流すると想定された。そして大同三年（八〇八）に廃止されたのは、山崎、高田、春野の三駅で、高田以外の二駅は後に復活したのではないかとされている(8)。

前掲拙稿においては、『日本後紀』大同三年五月癸未に廃止されたことが見える三駅は、国府と同じ高田郷に存在したと考えられる高田駅と、国府から西に延びて山陰道本道に合流する、山陰道支道上に設置された二駅であると想定した(9)。この想定に対して、松原弘宣氏、永田英明氏から、山陰道本道以外に、国府から西に延びるルートの想定には、地形的に難があるとのご指摘をいただいた(10)。私がこのルートを想定したのは、但馬帳の「当国所レ遣駅伝使」の項に、但馬国から因幡国へ向かった駅使に、正税からの食料が支給されているため、駅起稲の備えがあったと考えられる山陰道本道とは別のルートを想定したものである。但馬国府から西に延びる山陰道支道の存否については、今後の検討課題としたい。

また松原氏は、山里純一氏の論考を引用され[11]、駅使の食料が正税から支出されていることは、必ずしも駅起稲の設けがないことを意味しないとの問題を指摘された。しかし、井上辰雄氏によって、項目が完存していることが明らかにされている但馬帳の首部には、駅伝関係の項目として「当国所レ遣駅伝使」と「経過上下伝使」の二項目は見られるが、「経過上下駅使」の項目は見えない。これは駅起稲から支出されているからであり、従って、山陰道本道における駅使に対する食料は、駅起稲から支出された可能性が高いと考えられる。

2 「当国所遣駅伝使」と「経過上下伝使」

永田英明氏は、天平九年に但馬国にもたらされたにもかかわらず、同国正税帳の「当国所レ遣駅伝使」と「経過上下伝使」の現存部分に見えない、何通かの文書が存在することを明らかにされ、前掲拙稿の問題点を指摘された。永田氏は、井上辰雄氏等の、但馬国正税帳の支出項目は完存しているとの研究を踏まえ、同正税帳の駅・伝使に関する支出項目は、「当国所遣駅伝使」と「経過上下伝使」以外に存在しないことを確認され、その上で、天平九年に但馬国にもたらされたにもかかわらず、同国正税帳の駅伝関係の二つの項目の現存部分に見えない文書として、次の三通が存在することを指摘された[12]。

天平九年但馬国正税帳

①依太政官天平九年四月廿八日逓送符、買進上奴壱人、直稲壱千束

②依民部省天平九年十月五日逓送符、買充神戸調絁参拾参匹参丈、直稲弐千壱拾束（注略）

正倉院文書続々修四六―九

③但馬国移(13)

□□下因幡伯耆出雲石見等国符肆□

右取今月三日到来此部□□

検領達前所訖仍付廻□□〔使カ〕

知故移

天平九□□月□日□

永田氏は、これらの文書は、「経過上下伝使」の項目の欠失部分に記載されていたものと推定され、その上で「当国所レ遣駅伝使」と「経過上下伝使」の二つの項目は、ルートの違いに基づくものではないとの見解を提起された。(14)

永田氏の、但馬国正税帳の二つの駅伝関係項目の現存部分に見えない文書が存在し、それが「経過上下伝使」の欠失部分に記載されていたとの推定は重要であり、私は、旧稿の「経過上下伝使」についての解釈の一部を修正しなければならないと考える。なお、永田氏が指摘された前掲文書と同類のものが、但馬国正税帳にさらに三通存在するので、次に補足しておく。(15)

④依民部省天平九年二月十日符、進上嶋宮奴婢食米参拾斛充稲陸伯束

⑤依民部省天平九年十一月十二日符、進上官奴婢食米参拾斛充稲陸伯束

⑥依民部省天平九年十二月八日符、割充年料読経布施料絲弐拾肆絇直稲弐伯肆拾束 絇別十束

私は、③の但馬国移によって推定される「省符」は、丹後廻りの山陰道支道（新道）を送達された文書、他の五通は、「経過上下伝使」の項の欠失部分、または「経過上下駅使」の項に記載されていた可能性が高く、山陰道本道および支道（旧道）によって、但馬国府にもたらされた文書であると考える。

③は、東野治之氏が正倉院宝物鳥兜残欠の下貼に関係する文書と推定された、正倉院文書続々修所収の文書である。東野氏によれば、但馬国が検領した符を、因幡・伯耆・出雲・石見等に送達したことを通報する返抄であって、符は「省符」の可能性があり（以下、「省符」と記す）、また右の下貼文書の中に、丹後国が発行し、また同国で廃棄されたと考えられる文書が含まれることから、返抄の宛先は丹後国である可能性が高いという。そうするとこの「省符」は、丹後廻りの山陰道支道（新道）によって、丹後から但馬さらに因幡以西の諸国へと送達された可能性が高い。永田氏は、この文書が「当国所ㇾ遣駅伝使」の項に見えないという問題を提起された。私は、同項目に記載されている文書のいずれかとともに、送達された可能性を考えてみたいと思う。

同項目の「依奉弍度幣帛所遣駅使」以下の五項に、〔1〕〜〔5〕の番号を付ける。〔2〕〜〔4〕の赦書および詔書は、それぞれ『続日本紀』の天平九年七月乙未（二十三日）、五月壬辰（十九日）、八月甲寅（十三日）の詔に関連し、〔5〕は、同年六月二十六日の太政官符に相当すると考えられている。[16]③によって推定される「省符」と見られる文書は、〔2〕〜〔5〕のいずれかの文書に関連して、発行され送達された可能性があるのではないかと思う。例えば、〔3〕の「免罪幷賑給赦書」に対応すると見られている、『続日本紀』の天平九年五月壬辰（十九日）の詔に注目するならば、その内容は概略次の通りである。即ち、四月以来の疫旱に際会し、神祇を祭るも効験なく、自らの不徳の故であるとして、民生救済のために、（a）冤罪者の救済、（b）死者の埋葬、（c）飲酒・肉食の禁止、（d）賑給、（e）文武職事以上への賜物、および（f）大赦を命じている。[17]

この詔のうち、（d）賑給と（f）大赦を施行する文書が、〔3〕の「免罪幷賑給赦書」であると考えられ、同赦書は、但馬帳等に「天平九年五月十九日恩勅」として見える。[18]詔の他の項目についても、何らかの文書が発行され、〔3〕の「免罪幷賑給赦書」等とともに、施行された可能性もあるのではないかと思われる。〔2〕〜〔5〕に他の文書が随伴していたとしても、正税帳の作成は、使者の数や支給した食料の数量を計上することに主たる目的があると考えられるから、使者が伝達した文書については、主たる文書のみを挙げ、随伴する文書は省略した可能性も考えられる。

詔の施行に関連して発行されたと見られる民部省符として、次の事例がある。即ち『続日本紀』天平九年四月癸亥（十九日）に、

大宰管内諸国、疫瘡時行、百姓多死、詔、奉幣於部内諸社以祈禱焉、又賑恤貧疫之家、幷給湯薬療之、

とあり、前掲『続日本紀　二』の注は、傍線部分について、この賑恤については、天平九年和泉監正税帳にその実施が三ヵ所にわたって見えるので、全国への発令とも解されると注釈している。右の傍線部分が詔の一部であるとすれば、和泉監帳所載の天平九年四月二十一日の民部省符は、詔の発布後二日にして、それを施行する民部省符が発行された事例となる(19)。

このように考えることが出来るならば、前掲の〔3〕のみならず、〔2〕〔4〕〔5〕についても、省符等の関連文書が発行された可能性があり、従って③は、そのような関連文書の一つとして送達された可能性があるのではないかと考える。

次に、①②④〜⑥のうち、①の太政官符については、〔5〕の太政官符が本項目に記載されていることから、〔2〕〜〔5〕のいずれかとともに送達された文書であるとは考えにくい。

②④〜⑥についてはすべて民部省符である。うち②⑤⑥は十月〜十二月であり、〔2〕〜〔5〕に対応する詔および太政官符は二月〜八月であるから、②⑤⑥が〔2〕〜〔5〕とともに送達されることは、あり得ない。④は二月十日であり、〔3〕に対応する詔は五月壬辰（十九日）であるから、三ヵ月余りの間隔があり、④が〔3〕とともに送達さ

れた可能性は低いと思われる。従って①②④〜⑥は、「経過上下伝使」の項の欠失部分に記載されていたか、あるいは経過上下駅使によってもたらされたものと思われる。

「経過上下伝使」の第一項「赴任所弐箇国伝使」は、赴任する因幡国守と出雲国掾で、所要日数はいずれも二日であるから、同国を通過するのに二日を要することがわかる。第二項「上下弐箇国中宮職捉稲使」については、D断簡に見える「中宮職捉稲」の項目と合わせて考えるならば、二ヵ国のうちの一国は但馬国であり、もう一国は但馬国を通過していることから、因幡以西の一国と考えられる。[20] D断簡によると、但馬国に派遣されたのは、使一人、将従一人であり、春秋に出挙と収納のことに当っている。第二項の注「使十二日　将従十二日」[21]により、使者と将従は同数であるから、「二箇国」の捉稲使は、それぞれ使一人、将従一人であり、いずれも春秋二回の派遣であったと考えられる。

但馬国を通過するのに二日を要したとすると、因幡以西一国の捉稲使は、往復四日、二回で八日を要したことになり、二人の使者の所要日数の合計一二日から減じると、但馬国府に至った捉稲使の二回の所要日数は四日、従って、丹波・但馬国境〜国府を二日で往復したことになる。即ち第二項には、但馬国を二回通過した使者と、同国府に二回到来した使者が含まれていたと考えられる。

右のように考えた上で、旧稿における「経過上下伝使」の解釈を修正しなければならないと考える。私は、「経過上下伝使」の意味は、国府を経由せずに、通過しただけの伝使で、「経過」は片道、「上下」は往復の意味と考えていたが、「経過」は従前どおり通過とし、「上下」は、上り・下りの意味であり、国府に到来し、また国府から発遣される使者を含み、そのルートは、山陰道本道および同本道から分かれて北上し国府に至る支道（旧道）である、のように修正したいと思う。修正の理由は、永田氏が指摘された文書の存在と、「経過上下伝使」の第二項の但馬国の中宮職掟稲使が同国府を訪れたと考えられることである。従って①②④〜⑥の太政官符および民部省符は、「経過上下伝使」の欠失部分に記載されていたか、あるいは経過上下駅使によって、但馬国府にもたらされたと考える。

永田氏は、a「当国所遣駅伝使」とb「経過上下伝使」の項目の違いは、ルートによる違いではないとされている。しかし、第一に、aの項目に記載されている駅使二件、伝使二件は、すべて丹後廻りであり、山陰道本道を取った伝使の記載は見えない。第二に、bの項目は存在するのに、「経過上下駅使」が存在しないのは、山陰道本道には駅起稲の備えがあるため、山陰道本道を取った駅使に対する正税の支出は行われず、そのゆえに「経過上下駅使」の項目は、正税帳に記載されなかったものと考えられる。これらの理由から、aとbはルートの違いであると考えるべきであろうと思う。また、aに「赦書」「詔書」等の重要文書が記載されているのは、丹後国を含む山陰道のすべての国々を逓送すべき文書が、aルートを取ったからであろうと思う。(22)

注

（1）　前掲拙稿を執筆した際、引用すべくして引用を怠った先行論文として、米澤康「古代北陸道の伝馬制について」（『信濃』二八—五、一九七六年）があり、拙稿発表後に共通する問題が提起されていることを知った。米澤氏の論点の一つは、北陸道諸国の伝馬について、令制では画一的にすべての郡に設置されていたが、その後整理・停廃を余儀なくされ、延喜兵部式諸国駅伝馬条に見られるように、幹線駅路に位置する郡にのみ設置されるに至ったというものであり、前掲拙稿に先行する研究である。

（2）　永田英明「律令国家における伝馬制の機能」『交通史研究』二八、一九九二年。改稿して『古代駅伝馬制度の研究』吉川弘文館、二〇〇四年に収録。

（3）　『新訂増補国史大系第二四巻　令集解　後篇』九二九〜九三一頁。

（4）　米澤康前掲。岡田登「正税帳よりみた伝馬の設置状況」『皇学館大学紀要』一八、一九八〇年。井上辰雄「越前国郡稲帳をめぐる諸問題」『遠藤元男博士還暦記念日本古代史論叢』一九七〇年、七五〜七六頁。榎英一「正税帳国司巡行記事の復原をめぐっ

て」『続日本紀研究』一七一、一九七四年、三三～三四頁。

(5) 大山誠一「古代駅制の構造とその変遷」『史学雑誌』八五―四、一九七六年、二〇～二一頁。

(6) 武藤直「延喜式の但馬国官道について」『織田武雄先生退官記念人文地理学論叢』柳原書店、一九七四年、六一〇～六一一頁。

(7) 永田英明前掲書、七三～八四頁。

(8) 木下良「山陰道旧駅路について―但馬国を中心に―」『但馬史研究』一二、一九八九年。

(9) 前掲拙稿。『新訂増補国史大系第三巻　日本後紀』三〇～三一、六九頁。

(10) 松原弘宣「水駅についての一考察」永島福太郎先生退職記念会編『日本歴史の構造と展開』山川出版社、一九八三年、三七五～三八四頁。永田英明前掲書、八二～八三頁。

(11) 山里純一「天平期における駅使食料費の財源について」『国学院雑誌』七九―六、一九七八年。

(12) 永田英明前掲書、七三～八四頁。『大日本古文書二』六四～六五頁。

(13) 東野治之「正倉院蔵鳥兜残欠より発見された奈良時代の文書と墨画」『正倉院文書と木簡の研究』塙書房、一九七七年。『大日本古文書七』一二四頁。

(14) 永田英明前掲、注(12)。

(15) 『大日本古文書二』五六、五八頁。

(16) 『復元天平諸国正税帳』現代思潮社、一九八五年、一五八～一五九頁注八・一一・一三、一五六頁注一〇。『新日本古典文学大系一三　続日本紀　二』三二三頁注二二、三二一頁注一〇。

(17) 前掲『続日本紀　二』三二〇～三二三頁。

(18) 大宝令制下においては、詔が勅符によって施行される場合があり、この場合は、詔による赦書が勅符によって施行された可能性があろうと思う。天平六年の出雲国計会帳に見られる同年七月の「勅符」は、早川庄八氏によって、『続日本紀』天平六年七月辛未（十二日）の大赦の詔を頒下する勅符である可能性が指摘されており、また鹿内浩胤氏は、同計会帳の断簡に記載されている「赦書付領状」は、勅符の返抄であることを指摘されている。鹿内氏によれば、返抄に見える「赦書」は「勅符」に当たり、「赦書」が「勅符」によって施行されたことを意味する（本書第一部第二章参照）。このような事例のあることを考慮するならば、〔3〕の「免罪幷賑給赦書」は、「勅符」として施行された可能性があり、そうであれば、豊後、但馬、和泉監帳等に見える「天平九年五月十九日恩勅」（『大日本古文書二』四二、四八、五三、五五、七六、八二、八五、八九、九六頁）は、「勅符」である「免罪幷賑給赦書」を引用したものであることになる。

(19)　前掲『続日本紀　二』三二〇〜三二一頁。『大日本古文書二』七六、八九、九六頁。

(20)　「中宮職捉稲使」は、利光三津夫氏によれば、中宮湯沐の稲粟の出挙を任務として派遣される舎人等の職員で、主稲と同じものである。播磨郡稲帳に「中宮職美作国主稲」と見え、また但馬帳にも前掲のように見えるので、湯沐の存在する国ごとに任じられたらしい（「正倉院文書にみえる捉稲使と主稲」『律令及び令制の研究』明治書院、一九五九年、一六三〜一七〇頁）。

(21)　「二箇国」は、前掲『復元天平諸国正税帳』に従い、但馬国と以西の一国とする。また、注の「使十三日」は、同書に従い、「使十二日」に訂正する（一六〇頁注八・九）。

(22)　武藤直氏前掲論考は、但馬帳の「経過上下伝使」の項の「使肆拾柒人、従壱拾柒人」「使一百二日、将従卌二日」について、「赴任所弐箇国伝使」の項から推定される、山陰道本道による但馬国通過の所要日数を二日とすると、使、将従の延べ日数は、いずれも八日上まわっているため、使者の三分の一は、丹後廻りの山陰道支道（北路）を取った可能性があるとされている。しかし、先に「上下弐箇国中宮職捉稲使」について検討したように、注の「使十二日　将従十二日」から、使、将従ともに二人が二回往復したと考えられるので、二人で四日のところ、一二日を要したことになり、従って、使、将従ともに八日上まわることになる。このように考えれば、丹後廻りの山陰道支道を取った使者がいることを、考える必要はないように思われる。

第二章　律令伝制の成立と展開

一　東国々司への詔に見える交通システム

東国々司への詔に見える交通関係の規定と、律令制的交通制度との関連を検討したいと思う。東国々司への第一詔（大化元年八月庚子）に、次の二ヵ条が見える。

A　a上レ京之時、不レ得三多従二百姓於己一、唯得レ使レ従二国造・郡領一、b但以二公事一往来之時、得レ騎二部内之馬一、得レ飡二部内之飯一、

B　其長官従者九人、次官従者七人、主典従者五人、若違レ限外将者、主與二所従之人一、並当科レ罪、(1)

Aの前半aは、国司が上京する時の従者について、国司が多く百姓を従えることを禁じ、国造等を従えることは出来ると規定している。このaは、井上光貞氏が明らかにされた東国々司の本質的な性格、即ち派遣された東国々司は、律令制下の国司と異なり、国造制を存置したままで発遣された国司であることと、密接な関係があるように思われる。即ちaは、東国々司が上京する際に、農民を差発し従えることを禁じ、従えることができるのは国造等であることを、規定したものと思われる。また同氏が指摘されているように、現地の状況についての報告を、派遣した東国々司だけでなく、現地を実質的に把握している国造等からも聴取することが意図されていたことが、第三詔（大化二年三月辛巳）に「今問二朝集使及諸国造等一」とあることからうかがわれる。(2)

bの「部内」は、戸令三三国守巡行条(3)の「部内」と同様の、管轄領域内の意味であると思われる。東国々司は東方八道のそれぞれに、長官、次官、主典のグループをもって派遣されており、第三詔に「在国」「所任之国」等の表現が見られるように、東国々司にはそれぞれ管轄領域があったと考えられる。従って、bの「部内之馬」「部内之飯」は、管轄領域内の国造等の拠点に備えられている馬・食であろう。

そして、aとbが「但」でつながれていることを考慮するならば、「以二公事一往来之時」には、aの「上京之時」が含まれていると考えられる。即ちbにより、東国々司の管轄領域内には、国造の拠点に馬・食の備えがあり、国司は、部内巡察時等に馬・食の供給を受けるとともに、上京の時にも国造から馬・食の提供を受けたものと考えられる。

次にBには、東国々司の従者の数が定められており、「若違レ限外将者、主與二所従之人一、並当科レ罪」とあるから、従者の数は限度数であると考えられる。東国々司が従者をともなって出向する場合として、Aに、上京の時と公事により部内を往来する時とが規定されているので、Bは両者に適用されるものと考えるのが妥当であろう。

薗田香融氏は、bの「部内」は、向京国司が途中経過する諸国の「当国内」であると解され、かつBの従者規定を公式令四二給駅伝馬条に関連づけられ、「部内之馬」「部内之食」を、後の伝馬・伝食に当たるものと解されている(4)。しかし、律令制においては、原則として諸国には伝符の備えがなく、国司・郡司が伝符により、伝馬に乗って上京することは原則としてなかったと考えられる。従ってBの従者規定は、公式令四二条よりも、後述するように、和銅五年（七一二）五月十六日格に関連するのではないかと考えられる。従って、bの「部内」についても、東国々司の管轄領域内と考えるべきであって、「部内之馬」「部内之食」は、のちの郡伝につながる、国造制ないし評制段階における在地の交通機能と考えるのが、妥当ではないかと思う(5)。

第一詔のA（ab）、Bによってうかがわれる交通システムは、二つの方向へ展開したのではないかと思われる。

一つは、律令制的駅伝制成立の方向であり、一つは、駅伝制によらない国・郡司の交通方式である。

駅伝制成立の方向については、多くの研究が蓄積されつつある。馬場基氏や森公章氏は、『日本書紀』壬申の乱関係記事において、大海人皇子方が郡家（評家）を利用して前進を続けているところから、郡家（評家）が交通の拠点になっていたことを指摘された。また馬場氏は、同記事においては「隠駅家」「伊賀駅家」のように郡名（評名）によって駅家が表記されているが、『続日本紀』においては、「紀伊国賀陀駅」「淡路国神本駅」のように国名とともに表記されていることを指摘され、令制前の駅家が、後の令制と異なり、郡（評）制と密接な関係があることを指摘されている。森氏は、伊場遺跡出土の「駅評」木簡は、栗原駅に関連する木簡であると推定され、「評駅」は独自の財源や駅戸をもたず、評全体が駅の運用を行うという特色があったとされる。松原弘宣氏は、同木簡について、壬申の乱後、浄御原令施行までの国評里制の成立過程において、東国との連絡のための駅制整備に関連して設置されたものとされている。(6)

律令制とともに成立する駅制は、郡から独立した財源および編戸を基礎に、中央集権的に運営される交通制度であり、また伝制は、郡の交通機能である郡伝を基盤とし、国・郡の交通システムと中央集権的に運営される伝符の制からなっていたと考えられる。

国造制の交通システムは、国司・郡司の駅伝によらない交通方式へ継承されたものと思われる。次に和銅五年の格および天平五年（七三三）の太政官奏を掲げる。(7)

『令集解』田令三五外官新至条、令釈所引

Ⅰ和銅五年五月十六日格云、①国司巡㆓行部内㆒将従、次官以上三人、判官以下二人、史生一人、並食㆓公廨㆒日米二升、酒一升、史生酒八合、将従一人、米一升五合、

『同』賦役令三七雑徭条、古記所引

Ⅱ和銅五年五月十六日格云、②国司不レ乗二駅伝一而向下者、長官馬七匹、判官以下五匹、史生二匹、③其遷代者、長官馬廿匹、夫卅人以下節級給レ之、④其郡司向京関二公事一者、並給二馬夫一、⑤其取二海路一者、水手准二陸夫数一、

『続日本紀』

Ⅲ天平五年二月乙亥、太政官奏、遷替国司等、赴レ任之日、官給二伝駅一、入レ京之時、何乗来帰、望請、給二四位守馬六匹、五位五匹、六位已下守四匹、介・掾各三匹、目・史生各二匹一放去、（中略）勅、許之、

右のⅠは、国司巡行の時の将従および食料を定めた格（国司巡行法）(8)であり、将従の数は、使用できる馬の数に関係すると思われる。

そして、第一詔のbの「以二公事一往来之時」が、東国々司による部内の巡察を意味し、「得レ騎二部内之馬一、得レ湌二部内之飯一」が、国造の拠点において馬・食の供給が行われることを意味するとするならば、それは、Ⅰの国司巡行法が定める将従の数や食料の支給に関連すると見ることができよう。また、Bの従者の数は、Ⅰの国司巡行法の将従の数や、ⅡⅢの馬、夫の数に関連するのではないかと思われる。

その理由の第一は、ⅠⅡⅢによる将従、馬・夫の数が、いずれも位階ではなく、国司等の官職を基準として定められている点が、第一詔のBの規定と共通すると思われることである。

第二の理由は、ⅡおよびⅢは、駅伝制成立以前の旧制度を継承している可能性があると考えられることである。即ち、Ⅱの「不レ乗二駅伝一而向下」は、駅伝によらない交通方式を意味し、内容的に国司の「向下」「遷代」「郡司向京」のすべてにかかるものと思われる(9)。

Ⅲの天平五年二月乙亥の太政官奏についても、同太政官奏に「遷替国司等、赴レ任之日、官給二伝駅一」とあるのは、和銅五年の国司遷代の格と、神亀三年（七二六）太政官処分を合わせて引用したものであり、「官給二伝駅一」(10)は、後者の太政官処分の「給二伝符一」を指しているものと思われる。このように考えると、本太政官奏が定める国司が任を終えて帰京する場合の馬の支給規定も、「官給二伝駅一」と対比して定められているから、Ⅱと同様に、駅伝によらない交通方式であると考えられる。

駅伝によらない交通方式については、公式令五一に、駅馬に乗ることを許されない国司について、「自余各乗二当国馬一」と規定されており、古記によると、大宝令にも同じ規定のあったことが確認される(11)。また同様の規定は、次掲の養老六年（七二二）の太政官符にも見られる(12)。

太政官符

東海道五国（中略）

右一十九国、承前依レ令不レ聴レ乗レ駅、其国司等皆賷二食粮一乗二当国馬一入レ京、非三直空延二時日一實亦労二擾百姓一申レ政遅違莫レ不レ由レ茲、於レ理商量事非二穏便一伏請、自今以後、縁レ有二公事一向レ京国司皆聴レ乗レ駅、

（中略）

養老六年八月廿九日

奉レ勅依レ奏

右の太政官符によれば、一九ヵ国の国司等は、承前は駅に乗ることが許されず、食料を携え当国の馬に乗って入京したという。公式令五一や養老六年太政官符によるならば、ⅡⅢが規定する、駅伝によらない交通方式は、当国の馬・食による交通方式であって、駅伝制成立前の交通方式を継承している可能性があるのではないかと考える。

東国々司への第一詔のA（ａｂ）、Bに見られる交通システムと、ⅠⅡⅢの和銅五年格や天平五年太政官奏の関連を右のように考えることができるならば、律令制下における国司・郡司の交通方式には、駅伝制成立以前の、官職を基準とする交通制度が継承されている可能性があるのではないかと考えられる。

二　越前・播磨両国郡稲帳と郡伝

天平四年の越前郡稲帳は、郡稲が正税に混合される以前の郡稲に関する貴重な史料であるとされている。先学の復元に導かれながら、首部の構成と郡伝のあり方を検討したいと思う。[13]

同郡稲帳の九つの断簡にA～Iの記号を付すならば、早川庄八氏の復元によると、Eが首部の最初に配すべき断簡であり、同断簡の末尾の「元日刀禰郡司及軍毅」以下三行が、雑用部の冒頭と考えられ、雑用部の配列は、以下のようになる。[14]

E、AB、D、C、F

即ちAとBは、「赴二新任所一能登国史生」の食料の数値が整合することから、直接に接続する。次にBの末尾は、太政官符の逓送使であり、Dの四四人および六人も、逓送使であると考えられるので、Bの次に欠失部分をおいてDに接続する。

Cの冒頭の注記は、国司巡行の際の使、史生、将従の食料に関するものであり、巡行した郡の中に逓送使が通過しない大野郡が含まれ、かつ滞在日数が三、四日ないし五日であることから、同断簡の「加賀郡経四箇日食料」の行まで国司巡行であろう。Dの末尾の一行は、国司巡行の初行であると考えられるので、Dの後に欠失をおいてCが接続し、さらに欠失をおいて首部の末尾であるFに続く(15)。

首部の断簡の接続を右のように確認したうえで、同郡稲帳に見える伝使、逓送使、国司巡行の従者数および食法を検討してみたいと思う。伝使であることが明確なのは、A断簡の従六位上の検船使と少初位上の新任能登国史生である。いずれも位階に対応する四剋と三剋(16)の伝符を携行しており、それぞれの注は次の通りである。

(検船使) 一人別稲四把、塩二夕、酒一升、三人別稲四把、塩二夕、

(能登国史生) 一人別稲四把、塩二夕、酒一升、二人別稲四把、塩二夕、

右の注により、いずれも人数は、所定の伝符の剋数に一致しており、食法は次の通りである。

伝使　稲四把、塩二夕、酒一升、

将従　稲四把、塩二夕、

逓送使については、D断簡に次のように見える。

肆夕[人別日稲四]把、塩二夕

表1　郡稲帳に見える伝使・逓送使および国司巡行の食法

国／使	伝使・逓送使	国司巡行
越前	伝使　稲四把、塩二夕、酒一升 将従　稲四把、塩二夕 逓送使　稲四把、塩二夕	国司　稲四把、塩二夕、酒一升（史生八合） 将従　稲三把、塩一夕五撮
播磨	伝使　米二升、酒一升 将従　米一升五合、酒八合 逓送使　米二升、酒一升 将従　米一升五合、酒八合	

敦賀丹生弐箇郡肆拾肆人各経壱箇日食料、稲壱拾柒束陸把、塩捌合夕、

足羽坂井江沼加賀肆箇郡陸人各経壱箇日食料、稲弐束肆把、塩壱合弐夕、

Dの冒頭「肆夕」は、注にあるように「塩二夕」として計算すると、二夕×四四人×二郡＝一七合六夕、二夕×六人×四郡＝四合八夕、一七合六夕＋四合八夕＝二升二合四夕、となって「肆夕」に一致する(17)。

また、「敦賀丹生弐箇郡」の四四人、および「足羽坂井江沼加賀肆箇郡」の六人は、前掲の伝使の赴任ルートおよび太政官符の逓送方式を参照し、かつ大野郡が含まれていないことを考慮するならば、若狭国から越前国府まで、および同国府から能登国への逓送使であると考えられる(18)。

国司巡行の従者数・食法については、C断簡の注に、

二人各稲四把、塩二夕、酒一人一升、一人八合、三人各稲三把、塩一夕五撮、

とあるので、判官以下一人、史生一人、将従三人と解すれば、将従の数・食法は次の通りである。

将従の数

判官以下　二人、史生　一人、

食法

国司　稲四把、塩二夕、酒一升、

史生　稲四把、塩二夕、酒八合、

将従　稲三把、塩一夕五撮、

国司巡行については、将従の数も食法も、塩の支給を除いて、次掲の和銅五年の格（国司巡行法）に完全に一致して

おり、同法によって規定されていることが明らかである。(19)

和銅五年五月十六日格云、国司巡二行部内一、将従、次官以上三人、判官以下二人、史生一人、並食二公廨一日米二升、酒一升、史生酒八合、将従一人、米一升五合、

次に、天平四年以前とされている播磨郡稲帳は、使者一六件のうち、欠失により内容が不明のもの二件を除くと一四件であり、そのうち将従の数が所定の伝符の剋数に一致するもの九件（六四・三％）であるので、伝使の項の断簡である可能性が高く、その食法は次の通りである。(20)

使　米二升、酒一升、
将従　米一升五合、酒八合、

また、越前郡稲帳のB断簡に、「賷二太政官逓送符壱拾道一、従二若狭国一到来使壱拾人」とあるのは、太政官符一〇通をもたらして若狭国より到来する使が一〇人という意味であり、注には、越前国宛てが五通、能登国への逓送が五通とある。その内訳は、D断簡を参照して、敦賀、丹生二箇郡一〇人、四箇郡五人であり、使一人の稲を四把として、B断簡の欠失部分に次の記載のあったことが推定される。

敦賀丹生弐箇郡壱拾人各経壱箇日食料、稲肆束、塩弐合、
足羽坂井江沼加賀肆箇郡伍人各経壱箇日食料、稲弐束、
塩壱合、

従って先に述べたように、二箇郡一〇人、四箇郡五人の稲の合計は「十六束」となり、B断簡末尾の「稲壱拾」に一致すると見ることができる。そして、足羽以下四箇郡を経て能登国へ逓送した五人は、若狭国から越前国に到来した一〇人とは別に、越前国が発遣した逓送使である可能性が高いと考える。なぜならば、注に「更於能登国逓送符五

道」とあるのは、越前国が改めて使者を発遣し、能登国へ逓送したと解するのが自然であると思われるからである。太政官符の逓送を記載するB断簡のあとに、欠失部分を置いてD断簡が接続するとすれば、D断簡に記載されているのは、何らかの逓送文書であると思われる。そして、太政官符の場合と同様に、足羽以下四箇郡を経て能登国へ逓送した六人も、越前国が発遣した逓送使であろうと考える。このように考えると、文書の逓送使は、太政官符が一五件、省符等が五〇件の計六五件であり、すべて将従をともなわない単独であると考えられる。

以上の要点をまとめるならば、次の通りである。

1越前・播磨両郡稲帳の伝使の食法は、「稲四把、塩二夕、酒一升」と「米二升、酒一升」であり、越前郡稲帳に見える巡行国司（目以上）の食法は、「稲四把　塩二夕、酒一升」である。従って、塩を除けば三者は一致しており、何らかの統一が図られている可能性がある。これに対し、三者の将従の食法は、「稲四把、塩二夕」、「米一升五合、酒八合」、「稲三把、塩一夕五撮」であり、ほとんど不統一である。ただし、越前においても、播磨においても、各国における伝使と将従の食法には、統一性が認められる。

2越前郡稲帳に見える逓送使は、すべて将従をともなわない単独の使者である。同帳の太政官符の逓送使が「従二若狭国一到来使壱拾人」と表記されているので、将従ではなく使であると考えられる。食法は、「稲四把、塩二夕」であり、稲四把は伝使・巡行国司と一致する。

3越前郡稲帳に見える、国司巡行に関する将従の数および食法は、和銅五年の格に完全に一致している。

4越前郡稲帳によると、伝使・逓送使および国司巡行に要した食料は、いずれも郡稲から支出されている。かつ、逓送・巡行等の拠点は、いずれも郡に設定されており、食料の供給も郡単位に計上されている。これらのことから、伝使、逓送使および国司巡行は、いずれも郡の交通・供給のシステム、即ち郡伝に依拠していると考えられる。

三　伊勢国計会帳の郡伝

鐘江宏之氏は、本計会帳と平城京の二条大路木簡との関連等から、本計会帳の作成は天平九年十二月以前にかかる可能性が高いとされ、市大樹氏は、浮浪人逓送の記事等から、作成年次は天平八年十月以前とされた[21]。

同計会帳の「行下符一条」を次に掲げる。

行下符一条

為レ検二水田熟不一、発二遣少掾佐伯宿禰鍬作道前、少目

大倭伊美吉生羽道後一、符二紙、（注略）

右付二郡伝一、

同条には、水田の熟不を検するために、同国の少掾を道前に、少目を道後に発遣する旨の国符を、道前と道後に一通ずつ下達することが記され、国符下達の方法について、「右付二郡伝一」とある[22]。

「道前」「道後」について、早川庄八氏は、『神宮雑例集巻一』の記事を参考に、国府のある鈴鹿郡以北の六郡が道前、以南の七郡が道後であるとされており、瀧川政次郎氏や彌永貞三氏は、原則は国府の所在地より京に近い郡が道前、遠い郡が道後であるとされている[23]。

右掲の「右付二郡伝一」については、「郡に付して伝う」と読む説もあるが、馬場基氏、市大樹氏が言われるように、「郡伝」と読み、郡衙に備えられている交通機能と解すべきであろうと思う[24]。

馬場氏が指摘されたように、直前の項目に「右付二路次団一」とあるのと同様に、「郡伝」は名詞と見るべきであろう。そして、この場合の「付二郡伝一」は、道前と道後のすべての郡に宛てた二通の国符を、「郡衙から郡衙へ逓送される、郡の交通・通信システムに付する」という意味であろうと思う。鐘江宏之氏は、「右付二郡伝一」という伝達方法を取る場合の、国符の宛所について、「国符竹野熊野両郡司」と復元される丹後国符案のように、郡名を記載する方法と、「太政官符山陽道諸国司」のようにブロック名のみを記載する方法とがあり得ることを示唆されている[25]。鐘江氏の示唆に従って推測するならば、「右付二郡伝一」の場合は、例えば「国符道前諸郡司」のように、一ブロック内の全郡が伝達の対象になる場合であり、この場合の「郡伝」は、郡衙の有する交通・通信機能のうち、郡衙間の逓送システムを指す名辞として用いられているように思われる。

次掲の『続日本紀』神護景雲二年（七六八）三月乙巳条にも、「郡伝」が見られる[26]。

山陽道使左中弁正五位下藤原朝臣雄田麿言、本道郡伝路遠、多致二民苦一、乞復隷レ駅将二迎送一、（中略）詔並許レ之、

大山誠一氏は、右の史料は、山陽道の伝馬が駅馬に併合されたことを意味すると推定されたが、市大樹氏は大山氏の推定を受け、「伝路」ではなく「郡伝」と読むべきことを提唱された[27]。私もこの見解を支持したいと思う。「郡伝路、遠」と読むと、「伝路」と「隷駅」との関係が不明瞭になるが、「郡伝」と読めば、交通施設としての伝と駅の併合となり、文章として理解しやすいからである。

そして、前掲の伊勢国計会帳と『続日本紀』天平神護二年三月条に見える二つの「郡伝」は、交通システムとしての「郡伝」の二つの側面を示していると思われる。即ち前者は、郡衙と郡衙を結ぶ、郡伝の基盤的な交通システム、後者は、国衙と国衙を結ぶ、郡伝を基盤とする国衙の交通システムとしての側面であろうと思われる。

四　律令伝制の特質

1　但馬・周防両国正税帳の伝使

天平時代の正税帳のうち、まず駅伝使に関する項目が完存している但馬帳について、伝使の意味を検討したいと思う。

但馬帳のＣ断簡に、「当国所㆑遣駅伝使」と「経過上下伝使」の二つの大項目があり、前者に五つの小項目、後者の残存する断簡に、二つの小項目が見られる(28)。

「当国所㆑遣駅伝使」の小項目〔1〕「依㆓奉弐度幣帛㆒所㆑遣駅使」、〔2〕「賫㆓免罪赦書㆒来駅使」、〔3〕「賫㆓免罪幷賑給赦書㆒来駅使」には、いずれも「駅使」の記載があり、かつ各二人の駅使の人数は、所定の駅鈴の剋数に合致している。これに対し、〔4〕「賫㆓太政官逓送免田租詔書㆒来使」、〔5〕「賫㆘太政官逓送疫病者給㆓粥饘料㆒符㆖来使」には「伝使」の記載がなく、〔4〕、〔5〕それぞれ二人の伝使と見られる使者の将従は、すべて一人であって所定の伝符の剋数には合致しない。

「経過上下伝使」の小項目〔1〕「赴㆓任所㆒弐箇国伝使」には「伝使」の記載があり、その内訳は、赴任する因幡守従五位下と出雲掾従六位下であり、各使者の人数はいずれも所定の伝符の剋数に一致している。〔2〕「上下弐箇国中宮職捉稲使」の一人が、Ｄ断簡の「中宮職捉稲」の巨勢朝臣長野であるとすると、将従は一人であるから、所定の伝符の剋数には一致しない。

但馬帳の記載を右のように理解するならば、「駅使」「伝使」について、次のように考えることが可能であろう。

「駅使」については、「当国所レ遣駅伝使」の小項目〔1〕〜〔3〕のすべてに「駅使」の表記があり、かつ各使者の人数が所定の駅鈴の剋数に一致するので、駅鈴を付与されているものと考えられる。「伝使」については、大項目には「伝使」の記載があるが、小項目には「伝使」の記載があるものとないものとがあり、「伝使」の記載のあるものの人数は、所定の伝符の剋数に一致している。従って、「伝使」には、「伝符」を付与された使者と、付与されない使者の、二種類が存在すると考えられる。

『延喜式』主税下の正税帳条には、「伝使」の項目の内訳として、「新任国司」「新任講師」「貢上御贄使」「貢上御馬使」が挙げられており、その後に「巡行国司」の項目が続いている。「新任国司」には「賷若干刻伝符若干枚」とあって伝符の記載があるが、「新任講師」以下には伝符の記載がない。しかし「新任講師」以下も、「新任国司」と同様に「伝使」の項目に属するものと見られる(29)。右の『延喜式』正税帳条の書式は、但馬帳の「伝使」に二種類があることと照応する。従って、但馬帳および『延喜式』正税帳条によると、伝使には、伝符を付与された伝使と、付与されない伝使の二種類が存在することになる。

次に、天平十年周防帳には四二件の使者が記載されているが、そのうち三五件に「伝使」の表記がある（表2参照）。項目名を欠いているが、「伝使」の項目である可能性が高いので、井上辰雄氏に従い、項目名「往来伝使」を用いることとする(30)。

「伝使」の表記がある三五件のうち、欠損により位階不詳の一件（3）、僧二件（38 41）を除くと三二件、うち二三件の使者の数が、公式令四二の所定の伝符剋数に一致している（七一・九％）。二三件のうち、五位は一件であり（32）、使者の数は所定の伝符十剋に一致している。また「伝使」の表記がある三五件のうち、「下伝使」が三二件、「向京伝使」が三件である(31)。「下伝使」は、中央政府から伝符を付与されて発遣されている可能性がある。「向京伝使」のうち相撲人の二件（9 10）については、『続日本紀』神亀五年四月辛卯に、勅によって相撲人の貢上が命ぜられているから、伝符が与えられた可能性があり、[32] 大宰府から向京の僧（38）については、大宰府に伝符が備えられていることに関係するかと思われる。[33] 右のように考え、かつ公式令四二の六位以下についての例外規定を加味するならば、「伝使」の表記がある三五件については、伝符を付与されている可能性が高いと思われる。次に、「伝使」と部領使および骨送使の関係を検討したいと思う。

(1) 「下船伝防人部領使」と「前般防人部領使」

「往来伝使」の六月十七日条に、

　同日下船伝防人部領使大宰少判事従七位下錦部連定麻呂、将従二人、合三人、（下略）

とあり、B～C断簡の「向京防人参般」の項目に、

　（中略）

　前般防人捌伯人二日半料頴稲捌伯陸束六把

　右、依部領使大宰府少判事従七位下錦部連定麻呂去天平十年四月十九日牒、供給如件、

とある。[34]

前般防人部領使錦部連定麻呂は、天平十年四月十九日の大宰府の牒を携え、帰還する防人を部領して、船によって向京し、下向時に伝符を付与され、筑紫大津まで船を曳航したものと思われる。[35]

周防帳の「向京防人参般」には、防人に対する食料支給は記載されているが、部領使・将従に対する供給は記載されていない。帰還防人に対する給粮の例は、筑後帳と駿河帳に見られる。筑後帳の例は、帰還防人の発遣時に、筑紫大津から備前児嶋までの一〇日分の食料が、一括して支給されたと見られる例である。一人四把として、防人三八七

表2　周防帳　伝使・部領使・骨送使（備考欄の○×は、位階相当の伝符剋数との合不である）

番号	日付	使者	官職	位階	氏名	従者数	日数	備考
1	／	女三十九人部領使	安芸国佐伯団擬少毅	无位	榎本連音足	二	往来八	×
2	5・4	部領伝使	刑部少解部	従六下	茢間養徳	二	往来六	×
3	6・4	下伝使				三	四	
4	4	下伝使	筑後国掾	正七下	忍海宮成	三	四	○
5	12	下伝使	豊後国掾	従六下	田辺縣麻呂	三	四	○
6	15	下船伝防人部領使	大宰史生	従八上	中臣益人	一	四	×
7	17	下伝使	大宰大監	正六上	阿部子嶋	三	四	○
8	17	下船伝防人部領使	大宰少判事	従七下	錦部定麻呂	二	四	×
9	20	向京伝使	長門国相撲人三人			廝一	往来八	×
10	21	向京伝使	周防国相撲人三人				往来六	×
11	22	下伝使	壱伎嶋掾	従七下	間人玉浦	三	四	○
12	26	下伝使	大隅国左大舎人 薩麻国人右大舎人	天位 天位	大隅坂麻呂 薩麻国益	一	四	×
13	7・3	下伝使	豊後国目	正七下	河内入鹿	三	四	○
14	24	下伝使	小野朝臣骨送使 対馬嶋史生	従八下	白代子虫	三	四	○
15	閏7・5	向京従大宰府進上 銅竈部領使	筑前国掾	従六上	建部君豊足	四	往来八	○
16	16	向京従大宰府進上 法華経部領使	大典	従六上	楢原造東人	四	四	○
17	8・29	下伝使	周防国史生	正八下	赤染麻呂	二	三	×
18	9・2	下般伝使	大宰史生	正八下	出雲君麻呂	二	四	×
19	11	下伝使	豊前国史生	大初上	志比安都	二	四	○
20	15	下伝使	対馬嶋史生	正八上	涤嶋大名	三	四	○

21	15	下伝使	豊後国史生	大初上	山田方見	二	四	○
22	15	下伝使	薩麻国史生	従八下	雄山田綿麻呂	三	四	○
23	22	下船伝使	筑前国史生	大初上	丈部千城	二	四	○
24	10・2	下伝使	壱伎嶋史生	大初上	物部於伎	二	四	○
25	3	下伝使	豊前国目	従八上	秦子虫	三	四	○
26	4	向京従大宰府進上御鷹部領使	筑後国介	従六上	日下部宿禰古麻呂	四 持鷹二〇	往来八	○
27	6	下伝使	大宰史生	従八上	川辺白足	三	四	○
28	9	下伝使	長門国史生	大初下	阿倍牛養	二	四	○
29	11	伝使	大隅国掾	正六下	土師山麻呂	三	四	○
30	12	伝使	薩麻国目	大初上	吹田上麻呂	三	四	×
31	12	下船伝使	筑前国史生	大初下	田辺東人	二	四	○
32	14	下伝使	豊後国守	外従五下	小治田諸人	九	四	○
33	14	下伝使	大隅国史生	大初上	日置三立	二	四	○
34	20	下伝使	大隅国守	正七下	大伴国人	三	四	○
35	21	耽羅嶋人二十一人向京部領使	長門国豊浦郡擬大領	正八下	額田部直広麻呂	二	往来八	×
36	21	下船伝使	大宰史生	大初下	桧前馬養	二	四	○
37	22	下伝使	筑前国掾	従六下	都保古良比	三	四	○
38	11・3	従大宰府向京伝使	僧		法義	童子三	四	
39	15	下伝使	大宰少典	従七上	朝明老人	三	四	○
40	19	向京紀朝臣骨送使	音博士	大初上	山背連靺鞨	二〇	四	×
41	12・1	下伝使	筑紫国僧		算泰	従僧二沙弥二 童子三	四	
42	20	従大宰府捉進上旧防人二人　向京部領使	長門国豊浦団五十長		凡海部我妹	一	往来八	×

人および水手二人の一〇日分の食稲が支給されているが、帰還防人を率いたであろう部領使に対する食料支給は見えないから、それは同帳の別項目に記載されたのではないかと思われる。駿河帳の例は、同国を通過する帰還防人一〇八二人と同部領使・将従に対する同国逓送分の食料が、別の項目に記載されていると見られる。筑後帳と駿河帳に見られる食料の支給方式が異なるのは、海路と陸路の違いによるものと思われる。即ち海路の食料支給方式によって、「向京防人参般」の防人と水手の食料が、一括して支給されたとするならば、防人部領使に対する食料も、同様の方式によって一括して支給された可能性があると考えられる(36)。

筑後帳によると、筑紫大津から備前児島まで行程一〇日であるとすると、周防国までは航路が順調であれば数日であると思われる。従って三般防人のうち、四月十九日と五月八日の大宰府牒を授けられて発遣された前般と中般が、周防国に寄港したのは四月ないし五月であろうと思われる。しかし、周防帳の「往来伝使」の四月、五月の部分には欠失があり、前般と中般の部領使・将従に対する食料の支給が記載されていたかどうかは確認できない。しかしながら、六月十二日の牒により発遣された後般については、同項目の六、七月の部分に見えないので、周防国に寄港したにもかかわらず、後般の部領使・将従に対する食料の支給は行われなかったと考えられ、従って部領使・将従に対する食料は、発遣時に一括して支給されていた可能性があるのではないかと考える。周防国における、三般の旧防人に対する二日ないし二日半の食料の支給は、何らかの事情による食料の補充であった、と考えておきたいと思う(37)。

帰路に関しては、周防帳の「往来伝使」の項目の、六月十五日と同月十七日に、「下船伝防人部領使」が見える。後者は、前般防人部領使の錦部連定麻呂である。前者は、発遣時の部領使とは氏名が異なるが、「大宰史生」であるから、中般の防人部領使である可能性が高いと思われる。いずれも四日分の食料が支給されているので、周防国において、船伝使としての供給を受けたものと思われる。しかし帰路の後般防人部領使に対する食料支給は、「往来伝使」の項目に見られない。前般および中般の例によれば、筑紫を出発してから帰路周防国に寄港するまで、一ヵ月余り〜二ヵ月であるから、六月十二日頃に筑紫を出発した後般は、閏七月から八月の頃に、周防国に寄港しても良いと思われる。しかし、「往来伝使」のその部分に見えないのは、何らかの事情により、帰路には周防国に寄港しなかったか、あるいは寄港しても食料の支給は行われなかったものと考えておきたいと思う。

三般防人および同部領使・将従の向京、下向を右のように考えるならば、部領使と「伝使」の関係は、次のように考えられる。即ち、旧防人を率いて船により向京する防人部領使に対しては、伝符は与えられず、大宰府の牒が授けられ、発遣時において、旧防人と同様に食料が一括支給された可能性が高い。防人部領使は、帰途において伝符を付与され、「下船伝防人部領使」として、周防国等で供給を受け、帰還したものと思われる。このように考えると、向京時の三般防人部領使に対する食料支給は、発遣時の正税帳の「往来伝使」の項目に、一括して記載された可能性が高いのではないかと考える。

(2) 「下伝使（骨送使）」と「向京骨送使」

次に、骨送使の下向（14）と向京（40）の事例を掲げ、伝使と骨送使の関係を考えてみたいと思う。

（七月）廿四日下伝使大宰故大弐従四位下小野朝臣骨送使対馬嶋史生従八位下白氏子虫、将従三人、合四人、（下略）

（十一月）十九日向京大宰故大弐正四位下紀朝臣骨送使音博士大初位上山背連靺鞨、将従十九人、合廿人、（下略）

小野朝臣、紀朝臣は、ともに大宰大弐かつ四位であるから、同等の待遇を受けた可能性があり、両骨送使は、いずれも向京し任務を終えたあと、伝符を付与されて下向したが、それぞれ下向と向京の記事が本帳に残された、と考えてみたいと思う。

なお、井上辰雄氏は、『続日本紀』の天平九年六月甲寅（十一日）の小野朝臣老の卒去記事と、本帳の骨送使の下向記事との関係について、『続日本紀』の記事を正しくは天平十年六月十二日であるとの解釈を提起されたが、この解釈に対し、『続日本紀』の卒去記事を正しいとする見解が提出されている。(38)

右の問題に関連して、十一月十九日の紀朝臣の骨送使の将従は一九人であるから、小野朝臣骨送使の向京時にも、同様の人数の将従をともなった可能性があり、そうであるとすると、小野朝臣骨送使の十数人の将従は、骨送の任務を終えて天平十年六月以前に下向したが、何らかの理由で下向が遅れた骨送使と将従三人が、本帳の七月条に記載されたと考える余地があろうかと思う。

以上、周防帳の四二件の使者の項目は、うち三五件に「伝使」の記載があること、また書式において、「国司巡行」の前に位置し、『延喜式』正税帳条に対応すること等から、「伝使」の項目である可能性があり、井上辰雄氏に従い、項目名を「往来伝使」と考えてよいと思われる。このように考えると、同項目には部領使・骨送使七件も含まれることになり、「伝使」の項目に、伝符を与えられていない伝使が含まれることは、先に検討した但馬帳の場合と同じであることになる。

周防帳「往来伝使」において、伝使は「下伝使」あるいは「向京伝使」と記載され、任務内容は記載されない場合が多いが、部領使・骨送使については、15「向京従二大宰府一進上銅竃部領使」、16「向京従二大宰府一進上法華経部領使」、40「向京大宰故大弐正四位下紀朝臣骨送使」等のように、任務内容が正税帳に記載される傾向がある。部領使・骨送使が、任務に関する何らかの文書を携行するであろうことは、想定されるところである。

そして正税帳の記載様式において、伝使と部領使・骨送使に、右のような相違が認められるとすれば、伝符を付与されていない部領使・骨送使については、携行する文書によって供給が行われたであろうことが想定されるのではないかと思われる。(39)

2　神亀三年太政官処分

（1）　陸路と海路

新任国司に対する供給を定めた神亀三年八月乙亥の太政官処分を次に掲げ、伝使に対する供給の問題について検討したいと思う。

新任国司向レ任之日、①伊賀・伊勢・近江・丹波・播磨・紀伊等六国不レ給二食・馬一、②志摩・尾張・若狭・美濃・参川・越前・丹後・但馬・美作・備前・備中・淡路等十二国並給レ食、③自外諸国、皆給二伝符一、④但大宰府并部下諸国五位以上者、宜レ給二伝符一、⑤自外随レ使駕レ船、縁路諸国、依レ例供給、⑥史生亦准レ此焉、[40]

右の太政官処分について、前掲『続日本紀　二』脚注および補注は、次の趣旨の注釈を行っている。即ち、①②③は、国司の赴任に際し、任国の遠近によって、不給食馬・給食・給伝符の三段階に供給を区分したものである。⑤は、給食・給食馬（給伝符）を受ける新任の国司が海路を取れば、海路に沿った諸国が食、または食・船・水手を供給するの意である。これは後に民部省式下（国司赴任条）として規定されるが、その式文の実効性には疑問がある。[41] 同補注に、⑤の「随レ使駕レ船」は、「使命の必要上海路を取るならば」の意であって、「使」を「便」に変えるべきではないとする見解には、従うべきであると考える。

森哲也氏は、『続日本紀　二』の脚注および補注によると、大宰府・部下諸国の六位以下についての規定が抜け落ちるという問題があるとされ、①~③は大宰府・西海道以外の諸国を対象とする規定、④⑤は大宰府・西海道諸国の規定とされた。[42]

私も、かつて同様に考えたが、[43]『延喜式』の規定等から、西海道だけでなく、山陽・南海道にも海路赴任が想定されることから、前掲拙稿の一部を修正し、神亀三年太政官処分を次のように解釈したいと思う。即ち①②③は、任国の遠近により「不レ給二食・馬一」「給レ食」「給二伝符一」の三区分を定めたもので、陸路についての規定である。①②③が陸路についての規定であると考える理由は、①については「不給食・馬」とあること、②については、神亀三年太政官処分から成立したと見られる『延喜式』太政官、国司食伝条に「准レ位給二食幷芻一」とあること、③については、「給二伝符一」は原則として陸路を意味することによる。

次に④⑤は、海路に関する規定であると考えられる。即ち④は、海路についての除外規定であって、③の諸国の中で、大宰府・部下諸国の五位以上には、常に伝符を給わり陸路を取らせるの意であろうと考える。そして⑤は、「自外」即ち④以外については、海路を取るならば、縁路諸国は例によって供給せよの意であると考えられる。それでは、⑤の「随レ使駕レ船」の対象となる諸国は、③の諸国であろうか、それとも①②③の諸国であろうか。⑤によれば、「自外」即ち④を除外すること以外に限定がないことを考えると、「随レ使駕レ船」の対象となるのは、①②③の諸国と考えてよいのではなかろうか。また「随レ使駕レ船」は、前掲『続日本紀　二』が「使に随ひて船に駕らば」と訓読するように、仮定形に読むべきであるから、①②③の諸国については、陸路と海路の両方式が想定されていることになる。

このように考えると、大宰府および部内諸国の五位以上については、常に伝符を給わって陸路を取るのに対し、それ以外の①②③の諸国のうち、海路を取る条件のある諸国については、陸路の場合と海路の場合とがあったと考えられる。

右のように考える第一の理由は、前掲のように解釈すると、周防帳に見られる実例に整合することである。即ち同帳によると、周防国を下った、新任の可能性がある大宰府官人・周防以西の諸国司は、「下伝使」二一件、「下船伝使」四件であり、前者は陸路、後者は海路と考えられる。五位は「下伝使」の豊後国守一人であり、そのほかは六位以下である。これらすべてが新任官人・国司ではないとしても、大宰府官人・諸国司について、五位以上は陸路、六位以下は陸路・海路両方式であり、神亀三年太政官処分の④および⑤の規定に合致していると考えられる。

第二の理由は、次掲の『延喜式』の二ヵ条が、神亀三年太政官処分を継承している可能性があることである。

太政官、国司食伝条

凡新任国司赴レ任者、i伊賀、伊勢、近江、丹波、播磨、紀伊等六国、並不レ給二食馬一、ii志摩、尾張、参河、美濃、若狭、越前、丹後、但馬、美作、淡路等十国、准レ位給二食并芻一、iii山陽道備前以西、及南海西海三道等国、並取二海路一、給レ食如レ法、iv自余諸国及太宰帥大弐皆給二伝符一（注略）

民部下、国司赴任条

凡v山陽・南海・西海道等府国、新任官人赴レ任者、皆取二海路一、仍令二縁海国依レ例給レ食、但西海道国司到レ府、即乗二伝馬一、vi其大弐已上乃取二陸路一[44]

右掲の国司食伝条のiv、国司赴任条のviに、大宰帥・大弐には伝符を給う、あるいは陸路を取るとの規定があることから、神亀三年太政官処分の④の、「大宰府并部下諸国五位以上」には、常に伝符を給わり陸路を取るとの規定の一部が、継承されていると見ることが出来る。

また、南海道については、国司食伝条のi ii によると紀伊・淡路は陸路であるが、iiiに南海道は海路と規定されているから、i ii iiiを合わせるならば、紀伊と淡路は陸路・海路両方式であり、阿波以西は海路であるということになる。そして、国司食伝条と国司赴任条が両立する規定であると考えるならば、i、vにより、播磨については、陸路・海路の両方式が規定されていたことになる。[45]

即ち、『延喜式』段階において、山陽道の播磨、南海道の紀伊・淡路について、陸海両方式が行われていたとするならば、神亀三年太政官処分の赴任方式が、改変されながらも一部継承されていた可能性が認められるのではないかと思う。

森哲也氏は、次掲の大同元年六月十一日太政官符によって、山陽道における新任国司が海路赴任へ変更され、それが国司食伝条と国司赴任条に取り入れられ、弘仁式に収められたものと推測されている。(46)

太政官符

応下新任国司従二海路一赴上レ任事

右得二山陽道観察使解一偁、駅戸百姓遙二送使命一、山谷嶮深、人馬疲弊、望請、当道諸国新任司等、准二西海道一、一従二海路一令レ赴二任所一者、右大臣宣、奉レ勅、依請、

大同元年六月十一日

右の太政官符の傍線部によると、西海道についてはすでに海路赴任が実施されていると見られるが、その実施の時期について、森氏は、大同元年六月一日の太政官符による、大宰府官人・管内諸国司の入京制限と同時期であろうと推測されている。大同元年六月一日および十一日太政官符と、『延喜式』国司食伝条および国司赴任条の関係については、森氏の見解に従いたいと思う。ただし、山陽、南海、西海道の海路赴任については、先に述べたように、いずれも神亀三年太政官処分の陸路・海路両方式が、森氏が明らかにされたように、大同元年六月一日および十一日の太政官符を契機に海路方式に変更され（大宰帥・大弐を除いて）、『延喜式』の二ヵ条の式文に定められたものと考える。そして、播磨・紀伊・淡路等の近国については、旧来からの陸路・海路の両方式が行われているという実態があり、二ヵ条の式文に反映しているのではないかと考える。

（2）神亀三年太政官処分と郡稲帳・正税帳の事例

神亀三年太政官処分と、郡稲帳、正税帳に見える赴任国司との関係を検討したいと思う。神亀三年太政官処分の③に関連する事例は、越前郡稲帳および但馬帳に見える次の三件である。

①越前郡稲帳　能登国史生少初位上大市首国勝

②但馬帳　因幡国守従五位下丹比真人家主

③同　出雲国掾従六位下縣犬甘宿禰黒麻呂(47)

①には、位階相当の三剋の伝符が付与されており、使者の数も三人である。②③も、それぞれ従五位下、従六位下であり、使者の数は一〇人と四人であるから、所定の伝符の剋数に一致している。これら三件は、神亀三年太政官処分の③の規定により、所定の伝符を付与された事例であると見られる。

次に、播磨郡稲帳(48)に見える下任国司を検討したいと思う。同帳に見える一六件の使者は、表3の通りであり、うち支給食料等が明らかなのは一四件である。そのうち、同国を通過したと見られる事例は九件であるが、所要日数はすべて三日である。

榎英一氏は、播磨国の山陽道は、東から西へ明石・賀古・印南・飾磨・揖保・赤穂の六郡であり、大部分の使者が三日食支給であるから、一郡半日食・六郡三日食を妥当としながらも、下任播磨国司の支給食料日数が、いずれも通過使と同じ三日であることを、問題として提起されている(49)。

高田淳氏は、播磨国通過使を一郡半日食の三日食としながらも、14の備前から播磨への紫草部領使、および9 10 11の下任播磨国司については、当国発着使として、一郡一日食と見なされ、それぞれ往復四日食および三日食が支給されたとされる。しかし、当国発着使に対して通過使の倍に相当する支給が行われた理由は判然としないとされてい

表3　播磨郡稲帳使者表（備考欄の○×は、位階相当の伝符剋数との合不である）

番号	使者	官職	位階	氏名	従者数	日数	備考
1	下任	大宰府少監	正六上	田中三上	三	三	○
2	依病向京	鋳銭司史生	无位	八戸広足	一	三	×
3		中宮職美作国主稲	无位	錦部石勝	一	三	×
4	上	長門国鋳銭司主典	従七下	大宅佐波	三	三	○
5		鋳銭司民領	少初上	贄土師忍勝	一	三	×
6		〃	少初下	高安三事	二	三	○
7		鋳銭司判官	従七下	薗田八嶋	三	三	○
8	下任	備前国介	従六下	田中浄足	三	三	○
9	下任	播磨国介	正六上	田口養年富	三	三	○
10	下任	同国大掾	従六上	民黒人	三	三	○
11	下任	同国少掾	従七上	大伴犬甘	（三）	三	○
12		鋳銭司					／
13			无位	多豆加、物部安呂	六	五	×
14	大宰府進上紫草部領	備前国上道郡主帳	少初上	新田部弓	一	四	×
15	下任	備中国掾	従六下	穂積老人	三	三	○
16	下任	備□					／

る。また両氏ともに、神亀三年太政官処分との関係については、下任播磨国司は、新任国司ではない可能性を示唆されている。[50]

　播磨国の山陽道を帯する郡数と、通過使に対する食料支給日数から見て、一郡半日食は妥当と思われるが、一四件の中に、海路の例が見られないというのは、いささか不自然のように思われる。

　周防帳によると、記載されている使者四二件のうち、陸路三六件、海路六件（一四・三％）である。そして陸路三六件のうち、同国通過が三三件であり、所要日数は片道四日、同国着発が三件（表2の2 10 17）であり、所要日数は片道三日である。海路の六件は通過であり（6 8 18 23 31 36）、所要日数は片道四日である。

　従って、通過の場合の所要日数は、陸路・海路ともに同じである。

　高田淳氏は、紫草部領使と下任播磨国司は、当国発着使として一郡一日食支給とされたが、その理由は明らかでない。例えば越前国郡稲帳によると、同国に到来の検船使と同国通過の能登国史生は、いずれも一郡一日食であり、当国発着使と通過使に差異は見られない。太政官符等の逓送使には、一郡半日食が支給されており、逓送使を当国発着使と見るならば、支給食料はむしろ少ないのである。従って通過使と当国発着使の食料に差異があるとは思われない。

先に見た周防帳においては、通過使が四日食支給であるのに対し、同国発着の三件（2 10 17）は、三日食支給である。また駿河帳においては、通過使には「六郡別一日食」であるのに対し、同国において着発した逓送使には「三郡別一日食」であるように、陸路については、通過使よりも当国発着使の方が、支給食料が少ないのが通例である。(51) 播磨郡稲帳の紫草部領使についても、通常片道一日のところ、紫草の運搬という任務のゆえに、二日を要したと考えることができるのではないかと思う。

また、下任播磨国司が新任国司ではないとすると、遷代として和銅五年五月十六日の格が適用されたことになるが、同格の馬の数等からみて、同格が適用されているとは考え難いように思われる。(52)

このように考えると、播磨郡稲帳の下任同国司は、陸路ではなく、海路である可能性があるのではないかと思われる。同帳の記載様式については議論のあるところであるが、(53) 私は、9〜11の播磨国司三件は、船によって海路を取ったと考えてみたいと思う。なぜならば、播磨国司の場合は、先に検討したように、神亀三年太政官処分の①に該当するから、陸路であれば、「不給食・馬」により食料は支給されず、海路であれば、「遠路諸国、依例供給」が適用されると考えられるからである。(54)

そして播磨郡稲帳の、同国々司を含む「下任」国司の記載には、神亀三年太政官処分との関連がうかがわれる。本帳の記載を見ると、3の「中宮職美作国主稲」には「上」「下」の記載がなく、4以下の鋳銭司についても、最初の4に「上」の記載があり、5〜7については省略されているのに対し、国司の任官については、1 8 9〜11 15のすべてに「下任」の記載がある。また、5〜7には「長門国」が省略されていると見られるのに対し、10 11には「同国」

とあって、「播磨国」であることが明示されている。その理由は、神亀三年太政官処分の規定に、関心が払われていることにあるのではないかと思われる。即ち、本郡稲帳に則して言えば、9～11の播磨国司については、⑤の海路の規定「縁路諸国、依レ例供給」が適用されたものと考える。そして陸路であれば、8備前国司と15備中国司には、②の「給レ食」、1大宰府少監と16「備」（おそらく備後国司）には、③の「給二伝符一」、海路であれば⑤の海路規定が、それぞれ適用されたものと思われる。[55]

右のように、本郡稲帳において、新任国司に対する供給に関心が払われているとすれば、本帳の成立が、神亀三年太政官処分のおそらく数年後であることにも、関係するのではないかと思われる。

(3)「准レ位供給」について

播磨郡稲帳によると、播磨、備前、備中国司は、いずれも位階に相当する数の従者をともない、所定の食料の支給を受けていると見られる。神亀三年太政官処分によると、伝符を付与されるのは、③の諸国司だけであるから、①および②である播磨および備前・備中両国司には、伝符は与えられていないと考えられる。同郡稲帳においては、播磨国司は、⑤により海路を取ったと考えられ、備前・備中両国司については、②による陸路と、⑤による海路の両様があり得ると考えられる。いずれにしても、伝符は付与されていないと見られるのに、何ゆえに伝符所定の従者をともない、食料の支給を受けているのであろうか。その理由は、律令制のもとにおける官人に対する供給には、「准レ位供給」の原則が存在したからであろうと思われる。厩牧令二一乗伝馬条および同条の集解諸説を次に掲げる。

凡官人乗二伝馬一出レ使者、所レ至之処、皆用二官物一准レ位供給、其駅使者、毎二三駅一給、若山険闊遠之処、毎レ駅供之、

謂、（中略）随二位高下一有二従人多少一、故云二准レ位供給一、但供給多少、依二式処分一也、

釈云、准レ位供給、依レ位有二従人数一、故云二依レ位供給一、多少待二式処分一、

古記云、准レ位供給、謂依二別式一耳、

跡云、准レ位、謂依二剋数一而供給、若有レ増二減剋一者、依レ所二増減一合レ供レ之、(56)

右の乗伝馬条は、伝馬に乗って、あるいは駅使として出使する場合の、供給についての規定であるが、同条文に「准レ位供給」の規定が見られる。その意味について、義解・令釈は、「位階によって従者の数が定められているので、供給は位階によって行う」の意であり、跡記は、「駅鈴・伝符の剋数によって供給を行うの意であり、剋数に増減がある場合は、それに従って供給する」と注釈している。即ち、義解・令釈は、供給は位階によって行うという、律令制の原則を述べているように思われる。神亀三年太政官処分の②の「給食」は、同太政官処分から成立したと見られる『延喜式』国司食伝条においては、「准レ位給二食幷蒭一」と規定されている。(57) この規定は、「准位供給」と同じ原則によると思われ、従って、神亀三年太政官処分の②の「並給レ食」の規定にも、「准位供給」の原則が適用されていることを示しているように思われる。(58)

また食料の支給について、義解、令釈は「式処分」、古記は「別式」によるとするが、その式は、『延喜式』主税上の諸使食法のもとになった式であると考えられる。(59)

（4）神亀三年太政官処分の解釈

神亀三年太政官処分は、新任国司の赴任についての待遇を、陸路の場合について、①「不レ給二食・馬一」、②「給レ食」、③「給二伝符一」の諸国に区分し、かつ海路の場合について、④⑤に規定していると考えられる。即ち④は、大宰府・部下諸国の五位以上には、常に伝符をさずけて陸路を取らせることを規定し、⑤に、④以外の①②③の諸国が海路を取るならば、「縁路諸国、依レ例供給」と規定している。従って同太政官処分は、①②③の諸国について、陸

路と海路を規定し、④によって、大宰府・部下諸国の五位以上については、常に陸路を取ることを規定していることになる。

そして、③の実例と見られる能登国史生（越前郡稲帳）、因幡国守、出雲国掾（但馬帳）については、すべて所定の伝符剋数に一致している。また周防帳には、大宰府官人および周防国以西の国司の、「下伝使」が二一件、「下船伝使」が四件見られるが、「下伝使」一九件（九〇・五％）、「下船伝使」三件（七五％）が、所定の伝符剋数に一致しており、新任国司が含まれているとすれば、伝符を付与されている可能性が高い。また播磨郡稲帳に見える太宰府少監は、陸路、海路両様考えられるが、所定の伝符剋数に一致している。③の諸国については、周防帳の「下船伝使」の例から見て、海路の場合も、伝符を付与されている可能性が高いと考えられる(60)。

②の事例としては、播磨郡稲帳に、陸路、海路の別は明らかでないが、備前介・備中掾の例が見え、①については、同郡稲帳に、海路と考えられる播磨介・大・少掾の例が見られる。①②については、陸路・海路ともに伝符は付与されていないと見られるが、先に明らかにした「准位供給」の原則が適用されたものと思われる。その際には、大日方克己氏が明らかにされたように、伝符以外の何らかの文書等が、証票として用いられた可能性があろうと思う。

五　国郡の交通制度

1　逓送使

国衙間の逓送に関して、市大樹氏は伊勢国計会帳等を検討され、「国を単位とした隣接諸国間での伝達の仕組み」が存在することを明らかにされた(61)。私は、市氏の見解を支持するとともに、国衙間の逓送の仕組みは、国衙を中心とする交通・通信制度の一環であり、国司巡行にも関連すると思われるので、そのような観点から、改めて郡稲帳、正税帳に見える逓送使の事例を検討してみたいと思う。

但馬帳の「当国所レ遣駅伝使」の項には、赦書、詔書、官符等の文書の逓送に当った四人の駅使と四人の伝使が記載されている。(62) 駅使については、将従の数はすべて所定の駅鈴の剋数に合致しており、駅鈴を付与されていたものと思われる。これに対し逓送使である伝使については、すべて将従は一人であり、所定の伝符の剋数には合致しない。従って駅制については、逓送使についても駅鈴によって運営されているが、伝使については、逓送使は伝符とは異なるシステムによって運営されていた可能性があると考えられる。伝使にして逓送に従事したのは、丹後・但馬両国の国司・郡司・軍毅である。

次の「経過上下伝使」の項目には、使者四七人、将従一七人とあり、先に検討したように、断簡として現存するのは、[1]、[2]合わせて使者四人、将従一四人であるから、欠失部分には、使者四三人、将従三人(日数は、使者八六日、将従六日)が記載されていたことになる。従って、使者のうち四十余人は、将従をともなわない単独の使者であったことになり、永田英明氏が指摘されたように、単独の使者の中には郡散事が含まれることが想定される。(63) 使者四三人、日数八六日から、所要日数は一人二日と考えられるので、逓送使が含まれているとすれば、但馬国府に至った中宮職捉稲使と同様に、丹波国から往復二日で、但馬国府に至ったものと思われる。第一章第二節2項において、永田氏の指摘によって検討した①②④~⑥の五通の太政官符および民部省符は、欠失部分に記載されていた使者によって(「逓送」と記載されている①②の太政官符および民部省符は逓送使によって)、但馬国府にもたらされたものと思われる。そして、欠失部分に記載されていた使者も、「経過上下伝使」の項目に属するから、伝使であったと考えられる。

次に、天平八年の薩摩帳の高城郡の部の「往来駅使」および「往来伝使」の項目に次のように見える。(64)

往来駅使　合頭壱拾人一人七日、二人三日、四人二日、四人一日　従壱拾肆人二人七日、三人三日、七人二日、四人一日（下略）

往来伝使　合頭肆拾弐人一人五十八日、三人二日、卅八人一日　従玖人三人二日、六人一日　惣単壱伯壱拾肆人頭一百二人　従一十二人　食稲肆拾肆束陸把頭一人六把、一百一人々別四把、従一十二人々別三把　酒捌斗弐升参合頭一人一升五合、一十六人々別一升、八十一人々別八合

「往来駅使」のうち、頭の「四人一日」と従者の「四人一日」については、頭一人に従者一人と考え、所定の駅鈴剋数に一致する駅使である可能性がある。そして、一日食支給であることから、高城郡に存在した薩摩国府に文書等をもたらした逓送使が含まれている可能性があろうと思う。

「往来伝使」のうちの頭の「一人五十八日」については、榎英一氏が明らかにされた、「新任国司史生（中略）韓柔受郎」の十一、十二月分の給浪に相当するとの見解に従いたいと思う。(65)頭の「卅八人一日」、従の「六人一日」により、一日の頭のうちの数人は従者をともない、三十余人は、従者をともなわない単独の使者であったと考えられる。頭三八人に対する食料支給については、①一人稲六把、酒一升五合、②一〇人稲四把、酒一升、③二三人稲四把、酒八合、④四人稲四把、酒の支給なし、のように推定される。(66)

右の食料支給を、「諸使食法」によって想定するならば、①は特別な待遇を受けた使者、②は官人、③は史生等、④は郡散事等であると想定される。三八人の中には、隣国から薩摩国府に文書等を伝達した逓送使が含まれている可能性があり、また、すべて「往来伝使」の項目に属するから、伝使である。(67)

天平十年の駿河帳には、六郡別一日食または半日食、および三郡別一日食の供給を受けた使者の記載があるが、項目名が失われており、かつ個々の使者に伝使の記載はない。(68)六郡別一日食または半日食の一〇件は、同国を往復また

は片道通過した使者である。[69] 一〇件の中には、「依レ病下二下野国那須湯一従四位下小野朝臣」をはじめ、「左弁史生」「春宮坊少属」「兵部省大丞」のように、中央から下向したと見られる使者が含まれている。また、従者の数が所定の伝符の剋数に一致するもの四件（四〇％）であり、一致しない従四位下小野朝臣も一二人であるから、所定の剋数に近い。従って、六郡別一日食および同半日食の一〇件は、伝符を付与された伝使である可能性があろうかと思う。

次の三郡別一日食の使者八件の官職は、遠江国少掾・史生、駿河国史生・安倍団少毅、相模国余綾団大毅・大住団少毅であるから、国司および国司の被管である軍団大・少毅である。三郡別一日食は国境と駿河国府の往復の食料を意味するから、八件は国府から国府までの逓送使であると考えられ、二人ないし一人の従者をともなっている。八件に1～8の一連番号を付すならば、12は遠江国発遣、34は当国発遣の防人部領使であり、C断簡の「旧防人伊豆国弐拾弐人（中略）合壱阡捌拾弐人」に関連すると考えられる。帰還先は、伊豆・甲斐・相模以下の東海道諸国であり、二人の部領使に引率されている。周防帳に見える三般防人との人数の差（七九五人）は、東山道等に帰還した防人である可能性がある。[70] 56は相模国発遣、78は当国発遣の俘囚部領使であり、E断簡の「従二陸奥国一送二摂津職一俘囚壱伯壱拾伍人」に関連すると思われる。

続いて三郡別一日食の、将従をともなわない文書逓送使が、官符、省符等の文書の種類別に記載されている。即ち官符については、到来した遠江国磐田郡散事が一三件、当国から発遣された安倍郡散事が一三件、省符については、到来した遠江国磐田郡の郡散事五三件が完存し、当国発遣の安倍郡散事は三〇件が残存している。AB断簡の間は、直接に接続することが確認されている。[71]

C断簡の前半の有度郡散事八件は、冒頭に「当国」とあるので、省符の続きではなく、官符、省符以外の文書であり、かつ後半は帰還防人であるから、前半は文書逓送使の末尾である可能性があると思われる。

D断簡は、御贄の進上に関する断簡であると思われる。次掲のように、第二行は、第三行の後半（2）と文面がきわめて類似している。

（第二行）山梨郡散事小長谷部練麻呂上一口 従一口六郡別一日食為単壹拾弐日上六口 従六口

（第三行）（1）相模国進上橘子御贄部領使（2）余綾郡散事丸子部大国上三郡別一日食為単参日上

従って、第二行の前に、第三行の（1）と同様の文章が省略されており、それは初行に書かれていたものと思われる。第一行に残存する文面は、第二行の後半と同文であるから、第一行も、従者一人をともなった六郡別一日食の使者である。従って初行には、甲斐国から何らかの御贄を進上する、山梨郡とは異なる郡名が記されていたものと思われる。その貢進物は、『延喜式』宮内省の諸国例貢御贄の条に、

（前略）甲斐青梨子 相模甘子、橘子（後略）(72)

とあることから、相模国の「橘子御贄」とともに進上されたのは「青梨子」とも考えられ、初行に「甲斐国進上青梨子御贄部領使」の文章が存在した可能性がある。このように考えることができるならば、D断簡は、御贄を進上する部領使をまとめた項であると考えられる(73)。

E断簡は、部領使に引率された匠丁、仕丁、俘囚、官奴等の六郡別半日の供給をまとめた項である。即ち、その中の「従二陸奥国一送二摂津職一俘囚壹伯壹拾伍人従」は、三郡別一日食の5および6の俘囚部領使に引率された俘囚であると思われる。従って、部領使と俘囚に対する供給は、防人と同様に、別個に記載されていることになる。C断簡には、帰還する防人への供給、E断簡には、匠丁以下への供給が記載され、防人には〈上〉、匠丁以下には〈従〉の注記があるので、Cのあとに欠失をおいてEに接続する可能性がある。

断簡の接続について、国司巡行の項目まで、前掲『復元天平諸国正税帳』『正倉院文書目録一』は、DABCEと

推定されている。Dについては、『延喜式』主税下の正税帳条によると、「伝使」の項目の中に、「新任国司」「新任講師」に次いで「貢上御贄」の項が掲げられているが、駿河帳のAB断簡の六郡別および三郡別の中に、「新任国司」も「貢上御贄」も見えないので、ともにA断簡の前に存在した可能性があり、従ってDをAの前に配置するのが妥当と考える。

そして、『延喜式』正税帳条の書式における「伝使」の項目は、「国司巡行」の前に位置すること、同書式に「貢上御贄使」が含まれること、駿河帳は天平十一年六月の駅起稲の正税混合以前の成立であり、駅使は記載されないこと等により、本帳のD～E断簡の、国司巡行の前までの使者の項目は、「伝使」の項目である可能性が高いと考えられる。(75)

以上により、郡稲帳・正税帳に見える逓送使をまとめるならば、越前郡稲帳の官符等の逓送使六五件、先に検討した播磨郡稲帳の紫草部領使一件、但馬帳「当国所レ遣駅伝使」の、駅使の逓送使四件、伝使の逓送使四件、および駿河帳の三郡別一日食の防人・俘囚の部領使八件、および三郡別一日食の御贄部領使一件、官符・省符等の郡散事一一七件の各逓送使である。また、逓送使が含まれる可能性があるのは、但馬帳「経過上下伝使」の欠失部分に推定される四十余件と、薩摩帳の「往来駅使」のうちの四件、および「往来伝使」のうちの三八件である。右掲の逓送使のうち、但馬帳所載の駅使の逓送使四件については、使者の数が完全に所定の駅鈴の剋数に一致しているので、駅鈴によって派遣された逓送使であると考えられ、薩摩帳の駅使四件についても、同様の可能性がある。これに対し、郡伝に関連すると見られる越前郡稲帳、播磨郡稲帳の逓送使、および伝使あるいはその可能性がある但馬帳、駿河帳の逓送使については、いずれも従者の数が所定の伝符剋数に一致しないので、伝符とは異なる交通制度によって運営されていた可能性があると考えられる。

2　逓送使と国司巡行法

国衙間において、文書・人・物の送達に従事した多数の逓送使が見られることは、郡稲帳、正税帳等によって明らかである。これらの逓送使の将従の数は、所定の伝符の剋数に一致しないので、伝符とは異なる交通制度によって運営されているのではないかと思われる。即ち、これら逓送使の将従の数は、国司巡行法に関連している可能性が考えられる。

(1)　将　従

逓送使の中で、官職・位階および将従の数が明らかな事例（駅使を除く）を、国衙、郡衙、軍団の別に、要約して一覧表にまとめるならば表4のようになる。

表4によって、次のことが明らかである。即ち第一に、市大樹氏が指摘されたように、逓送は国府から隣接する国府までの送達が原則であると見られ、また、逓送に従事しているのは、国司および国司の被管と見られる郡司・軍毅等である(76)。

第二に、表4のうち、国衙官人はわずかに四例ではあるが、1遠江国少掾の将従は二人、2同国史生および34駿河国史生の将従は一人である。1は正六位下であり、234はいずれも従八位上であるから、伝符を付与されているとすれば、四剋であり将従は三人である。従って、伝符を与えられている可能性は低く、むしろ次掲の和銅五年五月十六日格（国司巡行法）が定める将従の数に一致している。

国司巡行部内、将従、次官以上三人、判官以下二人、史生一人、（下略(77)）

表4の郡衙と軍団関係については、郡司・軍毅の将従が一人、郡散事の将従が0である。隣国への逓送という国衙の

任務に従事する限り、郡司・軍毅は国司の被管として史生と同格に、郡散事は史生の下位に位置づけられていると考えられる。このように考えることができるならば、表4に見られる逓送使の官職と将従の関係は、国司巡行法と、国

表4　逓送使表

番号	官職	位階	氏名	将従	逓送	件	任務	出典
	国衙							
1	遠江国少掾	正六下	高橋朝臣国足	二	遠江↔駿河	一	防人部領使	天平十年駿河帳
2	同国史生	従八上	日置造国足	一	同右	一	同右	同右
3	駿河国史生	同右	岸田朝臣継手	一	駿河↔伊豆・相模・甲斐	一	同右	同右
4	同右	同右	同右	一	駿河↔遠江	一	俘囚部領使	同右
	郡衙							
5	丹後国与射郡大領	外従八上	海直忍立	一	丹後↔但馬	一	太政官符	天平九年但馬帳
6	但馬国気多郡主帳	外少初上	桑氏連老	一	但馬↔因幡	一	同右	同右
7	遠江国磐田郡散事			○	遠江↔駿河	六六	官符・省符	天平十年駿河帳
8	駿河国安倍郡散事			○	駿河↔伊豆・相模・甲斐	四三	同右	同右
9	同国有度郡散事			○	駿河↔遠江	八		同右
10	相模国余綾郡散事		丸子部大国	○	相模↔駿河	一	御贄部領使	同右
11	備前国上道郡主帳	少初上	新田部弓	一	備前↔播磨	一	同右	播磨帳
	軍団							
12	丹後国少毅	无天位		一	丹後↔但馬	一	詔書	天平九年但馬帳
13	但馬国少毅	外大初下		一	但馬↔因幡	一	同右	同右
14	駿河国安倍団少毅	従八上	有度部黒背	一	駿河↔伊豆・相模・甲斐	一	防人部領使	天平十年駿河帳
15	駿河国安倍団少毅	同右	同右	一	駿河↔遠江	一	俘囚部領使	同右
16	相模国余綾団大毅	大初下	丈部小山	一	相模↔駿河	一	同右	同右
17	同国大住団少毅	同右	当麻部国勝	一	同右	一	同右	同右

司—郡司・軍毅の所管・被管関係をベースとして設定されていると考えることができるのではないかと思う。(78)

(2) 食　法

本章二節において検討したように、天平四年ないし同年以前の越前・播磨両郡稲帳によると、両国の伝使、逓送使、巡行国司の食法は、「稲四把(米二升)、酒一升」に統一されているとみられるが、それぞれの将従については、表1に見られるように、不統一である。

天平八～十年の薩摩、和泉監、但馬、豊後、駿河、周防帳によると、巡行国司の食法は、すべて「国司稲四把、酒一升(史生八合)、将従稲三把」に統一されている。薩摩、但馬、豊後、周防帳によると、伝使は「稲四把、酒一升(史生八合。但馬帳は史生一升)」、将従は「稲三把」であり、巡行国司の食法とおおむね一致している(表5)(79)。伝使の逓送使は、但馬帳の「当国所レ遣駅伝使」に属する四件であり(表5に「伝使(逓送使)」と表示)、食法は将従ともに伝使と同じである。

このように考えるならば、薩摩、但馬、豊後、周防帳の伝使・将従の食法は、逓送使を含め、おおむね国司巡行の食法に一致していると見られる(但馬国の史生の酒一升を除く)。伝使、巡行国司および将従の食法の統一が図られたのが、両郡稲帳の天平四年頃から、正税帳の天平八～十年の間であるとすれば、それは天平六年正月庚辰の官稲混合(80)によって、郡稲が正税に混合されたことに関連するのではないかと思われる。そして、統一された伝使、巡行国司および将従等の食法を継承して定められたのが、『延喜式』主税上の「諸使食法」であると考えられる。(81)

表5 正税帳に見える伝使、逓送使、巡行国司および各将従の食法

国＼使	伝使・逓送使	巡行国司
薩摩	伝使 稲四把、酒一升（史生八合） 将従 稲三把	国司（史生以上） 稲四把、酒一升（史生八合） 将従 稲三把
和泉藍		同右
但馬	伝使 稲四把、塩二夕、酒一升 将従 稲三把、塩一夕五撮 伝使（逓送使） 米二升、酒一升（史生一升） 将従 米一升五合	国司（史生以上） 稲四把、塩二夕、酒一升 （史生八合） 将従 稲三把、塩一夕五撮
豊後	伝使 稲四把、酒一升（史生八合） 将従 稲三把	国司 稲四把、酒一升（史生八合） 将従 稲三把
駿河		国司 稲四把、塩二夕、酒一升（史生八合） 将従 稲三把、塩一夕五撮
周防	伝使 稲四把、酒一升（史生八合）、塩二夕 将従 稲三把、塩二夕	国司 稲四把、酒一升（史生八合）塩二夕 将従 稲三把、塩二夕

六　律令伝制の構造

本章二節において検討したように、越前郡稲帳によると、伝使、逓送使、国司巡行は、いずれも郡を交通の拠点にしている。伝使である「検舶使」は、国府のある丹生郡まで敦賀、丹生の二ヵ郡において各郡往復二日分、「赴二新任所一能登国史生」は、敦賀以下六ヵ郡において各郡片道一日分の食料を支給されている。若狭国から越前国まで、また同国から能登国までの、太政官符等の逓送使は、敦賀、丹生の二ヵ郡、また足羽以下四ヵ郡において、各郡往復一日分の食料を支給されている。即ち、食料を支給した郡は、伝使、逓送使が通行したであろうルートに沿っていると見られるから、これらの郡は、伝使、逓送使の交通の拠点であったと考えられる。国司巡行についても同様である。

本章三節において検討したように、伊勢国計会帳および『続日本紀』神護景雲二年三月乙巳条に見える「郡伝」が、郡衙間および国衙間の交通・通信機能の基盤であり、伝使、逓送使、国司巡行が依拠するところであると考えられる。

ところで、郡衙間の交通・通信等に要する食料等は、郡稲帳、正税帳には記載されないものと思われる。即ち、越前郡稲帳のD断簡の文書逓送記事の末尾「足羽坂井江沼加賀肆箇郡（中略）塩壱合弐夕」と、国司巡行記事の冒頭「領催調庸掾（中略）坂合部宿禰葛木□」の間に、郡衙間の文書逓送等に要したであろう食料等の記載は見られない。また但馬帳の首部についても、雑用の総計から見て、駅伝に関する項目は現存の二項目以外には存在しないと考えられており[82]、第二項目の欠失部分についても、先に検討したように、郡衙間の逓送使等は含まれていないと考えられる[83]。

従って、「郡伝」による郡衙レベルの交通・通信機能については、食料等の経費が郡稲帳や正税帳に記載されていないと見られることから、在地の共同体的な交通・通信機能が継承されていると考えられる。

本章第五節において明らかにしたように、正税帳に見える国司巡行の将従の数は、すべて和銅五年の国司巡行法に則っているが、国府間の逓送使についても、同様の傾向が認められる。播磨郡稲帳に見える紫草部領使（郡主帳）の将従は一人、但馬帳の詔書・官符等の逓送使（郡大領・主帳、軍団少毅）は、将従各一人であり、駿河帳においては、遠江国少掾が将従二人、史生、大・少毅が将従各一人であって、これらは公式令四二の伝符剋数ではなく、国司巡行法に則っていると見られる。即ち、各国内の国司巡行と国府間の逓送に、国司巡行法が適用されているとすれば、国内および近隣諸国間に、郡伝を基盤とする地域的な交通システムが存在することを示しており、この地域的な交通システムは、律令制前の在地の交通システムを継承していることが想定される。むしろ、和銅五年格による国司巡行法が、旧来の地域的な交通システムに基づいて定められたがゆえに、国府間の逓送使とも一致する傾向が認められると考えるべきであろう。

そして、但馬帳の「当国所レ遣駅伝使」の項目に属する文書逓送使が伝使であるのは、伝符を付与されていなくても、郡伝による供給を与えられるがゆえであろうと思われる。周防帳や駿河帳の諸使の項目は、『延喜式』正税帳条の書式に対応すること、天平十一年六月の駅起稲の正税混合以前であること等から、「伝使」の項目であると考えられ、従って、周防帳に見える部領使・骨送使や、駿河帳に見える多数の「三郡別一日食」の逓送使も、正税帳においては、郡伝による供給を受けるという意味で、伝使と見なされていたものと思われる(84)。

以上により、律令制的伝制の構造は次のように考えられる。即ち伝制は、郡伝を基盤とする国・郡交通システムと、伝符によって中央集権的に運営される伝符の制度からなっていた。さらに国・郡交通システムは、郡衙レベルの交通・通信、国府間の逓送、および国司巡行等からなっており、郡衙レベルの交通・通信システムには、律令制前の在地の共同体的な交通システムが継承されていることが想定される。本章第一節において明らかにした、国司・郡司の駅伝制によらない交通方式も、このような国・郡交通システムに依拠しているのではないかと思われる。そして正税帳においては、伝符を付与された伝使だけでなく、郡伝による供給を受ける国衙間の逓送使等も、律令国家によって「伝使」として把握されていたものと思われる。

注

（1）『日本古典文学大系六八　日本書紀　下』二七三〜二七五頁。

（2）井上光貞「大化改新と東国」『日本古代国家の研究』岩波書店、一九六六年、三六四〜三六六頁。前掲『日本書紀　下』二八六〜二八七頁。

（3）『日本思想大系三　律令』二三六〜二三七頁。

（4）薗田香融「郡稲の起源」岸俊男教授退官記念会編『日本政治社会史研究　中』塙書房、一九八四年、五七九〜五八六頁。市大樹氏も、東国々司への第一詔のBの規定について、公式令四二給駅伝馬条に関連させて考察されている（「日本古代伝馬制度の法的特徴と運用実態―日唐比較を手がかりに―」『日本史研究』五四四、二〇〇七年）。

（5）佐々木虔一氏が、bの規定により、国造等の在地首長の支配領域内の拠点に、中央から派遣された地方官に供することのできる乗馬、食料の用意があったとされ、また交通路として、国造制および評制下の行政拠点を結ぶ道が設けられていたとされる推定を支持する。しかし、地方官として赴任・帰任する途次においても、食馬の支給を受けることができたとされることには、賛成しがたい。「部内」は、先に述べたように、東国々司が派遣された赴任地の管轄領域内と解するのが妥当であると思われる（「律令駅伝制の再検討―伝馬制の本質について―」竹内理三先生喜寿記念論文集刊行会編『律令制と古代社会』東京堂出版、一九八四年。『古代東国社会と交通』校倉書房、一九九五年）。松原弘宣氏は、「可駒部内之馬」の違反例として田部・湯部・国造の馬の使用をあげていることは、これ以前、これらの馬を乗り継ぐことが通例であったことを物語り、国造早馬制・屯倉早馬制の存在が想定される。かかる制度に代わって、「部内之馬」「部内之食」は、評家所属の馬・食料とみるべきで、いわば評家駅家制の成立を示すものとされている（「令制駅家の成立過程について」直木孝次郎先生古稀記念会編『古代史論集　上』塙書房、一九八八年。『日本古代の交通と情報伝達』汲古書院、二〇〇九年）。

(6) 馬場基「駅と伝と伝馬の構造」『史学雑誌』一〇五―三、一九九六年。森公章「評制と交通制度」『東洋大学文学部紀要』六〇―史学科篇三二、二〇〇七年。松原弘宣『日本古代水上交通史の研究』吉川弘文館、一九八五年、四三九～四五二頁。

(7) 『新訂増補国史大系第二三巻　令集解　前篇』三七六～七、四三七頁。『新日本古典文学大系一三　続日本紀　二』二六六～二六七頁。

(8) 前掲『令集解　前篇』田令外官新至条令釈（三七七頁）が、Ⅰの格に続いて引用する宝亀三年（七七二）格に見える「充二新任国司一公廨、宜下停二巡行之法一、依二公廨一賜上レ之」により、国司巡行法と呼ぶ。

(9) ⑤「其取二海路一者、水手准二陸夫数一」は、貞観交替式に収められている式文によれば、③「遷代」の項の一部となっている（『新訂増補国史大系第二六巻　貞観交替式』四九頁）。

(10) 「駅」について、前掲『続日本紀　二』脚注は、国司赴任の場合、急用等で駅馬を利用する場合もあったかとする（二六六～二六七頁）。

(11) 『新訂増補国司大系第二四巻　令集解　後篇』八六六～八六七頁。

(12) 『同第二五巻　類聚三代格』五七九～五八〇頁。

(13) 『大日本古文書　二』四六一～四七三頁。井上辰雄「越前国郡稲帳をめぐる諸問題」『遠藤元男博士還暦記念日本古代史論叢』一九七〇年。

(14) 早川庄八「正税帳覚書」『続日本紀研究』五―三、一九五八年。後に『日本古代の文書と典籍』吉川弘文館、一九九七年所収。

(15) 井上辰雄前掲、八〇～八一頁。

(16) 同八二～八三頁。

(17) 井上辰雄氏が「肆夕」を計算違いとされるのは、疑問である（前掲、八〇～八一頁）。また榎英一氏は、郡別一日食とあることから、逓送使であることに疑問を呈しておられるが（「正税帳伝使給粮記事をめぐって」『日本史論叢』八、一九八〇年）、逓送使については一郡半日食と見れば、塩は合計二二合四夕となって、D断簡の「肆夕」に一致し、B断簡の太政官符の逓送使の稲も合計一六束となって「稲壱拾」に一致する。AB断簡の検船使や新任史生は一郡一日食、逓送使は一郡半日食の差があったと考えてもよいのではなかろうか。また『復元天平諸国正税帳』（越前国郡稲帳総説、永井肇氏担当）も、Dを往来駅伝使の食料とは考え難いとされる。しかし、従者をともなわない文書逓送使と見れば、Bの太政官符の逓送使に続く断簡であると見られ、この部分の配列はAB—Dと考えられる。

(18)『諸本集成　倭名類聚抄』（臨川書店、一九六八年）に、「越前国　国府在丹生郡」とある。

(19)前掲『令集解　前篇』三七六〜三七七頁。

(20)田中卓「播磨国正税帳の成立と意義」『日本古典の研究』皇学館大学出版部、一九七三年。

(21)鐘江宏之「伊勢国計会帳の年代について」『日本歴史』五三七、一九九三年。市大樹「伊勢国計会帳の作成年代と浮浪人の逓送」『続日本紀研究』三二六、二〇〇〇年。

(22)『大日本古文書二四』五四七〜五四九頁。『寧楽遺文　上』、三三二頁。

(23)早川庄八「天平六年出雲国計会帳の研究」坂本太郎博士還暦記念会編『日本古代史論集　下』吉川弘文館、一九六二年、二八五頁。瀧川政次郎「伊勢国計会帳と大神宮　下」『神道史研究』一一—五、一九六三年。彌永貞三「交通路からみた古代志摩国と伊勢神宮」『日本古代社会経済史研究』岩波書店、一九八〇年、二六九〜二七一頁。

(24)彌永貞三前掲、二七〇頁。馬場基前掲、七一〜七四頁。市大樹「伊勢国計会帳からみた律令国家の交通体系」『三重県史研究』一六、二〇〇二年、三四〜三七頁。

(25)鐘江宏之「計会帳に見える八世紀の文書伝達」『史学雑誌』一〇二—二、一九九三年、四五〜四七頁。

(26)『新日本古典文学大系一五　続日本紀　四』一九八〜一九九頁。

(27)大山誠一「古代駅制の構造とその変遷」『史学雑誌』八五—四、一九七六年、三四頁。市大樹前掲注(24)、三四〜三五頁。

(28)『大日本古文書二』六〇〜六一頁。

(29)『新訂増補国史大系第二六巻　延喜式』六八一〜六八二頁。市大樹前掲注(24)、三六頁。永田英明『古代駅伝馬制度の研究』吉川弘文館、二〇〇四年、二〇〜二二頁。

(30)『大日本古文書二』一三〇〜一三四頁。井上辰雄「周防国正税帳をめぐる諸問題」『正税帳の研究—律令時代の地方政治—』塙書房、一九六七年、二五一頁。

(31)1「部領伝使」は、「下流人」の部領使であり、刑部少解部であるから、中央から伝符を付与されて派遣された下伝使と考える。

29・30の「伝使」二件は、大隅国掾と薩摩国目であり、所要日数が片道の四日であるので、向京ではなく、いずれも「下」が脱落しているものと考える。

(32) 前掲『続日本紀　二』一九四～一九五頁。

(33) 前掲『続日本紀　一』慶雲二年四月辛未条（八六～八七頁）。

(34) 『大日本古文書二』一三一、一三九頁。井上辰雄前掲書、二四七～二四八頁。六把については、榎英一前掲、一〇二頁。前掲『復元天平諸国正税帳』四五〇～四五一頁。なお、「向京防人参般」の項目は、影印版によると、「国司巡行」の項目と同様に、第三界線から書かれているので、「往来伝使」とは別項目であると見られる（『正倉院古文書影印集成二』正集三五、三六）。

(35) 米田雄介氏は、帰還防人は船によって難波津まで引率されたと解されており、下向部領使の任務について、防人を乗せた船を筑紫大津まで曳航したものと推定されている（「東国防人とその成立」『古代の地方史五　坂東編』朝倉書店、一九九七年）。

(36) 中西正和氏が指摘されたように、軍防令六〇旧防人条に、防人が任務を終えて交替する際には、「程粮」を支給して発遣すべき規定があり（前掲『律令』三三六～三三七頁）、筑後帳の事例も、同条の規定によっているものと思われる。ただし、同条の「給程粮発遣」は、防人が任務に赴くときには、食料自弁であるとの規定（軍防令五六賷私粮条。前掲『律令』三三六頁）に対して、任務を終えた場合には、「行程分の食料を公粮によって支給し帰還させる」という基本方針を規定したものであって、具体的な支給の方式は、陸路、海路等によっても異なるものと思われる。従って筑後帳の事例は、海路方式によって、「程粮」の一部が支給されたものと考えられる。

(37) 中西正和氏は、周防灘は、瀬戸内海航路中の難所の一つであり、向京防人を乗せた大部分の船が周防国に寄港したことも、十分考えられる事態であったとされている。

(38) 井上辰雄前掲書、二五一～二五四頁。尾山篤二郎「奈良朝の大宰府の歴史一般（二）」『万葉集大成月報』一三、一九五三年。松崎英一「小野朝臣老の卒年」『古代文化』二七―八、一九七五年。前掲『復元天平諸国正税帳』四五五～四五六頁。

(39) 大日方克己「律令国家の交通制度の構造―逓送・供給をめぐって―」『日本史研究』二六九、一九八五年、一三頁。

(40) 前掲『続日本紀　二』一七〇～一七一頁。

(41) 同一七〇～一七一、五二〇～五二一頁。

(42) 森哲也「律令国家と海上交通」『九州史学』一一〇、一九九四年、一～三頁。

(43) 拙稿「古代西海道の交通制度─伝制を中心に─」『宮崎県史研究』四、一九九〇年。
(44) 前掲『延喜式』三二七、五八三頁。
(45) 森哲也氏は、国司食伝条と国司赴任条の関係について、両者相俟って理解すべきであり、国司赴任条の山陽道に播磨・美作は含まれず、南海道からも紀伊・淡路が除外されているとみなければならないとされているが（森哲也前掲、四〜五頁）、私は両条を両立するものと考えてみたいと思う。
(46) 森哲也前掲、三〜五頁。前掲『類聚三代格』五八〇頁。
(47) 『大日本古文書二』四六一〜四六二頁。『同二』六一頁。
(48) 『同二』一五〇〜一五一頁。田中卓氏は、同帳に「播磨介正六位上」として見える田口朝臣養年富は、『続日本紀』天平八年十一月戊寅に「故判官正六位上田口朝臣養年富（中略）贈従五位下」とあり、同人は同四年八月丁亥に遣唐使に任命されていることから（前掲『続日本紀　二』二五八〜二五九、三〇四〜三〇五頁）、養年富が播磨介として下任したのはそれ以前と見られること等から、同帳はおそらく天平初年から同四年の間の成立と推定されている（田中卓前掲）。
(49) 榎英一前掲、九六〜九七頁。
(50) 前掲『復元天平諸国正税帳』四三九〜四四〇頁。
(51) 『大日本古文書二』一〇六〜一一四頁。
(52) 和銅五年五月十六日の遷代国司についての格は、『令集解』賦役令三七古記が、次のように引用している。

　和銅五年五月十六日格云、国司不レ乗二駅伝一而向下者、長官馬七匹、判官以下五匹、史生二匹、其遷代者、長官馬廿匹、夫卅人、以下節級給レ之、（下略）（前掲『令集解　前篇』四三七頁）

前掲『続日本紀　一』の補注（四一七頁）によると、右掲の国司遷代についての格文は取意文であって、次掲の『貞観交替式』に収める式文が、元の格文であったと推定されるという。

　式云、長官夫卅人、馬廿匹、六位以下官長夫廿人、馬十二匹、判官夫十五人、馬九匹、主典夫十二人、馬七匹、史生以下夫六人、馬四匹、其取二海路一者、水手数、准二陸道夫一但依レ犯解任之輩、不レ在二給限一（前掲『貞観交替式』四九〜五〇頁）

右の遷代国司の格に関連する規定として、次の太政官奏がある。

　天平五年二月乙亥、太政官奏、遷代国司等、赴任之日、官給二伝駅一入京之時、何乗来帰、望請、給二四位守馬六匹、五位五匹、六位已下守四匹、介・掾各三匹、目・史生各二匹一放去、若歴レ国之人者、依レ多給、不レ給二両所一縁レ犯解却、不レ入二給例一者、勅、許レ之、（下略）（前掲『続日本紀　二』二六六～二六七頁）

傍線部は、和銅五年の格と神亀三年の太政官処分を合わせて引用したものであり、国司遷代の場合にも、新任の場合にも、馬を給わる規定があるのに、国司が任を終えて帰京する際については、その規定がないことを述べている。傍線部の「官給二伝駅一」は、神亀三年太政官処分の③に、「給伝符」とあるのを指しているものと思われる。天平五年の太政官奏が、任を終えて帰京する際の規定であるとすれば、和銅五年格の遷代は、国司の転任についての規定であると考えられる（『完訳注釈続日本紀　一』現代思潮社、一九八五年、注三八頁）。なお、前掲『続日本紀　一』の脚注（一八〇頁）は、結文により、ここでの遷代は任を終えて帰京することとするが、結文による帰京は解任された場合のことと考えるべきであろう。また「官給伝駅」については、同書の脚注（二六六～二六七頁）は、急用等で駅馬を利用する場合もあったかとする。

(53) 中村一紀「鋳銭司の上級官司について」『続日本紀研究』一九六、一九七八年。栄原永遠男「日本古代銭貨の鋳造組織―中村一紀氏の批判に答える―」『続日本紀研究』二〇一、一九七九年ほか。

(54) いずれも従者三人を含む四人分の食料が支給されているのは、後述する「准位供給」の原則によると考える。

(55) 播磨国司の赴任が海路であったとすると、同国府への到着に三日を要したことになる。その詳細は明らかにし得ないが、食料の支給日数であるから、海路の場合の実態である可能性もあろうかと思う。『兵庫県史　第一巻』（一九七四年、六五八～六六一頁）に、「奈良時代から平安時代へかけて、もっとも栄えた兵庫県内の港は、三善清行の「意見封事十二箇条」にみえるいわゆる五泊である」とあるが、五泊のうち魚住泊、韓泊、檉生泊が播磨国に属しており、各一日行程であれば、播磨国の通過には三日を要したことが考えられる。

(56) 前掲『令集解　後篇』九三五頁。

(57) 前掲『延喜式』三二七頁。

(58) 厩牧令二二に対応する唐令の条文にも、次の規定がある。

諸官人乗伝送馬・驢及官馬出使者、所至之処、皆用正倉、準品供給、（下略）（『天一閣蔵明鈔本天聖令校證　附唐令復原研究』中華書局、二〇〇六年、一一〇、五二〇頁。市大樹前掲注〈4〉）。

(59) 『延喜式』主税上の諸使食法に、

凡諸使食法、官人日米二升、塩二勺、酒一升、番上日米二升、塩二勺、酒八合、傔従日米一升五合、塩一勺五撮、国司巡行食料准レ此、

とあり、次掲の和銅五年五月十六日格の国司巡行の食法（前掲『令集解　前篇』三七六〜三七七頁）が関連する。

和銅五年五月十六日格云、国司巡二-行部内一将従、次官以上三人、判官以下二人、史生一人、並食二公廨一日米二升、酒一升、史生酒八合、将従一人、米一升五合、

右の傍線部分は、塩を除き、史生＝番上、将従＝傔従とすれば、諸使食法に一致するので、諸使食法は和銅五年以前にさかのぼる可能性があり、従って古記が引く「別式」は、諸使食法のもとになった、和銅五年以前にさかのぼる式文である可能性があると思われる。

(60)　③の諸国司が海路を取る場合にも、伝符が用いられた可能性を示唆する事例として、井上辰雄氏が明らかにされた越前郡稲帳の「壱拾剋柒封伝符壱枚」がある（『大日本古文書一』四六一頁）。井上氏は、公式令四二の本注「其六位以下、随事増減、不必限数」の義解に、

謂、（中略）但此令、无二四剋鈴一、若応二増給一者、即封二其所レ乗之剋一而給、

と見え（前掲『令集解　後篇』八五五頁）、「剋数が多すぎるならば、超過する剋数を封じて給わる」とあることから、「壱拾剋ノ伝符ノウチ柒剋ヲ封シタ伝符壱枚」と解釈され、また『唐律疏議』職制律駅使稽程条に、駅使について次の疏議があることを指摘された。

依レ令、給レ駅者、給二銅龍伝符一、無二伝符一処、為二紙券一、（下略）（『唐律疏議』中華書局、一九八三年）

即ち、越前郡稲帳の「壱拾剋柒封伝符壱枚」のように、伝符を紙箋などで修正した事例、『唐律疏議』の、伝符の備えのないところにおいては、紙券を用いるとの注釈は、伝符を船に用いる場合の参考事例になるかと思われる（井上辰雄前掲注〈13〉、八三頁）。

(61)　市大樹前掲注（24）、一三〜一六頁。

(62)　『大日本古文書二』六〇〜六一頁。

(63)　永田英明前掲書、七五頁。

(64)　『大日本古文書二』一四〜一五頁。同断簡が高城郡の部であることは、井上辰雄前掲書、一〇四〜一〇六頁。

(65)　榎英一前掲、九四〜九五頁。

(66) 稲については、「食稲」の注により、頭卅八人一日のうち、一人は六把、三七人は四把である。酒については注により、一人一升五合、一六人－(マイナス)三人×二日＝一〇人一升、八一人－一人×五八日＝二三人八合、三八人－(一人＋一〇人＋二三人)＝四人支給なし、と考えられる。

(67) 榎英一氏は、「伝使は、従なしで一日だけ、稲四把・酒八合を支給されるというのが、大部分である。恐らくは国衙を往復した伝使であり、当郡で往復に一食ずつ支給されたのであろう。」とされている(榎英一前掲)。

(68) 『大日本古文書二』一〇六～一一四頁。

(69) 「六郡別一日食」「同半日食」「三郡別一日食」の意味については、榎英一前掲による。

(70) 前掲『復元天平諸国正税帳』九二頁頭注一三。

(71) 同三四六頁。東京大学史料編纂所編『正倉院文書目録一　正集』東京大学出版会、一九八七年、三一八頁。

(72) 前掲『延喜式』七五三頁。

(73) 前掲『復元天平諸国正税帳』は、Dの配置をAの前とする(八七、三四七頁)。前掲『正倉院文書目録一　正集』は、AはDに続くか、とする(三一八頁)。

(74) 前掲『続日本紀　二』三五四～三五五頁。

(75) このように考える場合、一つの問題は、「三郡別一日食」の逓送使の中に記載されている「巡行部内国師」一件である。国師は、大宝二年二月に諸国に置かれた令外の僧官である(前掲『続日本紀　一』五二～五三頁)。霊亀二年(七一六)五月の太政官奏により、国司・檀越とともに諸国寺家の財物・田園の管理に当たることが規定されている(前掲『類聚三代格』一一六～一一七頁)。本駿河帳の「六郡別半日食」の通過使に、「下総常陸等国国師」が見えること等から、天平十年頃には、国ごとに置かれたものではないとの見方もある(山田英雄「国の等級についての内藤氏の論をよんで」『続日本紀研究』五―四、一九五八年)。「巡行部内国司」とは別項目であるから、全七郡のうち六郡を往復した通過使であろうか。

(76) 市大樹前掲注(24)、一一三～一一六頁。

(77) 前掲『令集解　前編』三七六～三七七頁。

(78) 橋本裕氏は、考課令六七の、国司は郡司および軍団少毅以上の成績を評定し、四等の考第を立て、下下は解任するとの規定等により、「政治的、経済的特典の違いはあるものの、官職としての郡司と郡毅が国司の被官下でほぼ同等の位置を占めるものであることが明らかになる。」とされている（「軍毅についての一考察」『ヒストリア』六二、一九七三年。『律令軍団制の研究』橋本裕氏遺稿集刊行会、一九八二年、一七〜一八頁）。また、野村忠夫氏は、郡散事について、「彼らの身分的な扱いは、いまひとつ明記がないが、負担の減免では、徭役免（または雑徭免）であったと推測され、課役免であったことは、まず考えられない。つぎに本来的に考選の対象として位階を取得しうる、「得考之色」ではなかった可能性が濃い。しかし、やがて考選対象に変化した可能性は、考選四科区分（内長上・内分番・外長上・外散位）における外分番という用語の登場が、これを暗示するように思われる」とされている（「いわゆる郡散事（仕）について」『政治経済史学』一五四、一九七九年）。即ち野村氏によれば、郡散事は、負担の減免において、免課役の史生（賦役令一九）より下位にあり、考選四科区分において、内分番の史生（選叙令一四）より下位ということになろう。

(79)　薩摩帳の食法については、新任国司と見られる「一人五十八日」を除く伝使四一人は、①一人、稲六把、酒一升五合、②一三人、稲四把、酒一升、③二三人（史生）、稲四把、酒八合、④四人、稲四把、酒の支給なし、の四種類であり、将従九人は、稲三把であると解される。従って薩摩帳についても、①を例外とし、④を郡散事等と考えるならば、②③は国司巡行法に一致していると見ることができる。

(80)　前掲『続日本紀　二』二七四〜二七五頁。

(81)　前掲『延喜式』六六一頁。

(82)　井上辰雄「但馬国正税帳をめぐる諸問題」『熊本史学』三四、一九六八年、一〜三頁。

(83)　第一章第二節2項において明らかにしたように、欠失部分に記載されていたのは、使者四三人、日数八六日であると推定され、四三人の使者は、二日を要して、但馬国を通過した使者、または国境〜同国府を往復した使者であると想定される。

(84)　永田英明氏は「正税帳にみえる諸使の供給記事自体はあくまで「伝使」供給記事であり、むしろ「伝使」の語自体が、伝馬利用者に限定されない、路次諸国の供給を受けつつ往来する使者を広く指す概念であると考える方が良いのではなかろうか。」とされる（前掲書、二二一〜二二三頁）。私は、伝使は伝符を付与された使者に限定されない、郡伝の供給を受ける使者と考えたいと思う。

第三章　駅伝制の再編成

一　駅伝制と雑徭

駅伝制の運営に要する力役と雑徭に関する史料として、厩牧令一六置駅馬条と同条の集解古記がある。同条は、駅馬・伝馬の配置、飼養、補充等について、次のように規定している(1)。

凡諸道置二駅馬一、大路廿匹、中路十匹、小路五匹、使稀之処、国司量置、不二必須一レ足、皆取二筋骨強壮者一充、毎レ馬各令二中中戸養飼一、若馬有二闕失一者、即以二駅稲一市替、其伝馬毎レ郡各五、皆用二官馬一、若無者、以二当処官物一市充、通取二家富兼丁者一付之、令三養以供二迎送一、

同条の集解古記は、駅馬と伝馬の飼養の仕方の違い（傍線部分）について、次のように注釈している。

古記云、通取二家富兼丁者一令レ養、謂戸内免二雑徭一也、問、伝馬養人取レ富、駅戸不レ称レ富、未レ知、若為其別、答、駅戸免二徭役一故、不二必取一レ富、伝戸不レ免レ役、免二雑徭一故必取二家富一也、

右の古記によれば、駅戸は徭役（庸と雑徭）を免ぜられ、伝戸は雑徭を免ぜられるという。駅子の免徭役の根拠は、賦役令一九舎人史生条であろう。

吉田孝氏は、律令的な統治機構は、官人層の下に様々な職務を色役（雑役）として組織し、これらの職務に就いたものには、その代償として徭役の全部または一部が免除されていたが、このような色役制度は、天平時代に変質し始

め、雑徭の一種として扱われるように変わっていったとされ、その最初の契機として、東大寺の造営に関連し、天平勝宝三年（七五一）に、馬飼が雑戸の身分から解放され、雑徭として上番させられることになった例を挙げておられる(2)。この吉田氏の見解に従えば、右掲の古記の注釈に見られる、駅戸の免徭役、伝戸の免雑徭の力役は、やがて雑徭へと転化するものと思われる。

駅伝子の力役の雑徭化に関連して、二つの史料を取り上げてみたいと思う。第一は、次掲の厩牧令二一公使乗駅条とその古記である(3)。

凡公使須レ乗二駅及伝馬一、若不レ足者、即以二私馬一充、其私馬因二公使一致レ死者、官為酬替、

古記云、其私馬因二公使一致レ死、謂以二理非理一並同、充二雑徭一雖レ乗亦酬、何者、和二-与功直一借得乗往、非理致死、亦合レ償故也、

同条は、公使が駅伝馬に乗る場合、馬が不足すれば私馬をもって補うが、馬が公使の乗用によって死亡すれば、官が補償するというものである。そして古記は、雑徭によって補充した私馬が死亡した場合も、同様に官が補償すると注釈しており、古記は、雑徭によって駅伝馬が差発される場合のあることを想定している。駅伝馬が不足する場合というのは、免徭役の駅子や免雑徭の伝子が飼養する馬が不足した場合であろうから、雑徭によって差発されるのは、一般公民が飼養する馬ではないかと思われる。このように考えると、駅伝馬の補充を契機とする駅伝子の力役の雑徭化は、雑徭による一般公民の差発であると考えられる。

第二は、賦役令三七雑徭条の古記の注釈にある「公使上下逓送従馬」である。吉田孝氏の分類に従って、古記が令条内であって雑徭の限にあらずとする一四ヵ条をA、令条内で雑徭を充てるとする八ヵ条をB、臨時の差役で雑徭を充てるとする三ヵ条をCとする。古記のCは、次の通りである(4)。

但臨時将レ有レ事、假令、C1作二新池隄及倉庫、他界路橋一、C2御贄獦贄送、C3公使上下逓送従馬等類、皆是充二雑徭一也、

右の古記のCについて、岸俊男氏は、「令条内に規定の見えないしたがって字義どおりの「令条外」の臨時の雑役Cを、「作新池隄及倉庫、他界路橋」などの例をあげて示し、これこそが雑徭を充てるものだと答えた。」と述べられている。(5)

長山泰孝氏は岸氏の見解を批判され、古記がC類を取り上げたのは、「令条外力役の代表として提示したのではなく、A類について述べたあとで、そのA類に対する例外として「但し」という形でC類を示したのである。」とされている。(6)

確かにC1は、池堤、倉庫、他界の路橋の新築造であり、A3 9 10 11は倉庫、橋、道路、堤防の修理であるから、C1はA3～11の例外と言うことができよう。しかし、A5の蕃使等の防援に対する例外が、C2 3「御贄獦贄送、公使上下逓送従馬」であるというのは、いささか判然としないように思われる。なぜならば、A5の軍防令六四の主題は、防援のために差発される兵士の力役だからである。仮にA5の「蕃使出入」や「伝送囚徒及軍物」に着目するとしても、C2の「御贄獦贄送」や、C3の「公使上下逓送従馬」が、どのような意味でA5の例外になるのかが、明らかでないからである。そこでC2とC3を分けた上で、改めてA類とC類の関係を考えてみたいと思う。

東野治之氏によって、賦役令三九斐陁国条の古記が、次掲の請辞なる史料を引用していることが指摘されている。(7)

古記云、(中略)問、充二雑役一免二課役一之色、米免不、答可レ免也、上二匠丁一年不レ輸故也、請辞曰、運二調庸舂税一之類不レ云也、但作二新池堤及倉、他処路橋一之類者、充二雑徭一、(下略)

東野氏によれば、請辞は太政官処分に相当する効力を持つので、奈良時代前半のある時期には、「作二新池堤及倉、

他処路橋㆒之類」に雑徭をあてるという原則が行われたと考えてよいとされている。吉田孝氏は東野説を引用され、雑徭についての古記の分類が、請辞という太政官処分を一つの拠り所としていた可能性が強いとされている。この東野氏、吉田氏の見解に従えば、前掲古記のC類は、天平時代における何らかの実態に基づいている可能性があることになる。

吉田孝氏によると、前掲の古記が引く「請辞」によれば、「運㆓調庸春税㆒之類」は――雑徭日数には入らないので――雑徭を免除されたものも負担することになるが、「作㆓新池堤及倉、他処路橋㆒之類」は雑徭を充てるので、雑役に充てられて雑徭を免除されたものは負担しなくてもよいことになるのであるという。[8]

そこで、賦役令三七雑徭条の古記は、どのような意味において、「請辞」に依拠したのであろうか。「請辞」は、「運㆓調庸春税㆒之類」は雑徭ではなく、「作㆓新池堤及倉、他処路橋㆒之類」には雑徭を充てるという解釈を示しているが、「運㆓調庸春税㆒之類」の力役については、田令二および賦役令三に規定があり、「作㆓新池堤及倉、他処路橋㆒之類」に関する力役については令条に規定がないところから、古記は「請辞」によって、令条に規定のない力役を臨時の力役として雑徭を充てるという論理を導き出し、雑徭条の注釈に使用したのではなかろうか。即ち古記は、令条内にして雑徭を充てないA類、および令条内にして雑徭を充てるB類に対して、令条外にして雑徭を充てるC類を提示したのであろうと思う。

C1の池隄、倉庫、他界路橋の新造については、関係する条文はなく、C2の贄についても、採取や輸送についての令条の規定は見られない。従って古記が言う臨時の事が令条外を意味するとするならば、C3「公使上下逓送従馬」は、令条に規定のない伝使の逓送のための力役を意味するものと考えられる。駅子の力役については、賦役令一九に免徭役として規定されているからである。

このように考えることができるならば、C3「公使上下逓送従馬」の公使は伝使であり、古記によれば、伝使の逓送のための力役に、雑徭が充てられるという。

以上、厩牧令二一公使乗駅条と賦役令三七雑徭条の二つの古記を検討した結果、駅伝制に関する力役が雑徭に転化する契機として、二つの場合が明らかになったと考える。一つは、不足する駅・伝馬の、一般公民からの雑徭による補充であり、いま一つは、駅・伝使のうち、伝使の逓送に要する力役の雑徭化である。右の二つの場合は、駅伝関係の力役が雑徭に転化する契機についての、一定の特徴を示しているのではないかと考える(9)。

二　剋外増乗と雑徭

八世紀後半から九世紀半ばにかけて、剋外増乗等の駅伝の不正乗用を禁ずる格が、相次いで出されている。天平宝字八年（七六四）十月十日の勅に次のように見える(10)。

勅

一諸国司等新向二任所一、随二人品一而給二伝剋一、然今聞、或預放二遊牒一、過二於期日一、不二早赴至一、或a伝剋外更令三多差二人馬等一、由レ玆、路次之国司幷諸百姓公私諸事、悉為二停止一、多有二辛苦一、自今以後、更不レ得レ然、b若有三国郡司幷往来之使違二於厳制一、則解二其任一、永不レ叙二用之一、

一聞、七道諸国、駅家之馬不レ能二牧飼一、或馬背瘡爛、或馬形疲痩、或馬不二強壮一、不レ堪二乗用一、加以国司駅長等任レ意乗用、由レ玆、往来之使久致二停留一、不レ得三早達二前所一、以為二苦悩一、人畜倶苦、所司承知以二此旨一、更莫レ令レ然、

天平宝字八年十月十日

第一項について注目されるのは、傍線部aである。傍線部bにおいて、警告を受けている「国郡司并往来之使」は、剋外増乗に協力する路次の国郡司と、それを要請する新任国司等の往来の公使であろう。そして新任国司等は、「給二伝剋一」とあるように伝使であるから、その往来に要する力役は、前節において検討した古記の「公使上下逓送従馬」に相当し、雑徭が充てられた可能性がある。従って、傍線部aの「伝剋外更令三多差二人馬一」は、所定の伝符剋数以上の人馬を、雑徭によって差発することを意味しているのではないかと思われる。

第二項の「七道諸国、駅家之馬不レ能二牧飼一」、また「国司駅長等任レ意乗用」という状態は、駅家における駅馬の飼養や管理の停滞が、七道諸国に広がっていることを示しているが、このような状態は、一方において、雑徭によって一般公民から駅馬・伝馬が差発されるという事態の進行と関連するものと思われる。

延暦元年（七八二）十一月三日の太政官符には次のように見えるからである。[11]

太政官符

応レ禁二断上下諸使剋外乗一レ馬事

右検案内、去天平宝字三年七月十九日下諸国符偁、上下諸使准レ剋給レ馬、如有二違犯一者、罪著二法律一、而諸使違レ式乗用、国司知而不レ禁、自今以後、国司必録二増乗之人一、申レ官科レ罪、若不レ申者与同罪者、今被二大納言正三位藤原朝臣是公宣一、奉レ勅、如レ聞、前件事条、禁制以来、徒積二年歳一、曽不二遵行一、或使者憑レ勢剋外増乗、或国司和牒逓相融通、因レ茲、路次伝駅疲弊殊甚、属レ有二機急一多不レ会レ限、於レ事商量、深非二道理一、自今以後、毎レ国宜下委二次官已上一人一厳加中禁断上、如有三専当国司阿容不レ糺被二比国申一者、即宜レ解二所由官見任一、不レ得三顔面以致二疎漏一者、諸国承知、傍二示郡家并駅門一、普使告知、

延暦元年十一月三日

右の官符によると、すでに天平宝字三年の官符に「諸使違レ式乗用」とあるように、天平宝字三年頃から、諸使の剋外増乗の不正が行われていたことが知られる。駅使、伝使の別は明記されていないが、大納言藤原是公の奉勅宣に「前件事条、禁制以来、徒積二年歳一、曽不二遵行一」、「因レ茲、路次伝駅疲弊殊甚」とあることから、天平宝字三年の禁制以来続いている諸使の不正乗用は、伝使、駅使の両方であり、そのことは、延暦元年官符の末尾に「傍二示郡家幷駅門一」とあることによっても確認される。そして先に述べたように、天平宝字八年勅に「伝剋外更令三多差二人馬一」とあるのは、剋外増乗が雑徭による人・馬の差発によって行われていたことを示していると考えられる。

また、延暦元年官符が引く天平宝字三年官符に「国司知而不レ禁」、延暦元年官符に「国司和牒遞相融通」とあるのは、国司が不正乗用を知っていて禁止せず、あるいは協力・融通する状態を示しており、天平宝字八年勅に「若有三国郡司幷往来之使違二於厳制一、則解二其任一」とあることから、郡司もまた国司に加担していたことが知られる(12)。延暦元年官符は、今後は国ごとに次官以上一人に委ねて禁断を加え、黙認して糺さない国司は解任することを下達している。同様の禁制は、承和五年（八三八）、貞観四年（八六二）、同十三年の官符等においても繰り返されている。

右のように、天平宝字年間以降、駅伝馬の不正乗用を禁ずる格が出される度に警告されている、国司あるいは郡司が不正乗用を取り締まらないという事態の背景には、何があるのであろうか。雑徭日数が六〇日から三〇日に半減された、次の勅に注目したいと思う(13)。

勅、依レ令雑徭者、毎レ人均使、惣不レ得レ過二六十日一、如レ聞、京国之司、偏執二斯法一、差科之限、必満二六十日一、是以a富強之家、輸二財物一以酬レ直、貧弱之輩、役二身力一而赴レ事、b貪濁之吏因而潤レ屋、中外之民於レ焉受レ弊、薄賦軽徭、豈斯之謂乎、自今以後、宜下以二卅日一為レ限、均使之法一如中令条上、其無事之歳、不二必満一レ限、

班二告遐迩一、令レ知二朕意一、主者施行、

延暦十四年潤七月十五日

傍線部aは、富強の家は雑徭を財物によって代納し、貧弱の輩は身役によって雑徭に従事しているの意であり、bは、貪濁の吏と言うべき国司・郡司が、雑徭によって不当な利得を収め、民はこれがために弊害を受けているの意である。ここに、雑徭の差発をめぐる、富豪層と国郡司の癒着および利得の存在がうかがわれる。従って、繰り返される諸使の尅外増乗と、これを国司・郡司が取り締まらないという問題の背景には、諸使、国郡司および富豪層の間の、雑徭をめぐる不正・利得の問題が存在するのではないかと思われる。尅外増乗には、雑徭による人・馬の徴発がともなうと考えられるからである。

前掲の天平宝字八年の勅に「路次之国司幷諸百姓公使諸事、悉為二停止一、多有二辛苦一」、「往来之使久致二停留一、不レ得三早達二前所一、以為二苦悩一、人畜倶苦」、延暦元年の官符に「路次伝駅疲弊殊甚、属レ有二機急一多不レ会レ限」とあるように、天平宝字年間から延暦初年にかけて、路次の諸事の停止、使者の停留、駅伝の疲弊等、駅伝制の停滞が見られる。前掲の勅や官符は、これらの事態の原因は、尅外増乗等の駅伝の不正乗用にあるとしているが、その根底には、雑徭が関連する駅伝制の構造的な問題が存在すると考えるべきであろう。

このような状況に対して、律令国家が講じた抜本的な対策は、交通制度の駅制への集約化であろうと思う。延暦十一年六月七日の勅は、辺要諸国を除く兵士の廃止とともに、帯駅路郡を除く伝馬の廃止を発令し、駅伝制の再編成を企図したものではないかと考える。

三　延暦十一年六月七日勅の復元

かつて、拙稿「駅伝制についての若干の考察」において、「奈良時代において全郡に設けられていた伝は、平安時代前期において、駅路に関係のある伝だけが残置され、他は次第に廃止されたことになる」と推定した(14)。その後、大日方克己氏は、平安初期における伝馬廃止に関する重要な史料として、延暦十一年六月七日勅と同二十一年十二月太政官符を取り上げられ、同十一年六月七日勅を復元し、伝馬の廃止と再設置を論じられた(15)。大日方氏の高論に導かれて、改めて二つの史料を検討してみたいと思う。

まず両史料の主要な部分を次に掲げる。

〔1〕勅、（中略）a夫兵士之設備二於非常一而国司軍毅非レ理役使、徒致二公家之費一、還為二奸吏之資一、静言二於此一、為レ弊良深、宜京畿及七道諸国並従二停廃一以省二労役一、b但陸奥出羽佐渡等国及大宰府者、地是辺要不レ可レ無レ備、所レ有兵士宜二依レ旧置一、（中略）

延暦十一年六月七日

〔2〕太政官符

応依旧置兵士事

右得二長門国解一偁、謹奉二去延暦十一年六月七日　勅書一偁、c夫兵士之設備二於非常一、伝馬之用給二於行人一、而軍毅非理役使、国司恣心乗用、徒致二公家之費一、還為二奸吏之資一、静言二於此一、為レ弊良深、宜下京畿及七道諸国兵士伝馬並従二停廃一以省中労役上、d但陸奥出羽佐渡等国及大宰府者、地是辺要不レ可レ無レ儲、所レ有兵士宜レ依レ旧者、

検㆓案内㆒、兵部省去天平十一年五月廿五日符偁、被㆓太政官符㆒偁、奉㆑勅、諸国兵士皆悉暫停、但三関幷陸奥出羽越後長門幷大宰管内諸国等兵士依㆑常勿㆑改者、然則此国依㆑旧与㆓大宰府管内㆒接㆑境、（中略）望請、依旧置㆓兵士五百人㆒、以備㆓不虞㆒、非常之儲不㆑可㆑不㆑申、謹請㆓官裁㆒者、右大臣宣、奉㆑勅依㆑請、

延暦廿一年十二月[16]□

大日方氏は、〔1〕の延暦十一年六月七日勅のａｂと、〔2〕の太政官符所載の長門国解が引く同年月日の勅書のｃｄを比較し、ｃには兵士、伝馬の両方のことが記されているのに対し、ａには兵士のことのみで伝馬のことが記されていないことから、〔2〕のｃｄが勅の原形を示すものと推定された。そしてその理由として、〔2〕の太政官符が発行された当時、〔1〕の原勅は法的に有効であり、伝馬は廃止された状態にあったが、その後、弘仁格編纂の時までに、伝馬が再設置されたため、〔1〕の原勅の伝馬廃止部分が削除され、〔1〕の勅の文面となった。しかし、〔2〕の太政官符の長門国解が引く、延暦十一年六月七日の勅までは改変が加えられず、原型をとどめたものと推定されている。そして伝馬が再設置された時期については、『日本後紀』延暦二十四年四月甲辰に「令㆘土左国帯㆓駅路㆒郡、加㆗置伝馬五疋㆖」、同年十一月戊寅に「停㆓陸奥国部内海道諸郡伝馬[17]㆒」と見えることから、延暦二十一年から同二十四年の間とされている。

大日方氏が、〔2〕の太政官符を〔1〕の勅を復元する手掛かりとされたのは卓見と思うが、勅の内容を伝馬の全面廃止とされ、廃止された伝馬がその後再設置されたとされる見解については、検討の余地があるように思われる。私は、延暦十一年六月七日の勅は、辺要諸国を除く兵士を廃止するとともに、帯駅路郡を除く伝馬の廃止を発令したものではないかと考える。

〔2〕の大政官符所載の長門国解は、延暦十一年六月七日勅を引用してはいるが、引用の目的は、兵士が全国的に

廃止されても、陸奥、出羽、佐渡および大宰府は、辺要の地にあるをもって廃止せず、との但し書き（前掲〔1〕のb、〔2〕のd）にある。そのことは、但し書きに続く「検案内」以下に記されているように、天平十一年（七三九）の兵士暫停の時にも、長門国は大宰府とともに除外されていること、また長門国は大宰府と堺を接する辺要の地であることをもって、大宰府と同様に、兵士残置の承認を求めていることを見れば明らかである。従って、延暦十一年六月七日の勅を引用していても、伝馬に関する部分の引用は、必ずしも正確ではないことに注意する必要がある。兵士の廃止と伝馬の廃止が並記されていて、前者に但し書きがあるならば、後者にもそれがあり得るように思われる。〔1〕の勅のbと、〔2〕の太政官符の長門国解が引く勅のdは、ほとんど同文であり、兵士廃止についての除外規定である。しかしながら、長門国解が関心を有するのは、兵士についての除外規定であるから、伝馬についての除外規定があっても、それは引用されなかった可能性が高い。

同勅の但し書きを考えるために、同勅が発令された後の関係史料を検討してみたいと思う。

1『日本紀略』延暦十五年二月丁亥、勅、南海道駅路迴遠、使令難レ通、因廃二旧路一通二新道一

2『日本後紀』延暦十六年正月甲寅、廃二阿波国駅家□、伊予国十一、土左国十二一、新置二土左国吾椅舟川二駅一、

3『同』延暦二十四年四月甲辰、令下土左国帯二駅路一郡、加中置伝馬五匹上、以二新開之路山谷峻深一也、[18]

右の1および2は、延暦十五年二月丁亥から同十六年正月甲寅までの間に、南海道の旧駅路が廃止され、土左国に新駅路が開設されたことを示している。廃止された旧駅路については、栄原永遠男氏によれば、『続日本紀』養老二年（七一八）五月庚子の、

土左国言、公私使直指二土左一而其道経二伊予国一、行程迂遠、山谷険難、但阿波国、境土相接、往還甚易、請、就二此国一、以為二通路一、許レ之、

により、養老二年以前からの伊予国を迂回して土佐に入る駅路と、養老二年に開かれた阿波国を経由する駅路の、二つの駅路であると考えられるという。そして、土左国に開かれた「新道」については、栄原氏による諸説の整理によれば、伊予国東部から四国山脈を横断して土佐国府に至る駅路であり、「新道」に吾椅、舟川の二駅が開設されたということになる[19]。

ところで、3の「令㆘土左国帯㆓駅路㆒郡、加㆗置伝馬五匹㆖」は、吾椅、舟川の二駅が開設された新駅路を帯する郡[20]に、伝馬五匹を加え置くの意であろうと思われる。即ち、延暦二十四年四月には、帯駅路郡に伝馬を加え置くことによって、駅路の機能を強化する政策がとられているのである。そして「加置」とあるから、この新駅路にはすでに伝馬が設置されていたと考えられ、延暦十五、六年に新駅路が設置された際に、土佐国の新開の駅路を帯する郡に、すでに伝馬が設置されていた可能性があると考えられる。

次に、陸奥国についての関連史料を次に掲げる。

4『日本後紀』延暦二十四年十一月戊寅、停㆓陸奥国部内海道諸郡伝馬㆒、以㆑不㆑要也、

5『同』弘仁二年四月乙酉、廃㆓陸奥国海道十駅㆒、更於㆘通㆓常陸㆒道㆖、置㆓長有、高野二駅㆒、為告機急也、

6『同』弘仁三年十月癸丑、廃㆓常陸国安侯、河内、石橋、助川、藻嶋、棚嶋六駅㆒、更建㆓小田、雄薩、田後等三駅[21]㆒、

史料56は、陸奥国の海道一〇駅を廃止し、同国山道と常陸国の東海道を接続するために長有、高野の二駅を設置するというものである。即ち陸奥国の海道一〇駅は、6に見られるように、常陸国の多珂郡ルートに接続していたが、同郡ルートを廃止し、常陸国の雄薩駅等の久慈郡ルートに接続したものと思われる。従って陸奥国の海道一〇駅は、常陸国との国境から陸奥国府に至る海道の一〇駅であろう。この海道の一〇駅は、『続日本紀』養老三年閏七月丁丑

に、「石城国始置二駅家一十処一」とある駅家一〇処にはじまると考えられている[22]。松原弘宣氏は、多賀城市市川橋遺跡出土の墨書土器「曰理郡□浜駅家厨」は、「浜」の文字から、海岸部に設置された駅家であり、「陸奥国海道十駅」の一つと推定されている[23]。

史料4の「部内海道」は、陸奥国府の施政権下にある国府以南の海道を意味し、「海道諸郡伝馬」は帯駅路郡に伝馬が設置されていたことを示している。また、「海道諸郡伝馬」の停止は、56の海道から山道への駅路の変更にともなう事前の措置であると考えられ、従って、駅と伝が密接な関係にあることを物語っている。

また、『日本後紀』弘仁三年（八一二）五月乙丑に、次のように見える。

伊勢国言、伝馬之設、唯送二新任之司一、自外無レ所二乗用一、今自二桑名郡榎撫駅一、達二尾張国一、既是水路、而徒置二伝馬一、久成二民労一、伏請一従二停止一、永息二煩労一、許レ之[24]、

傍線部によると、伊勢国桑名郡から尾張国に至るのに、不要となるのは桑名郡の伝馬であると考えられること、かつ『延喜式』諸国駅伝馬条によると、伊勢国の伝馬設置郡は、朝明、河曲、鈴鹿郡で、桑名郡が見えないことを考え合わせると、この時停止されたのは桑名郡の伝馬であると考えられる。そうすると、「徒置二伝馬一、久成二民労一」と述べ、不用の伝馬の廃止を主張する伊勢国が、東海道に関連する桑名郡の伝馬停止のみを申請し、他の郡の伝馬に言及していないことは、弘仁三年当時、すでに伝馬は東海道を帯する郡にのみ設置されていたことを示唆しているように思われる。

以上、延暦十一年六月七日勅の後における伝馬関係の史料を検討するならば、同勅による伝馬の廃止は、帯駅路郡の伝馬を残して行われたことを示唆しているように思われる。即ち、延暦二十四年四月の土佐国における帯駅路郡の伝馬加置は、延暦十一年勅の帯駅路郡の伝馬存置の方針を継承した措置であると考えられ、また、同二十四年十一月

における陸奥国海道諸郡の伝馬廃止、および弘仁三年五月の伊勢国桑名郡の伝馬廃止も、延暦十一年勅の方針が実施されていたことを示す措置であると思われる。

松本政春氏は、同勅について、兵士についての但し書きと同様に、伝馬についても、辺要を停廃から除外する但し書きが存在したと考えられ、但し書きの文章を、「但陸奥出羽佐渡等国及大宰府者、地是辺要不可無儲、所有兵士及伝馬宜依旧者」と推定され、「及伝馬」あるいは「伝馬並」は、長門国解が引用するにあたって、削除したものと考えられた(25)。

私は、松本氏が、伝馬についても但し書きがあったとされる見解を支持したいと思うが、松本氏が、勅文のdの文章を前掲のように推定され、「及伝馬」あるいは「伝馬並」の文言が削除されたとされる見解には、賛成しがたい。長門国解が引用する勅文のcには、「伝馬之用給於行人」、「兵士伝馬並従停廃」のように、「伝馬」の名辞が含まれているから、長門国解が勅文を引用する際に、「及伝馬」あるいは「伝馬並」を削除した可能性は低く、長門国解が引用するcdの、引用されている部分は、延暦十一年勅の原文と考えてよいのではないかと考える。私は、dの後に存在した伝馬についての但し書きが、長門国解によって削除されたのではないかと考える。

次に、〔2〕の長門国解が引用する延暦十一年勅の原文cと、〔1〕の勅文aを比較すると、cの文章のうち、伝馬に関する部分が削除されていることが明らかであるが、松本氏は、但し書きのbd部分にも、手を加えられた痕跡のあることを指摘された。〔1〕と〔2〕の但し書き部分を、抜粋して次に掲げる。

b但陸奥出羽佐渡等国及大宰府者、地是辺要不㆑可㆑無㆑備、所㆑有兵士宜㆓依旧置㆒、

d但陸奥出羽佐渡等国及大宰府者、地是辺要不㆑可㆑無㆑儲、所㆑有兵士宜㆑依㆑旧者、

松本氏は、dの「儲」がbでは「設」になっており、またdにはない「置」が加えられていることを指摘された。松

本氏が言われるように、ｂｄにおけるこの表記の違いは、原勅の但し書きに何らかの手が加えられている痕跡であると思われる。私は、原勅においては、ｂ・ｄのあとに、帯駅路郡の伝馬は旧に依るべしとの趣旨の、伝馬についての但し書きｅが存在したことを想定したいと思う。

松本氏は、原勅の但し書きにおいては、ｄに見られるように、「儲」が用いられていたが、伝馬が削除され、兵士だけになったため、ａの「兵士之設」に合わせて、ｂにおいては「設」に改められ、また同様の理由により、ｄの「宜依旧」には「置」が加えられ、「宜依旧置」にあらためられたとされた。私は、同氏の卓見に従うとともに、「置」が加えられた理由として、伝馬はかつて停廃されたことがないが、兵士は天平十一年に停止されたことがあるので、兵士については「置」を加えることによって、停廃ではなく設置であるという文意を明確化したと考えられることを付け加えたいと思う。松本氏に導かれ、「儲」→「設」、「置」の付加という表記の変更を、原勅の伝馬についての但し書きが削除された痕跡と考える。

問題は、延暦十一年六月七日勅の伝馬に関する部分が削除された理由である。同勅は、『弘仁格抄』の兵部の部に収載されている。私は、弘仁格編纂時に、同勅の伝馬に関する部分は削除され、式として扱われた可能性があるのではないかと考える。

大日方克己氏は、延暦十一年勅によって廃止された伝馬は、延暦二十一～二十四年の間に再設置されたため、弘仁格編纂に当たり、伝馬廃止部分が削除されたと推定された。しかし、延暦十一年勅が兵士・伝馬の現況について、「軍毅非理役使、国司恣心乗用、徒致二公家之費一、還為二奸吏之資一、静言二於此一、為レ弊良深」と述べ、兵士については、辺要国を除き廃止されたあと、ほどなく健児の設置という改革が行われたことを考えるならば、伝馬について、単に廃止と再設置が行われたとは考え難いように思われる。

『弘仁格抄』に収載されている駅伝関係の格九件の中で、駅伝馬の廃置に関する格は、大同二年（八〇七）十月二十五日の、山城国以下九ヵ国の五一駅について駅馬三四〇匹を減省する格のみである。(27) 伝馬の廃置については、式によって規定する方針であったのではないかと思われる。

即ち、延暦十一年六月七日勅には、帯駅路郡の伝馬を存続する旨の但し書きがあったが、弘仁格編纂時に格としては削除されて式に定められ、『延喜式』諸国駅伝馬条(28)に継承されたのではないかと思われる。そして、同勅による伝馬制の再編成は、以後における駅伝制再編成への契機となったと考える。

四　駅伝制の再編成と帯駅路郡

弘仁十三年閏九月二十日の太政官符は、雑徭の復除にともなう給粮のために、雑徭によって使役すべき力役の種類と人数を公定したもので、人数を定めた前半部と、定めない後半部からなり、法制上、雑徭等を免除されていた種々の力役が、雑徭に転化したことを示す事例でもあるという。(29)

前半部に「駅伝使鋪設丁郡幷駅家別四人」が見える。「鋪設丁」は、駅使および伝使の宿泊等に必要な設備を整える徭丁であると考えられる。そして「郡幷駅家」のように、鋪設の場所である郡衙と駅家が一括されていることは、郡衙と駅家が交通施設として、密接に関連していることを示唆しているように思われる。天平年間における駅伝の鋪設に関しては、天平六年の出雲国計会帳に「駅家鋪設帳一巻」が見られる。即ち同帳の弁官解文の部の天平五年十月二十一日条は、早川庄八氏によって朝集使進上の公文であることが指摘されている。(30)

同日の第二条に、「駅馬帳一巻　駅家鋪設帳一巻　伝馬帳一巻」が見えるが、同日条は記載されている巻数からみておおむね完存していると見られるので、この時進上された駅伝関係の公文の、すべてである可能性が高いと思われる。そうであれば、駅については「駅家鋪設帳一巻」が進上されているが、伝の鋪設についての公文は、同時には提出されていないことになる。このことは、天平年間当時においては、駅家の鋪設は国司によって管理されていたが、伝の鋪設は郡衙に委ねられ、駅と伝の鋪設の扱いは異なっていた可能性がある。天平六年出雲国計会帳によってうかがわれる、駅と伝の鋪設が別個に行われた状態から、弘仁十三年太政官符に見られる、両者の鋪設が一括して行われたと見られる状況への変化があるとすれば、その背景には駅伝制の再編成による駅制と伝制の一体化がある、と考えることができるのではなかろうか。

吉田孝氏は、色役の雑徭化の一環である副丁の制度に関する史料として、貞観十年十一月十六日の民部省符をとりあげられている。[31]

民部省符応レ加二増衛士仕丁事力副丁一事

衛士仕丁七人半元五人、今加二人半　国司事力六人元四人、今加二人

右被太政官今月七日符偁、得二出雲国解一偁、百姓之徭卅日為レ限、而貞観六年正月九日格改二定廿日一、事力所レ使、已違二格旨一、何者立丁副二四人一、一年可レ役二百卌日一、立丁調分廿日、庸分十日、徭分廿日、副丁四人徭分八十日、而惣責二立丁一人一、令レ駆二使三百六十日一、今検二案内一、所レ乗之日二百卌日、（中略）望請、加二増副丁一、将レ省二民弊一、謹請二官裁一者、中納言兼左近衛大将従三位藤原朝臣基経宣、奉レ勅、依レ件准加、自余諸国亦宜レ准レ此者、省宜二承知依レ宣行一レ之、立為二恒例一者、諸国宜二承知依レ件行一レ之、

貞観十年十一月十六日

同民部省符によると、雑徭は貞観六年正月九日に三十日から二十日に改定されたが、駆使される事力の雑徭日数は、

一三〇日にしかならず、一年三六〇日の駆使には二三〇日不足するとの理由で、副丁の加増を申請し認められている。注目されるのは同民部省符に、事力の雑徭日数について、「立丁調分廿日、庸分十日、徭分廿日」の計五〇日が、公民が雑徭に徴発される場合の労役日数であって、調、庸、雑徭の合計に換算されるとあることである。これは、公民が雑徭によって差発される場合のことであるが、駅子もまた同様に、一般公民から雑徭によって差発されたものと考えられる。

次掲の斉衡二年（八五五）正月二十八日の官符に、美濃国恵奈郡における駅子の差発状況が見られる。(32)

太政官符

応㆘択㆓諸郡司中恪勤者㆒令㆖興㆓治恵奈郡㆒事

右得㆓美濃国解㆒偁、恵奈郡坂本駅与㆓信濃国阿智駅㆒相去七十四里、（中略）駅子負㆑荷常困㆓運送㆒、寒節之中道死者衆、朝庭悲㆑之、殊降㆓恩貸㆒、永免㆓件駅子租調㆒、又去承和十一年挙郡給㆓三年之復㆒、（中略）今検㆓彼郡課丁㆒惣二百九十六人也、就㆑中二百十五人為㆓駅子㆒、八十一人輸㆓調庸㆒、比㆓之諸郡㆒衰弊尤甚、望請、択㆓諸郡司之中富豪恪勤者㆒、募以㆓五位㆒、期㆓三年内㆒令㆑治㆓件郡㆒、謹請㆓官裁㆒者、右大臣宣、奉㆑勅、依㆑請、与奪之事一准㆓去天長元年八月廿日格㆒、

斉衡二年正月廿八日

右の官符によると、恵奈郡の課丁二九六人中、二一五人（七二・六％）が駅子に徴発されており、大山誠一氏は、「編戸による駅戸の維持を放棄し、かわって郡内の一般の公戸から必要な課丁数を駅子として優先的に確保した結果である」と指摘されている。(33)付け加えるならば、第一に、この場合の駅子の徴発も雑徭によって行われた可能性が高いことである。なぜならば、同郡から駅子が差発された結果「八十一人輸調庸」とあるのは、差発された駅子が、調庸を

課されていないことを意味し、差発された駅子は、調分、庸分等を合計した労役日数によって差発された可能性が高いからである。

第二に、恵那郡の課丁の七二・六％が駅子に徴発されているだけでなく、右掲の官符に「令レ興二治恵奈郡一」「令レ治二件郡一」とあるように、坂本駅の再興と恵奈郡の復興が一体の事業として行われていることである。

また『日本三代実録』貞観六年十二月十日に、駿河国駿河郡の駅伝子について、次のように見える。(34)

駿河国言、駿河郡帯二三駅二伝一、横走、永倉、柏原駅家是也、惣差二点丁駅子四百人、伝子六十人一、年来疫旱荐臻、課丁欠少、因而駅伝子等不レ能レ満レ数、郡民凋残、莫レ甚二於此一、望請、廃二柏原駅一、富士郡蒲原駅遷二立於富士河東野一、然則蒲原駅与二永倉駅一、行程自均、民得レ息レ肩、従レ之、

右の官符によると、駿河郡の三駅・二伝の駅伝子の定数が「駅子四百人、伝子六十人」と定められているが、年来の疫旱により課丁が欠少し、駅伝子の定数を満たすことができないという。このことは、課丁即ち公民から駅伝子が差発されていることを示しており、その差発は、斉衡二年太政官符と同様「課丁」とあることから、雑徭によったであろうことが想定される。また、課丁の少ない状態を「郡民凋残」と表現していることから、駅伝子の差発は駿河郡から行われていたことが明らかである。また、駅伝子の不足に対する対策として、同郡の柏原駅の廃止と、隣郡の蒲原駅の移動を申請し、許されている。即ち、駿河郡の三駅二伝の駅伝子が、当郡から雑徭によって差発されていたらしいこと、駅伝子の不足に対する対策が、当郡の駅の廃止と隣郡の駅の移動という、帯駅路郡内の措置によって図られていることが知られる。

以上、弘仁十三年の太政官符によると、駅伝使のための駅家と郡衙の舗設が一括して行われている形跡があり、平安時代初期において、駅家と郡衙が交通施設として一体化している状態が示唆されている。また、斉衡二年の美濃国

恵奈郡、貞観六年の駿河国駿河郡の事例から、帯駅路郡の課丁の多くが雑徭によって駅伝子に差発され、駅伝の経営が帯駅路郡と一体として行われていたことがうかがわれる。

天平宝字年間から史料に現れる剋外増乗および駅伝制の停滞のベースには、駅伝子の力役の雑徭化の問題が存在するのではないかと思われる。これに対して律令国家は、延暦十一年勅を契機として、駅制と帯駅路郡の伝制を一体化し、駅制を強化する方向の駅伝制の再編成を行ったものと考えられる。

注

（1）『新訂増補国史大系第二四巻　令集解　後篇』九二九～九三一頁。

（2）吉田孝『律令国家と古代の社会』岩波書店、一九八三年、三九〇頁。

（3）前掲『令集解　後篇』九三四～九三五頁。

（4）吉田孝前掲書、三七七～三八四頁。『新訂増補国史大系第二三巻　令集解　前篇』四三七頁。

（5）岸俊男「古記と雑徭」『続日本紀研究』一五八、一九七一年。

（6）長山泰孝『律令負担体系の研究』塙書房、一九七六年、一〇三～一〇八頁。

（7）東野治之「令集解に引かれた奈良時代の請辞・起請について」『史学雑誌』八三―三、一九七四年。前掲『令集解　前篇』四三九頁。

（8）吉田孝前掲書、三七九～三八二頁。

（9）吉田孝氏は、「路橋一般ではなく「他界路橋」を作る場合にだけ「充雑徭」とするのは、雑徭が本来は地域社会の外から課せられたものであるという本質を、明確に示している。次の「御贄獦贄送」は、御贄獦贄を「送」る労役だけを指すのではなく、「御贄獦贄」を採取することも含んでいただろう。というのは、記紀の贄に関する説話からも推測されるように、贄は本来採取した集団が天皇に捧げることに重要な意味があったと思われるのであり、また贄と密接な関連のある中男作物が雑徭を充てて採取されたことから、贄も雑徭を充てて採取された可能性が強いからである。（中略）次の「公使上下逓送従馬」などは、まさにミユキそのものである」とされている（前掲書、三六七〜三六八頁）。長山泰孝氏は、古記が雑徭の限りにあらずとするA類には、共同体あるいは共同体的関係を背景にもつ力役が含まれるのに対し、雑徭を充てるとするB類は、中央政府の需要に応じて組織される力役であるとされ、「古記の分類から導き出されてくる雑徭とは、まず第一に中央政府の必要とする物資や労役の調達に応じうる労働力供給源として設けられたものであったように思われてくる」と述べられている（前掲書、八七〜九九頁）。

(10)『新訂増補国史大系第二五巻　類聚三代格』五七九頁。

(11)同五八〇〜五八一頁。

(12)「和牒逓」については、「逓」に「伝える」の意があるので、「牒送」「牒報」と同様の意の「牒逓」と解し、「牒逓ニ和シ」と読む。

(13)前掲『類聚三代格』五一七頁。

(14)拙稿「駅伝制についての若干の考察」井上光貞博士還暦記念会編『古代史論叢　中』吉川弘文館、一九七八年。

(15)大日方克己「律令国家の交通制度の構造―逓送・供給をめぐって―」『日本史研究』二六九、一九八五年。

(16)前掲『類聚三代格』五四七〜五四九頁。

(17)『新訂増補国史大系第三巻　日本後紀』四一、四八頁。

(18)『同第一〇巻　日本紀略　前篇』二六九頁。前掲『日本後紀』九、四一頁。

(19)栄原永遠男「四国地方における駅路の変遷」『続日本紀研究』二〇〇、一九七八年。『新日本古典文学大系一三　続日本紀　二』四四〜四五頁。

(20)「吾椅」「舟川」は、『延喜式』に「吾椅」「丹治川」と見える。『日本歴史地名大系第四〇巻　高知県の地名』（平凡社、一九八三年、二二五頁）は、「吾椅駅は現長岡郡本山町寺家、丹治川（舟川）駅は現長岡郡大豊町立川下名と考えられる。」とする。

(21)前掲『日本後紀』四八、一〇〇、一一九頁。

(22)前掲『続日本紀　二』五八〜五九頁。『福島県史第一巻通史編　一原始・古代・中世』一九六九年、二三六〜二三七頁。『日本歴史地名大系第七巻　福島県の地名』平凡社、一九九三年、六三頁。

(23)松原宣弘『日本古代の交通と情報伝達』汲古書院、二〇〇九年、一六頁。

(24)前掲『日本後紀』一一三〜一一四頁。

(25) 松本政春「延暦十一年の伝馬廃止政策と辺要」『続日本紀研究』三八九、二〇一〇年。
(26) 『弘仁格抄』に収録されている駅伝関係と思われる格は、次の九件である（所出順）。兵部　天平宝字八・一〇・一〇勅、延暦元・一一・三官符、養老六・八・二九太政官奏、延暦一九・正・一六官符、大同元・六・一一官符、同二・九・一六官符、同・一〇・二五官符、宝亀一一・七・二六勅、雑格　天平宝字三・六・二二官符（『新訂増補国史大系第二五巻　弘仁格抄』三一～三二、三八頁、『同　類聚三代格』所収の同年月日格による）。
(27) 前掲『類聚三代格』五八四～五八五頁。
(28) 『新訂増補国史大系第二六巻　延喜式』七一一～七一七頁。前掲拙稿。なお、格の一部が分割され、式として定められた事例については、福井俊彦「弘仁格の編纂方針について」（『史観』九八、一九七八年）二一～二三頁参照。
(29) 前掲『類聚三代格』二七九～二八〇頁。吉田孝前掲書、三八七～三九〇頁。
(30) 『大日本古文書二』五九八頁。早川庄八「天平六年出雲国計会帳の研究」坂本太郎博士還暦記念会編『日本古代史論集　下』吉川弘文館、一九六二年、三一七～三一九頁。
(31) 吉田孝前掲書、三九〇～三九一頁。『新訂増補国史大系第二八巻　政事要略』四五八～四五九頁。
(32) 前掲『類聚三代格』三一二～三一三頁。
(33) 大山誠一「古代駅制の構造とその変遷」『史学雑誌』八五―四、一九七六年。
(34) 『新訂増補国史大系第四巻　日本三代実録』一四三頁。

〔追記〕本章第三節は、二〇一四年二月、「延暦十一年六月七日勅について―駅伝制の再編成に関して―」と題する小稿を『続日本紀研究』に投稿した際、同研究会から松本政春氏の論考の存在をご教示いただき、補訂したものである。同研究会に対し、厚く謝意を表する。

第三部　律令制と正倉院

第一章　献物帳の基礎的考察
――東大寺以下十八ヵ寺への献納経過――

はじめに

今日伝えられている献物帳としては、正倉院宝物の五巻の献物帳、即ち国家珍宝帳、種々薬帳、屏風花氈帳、大小王真跡帳、藤原公真跡屏風帳と、東京国立博物館所蔵の法隆寺献物帳の合計六巻がある。(1) いずれも、天平勝宝八歳（七五六）五月二日の聖武太上天皇の崩御の後に行われた、諸寺に対する献納事業にともなって作成された献物帳であるが、献物帳の作成手続きや、献納事業の経過などについては、なお検討すべき問題が残されているように思われる。そこで、本章においては、第一に献物帳巻末の署名について、第二に献物帳の作成手続きについて、第三に献納事業の経過について検討したいと思う。

一　巻末の署名

現存する献物帳の巻末には、いずれも献物帳の作成に関与したと見られる官人の署名がある。六巻の献物帳を年月日順に掲げ、それぞれの献物帳の巻末に署名している人名と官職を一覧表にして示すことにする。

表1を見れば明らかなように、国家珍宝帳以下屏風花氈帳までに署名している五人ないし六人の官人は、藤原永手を除けば、すべて紫微中台の官職を帯びており、大小王真跡帳には紫微内相藤原仲麻呂、藤原公真跡屏風帳には坤宮大弼巨勢堺麻呂が署名しているから、この献納事業に紫微中台（天平宝字二年〈七五八〉八月以後坤宮官）が関与していること、さらに言えば、献物帳が紫微中台で作成されたことを示唆していると思われる。(2) それでは、国家珍宝帳以下屏風花氈帳までに、藤原永手が署名しているのはなぜであろうか。そこで、彼が帯びている官職を検討する必要がある。彼は、国家珍宝帳から屏風花氈帳まで、左京大夫と侍従の肩書きは一貫して変わらないが、大倭守は国家珍宝帳と種々薬帳までで、法隆寺献物帳と屏風花氈帳には大倭守は見えず、かわって中務卿の肩書きが加えられている。『続日本紀』によると、彼は天平勝宝四年十一月乙巳に大倭守に任じているから、(3) 少なくとも同八歳六月二十一日までその任にあり、その後七月八日までの間に大倭守を辞任し、新たに中務卿に任じたものと考えられる。いったい永手は、どのような職務をもって、献物帳に署名したのであろうか。

ところで、律令制のもとにおける寺院の財産管理には、地方官たる国司が関与することになっている。即ち、資材帳の作成を命じた『続日本紀』霊亀二年（七一六）五月庚寅の詔に、(4)

（諸国の寺家の）所レ有財物田園、並須二国師衆僧及国司檀越等相対検校、分明案記、充用之日、共判出付一

と見えるように、国司は、資財帳の作成と資財の充用に関与すべき立場にある。そして、おそらく京内の寺院については左右京職が、大倭国内の諸寺については大倭国司がその任に当ったであろう。そこで藤原永手は、左京大夫あるいは大倭守として、所管地域内の寺院に対する資財の献納に立ち会ったということが、まず考えられる。東大寺は、福山敏男氏によると、平城左京の東北部に張り出した外京の外側にあって、外京に接する位置にあるから、(5) おそらく大倭国司か、あるいは左京職の所管であろう。従って、国家珍宝帳と種々薬帳に左京大夫および大倭守、屏風花氈帳

表1　献物帳の署名

献物帳＼人名	藤原仲麻呂	藤原永手	巨万福信	巨勢堺麻呂	賀茂角足	葛木戸主
国家珍宝帳（天平勝宝八・六・二一）	行大納言 兼紫微令 中衛大将 近江守	行左京大夫 兼侍従 大倭守	行紫微少弼 兼中衛少将 山背守		紫微大忠 兼行左兵衛率 左右馬監	行紫微少忠
種々薬帳（同右）	同右	同右	同右		同右	同右
法隆寺献物帳（天平勝宝八・七・八）	同右	行中務卿 兼左京大夫 侍従	行紫微少弼 兼武蔵守		同右	同右
屛風花氈帳（同八・七・二六）	同右	同右	同右	守右大弁 兼紫微少弼 春宮大夫 行侍従	同右	行紫微少忠 兼常陸員外介
大小王真跡帳（天平宝二・六・一）	紫微内相 兼行中衛大将 近江守					
藤原公真跡屛風帳（同二・十・一）	太保 兼行鎮国大尉			参議 行武部卿 兼坤宮大弼 侍従 下総守		

に左京大夫として署名しているのは、いずれも所管内の東大寺に対する献納に、左京大夫あるいは大倭守として立ち会ったからであると考えることが可能であろう。即ち、三帳に共通しているのは左京大夫であるから、左京大夫の職務においてと考えられるが、国家珍宝帳と種々薬帳とには大倭守が見えるので、この二帳の場合はあるいは　大倭守の職務においてということがあったかもしれない。

しかし、問題は法隆寺の場合である。法隆寺資財帳に、(6)

合池陸塘

大倭国平群郡寺辺三塘（下略）（傍点柳）

と見えるところから、法隆寺は平群郡に存在したことが確かである。一方、平城京は、『三代実録』貞観六年（八六四）十一月七日庚寅条に、(7)

先レ是、大和国言、平城旧京、其東添上郡、西添下郡、和銅三年遷レ自二古京一、都二於平城一、於レ是、両郡自為二都邑一、延暦七年遷二都長岡一

とあるように、添上郡と添下郡にまたがって存在した。法隆寺が平群郡、左右京が添上および添下郡に存在したとすれば、法隆寺は左右京の京域外にあったことが明らかである。よって、もし法隆寺献物帳に所管の地方官として署名するとすれば、大倭国司でなければならない。しかるに、法隆寺献物帳に見える藤原永手の肩書は左京大夫であって、大倭守は見えないから、ここにいたって、法隆寺献物帳はもちろんのこと、他の献物帳にも、彼は左京大夫あるいは大倭守として署名したのではないと考えなければならない。そこで考えられるのは、彼の別の官職、即ち侍従ないし中務卿であるがゆえに、献物帳に署名したのではなかろうかということである。

公式令勅旨式条の集解穴記に、「受レ勅人、不レ明二其色一也、侍従等耳」とあり、同じく跡記に、「謂侍従奉レ勅、

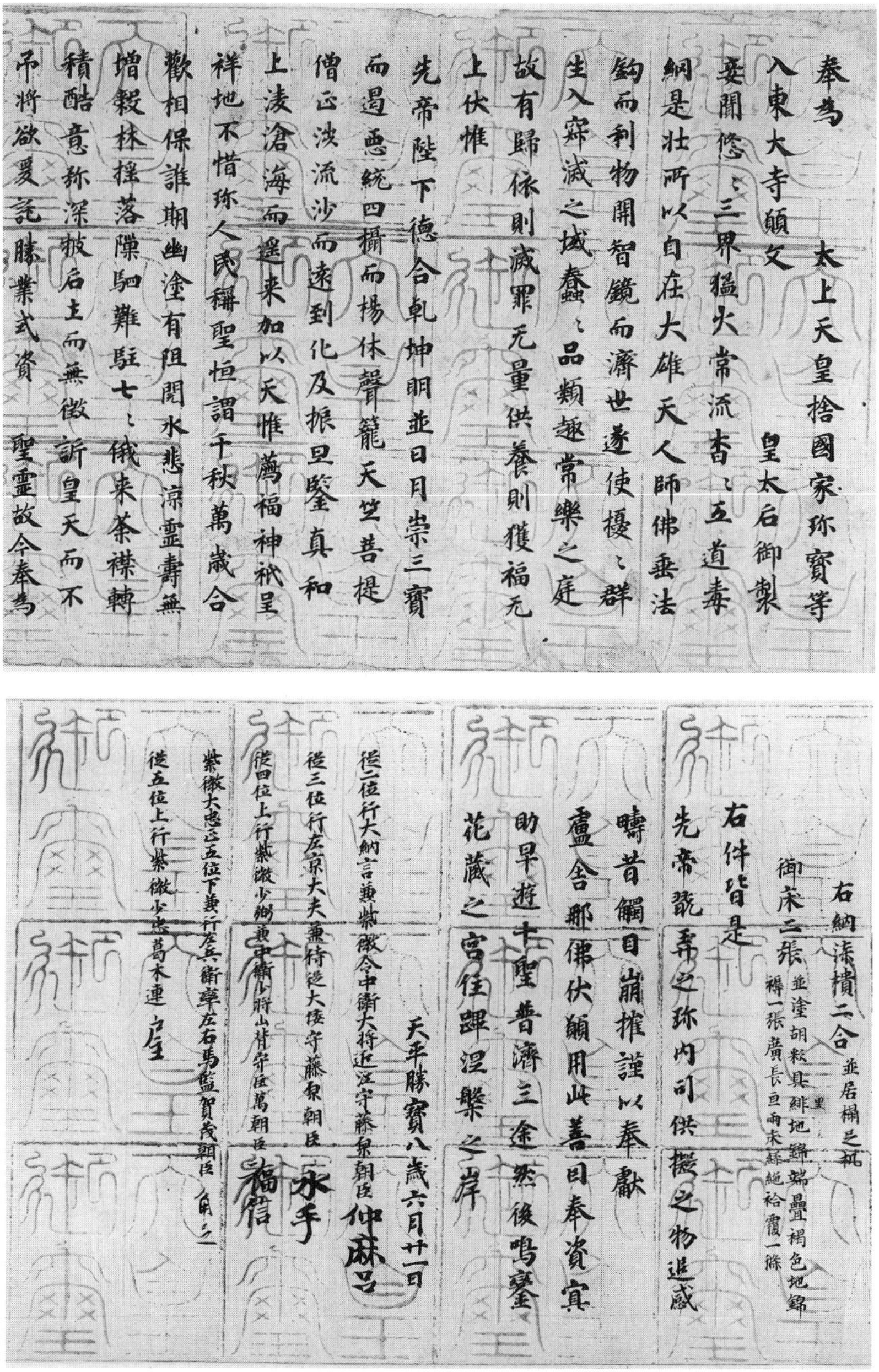
奉為　太上天皇捨國家珎寳等
入東大寺願文　皇太后御製
妾聞悠々三界猛火常流杳々五道毒
網是壯所以自在大雄天人師佛垂法
鈎而利物開智鏡而濟世遂使擾々群
生入寂滅之域蠢々品類趣常樂之庭
故有歸依則滅罪无量供養則獲福无
上伏惟
先帝陛下德合乾坤明並日月崇三寳
而遏悪統四攝而楊休聲籠天竺菩提
僧正渉流沙而遠到化及振旦鑒真和
上淩滄海而遥来加以天惟薦福神祇呈
祥地不惜珎人民稱聖恒謂千秋萬歳合
歡相保誰期幽塗有阻閲水悲凉靈壽無
增穀林摧落隟駟難駐七々俄来荼襟轉
積酷意弥深披后土而無徵訴皇天而不
弔將欲冥託勝業式資　聖靈故今奉為

右納漆櫃二合　並居榻足机
御床二張　並塗胡粉具緋地錦端疊褐色地錦褥一張廣長亘兩末緑絁裕覆一條
右件皆是
先帝翫弄之珎内司供擬之物追感
疇昔觸目崩摧謹以奉獻
盧舍那佛伏願用此善因奉資冥
助早遊十聖普濟三途然後鳴鑾
花蔵之宮住蹕涅槃之岸
天平勝寳八歳六月廿一日
從二位行大納言兼紫微令中衛大将近江守藤原朝臣仲麻呂
從三位行左京大夫兼侍従大倭守藤原朝臣永手
從四位上行紫微少弼兼中衛少将山背守臣巨萬朝臣福信
紫微大忠正五位下兼行左兵衛率左右馬監賀茂朝臣角足
從五位上行紫微少忠葛木連戸主

図1　国家珍宝帳（上：巻首、下：巻末）（正倉院宝物）

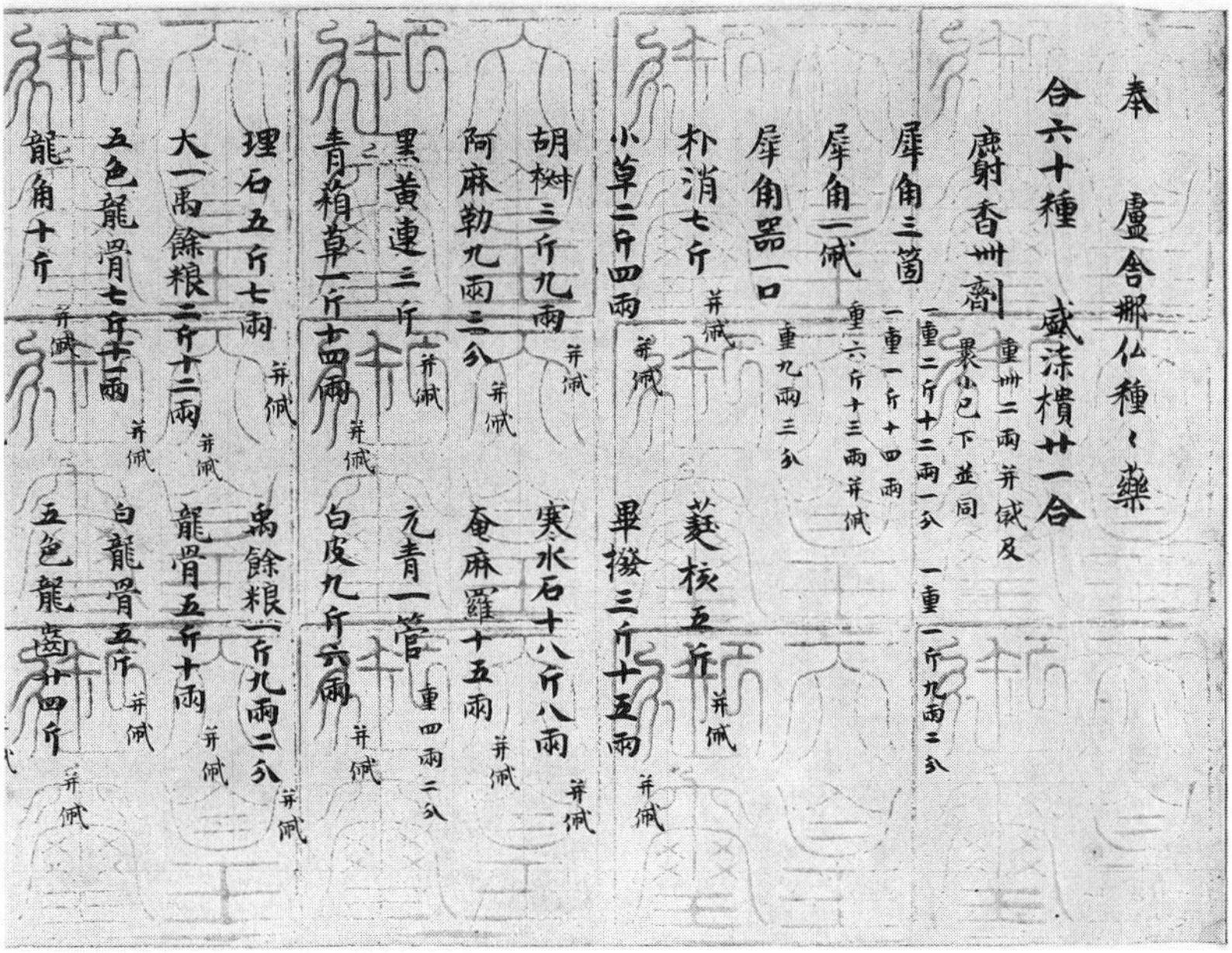
奉盧舎那仏種々薬
合六十種　盛漆櫃廿一合
麝香卌剤　重卅二両并袋及裹　小已下並同
犀角三箇　一重二斤十二両一分　一重一斤九両二分
犀角一袋　重六斤十三両并袋
犀角器一口　重九両三分
朴消七斤　并袋　蕤核五斤　并袋
小草二斤四両　并袋　畢撥三斤十五両　并袋
胡椒三斤九両　并袋　寒水石十八斤八両　并袋
阿麻勒九両二分　并袋　奄麻羅十五両　并袋
黒黄連三斤　并袋　元青一管　重四両二分
青葙草一斤十四両　并袋　白皮九斤六両　并袋
理石五斤七両　并袋　禹餘粮一斤九両二分　并袋
大一禹餘粮二斤十二両　并袋　龍骨五斤十両　并袋
五色龍骨七斤十一両　并袋　白龍骨五斤　并袋
龍角十斤　并袋　五色龍歯廿四斤　并袋

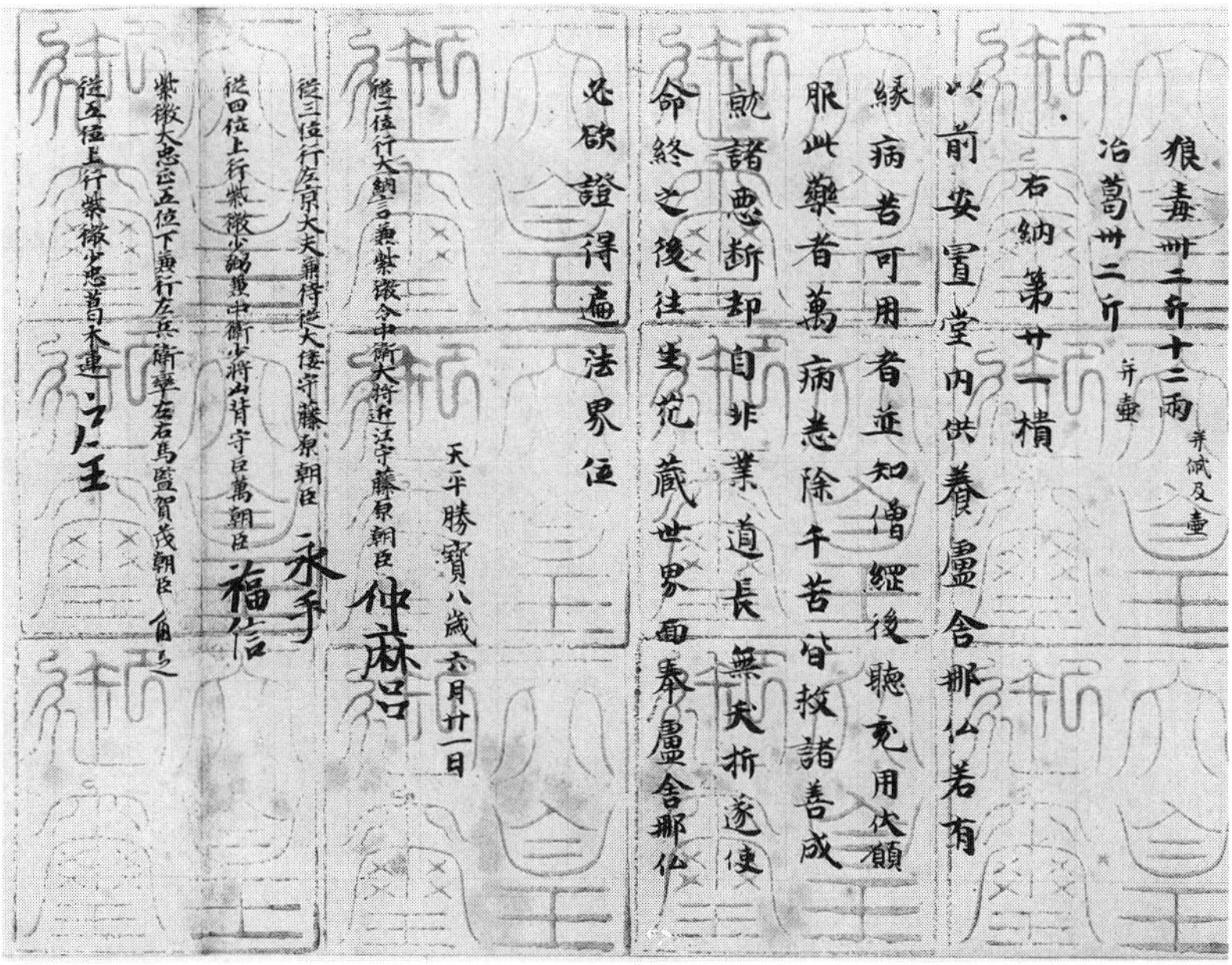
狼毒卅二斤十二両　并袋及壷
冶葛卅二斤　并壷
右納第廿一櫃
以前安置堂内供養盧舎那仏若有
縁病苦可用者並知僧綱後聴充用伏願
服此薬者萬病悉除千苦皆救諸善成
就諸悪断却自非業道長無夭折遂使
命終之後往生花蔵世界面奉盧舎那仏
必欲證得遍法界位
天平勝寳八歳六月廿一日
従二位行大納言兼紫微令中衛大将近江守藤原朝臣仲麻呂
従三位行左京大夫兼侍従大倭守藤原朝臣永手
従四位上行紫微少弼兼中衛少将山背守巨萬朝臣福信
紫微大忠正五位下兼行左兵衛率左右馬監賀茂朝臣角足
従五位上行紫微少忠葛木連戸主

図2　種々薬帳（上：巻首、下：巻末）（正倉院宝物）

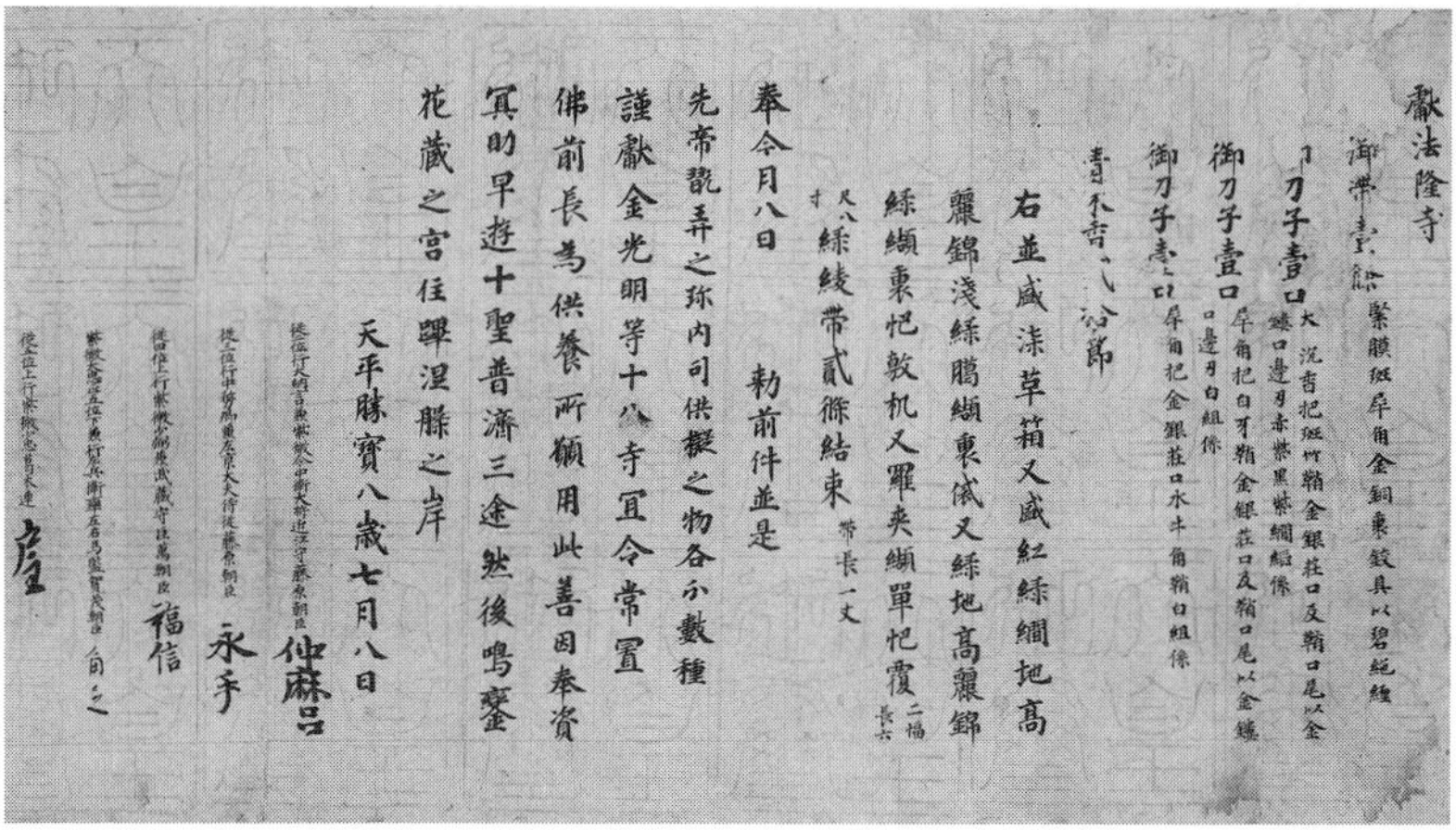
獻法隆寺
御帶壹條
刀子壹口
御刀子壹口
御刀子壹口
右並盛漆草箱又盛紅綠綱地高
麗錦浅綠臈纈裏帒又綠地高麗錦
綠纈裏帊敷机又羅夾纈單帊覆
綠綾帶貳條結束
奉今月八日　勅前件並是
先帝翫弄之珍内司供擬之物各分數種
謹獻金光明等十八寺宜令常置
佛前長為供養所願用此善因奉資
冥助早遊十聖普濟三途然後鳴鑾
花蔵之宮住蹕涅槃之岸
天平勝寶八歳七月八日
仲麻呂
永手
福信

図3　法隆寺献物帳（東京国立博物館所蔵）

宣二送中務一」とあって、(8)侍従が勅を奉ずることが知られ、また、職員令中務卿の職掌に、「審二署詔勅文案一受レ事覆奏」とあるように、(9)中務卿は詔勅の起草にあずかる立場にある。

従って、藤原永手は、侍従ないし中務卿として孝謙天皇の勅を奉じ、献物帳の作成に関与したがゆえに、献物帳に署名を加えることになったのであろうと思う。(10)以上の考察により、国家珍宝帳以下屛風花氈帳までに、紫微中台の官人が連署しているのは、これらの献物帳が、光明皇太后の意向を受けた紫微中台において作成されたことをうかがわせ、また同時に、ただ一人紫微中台に関係のない藤原永手が署名しているのは、献物帳の作成にあたって、孝謙天皇の勅を奉じたことを示唆している。

二　作成手続き

次に、献物帳の作成手続きを検討しよう。私が注目したいのは、六巻の献物帳の中で、奉勅の日付が明記されている法隆寺献物帳と屛風花氈帳である。まず、両献物帳を次に掲げる。

献法隆寺

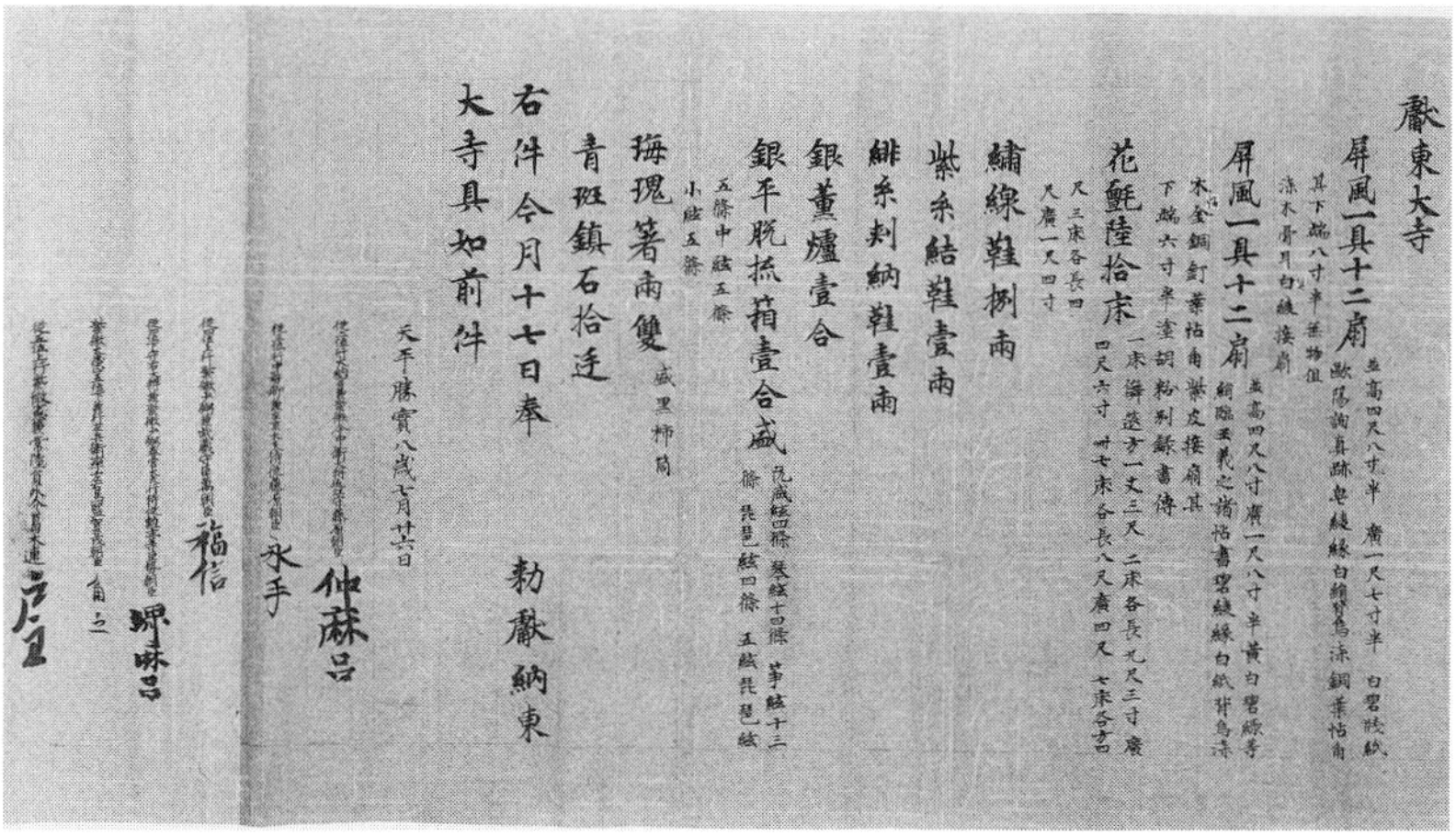

図4　屏風花氈帳（正倉院宝物）

御帯壱条緊膜斑犀角金銅裏鉸具以碧絁纏
御刀子壱口大沈香把、斑竹鞘、金銀荘口及鞘口尾、以金鏤口辺刃、赤紫黒紫繝絎係、
御刀子壱口犀角把、白牙鞘、金銀荘口及鞘口尾、以金鏤口辺刃、白組係、
御刀子壱口犀角把、金銀荘口、水牛角鞘、白組係、
青木香弐拾節
右並盛漆革箱、又盛紅緑繝地高麗錦浅緑臈纈裏袋、又緑地高麗錦緑纈裏帊敷机、又羅夾纈単帊覆二幅長六尺八寸緑綾帯弐条結束帯長一丈
奉二今月八日　勅一、前件、並是先帝翫弄之珍、内司供擬之物、各分二数種一、謹献二金光明等十八寺一、宜レ令下常置二仏前一、長為中供養上、所レ願、用二此善因一、奉レ資二冥助一、早遊二十聖一、普済二三途一、然後鳴二鑾花蔵之宮一、住二蹕涅槃之岸一、
天平勝宝八歳七月八日
従二位行大納言兼紫微令中衛大将近江守藤原朝臣「仲麻呂」
従三位行中務卿兼左京大夫侍従藤原朝臣「永手」
従四位上行紫微少弼兼武蔵守巨万朝臣「福信」

紫微大忠正五位下兼行左兵衛率左右馬監賀茂朝臣「角足」
従五位上行紫微少忠葛木連「戸主」

献東大寺
屏風一具十二扇並高四尺八寸半、広一尺七寸半、白碧牋紙、欧陽詢真跡、皂綾縁、白絹背、烏漆銅、葉帖角、其下端八寸半無物、但漆木骨耳、〔皂〕白綾接扇
屏風一具十二扇並高四尺八寸、広一尺八寸半、黄白碧緑等絹、臨王義（ママ）之諸帖書、碧綾縁、白紙背、烏漆木、〔帖〕金銅釘、葉帖角、紫皮接扇、其下端六寸半、塗胡粉、別録書伝
花氈陸拾床一床儛筵方一丈三尺、二床各長九尺三寸、広四尺六寸、卌七床各長八尺、広四尺、七床各方四尺、三床各長四尺、広一尺四寸
繍線鞋捌両
紫糸結鞋壱両
緋糸刺納鞋壱両
銀薫炉壱合
銀平脱梳箱壱合盛阮咸絃四条、琴絃十四条、箏絃十三条、琵琶絃四条、五絃琵琶絃五条、中絃五条、小絃五条
瑇瑰箸両雙盛黒柿筒
青班鎮石拾廷
右件、今月十七日奉レ勅、献二納東大寺一、具如二前件一
天平勝宝八歳七月廿六日

従二位行大納言兼紫微令中衛大将近江守藤原朝臣「仲麻呂」
従三位行中務卿兼左京大夫侍従藤原朝臣「永手」
従四位上行紫微少弼兼武藤守巨万朝臣「福信」
従四位下守右大弁兼紫微少弼春宮大夫行侍従勲十二等巨勢朝臣「堺麻呂」
紫微大忠正五位下兼行左兵衛率左右馬監賀茂朝臣「角足」
従五位上行紫微少忠兼常陸員外介葛木連「戸主」

法隆寺献物帳の日付は、天平勝宝八歳七月八日であるから、同献物帳の文中に見える「今月八日」という奉勅の日付は、七月八日を意味すると考えざるを得ない。そうすると、この献物帳は、奉勅の当日に作成されたということになる。一方、屛風花氈帳は奉勅が「今月十七日」即ち七月十七日で、献物帳の日付が七月二十六日であるから、奉勅から献物帳の作成まで九日を要している。つまり、屛風花氈帳の場合、七月十七日の勅は東大寺への献納を発令した勅であり、七月二十六日はその施行（献物帳完成）の日であろう。

さて、屛風花氈帳が作成に九日を要しているのは、所要日数から見て妥当であると思われるが、これに比べると、法隆寺献物帳が奉勅の当日に作成されたというのは、甚だ不審であると言わなければならない。それでは、法隆寺献物帳の作成手順は、どのように解したらよいであろうか。そこで、法隆寺献物帳に記載されている「今月八日　勅」に注目したい。この勅には、「前に記したところはすべて先帝愛翫の珍品であり、内司においておそばに奉じた物である。数量および種類を配分して、謹みて金光明寺等十八ヵ寺に献納するところである。宜しく仏前に常置して長く供養のよすがとせよ」とあり、さらに先帝の冥福を祈る文言が続いている。文中に「所願」ということばがあるから、この勅は、献納の趣旨を明らかにした願文と考えてよかろう。ところで、勅に見える「前件」が、同献物帳の前半に記載されている献納品の目録を指すことは言うまでもない。そうすると、この勅が発令された時には、すでに献納品の選定と目録の作成が完了していたと考えてよいのではなかろうか。この勅を文面通りに受け取るならば、そのように解するのが自然であろう。そして、献納品の選定と目録の作成が完了しておれば、献物帳自体の作成には、それほど時間は要しないのではなかろうか。屛風花氈帳は、作成に九日を要しているが、この所要日数のほとんどは、献納品の選定と目録の作成に費されたにちがいない。法隆寺献物帳が奉勅のその日のうちに作成されたという日付についての疑問は、献納品の選定と目録の作成がすでに完了していたと考えることによって、解くことができよう。

なお、法隆寺献物帳は、当日の奉勅を「奉今月八日　勅」と表現しているが、この表現にはいささか奇異の感がないでもない。[11] しかし、当時の文書の中には、次のような同様の例が見出される。[12]

写経司解　申賜北殿紫紙事

合紫紙二百卌張

右、奉当月二日　令旨如前、謹解

天平十一年五月二日　舎人「市原」王

「少属屋満奉」

法隆寺三綱牒　返抄事

法華経疏一部法雲師撰者

右、得今月十四日牒偁、件経疏、為本奉請如前者、今依牒旨、尋求不得、今録事状、即附使、以牒

天平十九年十一月十四日都維那「霊尊」

上坐「乗範」

寺主「玄鏡」

前者は、五月二日付の文書に当日の令旨が「当月二日　令旨」と表現され、後者は十一月十四日付の文書に、当日の牒が「今月十四日牒」と表現された例である。このような例があることから、法隆寺献物帳が当日の奉勅を「奉今月八日　勅」と表現しているのも、決して不自然ではない。

さて、法隆寺献物帳は、献納品の選定と目録の作成が完了したところで、七月八日に願文を具した実施の勅が発せられ、その当日に作成されたとすると、次のような想定が可能となる。即ち、七月八日以前に、十八ヵ寺への献納事業を発令した勅があったにちがいないということである。献納品の選定や目録の作成は、実務的な作業を必要とするから、まず十八ヵ寺への献納事業を発令する勅があり、[13]それを受けて献納品の選定と目録の作成が行われ、この作業が完了してから、実施にあたって改めて願文を具した勅を奉じ献物帳の作成が行われたものと思われる。

このように、法隆寺献物帳も屛風花氈帳も献納事業を発令する勅によって作業が開始されたが、前者は、願文を具した勅が改めて下されたため、より重要であろう後の勅が献物帳に記載されたのであろう。これに対し、後者は、前者のように事業の発令後改めて願文を具した施行の勅が発せられるということがなかったため、七月十七日の献納事業を発令する勅が献物帳に記載されることになったのであろう。[14]そこで、法隆寺献物帳については、なお重要な問題が残されている。それは、十八ヵ寺への献納事業を発令した勅が、いつ発せられたかという問題である。この問題については、次節において献納事業の経過とともに検討することにしたい。

三　事業の経過

法隆寺献物帳に記載されている願文には、「謹献二金光明等十八寺一」とある。ここに見える金光明寺が東大寺を指すことについては、すでに坂元正典氏が明らかにされたところである。[15]それでは、この七月八日勅で指示された、十八ヵ寺の中の東大寺に対する献物帳は、現存する五巻の東大寺献物帳のうち、いずれに相当するのであろうか。この問題については、従来二つの解釈が提出されている。一つは堀江知彦氏の見解である。堀江氏は、法隆寺献物帳について、「孝謙天皇は先帝遺愛の品々を東大寺以下十八寺に分けて献納せられた。この献物帳は、すなわちその時の法隆寺への分の目録である」、そして屛風花氈帳について「法隆寺献物帳と同時同目的の、東大寺への分の目録」と解しておられる。[16]もう一つは、木内武男氏の見解である。木内氏は、「法隆寺献物帳の後序の内容が、(中略)国家珍宝帳のそれと同一になることにより、母君光明皇太后の御意趣のもと孝謙天皇の勅によって、まずその七七忌の六月二十一日に東大寺に施入し、ついで七月八日あらためて他の法隆寺以下十七ヵ寺に同じく寄捨のことが一連の作善業として行なわれたものであろう」と述べておられる。[17]法隆寺献物帳に関連する東大寺献物帳は、堀江氏によれば屛風花氈帳であり、木内氏によれば国家珍宝帳であるということになる。この二つの解釈のうち、いずれが妥当であろうか。法隆寺献物帳の日付は、七月八日であるが、屛風花氈帳に見える奉勅の日付は七月十七日であるから、同帳による献納が発令されたのは、法隆寺献物帳作成の後であり、また屛風花氈帳には十八ヵ寺への献納のことが見えないから、法隆寺献物帳と屛風花氈帳が関連するという解釈は、成立困難であろうと思う。[18]私は、木内氏の解釈が妥当であろうと思う。なぜなら、木内氏が言われるように、法隆寺献物帳の願文に見える「用此善因……踔涅槃之岸」という文言が、国家珍宝帳の巻末の願文にも見られることは、両献物帳が互いに関連することを示唆しているからである。[19]

ところで、法隆寺献物帳の願文に見える「謹献㆓金光明等十八寺㆒」という文言は、どのように解したらよいであろうか。国家珍宝帳による東大寺への献納は、すでに六月二十一日に完了しているのであるから、十八ヵ寺への献納が七月八日にはじめて令せられたとすると、東大寺への献納の後に発せられた法隆寺献物帳の願文に、東大寺を含む十八ヵ寺への献納のことが記されていることになり、必ずしも自然ではないのである。それでは、なぜ法隆寺献物帳の願文に、敢えて東大寺を含む十八ヵ寺への献納が記されたのであろうか。ここで、第二節において法隆寺献物帳の作成手続きを検討し、七月八日に願文を具した施行の勅が発せられる以前に、献納事業の発令が行われたと推定したことを想起したい。そこで、法隆寺などへの献納事業がいつ発令されたかという問題を考えなければならない。ところで、もし法隆寺などへの献納事業が、六月二十一日以後に、即ち国家珍宝帳による献納が実施された後において、新らたに計画され発令されたものであるならば、願文には、すでに献納の終わっている東大寺を除き、十七ヵ寺に対する献納事業であると書かれるのが普通であろう。従って、法隆寺などへの献納事業が、東大寺への献納以後に計画されたとすると、「謹献㆓金光明等十八寺㆒」という文言は不可解であると言わねばならない。

そうすると、法隆寺など十七ヵ寺に対する献納事業は、太上天皇の七七忌以前に計画され発令されたと考えるのが自然ではなかろうか。なぜなら、東大寺と他の十七ヵ寺に対する献納が、当初から一体の事業として計画され発令されたのであるならば、東大寺への献納が実施された後の法隆寺献物帳の願文に、「謹献㆓金光明等十八寺㆒」と書かれることは、さほど不自然ではないからである。このような理由で、東大寺と他の十七ヵ寺に対する献納は、一体の事業として、即ち法隆寺献物帳の願文言うところの「金光明等十八寺」に対する献納事業として、太上天皇の七七忌以前に発令されたのであろうと思う。

ただし、国家珍宝帳と種々薬帳の文面にはいずれも勅による献納であることは明記されていない。しかし、第一節において明らかにしたように、国家珍宝帳、種々薬帳、法隆寺献物帳、屛風花氈帳については、いずれも巻末の署名を見ると、紫微中台の官人とともに侍従藤原永手が署名を加えており、このことは、光明皇太后の意向とともに孝謙天皇の勅を奉じて献物帳が作成されたことを示している。永手が奉じたであろう勅は、どのような内容のものであろうか。法隆等献物帳については、「今月八日　勅」であろう。屛風花氈帳においては、今月十七日に奉じた勅であろう。そして、国家珍宝帳と種々薬帳については、献納事業を発令した勅ではあるまいか。両献物帳巻末の署名が示唆する孝謙天皇の勅が、まさに「金光明等十八寺」に対する献納を発令した勅ではなかったかと思う。

太上天皇追善のための献納が、孝謙天皇によって発令された可能性は、大赦の勅や注(14)で先に触れた二通の施入状の存在によって傍証される。即ち、『続日本紀』天平勝宝七歳十月丙午《二十一》条に、次のような大赦の勅が見える。[20]

勅曰、比日之間、太上天皇枕席不レ安、寝膳乖レ宜、朕窃念レ兹、情深惻隠、其救レ病之方、唯在レ施レ恵、延レ命之要、莫レ若レ済レ苦、宜レ大二赦天下一、（中略）鰥寡惸独、貧窮老疾、不レ能二自存一者、量加二賑恤一、兼給二湯薬一、又始レ自二今日一、至二来十二月晦日一、禁二断殺生一

この大赦は、太上天皇の病気平癒を祈願して発令されたものである。施入状は、天平勝宝八歳六月十二日付の、孝謙天皇東大寺宮宅田園施入勅と、同天皇東大寺飛騨坂所施入勅書案である。いずれも文中に見える「去五月廿五日」という奉勅の日付は、太上天皇崩御の直後であるから、施入の目的は太上天皇の追善供養にあったのではないかと思われる。このような勅書の存在することから、太上天皇の崩後まもなく同様の目的で宮廷用品を「金光明等十八寺」に献納する勅が、孝謙天皇によって発令された可能性があると言えよう。

ところで、国家珍宝帳の巻頭には、

奉二為　太上天皇一捨二国家珍宝等一入二東大寺一願文　皇太后御製

と題する願文が掲げられており、願文の文中に、

捨二国家珍宝、種々翫好、及御帯牙笏弓箭刀剣、兼書法楽器等一、入二東大寺一、供二‐養盧舎那仏、及諸仏菩薩一切賢聖一、

とあり、目録の部のはじめに、「献盧舎那仏」とあり、種々薬帳の巻首にも「奉盧舎那仏」とある。また両献物帳の巻末には、それぞれ次のような記載がある。

「右件、皆是
先帝翫弄之珍、内司供擬之物、追感疇昔、触目崩摧、謹以奉レ献二盧舎那仏一、伏願用二此善因一、奉レ資二冥助一、早遊二十聖一、普済二三途一、然後鳴二鑾花蔵之宮一、住二蹕涅槃之岸一」

「以前、安二‐置堂内一、供二‐養盧舎那仏一、若有下縁二病苦一可レ用者上、並知二僧綱一、後聴二充用一、伏願、服二此薬一者、万病悉除、千苦皆救、諸善成就、諸悪断却、自レ非二業道一、長無二夭折一、遂使命終之後、往二‐生花蔵世界一、面奉二盧舎那仏一、必欲レ証二‐得遍法界位一」

いずれも文中に「伏願」の文言があるから、願文と見てよいであろう。右に引いたように、これらにも「奉レ献二盧舎那仏一」「供二‐養盧舎那仏一」「面奉二盧舎那仏一」といった文言が見られる。従って、両献物帳の献納対象は、東大寺および盧舎那仏であることが明らかである。[21] それでは、孝謙天皇の勅によって「金光明等十八寺」に対する献納事業が発令され、それに基づいて東大寺など十八ヵ寺への献物帳が作成されたとするならば、両献物帳に奉勅および十八ヵ寺のことが明記されていないのはなぜであろうか。そこで、東大寺の有する特殊性を想起しなければならない。東大寺の盧舎那仏建立は、聖武天皇の発願によるが、皇太后の崩伝によれば、東大寺の創建はもと皇太后の勧めると

ころであったという。(22)即ち、東大寺および盧舎那仏は、鎮護国家のシンボルであるというだけでなく太上天皇と皇太后にとって因縁浅からぬものがあるという意味で、十八ヵ寺の中では特殊な位置にあると言えよう。従って、国家珍宝帳と種々薬帳には、特に東大寺と盧舎那仏を対象とする皇太后の願文が掲げられることになったのではなかろうか。即ち、十八ヵ寺に対する献物帳のうち東大寺には、皇太后の願文が掲げられ、法隆寺など他の十七ヵ寺には、孝謙天皇の願文が掲げられたのであろう。

ここで、献納事業の経過を推定するならば次のようになる。即ち、孝謙天皇の勅によって「金光明等十八寺」に対する献納事業が発令されると、事業の主力は、まず東大寺に対する献納品の選定および目録の作成に注がれ、皇太后の願文を掲げる六月二十一日付の国家珍宝帳と種々薬帳が作成された。次いで、他の十七ヵ寺への献納品の選定と目録の作成が行われ、七月八日の勅によって孝謙天皇の願文とともに実施が発令されると、即日法隆寺など十七ヵ寺に対する献物帳が作成されたのであろう。(23)献納事業の経過をこのように解するとき、法隆寺献物帳の願文に見える「謹献二金光明等十八寺一」という一見不自然な文言を、合理的に理解することができるであろう。以上の考察を踏まえ、前掲の木内武男氏の、東大寺献物帳と法隆寺献物帳の関係についての簡明にして正確なる解釈を全面的に支持したいと思う。

なお、七月八日勅にいう十八ヵ寺への献物帳のうち、現存するのは、国家珍宝帳、種々薬帳および法隆寺献物帳の三巻であるが、このほかに弘福寺献物帳の存在したことが、次に掲げる弘福寺領田畠流記の記載によって知られる。(24)

御帯等施入勅書一巻二枚踏内印勝宝八年

即ち、「勝宝八年」とあって、月日は明らかでないが、施入品目や文書の紙数が法隆寺献物帳に類似し、しかも内印の押捺されていたことが知られるから、法隆寺献物帳と同時に作成された献物帳と考えてよかろう。従って十八ヵ寺の中に弘福寺の含まれていたことが知られる。

さて、十八ヵ寺への献納がいったん完了した後、東大寺に対しては、さらに三回にわたって献物帳が作成された。即ち、屏風花氈帳、大小王真跡帳および藤原公真跡屏風帳である。第二節において検討したように、屏風花氈帳には願文の記載がないので、どのような趣旨の献納であるか明らかでないが、七月十七日の奉勅は、十八ヵ寺への献納が完了してから後のことであろうから、東大寺に対する追加献納と見てよいと思われる[25]。次の大小王真跡帳には、

右書法、是奕世之伝珍、
先帝之玩好、遺在二篋笥一、追感瞿然、謹以奉レ献二盧舎那仏一、伏願、以二此妙善一、奉レ翼二冥途一、高遊二方広之通衢一、
恒演二円伊之妙理一、

という願文があるので、追加献納であることが明らかである。次の藤原公真跡屏風帳は、皇太后がその父不比等の真跡屏風を献納するもので、次のような願文がある。

右件屏風書者、是先考正一位太上大臣藤原公之真跡也、妾之珍財、莫レ過二於此一、仰以奉レ献二盧舎那仏一、願因二
妙善一、奉レ薫二冥資一、早遊二花蔵之界一、恒対二芳閣之尊一、

即ち、献納の趣旨はやはり太上天皇の菩提を弔うことにあると解されるから、これも追加献納であろう。従って、これら三回にわたる献物帳は、十八ヵ寺への献納がひとまず完了した後を受け、東大寺および盧舎那仏に対して行われた追加献納と見るのが妥当だと思う。

ところで、本章では、勅の発令者は天皇であるという通念に従って論を進めてきたが、この献納事業には皇太后の意向が強く働いていると見られるから、改めて勅の発令者が誰であるかを確かめておく必要がある。そこで、追加献納のために作成された三巻の献物帳を比較すると、屏風花氈帳には文中に「今月十七日奉　勅」、大小王真跡帳には

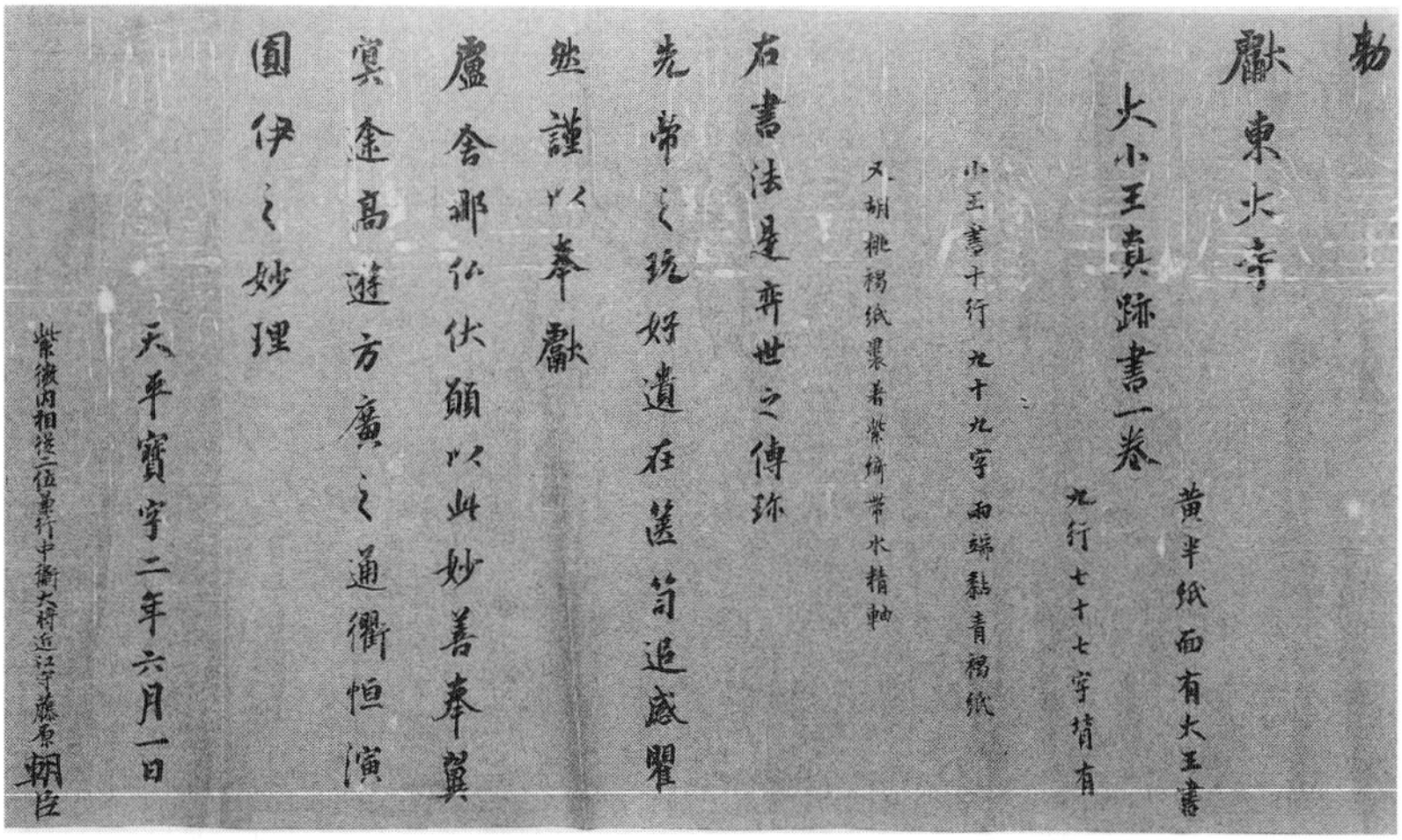

勅
獻東大寺
大小王真跡書一巻　黄半紙面有大王書
九行七十七字背有
小王書十行九十九字両端黏青褐紙
又紺桃褐紙裹着紫綺帯水精軸
右書法是奕世之傳珎
先帝之玩好遺在篋笥追感瞿
然謹以奉獻
盧舎那仏伏願以此妙善奉翼
冥途高遊方廣之通衢恒演
圓伊之妙理
天平寶字二年六月一日
紫微内相従二位兼行中衛大将近江守藤原朝臣

図5　大小王真跡帳（正倉院宝物）

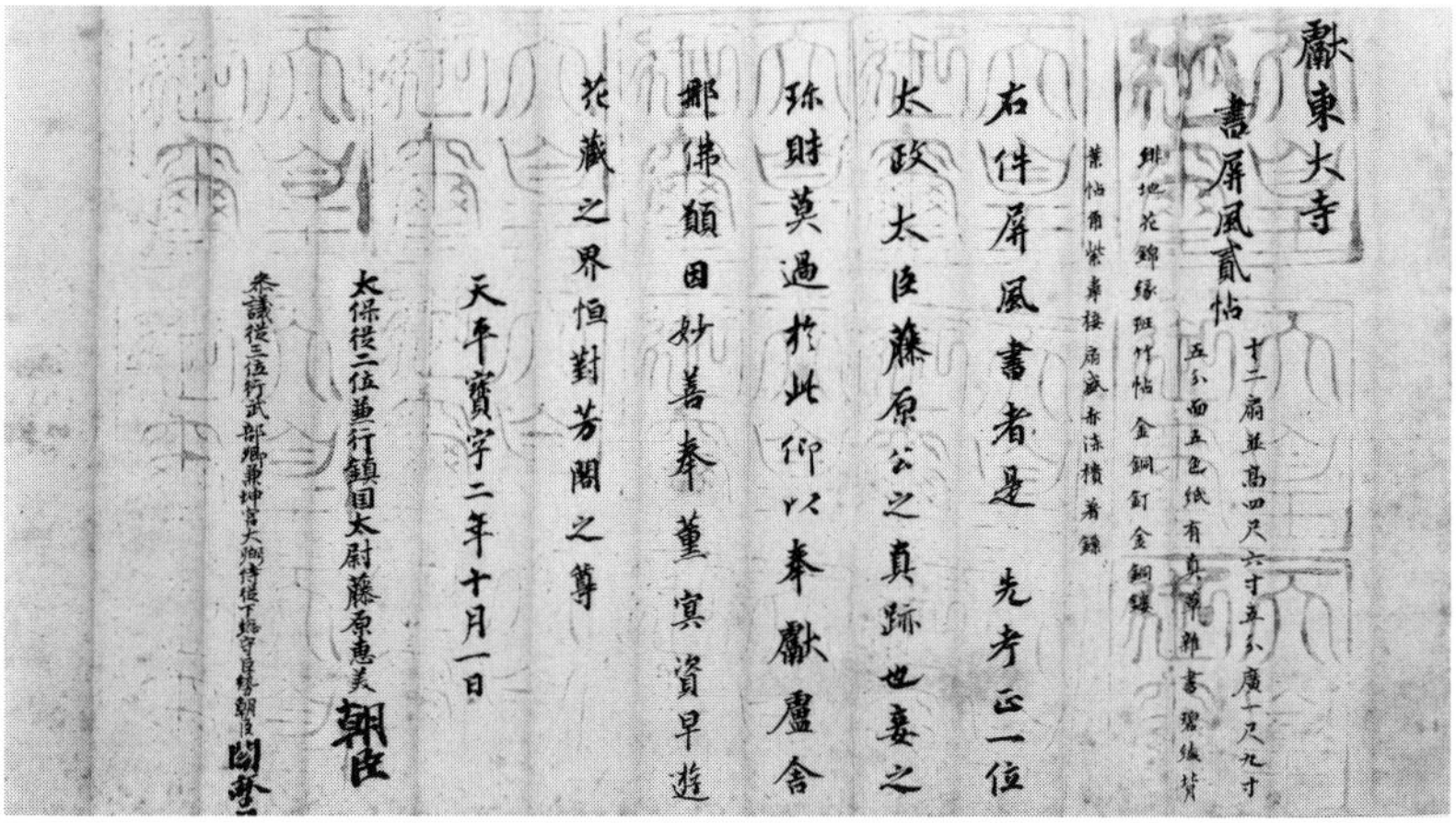

獻東大寺
書屏風貳帖　十二扇並高四尺六寸五分廣一尺九寸
五分両面五色紙有真草雜書碧縁背
緋地花錦縁斑竹帖金銅釘金銅鐶
紫帖角紫皐接扇面赤漆櫃着鏁
右件屏風書者是　先考正一位
太政太臣藤原公之真跡也妾之
珎財莫過於此仰以奉獻盧舎
那佛願因妙善奉薫冥資早遊
花蔵之界恒對芳閣之尊
天平寶字二年十月一日
太保従二位兼行鎮国太尉藤原恵美朝臣
参議従三位行武部卿兼坤宮大弼侍従下総守巨勢朝臣関

図6　藤原公真跡屏風帳（正倉院宝物）

巻頭に「勅」とあって、いずれも勅による献納であることが知られる。ところが、藤原公真跡屏風帳には「勅」の記載がなく、右掲の願文には、「先考」「妾」という文言が見えるから、これは皇太后の願文であることが明らかである。そうすると、屏風花氈帳や大小王真跡帳に記載されている勅は、孝謙天皇の勅であると考えるのが自然である。従って、勅の発令者は皇太后ではなく天皇であることが確認される。(26)

おわりに

(一)国家珍宝帳、種々薬帳、法隆寺献物帳、屏風花氈帳の各巻末には、紫微中台の官人の連署とともに、紫微中台に関係のない藤原永手の署名があるが、永手は侍従ないしは中務卿として署名を加えたことが明らかである。従って、国家珍宝帳、種々薬帳も、皇太后の意向とともに孝謙天皇の勅を奉じて作成されたと推定される。

(二)法隆寺献物帳は、「今月八日」の奉勅の当日作成され、屏風花氈帳は「今月十七日」の奉勅から九日を要して作成されており、両献物帳の作成所要日数には、著しい相違があるかに見える。しかし、前者に見える「今月八日」の勅は、願文を具した施行の勅であり、その時献納品の選定と目録の作成はすでに完了していたと考えられるから、従って、十八ヵ寺への献納事業はもっと前に発令されたと推定される。

(三)東大寺への献納が実施されてから後の、七月八日の日付を有する法隆寺献物帳の願文に、「謹献二金光明等十八寺一」と見えるところから、国家珍宝帳および種々薬帳による東大寺への献納と、法隆寺など十七ヵ寺に対する献納とは、一体の献納事業として計画され発令されたと解するのが自然である。従って、これに(一)(二)の推定を合わせ考えるならば、太上天皇の七七忌以前に、孝謙天皇の勅によって「金光明等十八寺」に対する献納事業が発令され、それに基づいて、国家珍宝帳および種々薬帳による東大寺への献納と、法隆寺などの十七ヵ寺への献納が順次実施されたと考えられる。

(四) 屛風花氈帳、大小王真跡帳および藤原公真跡屛風帳による献納は、十八ヵ寺への献納がひとまず完了した後、東大寺に対して行われた追加献納と見るのが妥当である。

(五) すでに先学によって指摘されているように、この一連の献納事業に皇太后の意向が強く働いていることを否定するものではないが、献物帳の作成手続きおよび事業の経過を検討すると、献納事業の発令は孝謙天皇皇太后合意のもとに、天皇の勅によって行われたと考えるのが自然であり、従って、この献納事業においても、律令天皇制の原則が強固に遵守されていたことを知ることができる。

【付　記】

(一) 本章の旧稿においては、孝謙天皇の勅による施入状として三通を取り上げたが、うち天平勝宝七歳十二月二十八日の「孝謙天皇東大寺領施入勅」(四―八四)については、丸山幸彦氏が偽文書とされ、明確な論拠を示されているので(「一〇世紀における庄園の形成と展開―東大寺領板蠅杣を中心に―」『史林』五六―六、一九七三年。後に『古代東大寺庄園の研究』溪水社、二〇〇一年に所収)、旧稿を本書に収載するに当って削除した。本書第三部第四章第一節「献物帳と紫微中台」においても同様である。

なお丸山氏は、「孝謙天皇東大寺宮宅田園施入勅」および「同天皇東大寺飛驒坂所施入勅書案」に関連しては、合わせて十二箇の庄・所が、天平勝宝八歳五月二十五日の勅に基づいて六月十二日に東大寺に施入されたと推定されている。そして同勅について、「同月の五月二日に聖武が没していることからみて、孝謙が聖武の意志による遺品の東大寺寄贈を命じた勅であることは間違いない。」とされている。丸山氏は、延喜二年（九〇二）太政官符案（『平安遺文』九―四五五一）が、「孝謙天皇東大寺宮宅田園施入勅」によって施入された「五條六坊園葛木寺以東」ほかを挙げ、「右得彼寺牒偁、件園地等是　勝宝感神聖武皇帝供養三宝料、永限日月所被施入也」と注記していることについて、「後世になってからではあるが、聖武（孝謙）勅施入がいわれており、天平勝宝八年勅施入庄・所とみてよい。」とされている（「天平勝宝八年六月勅施入庄・所群の性格と機能―水無瀬・難波・平城京南郊―」前掲書第二部第一章）。即ち丸山氏が指摘された、孝謙天皇の勅による東大寺への施入は、聖武太上天皇の意志によると解される史料の存在は、時代が下る史料であるとはいえ、施入・献納事業の契機を考える上において、注目すべきであろうと思う。

（二）東大寺献物帳をはじめ曝涼帳、出納帳など、北倉関係の文書については、『正倉院宝物　三　北倉Ⅲ』（毎日新聞社、一九九五年）に写真版と解説が収められている。また、関根真隆「献物帳の諸問題」（『正倉院年報』一、一九七九年）は、珍宝帳と法隆寺献物帳の関連、献納の歴史的背景、宝物の鏡に付随する題箋による献物帳の作成過程等を論じており、北啓太「献物帳管見」（『正倉院紀要』三〇、二〇〇八年）は、献物帳の願文および献納品の配列等から、献納の意義を論じている。杉本一樹「献物帳の書」（『日本古代文書の研究』吉川弘文館、二〇〇一年）、および「光明皇后と正倉院宝物―「除物」に関する断章」（『論集光明皇后―奈良時代の福祉と文化―』東大寺、二〇一一年）は、献物帳の書法、および同帳の「除物」と東大寺金堂鎮壇具との関係等を論じ、米田雄介「覚書　東大寺献物帳（一）―正倉院宝物の原簿―」（『古代文化』六〇―一、二〇〇八年、以下続刊中）は、正倉院の諸問題を研究史とともに網羅的に論じている。

本章において、「金光明等十八寺」への献納事業は、太上天皇の七七忌以前に発令された可能性を想定したが、ここで法隆寺献物帳の勅の文言「献金光明等十八寺」について、若干補足しておきたいと思う。

法隆寺献物帳の七月八日が、奉勅によって献納が実施された日付であるとすれば、献納事業の発令や献納品の選定作業は、七月八日以前にさかのぼることが想定される。そうであるならば、国家珍宝帳と法隆寺献物帳等十七ヵ寺への献納品の選定等は、一体の事業として行われた可能性があるのではなかろうか。法隆寺献物帳に「献金光明等十八寺」とあって、金光明等十八ヵ寺に国家珍宝帳・種々薬帳による献納が含まれると見られることは、献納品の選定をはじめとして、両者が一体の事業として行われたことを物語っているように思われる。

また、法隆寺献物帳の勅において、東大寺が「金光明寺」と表記されているのは、追善供養と国分寺の造営が、関連する事業として行われたことによると思われる。『続日本紀』によると、天平勝宝八歳六月壬辰（十日）の詔は、諸国国分寺の仏像、金堂等を、翌年の太上天皇の忌日までに完成させるよう、造営事業を督励している[27]。また、天平十三年二月十四日の国分寺建立の勅や、同十九年十一月己卯の詔には、国分寺の寺地として、好処あるいは勝地を選定すべきことが命じられているが[28]、東大寺山堺四至図には、

　　奉勅

　東大寺図依此図定山堺但三笠山不入此堺

　　　天平勝宝八歳六月九日定堺為寺領地

　　大僧都良弁　（以下署名略）

とあって[29]、勅による寺領地の策定が、太上天皇の七七忌までに行われたことを示している。即ち、太上天皇崩後の孝謙天皇の詔・勅によると、太上天皇の追善供養と国分寺の造営が、関連する事業として進められており、そのゆ

えに、法隆寺献物帳の勅において、東大寺が「金光明寺」と表記されたのではないかと思われる。

一方、奉勅のことが見えない国家珍宝帳、種々薬帳に見られる「入東大寺」「献盧舎那仏」「奉盧舎那仏」等の表記、および国家珍宝帳冒頭の皇太后の願文には、孝謙天皇の勅に見られる「献金光明等十八寺」とは異なる皇太后の立場が示されているように思われる。

即ち一連の献物帳に関しては、当時の律令国家における、天皇の国家的な立場と、皇太后の内廷的な立場が表明されていると考えることができるのではないかと思う。

注

(1)『大日本古文書』収載の巻数と頁数を〔 〕に入れて次に掲げる。なお、以下『大日本古文書』の引用は〔 〕で示す。国家珍宝帳〔四―一二一〜一七一〕、種々薬帳〔四―一七一〜一七五〕、屛風花氈帳〔四―一七七〜一七九〕、大小王真跡帳〔二五―二二九〕、藤原公真跡屛風帳〔四―二三七〕、法隆寺献物帳〔四―一七六〜一七七〕。また、『寧楽遺文　中』四三三〜四五九頁にも、これらの献物帳が収録されている。

(2) 拙稿史料解説『書の日本史　一』平凡社、一九七五年、二四一頁。関根真隆「献物帳」『日本古文書学講座　二』雄山閣、一九七八年、一九九頁。

(3)『新訂増補国史大系第二巻　続日本紀』二一五頁。

(4) 同、六五頁。

(5)『図説日本文化史大系　三』(小学館、一九六五年、二三頁)の、福山敏男作図・解説の「平城京図」による。

(6)〔二―六一八〕。

(7)『新訂増補国史大系第四巻　日本三代実録』一四二頁。

(8)『同第二四巻　令集解　後篇』七八三〜四頁。

(9)『同第二二巻　令義解』三二頁。

（10）前掲『書の日本史　一』二四一、二四三、二四五頁参照。なお、国家珍宝帳と種々薬帳に中務卿の肩書が見えない理由について、井上薫氏は、道祖王の後永手が任ずるまでの間、六月二十一日には中務卿は欠員であったと考えておられる（「国家珍宝帳の願文三題」『日本美術全集　五　天平の美術　正倉院』別冊、学習研究社、一九七八年）。

（11）なぜなら「奉今月○日勅」という表現は、次の例のように数日前の奉勅を言うのが普通だからである。このような例は枚挙にいとまない。

太政官符

応㆔諸司無㆑故不㆑上者放㆓還本貫㆒事

右奉㆓今月五日勅㆒、……

天平勝宝四年十一月十六日（『新訂増補国史大系第二五巻　類聚三代格』三三九頁）。

（12）〔七―一七六〕〔九―五一三〕。

（13）一般に勅は、公式令勅旨式条に定めるような公式のものから、口勅と呼ばれる略式のものまで、幅の広い形式を有する。ここに言う、十八ヵ寺への献納事業を発令した勅は、正式の勅書である献物帳（後に本文で述べるように弘福寺田畠流記は、同寺献物帳を勅書と呼んでいる）の作成作業の開始を命じた、天皇の内意としての勅である。

（14）ここで、献物帳と類似の性格を有する、寺院への施入状の作成手続きを検討しておきたい。取り上げるのは、『大日本古文書』所収の「聖武天皇施入勅願文」〔三―二四〇～二四一〕、『寧楽遺文　中』四五九～四六〇頁。「孝謙天皇東大寺宮宅田園施入勅」〔四―一一八～一一九〕、「同天皇東大寺飛騨坂所施入勅書案」〔二五―二〇〇～二〇一〕の、三通の施入状である。まず「聖武天皇施入勅願文」の要点を次に掲げる。

□

絁伍佰匹　綿壱仟屯　布壱仟端

稲壱拾万斤　墾田地壱伯町

以前、捧上件物、以花厳経為本、一切大乗小乗経律論抄疏章等、必為転読講説、悉令尽竟、遠限日月、窮未来際、敬納彼寺、永為学分、依此発願、太上天皇沙弥勝満、諸仏擁護、法薬熏質、（中略）共出塵城《（ママ）》、早登覚岸、

天平感宝元年閏五月廿日

「勅（別筆）」
奉勅　正一位行左大臣兼大宰師橘宿禰「諸兄」
　　右大臣従二位藤原朝臣「豊成」
　　大僧都法師「行信」

この文書は巻首の充所が欠損しているが、『古京遺文』によると大安寺に充てたものであるという。従って、冒頭に「大安寺」という施入対象寺院名が記載されていたことになる。続いて「絁伍伯匹……墾田地壱伯町」なる施入物件と、「以前……早登覚岸」の長文の願文が記載され、天平感宝元年（七四九）閏五月二十日の日付があり、日付の次に「勅」という宸筆のサインと、奉勅の連署がある。「勅」のサインは、聖武天皇宸筆の雑集の中に出てくる「勅」の字に酷似しているから、同太上天皇の宸筆のサインと見てまちがいあるまい。なお、この太上天皇の語は、譲位の時期をめぐる問題を含んでいるが、今は史料に見えるところに従っておく。そして、日付の後に「勅」のサインが加えられていることから、このサインは施入状作成の最後の段階において書き込まれたものであることが明らかである。なお、この時の施入については、『続日本紀』天平感宝元年閏五月癸丑（二十）条に、次のような記事が見える。

　詔捨二大安、薬師、元興、興福、東大五寺、各絁五百疋、綿一千屯、布一千端、稲一十万束、墾田地一百町一、……崇福、香山薬師、建興、法花四寺、各絁二百疋、布四百端、綿一千屯、稲一十万束、墾田地一百町、因発二御願一曰、以二花厳経一為レ本、……共成二仏道一、

即ち、施入の対象となった一二ヵ寺と、それぞれに対する施入物件を掲げ、続いて右掲の施入状とほぼ同文の願文を掲げている。従って、この時の施入は一二ヵ寺に対して行われたことが知られる。そして、『大日本古文書』は、この時の施入状として薬師寺宛のものを収録しているが〔三―二四二～二四三〕、これも天平感宝元年閏五月二十日付である。『大日本古文書』は、この施入状は鎌倉時代の写しであるとの注記を付しているが、日付に誤りがないとすれば、一二ヵ寺の施入状の日付は、すべて同一であったことを思わせる。もし同一であったとすると、同日付の施入状一二通が作成され、施入状作成の最後の段階で奉勅が行われ、宸筆のサインが書き加えられたことになる。

　ところで、施入状を作成するためには、少なくとも施入対象となる寺院名、施入物件、それに願文が確定していなければならない。そして、太上天皇による施入であれば、これらは太上天皇の勅によって発令されると考えるのが自然であろう。従って私は、

はじめに施入を発令する太上天皇の勅があり、それを受けて施入状の作成が行われ、最後の段階で改めて勅を奉じ、宸筆のサインが書き加えられたものと思う。即ち、この施入状の場合、文面には宸筆のサインしか見られないが、実際にはそれ以前に施入を発令する勅があったはずであり、従って、施入状の作成にともなう奉勅は少なくとも二回にわたって行われたと考えられる。ただし、一回目の勅は、注(13)で考えたように作業の開始を命じた太上天皇の内意としての勅であると考えるのが妥当と思う。

次に、残る二通の施入状である。これらは、『大日本古文書』によると内印は押捺されていないようであり、史料としての信憑性を確かめる必要があるが、今は取り敢えず『大日本古文書』の掲載するところによって、施入状としての作成手続きを検討しておきたい。a考謙天皇東大寺宮宅田園施入勅は、左京所在の園・地・倉を、b同天皇東大寺飛騨坂所施入勅書案は、大和国高市郡飛騨坂所の地・田・屋・倉を、それぞれ東大寺に施入するもので、いずれも奉勅が五月二十五日で、施入状の日付が六月十二日であるから、奉勅から施入状の作成までに十七日を要していることになる。従って、これら施入状の文中に見える五月二十五日の勅は、施入対象寺院、施入物件等を指示した勅であり、施入状の六月十二日という日付は、施入状の作成が完了し施入を実施した日であると考えるのが妥当であろう。よって、これら二通の施入状の場合、奉勅は一回だけであったと考えてよさそうである。

表2　献物帳の用紙および筆跡

献物帳名	縦（cm）	色・質	同筆
国家珍宝帳	二五・八～九	白麻紙	◎
種々薬帳	二五・九	同右	
法隆寺献物帳	二七・八	縹色麻紙	◎
屏風花氈帳	二七・二	同右	
大小王真跡帳	二七・四	碧麻紙	○
藤原公真跡屏風帳	二八・四	白麻紙	○

(15) 坂元正典「法隆寺献物帳」『ミュージアム』一六〇、一九六四年。
(16)『書道全集　九』平凡社、一九五四年、一六二～一六三頁。
(17) 木内武男「法隆寺献納宝物法隆寺献物帳」『ミュージアム』二五七、一九七二年、四頁。関根真隆前掲、一九九～二〇〇頁。
(18) 私もかつて堀江知彦氏の見解を踏襲し、法隆寺献物帳は屏風花氈帳と関連する献物帳であると解説したが（前掲『書の日本史一』二四四～二四五頁）、以下本文で述べるように、法隆寺献物帳の作成手続きを検討した結果、この献納事業は七月八日以前に発令されたと考えるに至ったので、右の解説のうち法隆寺献物帳に言及した部分は、小稿において訂正する。
(19) 献物帳の用紙の縦の寸法と、紙の色・質および筆跡を、『正倉院の書蹟』（日本経済新聞社、一九六四年）および木内武男前掲論文によって表示すると表2の通りである。

表2に明らかなように、国家珍宝帳・種々薬帳と法隆寺献物帳とは、紙の寸法、色ともに全く異なるが、互いに関連する献物帳であると考えることを妨げないと思う。また筆跡については、国家珍宝帳と法隆寺献宝帳は同筆と見られているが、同時に作成されたと考えられる国家珍宝帳と種々薬帳がすでに異筆なのであるから、同筆であることは、直ちに関連する献物帳であることの証拠とはならない。紫微中台には何人かの書写生がいたはずであるから、同筆の献物帳が遺存する可能性は十分にあると言える。大小王真跡帳と藤原公真跡屏風帳とが同筆であることについても、同様に考えるべきであろう。

(20)前掲『続日本紀』二二三頁。

(21)前掲『続日本紀』天平二年四月辛未条に、皇后宮職に施薬院を設置した記事が見えるが(一二二頁)、このことは皇太后が早くから施薬事業に積極的であったことを示しており、種々薬帳の願文が皇太后の意向によって作成されたことを示唆している。

(22)前掲『続日本紀』二七一頁。

(23)由水常雄氏は、国家珍宝帳に「勅」の文字がないのに内印が押されているのは不審であるという問題を提起されたが(『正倉院の謎』徳間書店、一九七七年、四二~五〇頁)、本章で明らかにしたように、一連の献納事業は孝謙天皇の勅によって発令されたと考えれば、問題は解消するのではなかろうか。

(24)〔二三―六二四〕。

(25)和田軍一『正倉院』創元社、一九五五年、一五頁。

(26)由水常雄前掲、四二~四四頁。関根真隆前掲、一九九頁。

(27)前掲『続日本紀』二二六頁。

(28)『新訂増補国史大系第二五巻 類聚三代格』一〇七~一〇八頁。前掲『続日本紀』一九三~一九四頁。

(29)松嶋順正『正倉院宝物銘文集成』吉川弘文館、一九七八年、九一頁。

第二章　東大寺献物帳と検珍財帳

はじめに

東大寺双倉のうち北倉納物に関する文書としては、天平勝宝八歳（七五六）六月二十一日（国家珍宝帳、種々薬帳）、同歳七月二十六日（屛風花氈帳）、天平宝字二年（七五八）六月一日（大小王真跡帳）、同年十月一日（藤原公真跡屛風帳）の五巻の献物帳、延暦六年（七八七）・同十二年・弘仁二年（八一一）・斉衡三年（八五六）の四巻の曝涼帳、福山敏男氏の復元された双倉北継文と双倉北雑物出用帳が現存する。(1)本章では、現存しないけれども延暦六年以後の曝涼帳の基本となった検珍財帳なる帳簿について、その成立の時期と性格を検討してみたいと思う。

一　献物帳の付箋

国家珍宝帳と屛風花氈帳には、大小合わせて八八枚の付箋が貼付されている。これらの付箋の多くは、献物帳に記載されている品々の品名・数量・品質・法量・重量・容器などを補足あるいは訂正するものであるが、いずれも献物帳と現物を対照してはじめて貼付することのできる付箋であると思われる。八八枚の付箋のうち一一枚は朱書、他は墨書であり、筆跡はすべてが同筆であるとは認められないようである。(2)従って直ちにこれらの付箋がすべて同時に貼付されたものであると断ずることはできない。しかし付箋の貼付が献物帳のほぼ全体にわたっていることから、大部分の付箋は北倉納物についての全面的な検定が行われた際に貼付された可能性が大きいのではないかと思われる(3)。

さて出用帳には、出納年月日や出納責任者の署名とともに、出納された品目・数量が記載されている。出用帳の記載によれば、天応元年（七八一）八月十二日出蔵の、書法廿巻の注記に、「其装具及紙行数詳於献入帳」と見えるように(4)、出納品目を出用帳に記載するにあたって、献物帳を参照したことは言うまでもなかろう。従って、付箋による献物帳の記載の補足・訂正は出用帳に反映しているはずである。そこで出納された品名・数量について、出用帳と献物帳（付箋を含む）の記載を比較し表示してみよう(5)。合不の欄には、両者の合致するものに○、品目の表現に相異はあっても実質的には合致すると思われるものに△、合致しないものに×、合致するかどうか不明のものに?を付す。なお献物帳の付箋は〈　〉で示すことにする。

さて、出用帳と献物帳の記載が相異する品目について、単なる表現の相異であるか、それとも実質的な相異であるか、そして実質的な相異については両帳のうちのいずれに不備があるのかを検討しよう。

はじめに、天平勝宝九歳に出蔵された沙金と天平宝字八年に出蔵された検定文一巻が献物帳に記載されていないことに触れておきたい。沙金は延暦六年帳に「銅鉢四口元盛沙金、今空」とあるように(6)、もと銅鉢四口に盛られていたが、天平勝宝九歳に沙金が出蔵され、銅鉢だけが北倉に残されたのであろう。ところで延暦六年帳は、国家珍宝帳（天平勝宝八歳六月二十一日）の品々、種々薬帳（同歳月日）の薬物、銅鉢四口、屏風花氈帳（天平勝宝八歳七月二十六日）の品々、大刀子一口・人勝二枚、大小王真蹟帳（天平宝字二年六月一日）および藤原公真蹟屏風帳（天平宝字二年十月一日）の品々のように、北倉所蔵物のすべてを献納の順序に従って列記しているのが特徴である。大刀子一口・人勝二枚については、斉衡三年帳に天平宝字元年閏八月二十四日の献物であることが明記されている(7)。延暦六年帳を

表1　出用帳と献物帳

出納年月日	出用帳	献物帳	合不
天平勝宝九・正・二一出蔵	沙金弐千壱拾陸両	（記載なし）	／
天平宝字三・四・二九出蔵	花氈陸拾柒枚	花氈陸拾床	×
（出蔵帳）天平宝字三・一二・二六出蔵	金鏤宝剣弐口 一口名次田 一口名大小咋	〈除物〉横刀一口 頭又以鉄約、其上以金鏤鉄上、眼及抦鞘尾以鉄裹、金鏤之、但帯執用銀作以金鏤之	△
		〈除物〉黒作懸佩刀一口	×
	陽宝剣壱口	〈除物〉陽宝剣一口	○
	陰宝剣壱口	〈除物〉陰宝剣一口	○
	銀荘御大刀壱口	銀荘唐様大刀一口または銀荘高麗様大刀二口のうちの一口か	△
	封箱壱合 平城宮御宇　後太上天皇礼聘藤原皇后之日相贈信幣物	〈除物〉平城宮御宇　後太上天皇礼聘藤原皇后之日相贈信幣之物一箱封	○
	犀角奩壱合	〈除物〉犀角奩一合	○
	納物　純金念珠一具　白銀念珠一具　瑪瑙念珠一具　水精念珠二具　琥魄念珠二具　真珠念珠一具　紫瑠璃念珠二具　碧瑠璃念珠一具	納物　純金念珠一具　白銀念珠一具　瑪瑙念珠一具　水精念珠一具　琥魄念珠一具　真珠念珠一具　紫琉璃念珠一具	×
天平宝字五・三・二九出蔵	犀角六斤十三両并袋	犀角一袋 重六斤十三両并袋	○
天平宝字六・一二・一四出蔵	欧陽詢真跡屛風壱具拾弐扇 並高四尺八寸半　広一尺七寸半納黄絁袋二口	屛風一具十二扇 並高四尺八寸半　広一尺七寸半　歌陽詢真跡	○
天平宝字八・九・一一出蔵	御大刀肆拾捌口	（御大刀四十八口）	○

天平宝字八・一〇・一三出蔵	黒作大刀肆拾口	黒作大刀四十口	○
	御弓壱伯参枝 梓八十四枝　槻六枝　阿恵一枝　檀九枝　肥美一枝　蘇芳一枝　水牛角弓一枝	御弓壱百張 梓八十四張　槻六張　阿恵一張　檀八張　肥美一張 別色御弓参張 蘇芳御弓一張　水牛純角御弓一張　小檀御弓一張	○
	甲壱伯領　短甲十領 桂甲九十領	短甲十具	○
		桂甲九十領 〈除物〉一領	×
	鞆参具　納矢二百冊隻 背琴柒鞆壱具　納矢五十隻	烏漆鞆一具納箭五十隻 赤漆桐木鞆一具納箭五十隻 烏漆鞆一具納箭冊隻 烏漆鞆一具外形作東琴納箭五十隻	鞆○ 矢×
	胡禄玖拾陸具　各納矢	胡禄九十六具	○
	納櫃弐拾弐合 弓櫃五合　韓櫃十六合　矢櫃一合	櫃二合（大刀）四合〈以上納第五櫃〉 （弓）四合（胡禄）十一合（甲）	○
	検定文壱巻　第一	（記載なし）	／
神護景雲四・五・九出蔵	屏風参幉　二幉薄墨馬形 一幉散楽形	素画夜遊屏風一具両畳十二扇か　大唐勤政楼前観楽図屏風六扇か	△　？
宝亀三・八・二八返納	屏風参幉　二幉薄墨馬形 一幉散楽形	（同右）	△　？

宝亀九・五・一八出蔵	螺鈿紫檀琵琶一面 緑地画捍撥　納紫綾袋 浅緑臈纈裏紅牙撥鏤撥	螺鈿紫檀琵琶一面 緑地画捍撥　納紫綾袋　浅緑臈纈裏 〈紅牙撥鏤撥〉	○
	紫檀琵琶一面 緑地画捍撥　納紫綾袋 緋綾裏	紫檀琵琶一面 緑地画捍撥　納紫綾袋 緋綾裏	○
天応元・八・一二出蔵	大小王真跡書一巻 黄紙半帳　表裏書　両端黏青褐紙 納白葛莒一合	大小王真跡書一巻 黄半紙　面有大王書九行七十七字背有小王書十行九十九字両端黏青褐紙又胡桃褐紙褁着紫綺帯水精軸	○
	書法廿巻 納平脱箱一合其装具及紙行数詳於献入帳	書法廿巻（各巻の書名・注記は略す） 右並納銀平脱箱	○
	時々御製書四巻 其装具及紙行数詳於献入帳 納白黒葛莒一合	（御書四巻） 並納白葛箱	×
天応元・八・一八返納	雑集一巻 白麻紙紫檀軸紫羅褾綺帯 右平城宮御宇後太上天皇御書	雑集一巻 白麻紙紫檀軸　紫羅褾綺帯 右平城宮御宇後太上天皇御書	○
	孝経一巻 麻紙　瑪瑙軸滅紫紙褾綺帯 右平城宮御宇中太上天皇御書	孝経一巻 麻紙瑪瑙軸滅紫紙褾綺帯 右平城宮御宇中太上天皇御書	○
	頭陁寺碑文幷楽毅論杜家立成一巻 麻紙紫檀軸紫羅褾綺帯	〈楽毅論〉 頭陁寺碑文幷杜家立成一巻 麻紙紫檀軸紫羅褾綺帯	○
	楽毅論一巻 白麻紙瑪瑙軸紫紙褾綺帯 右二巻皇太后御書	楽毅論一巻 白麻紙瑪瑙軸紫紙褾綺帯 右二巻皇太后御書	○
	裛衣香二袋　一重六両二分 一重十一両一分	裛衣香二袋　一重六両二分 一重十一両二分	×　○

	右並納白葛箱	並納白葛箱	○
	書法壱拾弐巻 同羲之草書巻第二 五十三行	同羲之草書巻第二 五十行	×
	同羲之書巻第五十一 紫檀軸	同羲之書巻第五十一 〈紫檀軸〉	○
	裹衣香三袋 一袋小一斤七両一分　一袋小十三両 一袋八両二分	裹衣香三袋 一袋小一斤七両一分　一袋小一斤十三両　一袋八両二分	×
天応二・二・二二返納	大小王真跡書壱巻 黄半紙面有大王書九行七十七字背有小王書十行九十九字両端黏青褐紙□水精軸	（前掲）	○
延暦三・三・二九返納	羲之書法捌巻 一巻卅六行	同羲之草書巻第七 卌六行白紙	×

みると、大刀子一口・人勝二枚は、天平勝宝八歳七月二十六日献納の青斑鎮石十廷と天平宝字二年六月一日献納の大小王真跡書一巻の間に記載されており、延暦六年帳が献納の順序に記載されていることの証拠となる。銅鉢四口については、献納の日付を明記した史料は残されていないけれども、延暦六年帳をみると、天平勝宝八歳六月二十一日献納薬物の最後の冶葛と、同歳七月二十六日献納の屛風二帖との間に記されているから、この一ヵ月余りの間に献納された可能性がある。沙金の出用は天平勝宝九歳正月であるから、このように考えて献納と出用の前後関係にも矛盾は生じない。従って、沙金・銅鉢が現存五巻の献物帳に記載されていないのは現存献物帳の中間で献納されたからである。また検定文は、献納後のある時期に収蔵物の検定を行った際作成された文書であろうから、献物帳には記載さるべくもない。従って沙金と検定文とは、出用帳と献物帳の記載を比較する材料とはならない。

花　氈

出用帳によると六七枚出蔵されているが、献物帳によれば献納花氈は六〇床しかない。延暦六年帳にも「花氈六十七枚」とあるから、(8)出用帳の単純な誤記とは思われない。実際に北倉に収蔵されていた花氈は六七枚であったと考えられる。ところで花氈六七枚のうち六〇枚は天平勝宝八歳七月二十六日に献納されたが、七枚はそれ以前にすでに北倉に収蔵されていたという可能性はあるだろうか。そのようなことは考えにくい。即ちすでに述べたように延暦六年帳は献納の順序に従って記載されているのであるが、花氈六七枚は天平勝宝八歳七月二十六日献納の品々の中に記載されており、従って花氈六七枚は同年月日に献納されたと考えるべきであろう。六〇枚とあるのは、献物帳の記載の不備であると考えられる。

大　刀

出蔵帳によると天平宝字三年十二月二十六日に大刀五口が出蔵されている。ところで献物帳には一〇〇口の大刀のうち四口に〈除物〉の付箋がある。私は天平宝字三年に出蔵された五口のうち、四口は除物であり一口は通常の出用であったと考えてみたい。そもそも除物とは盧舎那仏への献納物から除外することを意味するのに対し、出用とは献納物を正倉から出蔵・使用することを意味し返納され得るのであって、両者は全く次元を異にする概念である。従って同じ出蔵であっても両者は明確に区別されていたものと思われる。

延暦六年帳の大刀の条は次のように記されている。(9)

御大刀九十六口（内訳は省略する）

勘倉出帳

天平宝字三年十二月廿六日出一口

天平宝字八年九月十一日附安寛法師進内裏八十八口
欠⑽五口
右宝亀七年九月廿一日勅使（官位姓名は省略する）所勘定
見二口並杖刀

即ち延暦六年帳所引の倉出帳＝出用帳によれば、天平宝字三年に出蔵されたのは一口だけである。しかし、延暦六年帳冒頭の献納大刀の総数は九六口となっているから、除物の四口は献納品からすでに除外されていることがわかる。即ち延暦六年帳は、天平宝字三年に出蔵された大刀五口のうち、除物の四口と出用の一口を明確に区別しているのである。このように考えるならば、天平宝字三年除物の四口、出用の一口、天平宝字八年出用の八八口、宝亀七年（七七六）勘定の時までに失われた五口、延暦六年現存の杖刀二口を合わせると一〇〇口となって、献物帳記載の大刀の総数と一致する。

ただし天平宝字三年に一口出用されたことが、出用帳に記載されていなければならない。現存する出用帳にはそのような記載は見えないのであるが、松島順正氏の御教示によってマイクロフィルムを検すると、天平宝字三年四月二十九日の花氈の出用記事と、天平宝字五年三月二十九日の薬物の出用記事の間が、第三紙と第四紙の継目にあたっており、しかも継目の第三紙側に字画の一部かと見られる墨痕が残っているので、第三紙と第四紙の間に欠失部分のあるらしいことがわかる。従って天平宝字三年十二月二十六日の大刀一口の出用は、この欠失部分に記載されていた可能性がある。

さて、以上のように大刀の数量に関する限り献物帳所載以外の大刀は北倉には存在しなかったこと、天平宝字三年出蔵の大刀五口のうち四口は、献物帳に〈除物〉の付箋のある四口に相当することを確認したうえで、出蔵帳と献物帳の記載を比較しよう。

天平宝字三年出蔵の五口のうち銀荘御大刀一口は、献物帳所載の銀荘唐様大刀一口または銀荘高麗様大刀二口のうちのいずれか一口に相当すると考えて大過あるまい。献物帳には〈除物〉の付箋がないから、これが出用の一口であろう。陽宝剣一口と陰宝剣一口は、献物帳に〈除物〉の付箋のある同名称の二口に相当しよう。問題は金鏤宝剣二口であるが、これらは献物帳に〈除物〉の付箋のある横刀一口と黒作懸佩刀一口に相当するはずのものである。献物帳によれば、横刀一口は藤原不比等家の宴において不比等が首皇子に贈った品であり、黒作縣佩刀一口は草壁皇子―不比等―文武天皇―不比等―聖武天皇と伝来した品である。(11) いずれも藤原氏特に不比等と天皇家との密接な関係を物語る品であり、従って祖先顕彰に意を用いた仲麻呂全盛の時代において、これらの由緒ある大刀を宝剣として献物から除外・出蔵することはあり得ることであろう。(12) 従ってこれら二口が出蔵帳において宝剣と記されているのも故なしとしない。ところで献物帳の注記によると、横刀一口は把頭・眼・扼・鞘尾・帯執に金鏤が施されているから、(13) 出蔵帳記載の金鏤宝剣一口と、表現は異なるけれども実質的には合致すると認めてよいのでなかろうか。しかし黒作懸佩刀一口は、献物帳の注記によれば「木把陰浾樺纒」であり、金鏤と称すべき装飾は施されていない。(14) 従って金鏤宝剣のうちの一口は、献物帳所載の黒作懸佩刀一口と比べると、宝剣と称すべき由緒は認められるが、品質が相異するから出蔵帳と献物帳のいずれかの記載に不備があると考えざるを得ない。

念　珠

出蔵帳によると、天平宝字三年に一一具が出蔵されている。ところが献物帳所載の念珠は七具しかない。従って実際に北倉に収蔵されていたのは一一具であり、献物帳には記載漏れのあることが想定される。果たして延暦十二年、弘仁二年の両帳には、水精・琥魄・紫琉璃・紺琉璃の念珠各一具合わせて四具が記載されており、(15) 献物帳所載の七具にこれら四具を加えると、品種・数量ともまさに出蔵帳記載の一一具に合致する。従って北倉に収蔵されていたのは一一具であり、天平宝字三年にそのすべてが出蔵されたと考えられる。ただし延暦十二年、弘仁二年両帳に四具が姿を見せるのはなぜであろうか。献物帳所載の七具には〈除物〉の付箋があるから、天平宝字三年に出蔵された一一具のうち、七具は除物であり四具は出用であり、出用された四具は現在出用帳が欠失している延暦三年以後十二年までの間に返納されたため、延暦十二年帳以後に姿をあらわしたとでも考えられようか。いずれにしても北倉に一一具の念珠が納められていたことはまちがいないと思われるから、七具しか記載していないのは献物帳の不備であろう。

挂甲・矢

出用帳によると天平宝字八年九月十一日に桂甲九〇領が出蔵されたことになっているが、献物帳には九〇領のうちの一領に〈除物〉の付箋があるので、天平宝字八年に北倉に実在したのは八九領であろう。延暦六年帳にもこの時出蔵された桂甲は八九領とある。

また出用帳には靫三具とともに二四〇隻の矢が出蔵されたことになっているが、献物帳によれば靫三具に納められている箭は一四〇隻である。他の靫および胡禄に納められている箭は一具につき九〜五〇隻であるから靫三具に納められていた箭は一四〇隻であろう。従って桂甲と矢の数量については出用帳の記載に不備があると考えられる。

屏風

出用帳によると神護景雲四年（七七〇）に薄墨馬形二帖・散楽形一帖が出蔵され、宝亀三年に返納されている。これら三帖と同名称の屏風は献物帳に見えない。しかし出用帳によると弘仁五年に出蔵された屏風三六帖の中に「散楽一帖高六尺緑綾袋」があり、(16)献物帳によると高六尺で緑綾帨に納められた屏風は国図屏風六扇と大唐勤政楼前観楽図屏風六扇であるが、「散楽」と「観楽」という画題の共通性からみて、散楽形は献物帳所載の後者に相当するとみられる。[17]従って出用帳記載の散楽形と献物帳記載の大唐勤政楼前観楽図とは、表現を異にするけれども実質的には合致すると考えてよかろう。

薄墨馬形二帖は技法的には墨画とみられ、献物帳所載の昇風のうち白画とみられるのは素画夜遊二帖だけであるから[18]これに相当する可能性があるが、「馬形」と「夜遊」とが同一の画題を意味するかどうか明らかでないので両者が合致するかどうかは不明としておきたい。

白葛箱・裛衣香・書法

出用帳では、天応元年八月十二日出蔵の御書四巻は「白黒葛莒」に納められているが、献物帳によればこれは、「白葛箱」である。しかし出用帳によると同月十八日の返納の時には「白葛箱」と記されているから、「白黒葛莒」というのは明らかに出用帳の誤記である。また天応元年八月十八日返納の御書四巻付属の裛衣香二袋のうち一袋は、出用帳によると「十一両一分」、献物帳によると「十一両二分」、書法二二巻のうち巻第二は、出用帳によると「五十三行」、献物帳によると「五十行」、同書法付属の裛衣香三袋のうち一袋は、出用帳によると「十三両」、献物帳によると「一斤十三両」、延暦三年三月二十九日返納の書法八巻のうち一巻は、出用帳によると「卌六行」、献物帳によると「卌六行」という相異があるが、これらもおそらく出用帳の誤脱とみて大過あるまい。[19]

次に、出用帳と献物帳の記載が合致する品目のなかには、献物帳に貼付された付箋の記載までそのまま出用帳に記されているものがあることに注目したい。出用帳によると、天平宝字八年九月十一日出蔵の武器は櫃二二合に納められており、出用帳の注記に「弓櫃五合」とある。献物帳をみると、第一櫃から第四櫃までは本文に、〈以上納第五櫃〉は付箋によって補足されている。従って出用帳の「弓櫃五合」の注記は献物帳のこの付箋をも参照して記された可能性がある。また宝亀九年五月十八日出蔵の螺鈿紫檀琵琶一面の注記のなかの「紅牙撥鏤撥」、天応元年八月十八日返納の頭陁寺碑文幷「楽毅論」杜家立成一巻、書法一二巻のうち巻第五十一の注記「紫檀軸」は、いずれも献物帳では付箋に記されている。このように出用帳の天平宝字八年九月十一日以後の記載のなかには、献物帳の付箋が反映しているとみられるのである。

なお天平宝字八年九月十一日には、黒作大刀四〇口・弓一〇三張・桂甲八九領・靫と胡禄一〇〇具が出蔵されている。献物帳をみると、黒作大刀四〇口に〈見无袋〉の付箋があり、また弓一〇三張のうち五張、靫と胡禄一〇〇具のうち八具、桂甲八九領のうち九領に、数量・品質・法量を訂正する付箋が貼付されている。これらの武器は、出用帳や曝涼帳によると返納された形跡がないから、大島義脩氏が指摘されたように[20]、これら二七枚の付箋（付箋総数の三一％）は、天平宝字八年九月十一日以前に貼付されたものであることが明らかである。

以上検討したところによれば、献物帳の記載に不備が認められるのは、天平宝字三年十二月までに出蔵された花氈と念珠である（天平宝字三年十二月出蔵の金鏤宝剣一口については両帳のいずれかに記載の不備があるとみられる）。そして花氈と念珠についての献物帳の記載が、付箋によって訂正されていないのは、付箋の貼付が花氈と念珠が出蔵された後において行われたからであろうと思われる。従って献物帳の付箋が貼付されたのは、天平宝字三年十二月二十六日以後、おおむね天平宝字四年以後であると考えられる。

天平宝字三年十二月以後については、薄墨馬形屏風のようになお検討を要するものを除けば、おおむね献物帳の記載には不備が認められないように思う。しかも付箋による献物帳の補正・訂正が、天平宝字八年九月以後の出用帳に反映していること、また献物帳の付箋の三一％にあたる武器についての付箋は、天平宝字八年九月以前に貼付されたものであることが明らかなので、付箋の大部分が貼付されたのは天平宝字八年九月以前であると考えられる。よって私は、天平宝字四年から同八年九月までのある時期に北倉納物の全面的な検定が行われ、その時に献物帳の付箋の大

部分が貼付されたものと推定する。(21)

二　検珍財帳

延暦六年帳の作成方針について同帳の巻末に次のように記されている。(22)

即以㆓検珍財帳㆒為㆑本、時有㆓疑似㆒引㆓献物帳㆒改正、亦依㆓出帳㆒定㆑数、

即ち延暦六年帳の作成にあたっては、検珍財帳を基本的な典拠とし、疑義ある場合には献物帳を引いて改訂し、また出用帳によって出用数量を定めたという意味である。延暦六年帳のうち薬物の条は、六〇種の薬物の各々について、元来の数量、用（出用した数量）、欠あるいは損（欠失あるいは損耗した数量）、見（現存する数量）を記載しているが、延暦六年帳の元来の数量と献物帳の数量とを比較すると、両者の一致するもの二一種（三五％）、相異するもの三九種（六五％）である。このように延暦六年帳の記載のうち献物帳と相異する部分は、延暦六年帳の巻末に記されている通り、検珍財帳によった部分であろう。(23)

延暦六年帳に、

蔗糖六斤六両 幷埦 消尽空埦 勘献物帳二斤十二両三分、未㆑審㆓依㆑何増㆒㆑数、

とあることによって(24)、明らかに延暦六年帳は献物帳とは異なる検珍財帳の数値に依拠していることが知られるとともに、検珍財帳の作成は献物帳以後であることが確かめられる。もし検珍財帳が献物帳より先に作成されていたとすれば、ここは「減数」となければならないからである。

ところで蔗糖以外に献物帳の引用を明記した個所は見当らない。しかし冶葛について、

冶葛卅二斤并壺今勘定卅五斤二両一分

用三斤三両（中略）見卅一斤十五両一分

とあるのは、(25) 出用量と現存量を合わせると検珍財帳の数量を越えるという不合理を生ずるため、「今勘定……」という注記を加えたものである。献物帳所載の冶葛は、検珍財帳と同じく三二斤なので、ここで献物帳の引用は行わなかったらしいが、もし献物帳の数量が三五斤二両一分以上であったならば、献物帳によって検珍財帳の数量を改訂したのではなかろうか。私は延暦六年帳と献物帳の数量が一致する二一種のなかには、このような理由によって検珍財帳の数量を献物帳によって改訂したものが含まれているのではないかと思う。これが、「時有疑似引献物帳改正」に相当するのであろう。

出用帳の延暦六年以前の部分を見ると、天平勝宝八歳十月から天応元年八月まで延べ四八種の薬物が出用されているが、これを延暦六年帳の記載と比べると、天平宝字五年三月二十九日出用の犀角一袋の重量および同年月日に甘草・大黄・人参を出蔵することを命令した宣者が両帳において相異すること、宝亀十年十二月六日の冶葛四両の出用が延暦六年帳に脱落していることを除けば、両帳はきわめてよく一致するから延暦六年帳が出用帳を引用していることは確かであろう。従って延暦六年帳巻末の記載は、同帳作成の方針を適確に表現したものであると言える。そして薬物の六五％が数量において献物帳と異なることを見れば、検珍財帳という名称の通り、現物を検定したうえで作成された帳簿であることは明らかであろう。また延暦六年帳の記載がすべての品々に及んでいることからみて、検珍財帳もまた納物のすべてを網羅していたことが想定される。

さて薬物を手懸りに検珍財帳が作成された時期を検討しよう。

犀角一袋

延暦六年帳によれば犀角一袋の重量は六斤一三両二分であり、献物帳および出用帳によれば六斤一三両であるからわずかの相異がある。(26) 延暦六年帳に記載されている数値はかなり正確であると思われるから、(27) 犀角一袋の重量のわずかな相異も単なる誤記とは断じ難い。むしろ延暦六年帳が、献物帳あるいは出用帳の数値に拠ったのではなく、検珍財帳の数値をそのまま引いた証拠であると考えるのが妥当ではなかろうか。出用帳によれば、犀角一袋は天平宝字五年三月二十九日に内裏へ献ぜられているから、犀角一袋の検定が可能なのは同年月日以前ということになる。

甘草・大黄・人参

延暦六年帳の甘草の条を次に掲げよう。(28)

甘草九百十七斤六両毎櫃无袋、□(不)顕納数、依今所有為勘
　十七櫃依左大臣宣、充造寺司、准計三百廿五斤
　十八櫃二百八十四斤十両二分
　十九櫃二百九十六斤十両二分
用三百廿五斤
見五百八十一斤五両虫喫中品又虫　矢(失カ)　十一斤一両并袋

はじめに総重量、次に各櫃毎の重量、続いて出用並びに現存の重量を記載している。さて、薬袋が残っておればその袋題によって各袋毎の元来の重量を知ることができる。しかし甘草については注記にある通り薬袋が残っていなかったため、総重量のほかは延暦六年における現存量によって延暦六年帳を作成せざるを得なかった。即ち一八、一九櫃については、いずれも元来の重量や欠・損の記載はなく、ただ延暦六年に検定した重量が記載されているだけである。

ところで一七櫃は左大臣の宣によって造寺司充に出蔵されているが、注目すべきは出蔵量を知るべき資料が残されていなかったらしいことである。やむをえず延暦六年帳は准計（＝計算）によって一七櫃の甘草の重量を推定した。前掲一七櫃の注に「准計三百廿五斤」とあるのがそれである。これは一八、一九および虫塵の重量を合計し、総重量から減じた数値である。

さて、献物帳に見える甘草の総量は九六〇斤であるから、延暦六年帳の総量はこれより四二斤一〇両少ない。従って延暦六年帳の総量は献物帳を引用したものでないことが明らかであるから、検珍財帳に拠ったものと思われる。なぜなら出蔵された一七櫃の重量が不明なのであるから、延暦六年帳作成の時点において一七、一八、一九櫃の重量を合計することによって総量を算出することは不可能だからである。従って総量は検珍財帳の数値をそのまま引用したものとみるべきであろう。そうすると検珍財帳作成にともなう総量の検定が可能なのは、一七櫃の出蔵以前ということになる。ただ問題となるのは検珍財帳の総量が献物帳のそれより四二斤一〇両減少していることである。もし一七櫃に納められていた甘草が四二斤一〇両であったとしたら、総量の検定は一七櫃の出蔵以後と考えなければならないのであるが、推定される一七櫃の甘草の重量は三六七斤一〇両であるから、(29)総量の検定は、一七櫃の出蔵以前と考えなければならない。

大黄の条は、はじめに総量「九六三斤一二両并袋」、次に一二、一四櫃について各袋毎の重量、最後に用・損・見それぞれの合計が記載されている。そして一三櫃については「依左大臣宣、充造寺司、不顕袋数、但准計三二八斤四両」と注記されている。(30)

さて献物帳に記されている大黄の総量は九九一斤八両である。延暦六年帳の総量はこれより二七斤一二両少ないという相異があるから、検珍財帳によった数値と考えられる。なお一二櫃、一四櫃の各袋毎の元来の重量は、延暦六年に現存したと思われる薬袋の袋題によったのであろう。だから出蔵されて現存しない一三櫃については「不顕袋数」と注記したのである。出蔵された一三櫃の大黄の重量は三五六斤と推定されるから、総量における二七斤一二両の減少は一三櫃の出蔵に原因するものではない。従って検珍財帳作成にともなう総量の検定は、一三櫃の出蔵以前に行われたと考えてよかろう。

人参の条は、はじめに総量、続いて九、一〇櫃の各袋毎の重量、一一櫃についての「依左大臣宣充造寺司、不顕袋数、但准計七十三斤十二両」の注記、最後に用・損・見の合計を記す(31)。人参の総量は献物帳記載の重量より六斤一一両少ないから、やはり検珍財帳を引用した数値であると考えてよかろう。出蔵された一一櫃の重量を推定すると一四〇斤七両となり、献物帳と検珍財帳の重量の差六斤一一両よりはるかに大きい。従って検珍財帳作成にともなう総量の検定は一一櫃の出蔵以前であると考えられる。

以上の考察によって、甘草・大黄・人参についての総量の検定は、各一辛櫃が出蔵される以前であると考えてよかろう。

さて出用帳によると、天平宝字五年三月二十九日に高丘連枚麻呂の宣旨によって、甘草・大黄・人心・桂心が各一辛櫃ずつ中倉に遷置されており、注記に「已上病者施料遷置雙倉中間」とある。なお、これら四辛櫃に納められていた薬物の重量は、なぜか出用帳にも記載されていない(32)。出用帳に見えるこれら四辛櫃が、延暦六年帳に記載されている甘草の一七櫃、大黄の一三櫃、人参の一一櫃、桂心の三櫃に相当することはまちがいあるまい。

ところでここにやっかいな問題がある。これら四辛櫃は、出用帳によれば、高丘連枚麻呂の宣により病者施料として中倉に遷置したとあるのに対し、延暦六年帳には、桂心三櫃は高丘連枚麻呂の宣により造寺司に充てたとあり、甘草一七櫃・大黄一三櫃・人参一一櫃は左大臣の宣により造寺司に充てたとある。出用帳と延暦六年帳のこの相異はどのように考えればよいであろうか。

まず桂心三櫃から検討しよう。延暦六年帳の桂心の条を掲げる。(33)

桂心五百六十斤幷袋

三櫃依左大臣宣、出充造寺司幷施薬院、不顕袋数、但准計二百九十八斤、皆用、

四櫃納一袋八十一斤用五十三斤一両　見廿七斤十五両

五櫃納二袋一九十一斤　用十五斤十四両三分　見七十五斤一両一分　一九十斤　用四斤十二両三分　見八十五斤三両一分

用三百七十一斤十二両二分

一百斤依　御製充施薬院

一百五十斤依賀陽釆女宣充同院

一百十一斤十二両二分依同枚麻呂宣充造寺司

十斤依左大臣宣充同司

見一百八十八斤三両二分中品

出用帳によると桂心三櫃が中倉に遷置された後、天平宝字八年七月に桂心一五〇斤が賀陽釆女の宣によって施薬院にあてて出蔵されている。(34)もともと桂心は三、四、五櫃に納められていたのだから、天平宝字五年に三櫃が中倉に遷置された後、北倉に残ったのは四、五櫃である。そこで、天平宝字八年における一五〇斤の出蔵は北倉から行われたのだろうか、それとも北・中両倉から行われたのだろうか。延暦六年帳に記されている四櫃と五櫃からの出用量を合計すると七三斤一二両二分にすぎないから、一五〇斤の半分にも満たない。従って天平宝字八年には中倉の三櫃からも桂心が出蔵されたと考えなければならない。天平宝字八年は中倉の三櫃になにがしかの桂心が残存していたと考えら

れる。また現存する薬袋の中に「桂心八十一斤宝字八年七月廿七日勘之欠小二斤」という墨書を有するものがある。(35)この薬袋は八一斤という重量からみて、北倉に納められていた桂心四櫃の薬袋であることがわかり、しかも勘定の年月日は一五〇斤が施薬院充に出蔵されたまさにその日である。この勘定は出蔵に際して行われたものであると思われるから、桂心が北倉からも出蔵された証拠となるのではなかろうか。そもそも中倉の三櫃は病者施料なのであるから、施薬院充とあればまずこの三櫃から出蔵されてしかるべきであろう。ところが北倉からも出蔵されているのは、中倉三櫃に残っていた桂心だけでは一五〇斤にならなかったため、北倉の桂心が合わせて出蔵されたのではないかと思う。このように考えることができるならば、天平宝字五年三月に中倉に遷置された三櫃の桂心は、同八年七月までにすべて出蔵されたことになる。

さて延暦六年帳の桂心の条には「一一一斤一二両二分依同枚麻呂宣充造寺司」とある。ここに見える「枚麻呂宣」は、出用帳に記されているところの四辛櫃の薬物を中倉に遷置することを命じた高丘連枚麻呂の宣であろう。従って両帳の記載を統一的に理解するならば、天平宝字五年三月に中倉に遷置された三櫃の桂心のうち一一一斤一二両二分は、造寺司管理のもとに病者施料として必要に応じて出用され、残りのすべてが天平宝字八年七月に賀陽釆女の宣によって施薬院に充てられたと考えてもよいと思う。

次に甘草一七櫃、大黄一三櫃、人参一一櫃について検討しよう。これらは延暦六年帳に「依左大臣宣充造寺司」とある。天平宝字五年に高丘連枚麻呂の宣によって中倉に遷置された後、改めて左大臣の宣によって造寺司に充てられたと考える余地があるであろうか。天平宝字五年から延暦六年までの間に左大臣が在任したのは、天平神護二年（七六六）～宝亀二年（藤原永手）と、天応元年～延暦元年（藤原魚名）である。(36)しかし出用帳にはこれらの期間に甘草・大黄・人参が出用されたという記載はない。ただ、天応元年八月十八日に甘草・大黄の加わらない桂心・人参・芒消など七種類の薬物が左大臣の宣によって造寺司に充てられたという記載がある(37)。おそらく延暦六年帳は、この天応元年の出用の時に、北倉の薬物とともに中倉遷置の甘草・大黄・人参が出用されたと考えたのであろう。しかし出用帳によれば、天応元年出用の薬物の中には、甘草・大黄が含まれていないことに注意しなければならない。出用帳は北倉についての記録であるから、中倉からの出用は記録されなかったのであろうか。天平宝字八年に桂心一五〇斤が出蔵されたことは出用帳に記録されており、しかもこの一五〇斤には中倉遷置の桂心が含まれると推定されることは先に述べた通りである。従って天応元年にもし中倉からも薬物の出蔵があったとすれば、出用帳に記載されてしかるべきであろう。ところが出用帳の天応元年の条はそのようには記されていない。従って延暦六年帳が甘草・大黄・人参の三辛櫃について、いかにも天応元年に出用されたかの如く「依左大臣宣充造寺司」と記載するのは、延暦六年帳の付会であって事実とは認め難い。よってこれら三種類の薬物は、出用帳に記載されている限り天平宝字五年に中倉に遷置された後、桂心と同様に造寺司管理のもとに必要に応じて病者に施薬されたと考えてさしつかえなかろう。

それでは中倉に遷置された四辛櫃の薬物はいつ中倉から出用されたのであろうか。すでにみたように中倉からの桂心の出用は天平宝字八年が最後となったらしいが、病者への施薬はすでにそれ以前に行われていたとみられる。『続日本紀』天平宝字四年五月十九日条に「勅、如聞、頃者、疾疫流行、黎元飢苦、宜下天下高年、鰥寡孤独、癈疾及臥二疫病一者、量加中賑恤上」、同七年正月十五日条に「詔曰、如聞、去天平宝字五年、五穀不レ登、飢饉者衆、宜下其五年以前公私債負、貧窮不レ堪レ備二償公物一咸従中原免上」と見え(38)、これらの詔勅によって天平宝字四年から五年にかけての疫病と飢饉には深刻なものがあったことが知られる。天平宝字五年における「病者施料」としての四辛櫃の薬物の中倉遷置は、このような社会情勢を背景とする措置ではなかろうか。そのように考えることができれば、四辛櫃の薬物は中倉に遷置された後ほどなく病者に施薬されたと考えるのが自然であろう。従って甘草・大黄・人参についての総量の検定が可能なのは、中倉に遷置された天平宝字五年以前であると考えて大過あるまい。

以上、薬物のうち犀角一袋、甘草・大黄・人参が検定された時期を出用との関連で検討したところ、いずれも天平宝字五年以前という推定を得ることができたと思う。これら若干の薬物が検定された時期をもって検珍財帳成立の時期を推定することが許されるならば、天平勝宝八歳の献納以後天平宝字五年以前のある時期ということになる。

ところで先に触れたように出用帳に、

（天平宝字八年）十月十三日下検定文一巻第一　右九月十一日進㆓内裏㆒兵器為㆓比校㆒、進㆓内裏㆒如㆑件、

とある(39)。この検定文は北倉から出蔵された武器の確認に用いられたらしいが、「第一」とあるところから数巻からなる文書であったことが知られる。宝亀十一年の西大寺資財流記帳に「西大寺資財流記帳巻第一　惣四巻」とあるのもこの推定を助けよう(40)。従ってこの検定文の記載は武器だけでなく収蔵物の全体にわたっていたこと、そして延暦六年以後の曝涼帳がいずれも一巻であるのに比べると、この検定文の記載はより詳細であったことが推測される。この検定文が検珍財帳と同一物であったとすれば(41)、天平宝字八年に同帳が存在し実際に利用されていたことをうかがうことができよう。

さて献物帳の記載を付箋によって補正することと、検珍財帳を作成することとは、いずれも収蔵物の全面的な検定を前提とするところの相関連した作業であるとみることができる。そうであるならば、少なくとも付箋による献物帳の補正と検珍財帳の記載とは合致しなければならない。そこで表2によって、献物帳と、検珍財帳を典拠としたところの延暦六年帳とを比較してみよう。ただし延暦六年帳の記載は簡潔であり、また首部を欠失しているので、献物帳の付箋と比較できる部分はわずかである。

銅鉢四口、大刀子一口、人勝二枚は献物帳に見えないが、献物帳の脱記でないことはすでに述べたところである。

また献物帳の花氈六〇枚が付箋によって訂正されていないのは、すでに述べたように花氈の出蔵後に検定が行われたからであろうと思う。

鏡について最少のものの直径が献物帳と延暦六年帳とで異なるが、延暦十二年帳では献物帳と同じく「九寸」となっているから、「九寸二分」とあるのは延暦六年帳の誤記であると思われる。残る品目のうち全浅香の重量、屏風の名称については、いずれも献物帳の付箋と延暦六年帳とが合致する。ただ献物帳所載の薬物六〇種のうち三九種が検珍財帳（延暦六年帳）と数量を異にするのに、献物帳には一枚の付箋もない。あるいは頻繁に出用されまた自然に変量するという薬物の特殊性を考慮して、薬物の数量は付箋によって訂正しなかったのであろうか。

表2　献物帳および同付箋と延暦六年帳

献物帳	延暦六年帳
全浅香一材重大卅四斤 〈寺権秤定卅三斤五両〉	全浅香一材　重大卅三斤五両
御鏡貳拾面径二尺一寸七分～九寸	御鏡廿面径二尺一寸七分已下九寸二分已上
子女畫屏風六扇 〈可謂古様宮殿騎獦〉	一帖古様宮殿騎猟
麟鹿草木夾纈屏風十七畳 〈今検麟鹿草木十二畳鹿草木五畳〉	十二帖麟鹿草木夾纈 五帖鹿草□（木）夾纈
〈鳥木〉鷹鳥夾纈屏風一畳 〈鳥木〉鷹鳥夾纈屏風一畳	二帖鳥木夾纈
（薬物六十種）	（薬物六十種）
（記載なし）	銅鉢四口
花氈六十床	花氈六十七枚
（記載なし）	金薄綵絵木鞘大刀子一口
（〃）	人勝二枚

以上のように考えることができるならば、付箋による献物帳の補正と延暦六年帳とほぼ合致するとみることができ、従って付箋の貼付と検珍財帳の作成とが相関連して行われたことの一証となろう。私は献物帳に付箋が貼付されたのは天平宝字四年から同八年九月までの間、検珍財帳が作成されたのは天平勝宝八歳六月から天平宝字五年までの間と推定した。両者が関連した作業であったとすれば、それは天平

宝字四、五年の頃と推定される。(42)

ところですでに指摘されているように、草創期の正倉の管理には、紫微中台（天平宝字二年八月に坤宮官と改称）が大きな影響力をもっていたらしい。(43)即ち五巻の献物帳の巻末に紫微中台の官人が署名しており、また出用帳および出蔵帳によれば、天平宝字三年十二月まで紫微中台の官人が造東大寺司の官人らとともに出蔵に立会い署名しているからである。天平宝字四年六月の光明皇太后の崩御によって坤宮官は廃止された。(44)正倉への影響力が大きかっただけに、坤宮官の廃止は、正倉の管理体制に何らかの変動をもたらしたことが想定される。そのような管理体制の変動にともなって、献納後はじめて納物の全面的な検定が行われ検珍財帳が作成されたのではないかと考える。(45)

三　礼服礼冠目録断簡

検珍財帳そのものは現存しないけれども、その原形をうかがうに足る史料は残されていないであろうか。現存する礼服礼冠目録断簡については、すでに栗原治夫氏や和田軍一氏の詳細な研究があって、ほとんど解明し尽されていると言ってよい。(46)私は両氏の研究に導かれながら、両氏が直接言及されなかった目録と検珍財帳との関係について少しく検討してみたいと思う。

栗原氏はマイクロフィルムによって目録と斉衡三年帳を比較し、同筆であること、破損の状態が共通すること、斉衡三年帳の中間には挿入すべき箇所が見当らないことを確認され、目録は現在の斉衡三年帳で欠損している巻首部に挿入さるべきことを明らかにされた。さらに栗原氏は、斉衡三年帳における品目の記載が、献納の年次順に、そしてほぼ献物帳の記載順に忠実に従っていることに注目され、礼服礼冠が献納されたのは天平勝宝八歳六月二十一日もしくはそれ以前（開眼会以後）と推定された。まことに卓見であろうと思う。

和田氏は、延暦十二年、弘仁二年の両帳が礼服礼冠を種類別に掲げているのに対し、目録は着用者別に掲げているから、両帳から目録が生れるはずがなく、従って目録の祖形というべき着用者別の記録が延暦十二年以前に存在したことを推定され、目録の祖形とは献入の際に添えられた献入目録的性格のものであること、そして目録に記載されている「佐保太上天皇」「佐保皇太后」「高野（大行）天皇」という着用者の指称からみて、光仁朝献入の可能性があると推定された。和田氏はこのように推定されながらなお補注によって、「この推論において、解くのに困難を感じる一つの疑問がある。延暦六年曝涼帳と斉衡実録に礼服礼冠の記載が見えない理由を、いかにして解明できるかの問題である。献入の年序に従って宝物が書上げられている、この二つの曝涼記録は、首部を除いて尾部まで完存しており、礼服礼冠は、推定される献入年次から見て、その尾部に採録されてある筈であるのに、そのことのないのは、いかように説明すればよいのであろうか。余程特殊の事情を考えなければなるまい。」と述べられ、延暦六年、斉衡三年両帳の記載順に注目すべきことを示唆された。

以上のような栗原氏の推定と和田氏の補注による示唆とに従い、礼服礼冠が献納された時期については、延暦六年と斉衡三年両帳の記載順が現存する最も有力な史料であり、献納は天平勝宝八歳六月二十一日もしくはそれ以前と考えたい。

和田氏は目録に記されている着用者の欠損部分を「佐保太上天皇」「佐保皇太后」「高野（大行）天皇」と復元され、目録の祖形となった文書が書かれたのは、称徳天皇が高野山陵に葬られた宝亀元年八月以後であるとされた。高野天皇を崩後の指称とすることには、後に述べるように検討の余地があると思われるが、光明皇太后を佐保皇太后と指称していることから、少なくとも光明皇太后が佐保山陵に奉葬された天平宝字四年六月以後に書かれたことは確実である。従って、礼服礼冠の献納が天平勝宝八歳以前であるとすれば、同文書は献納品に添えられた献納目録ではなく、献納後において作成された何らかの文書であるということになる。延暦六年帳に「記書五巻一珍宝記一種々薬記一書屛風幷氈等記一書屛風記一大小王真跡記」とあるように、(47)収蔵されていた献物帳は五巻だけであって、礼服礼冠についての献物帳は存在しなかったらしいこともこの推定を助けるように思われる。なお栗原氏は、珍宝帳の第一紙と第二紙の間に切断された痕跡があることを発見され、この部分にもと礼服礼冠についての記載があったことを推定された。ただし栗原氏によれば、礼服礼冠についての部分は珍宝帳完成後ほどなく削除されたのではないかという。しかも和田氏が指摘されるように、珍宝帳は「平城宮御宇後太上天皇」「皇太后」「今上」という指称を用いており、目録とは称謂を異にするから、目録が珍宝帳を直接引用したとは考えがたい。

それでは目録が拠った文書は何であろうか。延暦六年帳が検珍財帳を基本的な典拠として作成されていることはすでに述べた。私は斉衡三年帳の作成においても、よるべき献物帳の存在しない礼服礼冠については、検珍財帳を典拠としたのではないかと思う。目録の記載は五巻の献物帳と同等もしくはそれ以上に詳細であるが、先に述べたように検珍財帳も数巻からなる詳細な内容の帳簿であるとすると、目録と検珍財帳とは記載の密度において共通するものがあるように思われる。また和田氏は珍宝帳と目録の記載形式を比較されて、珍宝帳では納器が複数である場合を除いては納器の数量を掲げていないのに対し、目録では「納赤漆八角小櫃一合」のように単数納器にも数を記しているという相異を明らかにされ、かつ珍宝帳御袈裟の条に〈惣納漆櫃一合〉とある付箋は本文とは区別すべきであることを指摘された。私は献物帳の付箋は検珍財帳の作成と関連して貼付されたと考えるので、わずかながらうかがうことのできる目録と付箋の、納器についての記載形式の一致は、目録が検珍財帳に基いて作成されていることの傍証となろうかと思う。

さて問題は目録に記されている着用者のうち「□天皇」をどう判読するかである。この欠失部分を補うべき文字は、和田氏が明らかにされたように、わずかな字画の残存状態からみて高野あるい大行とするのが妥当と思う。そしてどちらかといえば、普通名詞的な大行天皇より、『続日本紀』などで盛んに用いられている高野天皇の可能性が強いように思われる。ところで和田氏は、高野天皇の指称は高野山陵という陵所の名を冠したものであり、従って目録の祖形が書かれたのは、称徳天皇奉葬の宝亀元年八月以後であるとされた。たしかに『続日本紀』には「葬高野天皇於大和国添下郡佐貴郷高野山陵」とあり、山陵には鈴鹿王の旧宅があてられているのであるが(48)、そこを高野と呼んでいたかどうかは明らかでないから、高野山陵の名から高野天皇の称が生じたのか、あるいはその逆であるかはにわかには決め難い。

『扶桑略記』の天平宝字六年六月同天皇出家の条には「先帝高野娘」とあり(49)、貞観三年（八六一）六月十六日官符には「高野姫天皇天平宝字七年八月停㆓儀鳳暦㆒用㆓開元大衍暦㆒」とあり(50)、また帝王編年記の分注には同天皇の諱は「阿部或高野」とある(51)。従って同天皇の生前にすでに「高野」の名があった可能性もあろう。

そして天平宝字年間は、皇権が太上天皇と天皇に分裂し、事実上二人の天皇が存在したとも言える政治的状況にあったから(52)、太上天皇を諱によって高野天皇と称することもあり得ないことではないように思われる。『続日本紀』の天平宝字年間の記事に散見する「高野天皇及帝」といった表現も、あながち編者の追筆とのみ言いきれないものがあるのではなかろうか。高野天皇の称が必ずしも崩後に限らないとすると、目録の祖形は光明皇太后の崩後天平宝字四、五年頃に作成された検珍財帳であると考える余地があろうかと思う。

なお検討を要するけれども、以上の考察によって、目録は検珍財帳に基づいて作成されたという試論を提起してみたいと思う。

おわりに

本章において考察したところをまとめてむすびとしたい。

(一) 出用帳と献物帳を比較することによって、天平宝字三年十二月までに出蔵された品目については、献物帳の記載が付箋によって訂正されていないこと、天平宝字八年九月以後の出用帳の記載には、献物帳に貼付された付箋が反映していることなどが明らかとなり、従って付箋の多くが献物帳に貼付されたのは、天平宝字四年以後天平宝字八年九月以前と考えられる。

(二) 延暦六年帳は検珍財帳を基本として作成されているが、検珍財帳が作成された時期は、薬物のうちの若干が検定された時期から推して天平勝宝八歳六月以後天平宝字五年以前と考えられる。

(三) 付箋の貼付と検珍財帳の作成とが相関連して行われたとすれば、それは天平宝字四、五年の頃と推定され、献納後おそらくはじめての全面的な検定が行われたことの背景として、光明皇太后の崩御および坤宮官の廃止が考えられる。

(四) 出用帳の天平宝字八年十月の条に見える「検定文第一」が検珍財帳の一部であったとすれば、検珍財帳は数巻からなる、収蔵物についての網羅的な帳簿であったことがうかがわれる。

(五) 礼服礼冠目録断簡は、検珍財帳を直接の典拠として作成されたと考える余地がある。

【付　記】

礼服礼冠目録断簡と検珍財帳の関係について、若干の補足をしておきたいと思う。栗原治夫氏は、礼服礼冠目録断簡（二五附録—一三七〜一三九）は斉衡三年帳の欠失している巻首部であること（礼服礼冠目録断簡、斉衡三年帳ともに、写真版が『正倉院宝物　三　北倉Ⅲ』〈毎日新聞社、一九九五年〉に収録されている）、従って礼服礼冠の献納は天平勝宝八歳六月二十一日もしくはそれ以前（開眼会以後）であることを明らかにされ、また和田軍一氏の復元によれば、礼服礼冠目録断簡における表記は、「佐保太上天皇」「佐保皇太后」「高野天皇」または「大行天皇」である。両氏の明らかにされたところによれば、斉衡三年帳においては、「平城宮御宇後太上天皇」「皇太后」と、「佐保太上天皇」「佐保皇太后」の両様の表記が行われていたことになる。このことは、斉衡三年帳の表記は必ずしも統一されておらず、依拠する記録に従っていることを意味している。「平城宮御宇後太上天皇」「皇太后」は、国家珍宝帳に依拠していると考えられ、「佐保太上天皇」「佐保皇太后」は、検珍財帳に拠っている可能性があろうかと思う。なぜならば、栗原氏が明らかにされたように、礼服礼冠の献納が天平勝宝八歳六月二十一日もしくはそれ以前であるとすれば、献納目録に「佐保皇太后」等と記載されるはずはなく、従って、献納後に作成された記録である検珍財帳に拠っている可能性があると考えられるからである。そして私は、検珍財帳が作成されたのは、天平宝字四、五年頃と推定したが、礼服礼冠目録が検珍財帳に依拠して作成されたとするならば、礼服礼冠目録断簡に「佐保皇太后」とあることから、検珍財帳の成立は、皇太后が佐保山陵に葬られた、同四年六月癸卯（二十八日）より後であると推定される。

ところで高野天皇について、生前の称号である可能性があると考えたが、通説に従い、山陵による称号であるとするならば、次のような想定も可能であろう。即ち、皇太后の崩後、検珍財帳に礼服礼冠が記載された時には、「佐保太上天皇」「佐保皇太后」、そして「太上天皇」とあったが、延暦六年帳作成の際に、同帳の作成方針「以検珍財帳為本」に従い、検珍財帳に依拠するとともに、「佐保太上天皇」「佐保皇太后」に合わせて、「太上天皇」が「高野天皇」に書き改められ、それが斉衡三年帳に踏襲された可能性も考えられよう。

また私の父柳宏吉は「高野天皇の称号」（『日本歴史』三三三、一九七六年）において、西大寺蔵伽藍古図（『奈良六大寺大観　一四』）により、西大寺付近の高野の地に高野天皇の生前の山御殿が存在したと考えられること、『続日本紀』に見える高野天皇の称号が追筆であるとすれば、本来太上天皇とあったのを書き直したことになるが、なぜ高野天皇だけ書き直したのか理由が見い出せない等のことから、高野天皇は生前の称とするのが自然であるとの見解を提起した。「高野天皇」については、なお今後の検討に待ちたいと思う。

注

（1）献物帳五巻は、『大日本古文書』編年文書四および二五に収録。曝涼帳四巻は二五附録に収録。双倉北継文・双倉北雑物出用帳（以下、継文・出用帳と略称する場合がある）については、福山敏男「東大寺の諸倉と正倉院宝庫」『美術研究』一六六、一九五二年（修正して『日本建築史研究』墨水書房、一九六八年所収）の復元による。出用帳のうち主として本章で考察する部分は、福山氏の復元によれば次の通りである。

天平勝宝八歳十月三日―天平宝字三年四月二十九日〔四―一八七～一九〇〕
天平宝字三年十二月二十六日〔四―三九三～三九六〕
天平宝字五年三月二十九日―延暦三年三月二十九日〔四―一九〇～二〇五〕（以下省略）

ただし天平宝字三年十二月二十六日の断簡は、マイクロフィルムによると、出用帳に見られる縦横の界線が見られない。出用帳には出用と返納だけが記されているのに同断簡には除物と出用の品目がともに記されている。署名の順序が出用帳と異なるなどの特徴があるので、出用帳とは系統を異にする帳簿の一部であると思われる。従って出用帳と区別して、現在の表題（マイクロフィルム）により出蔵帳と呼ぶことにする。

（2）マイクロフィルムによると、朱書の付箋はほぼ同筆と見られる。墨書の付箋にもいくつか同筆のグループがあると見られるが、すべて同筆とは認め難い。

（3）大島義脩氏は、朱書の付箋は献納当初かまたは献納直後につけられたもの、墨書の付箋はその後天平宝字八年九月多量の武器が出蔵されるまでに付せられたものとしておられる（大島義脩「正倉院御物屛風に就いて」『寧楽一五　続正倉院史論』一九三二年）。

（4）〔四―一九九〕。

（5）出用帳、献物帳ともに比較に必要な部分のみを抄出した。薬物の出用は頻繁であるが、献物帳所蔵の数量と比較可能な全量出用の場合のみを掲げ、他は省略した。

（6）〔二五附録―三二〕。

（7）〔二五附録―一一三〕。

（8）前掲注（6）。

（9）〔二五附録―一一～一三〕。

（10）松島順正「献物帳所蔵の御物と現存品について」（『書陵部紀要』七、一九五六年、一〇七～一〇八頁）により「欠」の字を補った。

（11）〔四―一三八～一三九〕。

（12）坂本太郎氏は、仲麻呂が養老律令を施行したのは、祖父不比等の功業を顕彰して藤原氏の威勢を高めようとしたからであるとされる（「養老律令の施行について」『史学雑誌』四七―八、一九三六年）。

（13）前掲注（11）

（14）同右。

（15）〔二五附録―三五、四一、七一〕。

（16）〔二五附録―六一〕。

（17）原田淑人氏は、大唐勤政楼前観楽図屛風は玄宗の誕生日である千秋節に勤政楼前で行われる舞楽雑戯を観ている図様であろうと想像しておられる（「千秋宴楽考」『東亜古文化研究』座右宝刊行会、一九四〇年）。

(18) 素画が白画であることについては、松下隆章「献物帳屛風について」（正倉院事務所編『正倉院の絵画』日本経済新聞社、一九六八年、一四六頁）による。
(19) 後に述べるように、天平宝字八年九月以前に付箋が貼付されたとすると、それによって献物帳の誤脱はおおむね訂正されているとみられる。
(20) 大島義脩前掲、一～二頁。
(21) 福山敏男氏も、「宝字三年十二月―八年九月の間に加えられた付箋」と言われるが、その根拠は明らかにしておられない（前掲書、三六八頁）。
(22) 〔二五附録―三二〕。
(23) 延暦六年帳が、献物帳とは記載内容を異にする検珍財帳を基本台帳としていることについては、すでに栗原治夫氏の指摘がある（「正倉院曝涼と四通の曝涼目録」『大和文化研究』一二―一、一九六七年、一三～一四頁）。
(24) 〔二五附録―二七〕。
(25) 〔二五附録―三〇～三一〕。
(26) 〔二五附録―一五頁〕〔四―一七二、一九〇〕。
(27) 薬物六〇条のうち、総量とともに用、欠・損、見あるいは各櫃各袋毎の重量の記載のある四三条について計算してみると、数値に誤脱があると思われるのは、宍縦容、無食子、芫花、人参、大黄、芒消の六条にすぎない。
(28) 〔二五附録―二六〕。
(29) 献物帳の重量から、一八、一九櫃および虫失の重量の合計を減じた数値である。以下に述べる大黄一三櫃、人参一一櫃の重量の推定も同様の計算による。
(30) 〔二五附録―二五～二六〕。
(31) 〔二五附録―二四～二五〕。
(32) 〔四―一九一～一九二〕。
(33) 〔二五附録―二三～二四〕。
(34) 〔四―一九三～一九四〕。

(35)松島順正「正倉院古裂銘文集成」『書陵部紀要』三附録、一九五三年、二一頁。
(36)『新訂増補国史大系第五三巻　公卿補任　第一篇』四七〜五二、六一〜六二頁。
(37)〔四─二〇二〜二〇三〕。
(38)『新訂増補国史大系第二巻　続日本紀』二七一、二九二頁。
(39)〔四─一九五〜一九六〕。
(40)『寧楽遺文　中巻』三九五頁。
(41)福山敏男氏は、この検定文は検珍財帳そのもの、もしくはその一部と考えておられる(前掲、三七一〜三七二頁)。
(42)福山氏は、出用帳の天平宝字三年三月二十五日の条に検財使として市原王以下五人の名が出ており、その前後の使者より多人数であるところから、検定文＝検珍財帳はその時に作られた可能性があるとされたが(前掲、三七二頁)、確かにその可能性も否定できない。
(43)瀧川政次郎「紫微中台考」『法制史研究』四、一九五四年。『法制史論叢四　律令諸制及び令外官の研究』角川書店、一九六七年。
(44)瀧川氏は、坤宮官は天平宝字五年五月まで史料に所見があり、廃止は一周忌を終えた後の天平宝字五年秋頃と推定される(前掲)。
(45)管理権の坤宮官から内裏への移動などが考えられる。
(46)礼服礼冠目録断簡は、〔二五附録─一三七〜一三九〕。栗原治夫「正倉院蔵礼服礼冠と国家珍宝帳」『書陵部紀要』二一、一九七〇年。和田軍一「正倉院蔵礼服礼冠目録断簡考」『日本歴史』二七九、一九七一年。以下、引用する両氏の所論はこれらの論文による。なお同目録断簡は本章では目録と略称する。
(47)〔二五附録─三二一〕。
(48)前掲『続日本紀』三八〇頁。
(49)『新訂増補国史大系第一二巻　扶桑略記』一〇四頁。
(50)『同第二五巻　類聚三代格』五三五頁。なお、この史料は孝謙天皇が譲位後においても事実上天皇としての政治的地位にあったことを暗示するか。
(51)『同第一二巻　帝王編年紀』一五九頁。
(52)北山茂夫『日本古代政治史の研究』岩波書店、一九五九年、三五五〜三五八頁。

第三章　正倉院宝物の出納

一　正倉院北倉の出納関係文書

正倉院の北倉には、収蔵物に直接関係のある文書として一七巻の文書が伝えられている。(1) 即ち献物帳として国家珍宝帳など五巻、曝涼帳として延暦六年（七八七）、同十二年、弘仁二年（八一一）、斉衡三年（八五六）の四巻、および斉衡三年帳の断簡であることが明らかにされている礼服礼冠目録断簡一巻がある。また、北倉収蔵物の出納を記録した文書として双倉北継文、(2) 沙金桂心請文、双倉北物用帳、(3) 双倉雑物下帳、(4) 御物納目散帳、王羲之書法返納文書、出蔵帳の七巻である。うち、双倉北物用帳と双倉雑物下帳は連続する帳簿であり、前者の内題により、「双倉北雑物出用帳」とも称する。本節では、論題に掲げたように、主として北倉収蔵物の出納を記録した文書について考えてみたいと思う。

ところで、これら出納関係文書については、すでに福山敏男氏の復元案がある。福山氏は錯簡のある七巻の出納関係文書を整理され、双倉北継文と双倉北物用帳・双倉雑物下帳の二系統の文書として復元された。ただし福山氏は主として『大日本古文書』によって復元したため、原本調査によって再検討する必要のあることを付記しておられる。私は昭和四十九年（一九七四）秋、これら出納関係文書の一部に接する機会に恵まれたので、福山氏の復元案を原本について確認するとともに、若干の知見を報告し、これら関係文書の整理を行いたいと思う。その上で、奈良時代から平安時代前期にかけての正倉院北倉の管理体制について、二、三の問題を考えてみたい。

1　出納関係文書の整理

福山敏男氏が、双倉北物用帳と双倉雑物下帳の性格について、「双倉の北の間の納物の出納を、原則としてその毎度に当事者が書き継いでいった文書で、今日の出納簿にあたる」と言われるのは、適切な説明であると思う。即ちこれらは出納が行われた際に、年月日・品名数量を記し、出納に立会った人々の署名を加えていった帳簿である。まずこの二帳についての福山氏の復元案を次に掲げ検討することにしたい。(5) ＡＢＣの符号は説明の便宜上私が付したものである。

Ａ天平勝宝八歳十月三日～天平宝字三年四月二十九日〔四―一八七～一九〇〕
Ｂ天平宝字三年十二月二十六日〔四―三九五～三九六〕
Ｃ天平宝字五年三月二十九日～延暦三年三月二十九日〔四―一九〇～二〇五〕
Ｄ延暦十八年十一月十一日～同二十一年十一月二十一日〔二五附録―二～三〕
Ｅ同二十二年正月二十三日（二五附録―四頁一行の次に、Ｆ七頁四行～八頁を接続する）
Ｇ同二十四年十一月十五日～大同元年九月七日（二五附録―四頁二行～五頁）
Ｈ弘仁四年二月九日〔二五附録―八六～八七〕
Ｉ同五年六月十七日（〔二五附録―八七〕。Ｊ〔二五附録―五九～六〇〕の文と重複する）
Ｋ同五年七月二十九日（〔二五附録―六〇～六二〕。Ｌ〔二五附録―九一～九二〕の文と重複する）
Ｍ同五年九月十七日～天長三年九月一日〔二五附録―六一～七一〕

N貞観二年八月十四日（二五附録―九三～九四）。O（二五附録―一一五～一一六）の断簡もこの時のものか）

さて現在の双倉北物用帳は、軸付の一紙に続いてAが二紙、Cが一〇紙で合計一三紙から成っている。原本を見ると全体に具注暦風の界線があり、またところどころ墨書が継ぎ目にかかっているなど、この双倉北物用帳はほぼ当初の接続のままと考えてよいと思う。ただしAとCの間には帳簿の一部に欠失した痕跡がある。福山氏はこのAとCの間に、現在別に出蔵帳と名付けられて残っているBを加えて復原された。しかしすでに前章で触れたように、Bには界線が全くなく、また内容にも異質なものがあるから双倉北物用帳の断簡ではなさそうである(6)。

本帳は出納のたびに書き継がれていった帳簿であるが、本帳とは別の延暦六年曝涼帳に、天平宝字三年十二月二十六日に大刀一口の出用されたことを記しているから、私はAとCの間にもと大刀一口出用のことが記されていたが、何らかの事情で失われたものと考えたい。またCの最後は、延暦三年三月二十九日条の羲之書法八巻の返納の記事で終わっているが、この条の末尾の署名の部分は欠損している。以上により双倉北物用帳は、天平宝字三年十二月二十六日に大刀一口出蔵のことを補うならば、天平勝宝八歳（七五六）十月から延暦三年三月までほぼ当初の記載が完存していることになる。

次にD以下の断簡の接続について検討を進めよう。D、E、F、Gは現在錯簡のまま双倉北継文に入っているが、福山氏の言われるように、記載形式からみていずれも年月日順出納簿の断簡である。まずDとEは一紙に書かれているから接続に問題はない。EとFの間は継ぎ目にあたっているが、筆跡の一致および破損の連続する状態からみて、接続することは明らかである。問題なのはFとGの接続である。Fは現在双倉北継文の巻末になっており、末尾には軸付けのための切り込みがあって、「雙倉北継文」の題箋を有する軸が貼付されている。しかしこの双倉北継文の巻末には、天保七年（一八三六）の修理の時に手が加えられた形跡があるから、その時この軸がFの末尾に貼付された

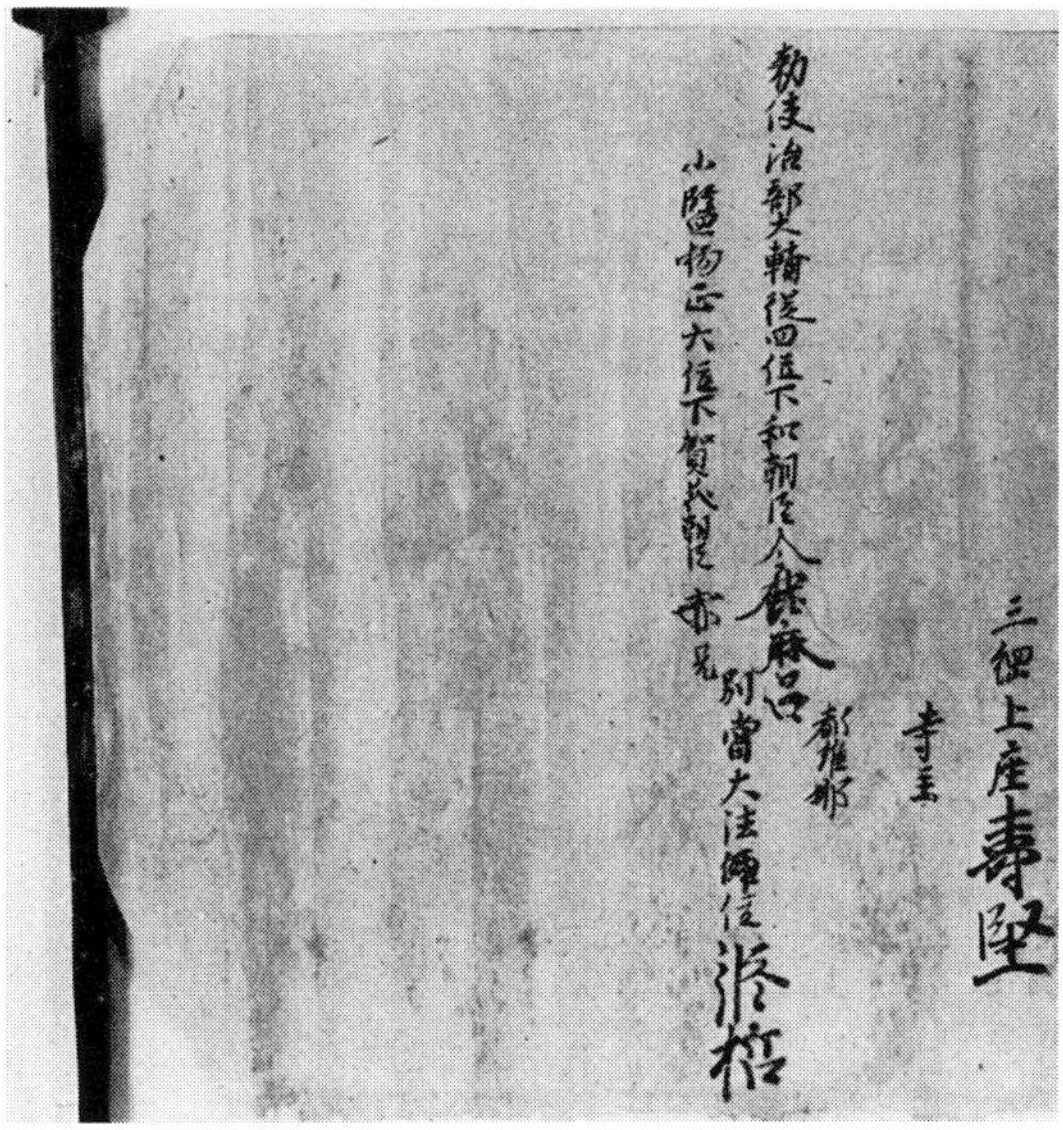

図1　双倉北継文巻末（F断簡尾部）（正倉院宝物）

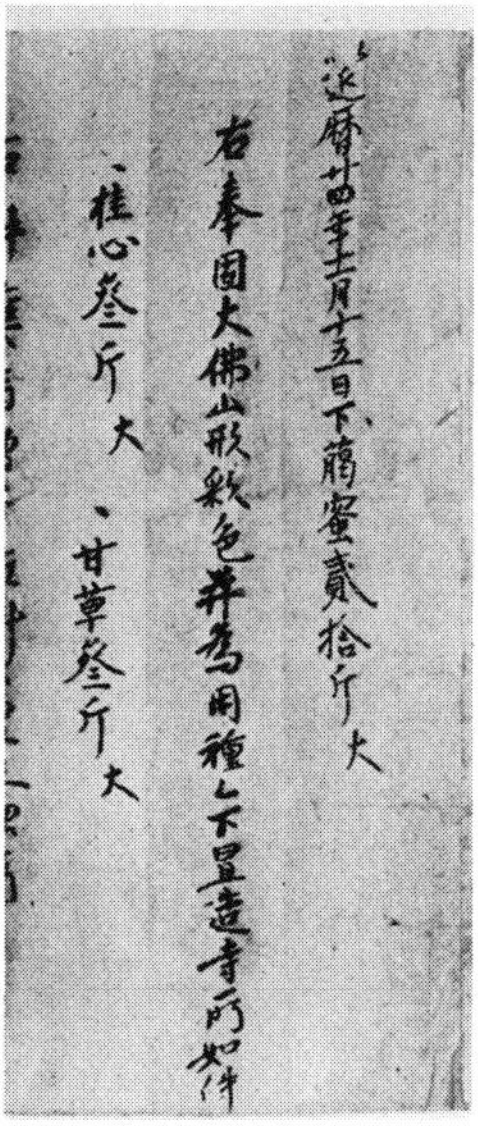

図2　双倉北継文（G断簡首部）（正倉院宝物）

可能性があるのではないかと思う(7)。そこでFとGの接続について原本を注意深く見ると、Fの尾部からGの首部へかけて横に連続する斑点がかすかに認められる（図1・2参照）。これはFとGが元来接続していたことのかなり有力な証拠となりそうである。しかも弘仁二年曝涼帳によると、FとGの間に記録さるべき出納の事実はない。従って疑問を残しながらも、福山氏の復原案に従い、元来FとGは接続していたものと考えておきたい。なお福山氏は、なぜかG断簡を延暦二十四年十一月十五日〜大同元年（八〇六）九月七日としておられるが、一紙からなるG断簡には弘仁五年六月十七日条までが記載されているから、この断層は延暦二十四年十一月十五日〜弘仁五年六月十七日と改めるべきである。

　G以下の接続については、福山氏の復原案に若干修正を加える必要がある。まずH、I、Jは、後述するように、今復原を試みている年月日順出納帳とは別種の帳簿であると思われるから、さしあたっての考察からは除外しておく。そこでGに接続すべき断簡は、「已上第四櫃……三嶋真人助成」（〔二五附録―六～七〕）。この断簡をあらたにPと名付ける）の一紙であろう。GとPが接続するのは、Gの最後の弘仁五年六月十七日条とPの記載とが内容的に関連し、かつ同筆と認められるからである。そしてPの次にKが接続する。それはPからKにかけて、横に連続するシミ状の斑点がかなり明瞭に認められるからである。Kの次には現在Mが貼り継がれているが、Kに記されているのは弘仁五年七月二十九日条、Mのはじめは同年九月十七日条であって年代的につながるし、また汚染の状態も連続すると認められるから、ここは元来から接続していたと考えてよいと思う。M断簡は九紙からなるが、この九紙の接続も現在のままで問題ないと思う。ただこの断簡の最後は、破損のため天長三年（八二六）九月一日条で終わっているが、この後さらに欠失した部分のあることが予想される。

O断簡「□壱□呉竹竿一口……少監物正六位下巳斐俊□」は、呉竹竿一口ほかを北倉に返納したことを記録しており、年紀を欠いているが、貞観元年（八五九）から同九年までの間のものと推定される(8)。しかしM断簡に続くべき帳簿の一部であるかどうかは今のところ確かでない。

以上の検討により、特に問題となるFとGの接続が認められるとすれば、DE、F、G、P、K、Mの順の接続が確認できると思う。従って年代にして延暦十八年十一月から天長三年九月まで、紙数にして一四紙の帳簿が間断なく復原できることになる。

ところで福山氏は、この年月日順出納帳は上、下二巻からなり、上巻が双倉北物用帳、下巻が双倉雑物下帳であると考えられたが、そう考えるのが自然であろうと思う。しかし福山氏が、G断簡の大同元年九月七日条までを上巻、以下を下巻とされるのは適当でない。なぜなら先に述べたように、大同元年九月七日条も次の弘仁五年六月十七日条も、ともに一紙からなるG断簡に書かれているからである。またG断簡の弘仁五年六月十七日条の傍に、「同年七月廿九日返納六裹、使名見下帳」という書き込みがあるので、この「下帳」を双倉雑物下帳の略称と考えると、この書き込みがある弘仁五年六月十七日条の最後と、使の名が記されている同五年七月二十九日条との間（PとKの間）が丁度継ぎ目に当っているから、ここで上巻と下巻に分れていたと考えることが可能かもしれない。しかし先に述べたようにPとKの間は接続していた痕跡が明瞭であるから、帳簿が作成されてから一定期間の後にここで二巻に分断されたと考えるのも無理のように思われる。さらに、すでに述べたように延暦三年までの双倉北物用帳には界線があるが、同十八年以後の断簡にはそれがないから、双倉北物用帳が弘仁五年六月十七日条まで連続していたと考えるには抵抗がある。むしろ「見下帳」というのは、令集解にしばしば見られる「在下条」といった表現と同じように、(9)後文参照の意に解し、ここは帳簿としては連続していたと考えるのが自然であろうと思う。

それでは双倉北物用帳と双倉雑物下帳とは、どこで分れていたのであろうか。そこで現在帳簿が欠失している延暦三年から同十八年まで、即ちC断簡とD断簡の間について出納記事を復原してみよう。さて延暦六年曝涼帳には、北倉に現存する品物が記載されるとともに、延暦六年までに出蔵された品物についてはその年月日と出蔵数量が記載されているが、これを見ると延暦三年から同六年までの間には出蔵の事実はなかったことが知られる。また延暦六年帳と同様の性格を有する延暦十二年帳には、全く出蔵の記載がない。しかも延暦十二年帳記載の品物を同六年帳のそれと比較すると、ほとんど変化のないことが知られるから、この間出納の事実はなかったらしい。即ち延暦三年から同十二年までは、全く出納が行われなかったのではないかと思われる。(10)延暦十二年以後については、弘仁二年曝涼帳を参照すると、延暦十三年四月二十七日、同年六月十三日、同年九月十三日、同月十五日に薬物の出納が行われたことが知られる。(11)従って、延暦三年三月二十九日の義之書法の返納以来、およそ一〇年中断されていた北倉収蔵物の出納は、延暦十三年四月二十七日から再開されたことになる。この長期にわたる出納の中断と、界線の有無という帳簿の体裁のちがいを考慮すると、延暦三年に双倉北物用帳が終わった後、同十三年から双倉雑物下帳が書き起されたと考えるのが自然ではないかと思う。

以上、北倉収蔵物の年月日順出納帳は、天平勝宝八歳から延暦三年までの双倉北物用帳と、延暦十三年以後の双倉雑物下帳の二巻に分れていたことを想定し、併せて帳簿の欠失部分を曝涼帳などによって補うならば、天平勝宝八歳から天長三年まで収蔵物出納のほぼ全てが知られることを明らかにできたと思う。

次に、双倉雑物下帳の復原を試みた際に、別種の帳簿であるとして考察を保留してきたH、I、J、L、Nの断簡について検討しよう。これらの文書は主として御物納目散帳一巻に収められている。表書きに「明治廿七年輯収」とあるから、この帳簿の名称もその時に付せられたものであろう。さてこの納目散帳には全部で一四紙の文書が錯簡のまま貼り継がれているが、第一紙は福山氏が天平宝字元年潤《ママ》八月二十四日の献物帳の断簡と推定しておられる文書であり、第一二紙は大治五年（一一三〇）、第一三・一四紙は寛喜三年（一二三一）の文書で時代が下るから、当面出納関係文書を考察するについては除外したい。残る一〇紙のうち、第七紙(12)、第二紙（HI断簡）、第八紙（L断簡）をこの順序に並べると、文書の下半に波形のシミが横に連続しており、しかも波形の幅が少しずつ狭くなっているから、元来この三紙は接続していたことがわかる（図3・4・5参照）。そこでこの三紙からなる文書を次に掲げ、どのような性質の文書であるかを検討しよう。薬物については説明に必要なもののみを抄記し、他は省略する。

（第七紙）

犀角三箇　麝香六剤

（中略）

胡椒一斤十二両二分

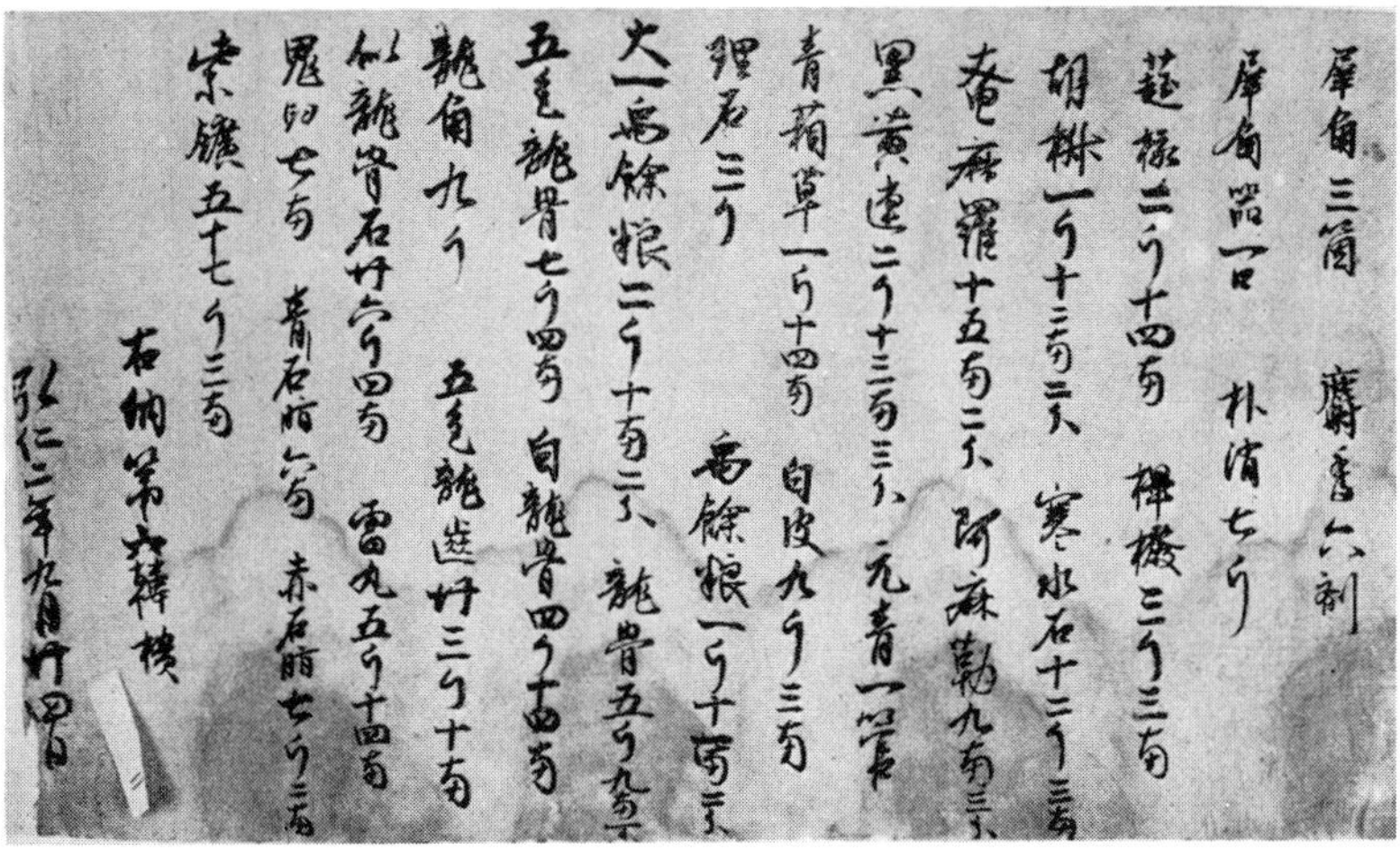

犀角三箇　麝香六剤
犀角器一口　朴消七斤
蕤核二斤十四両　檳榔三斤三両
胡椒一斤十三両二分　寒水石十二斤三両
菴麻羅十五両二分　阿麻勒九両三分
黒黄連二斤十三両三分　无青一斤
青葙草一斤十四両　白皮九斤三両
狸石三斤
大一禹餘粮二斤十両二分　禹餘粮一斤十両三分
五色龍骨七斤四両　白龍骨四斤十四両
龍角九斤　五色龍歯卅三斤十両
似龍骨石卅六斤四両　雷丸五斤十四両
鬼臼七両　青石脂六両　赤石脂七斤三両
紫鑛五十七斤三両
右納第六韓櫃
弘仁二年九月廿四日

図3　御物納目散帳　第7紙（正倉院宝物）

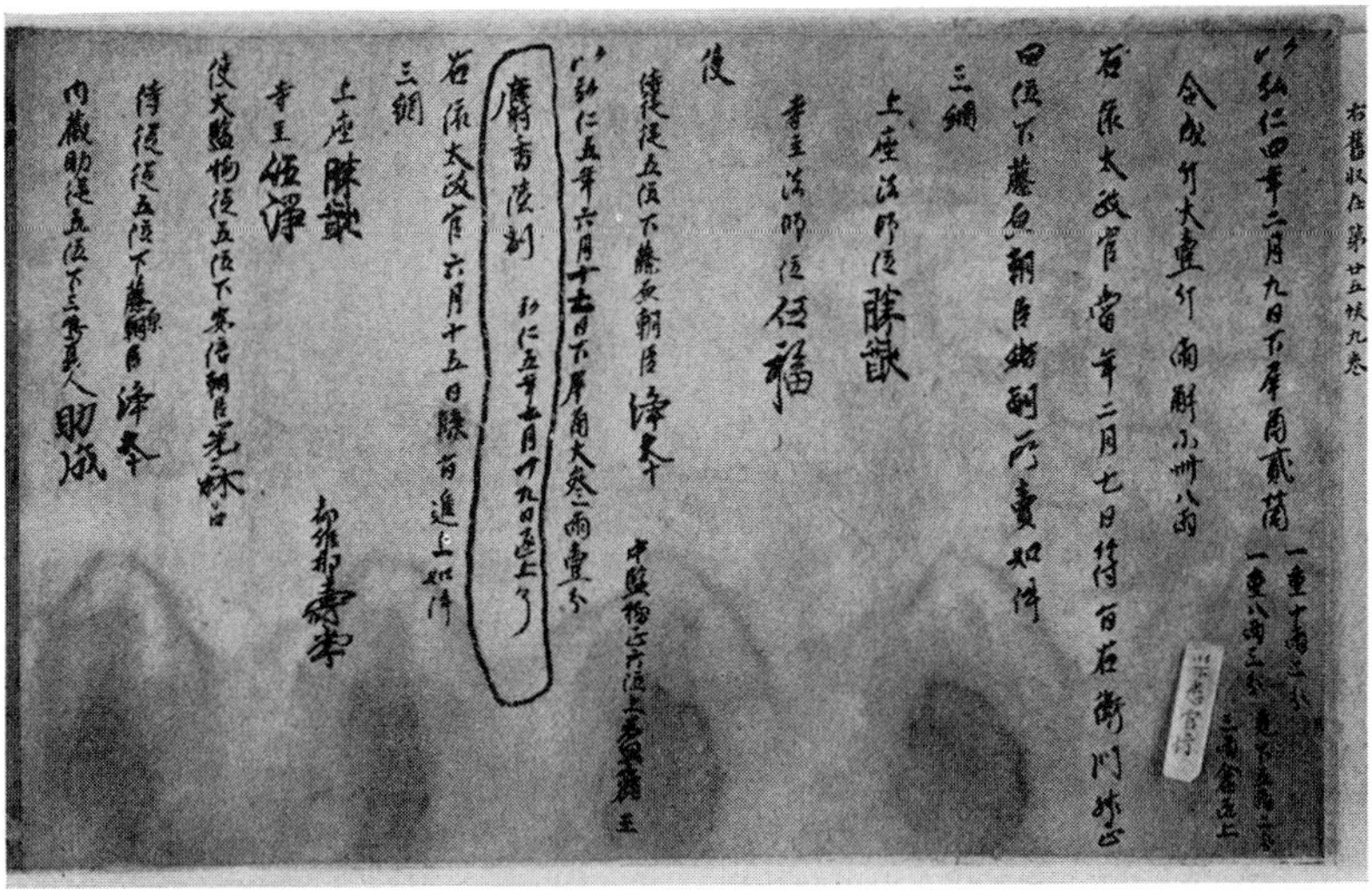

図4　御物納目散帳　第2紙（正倉院宝物）

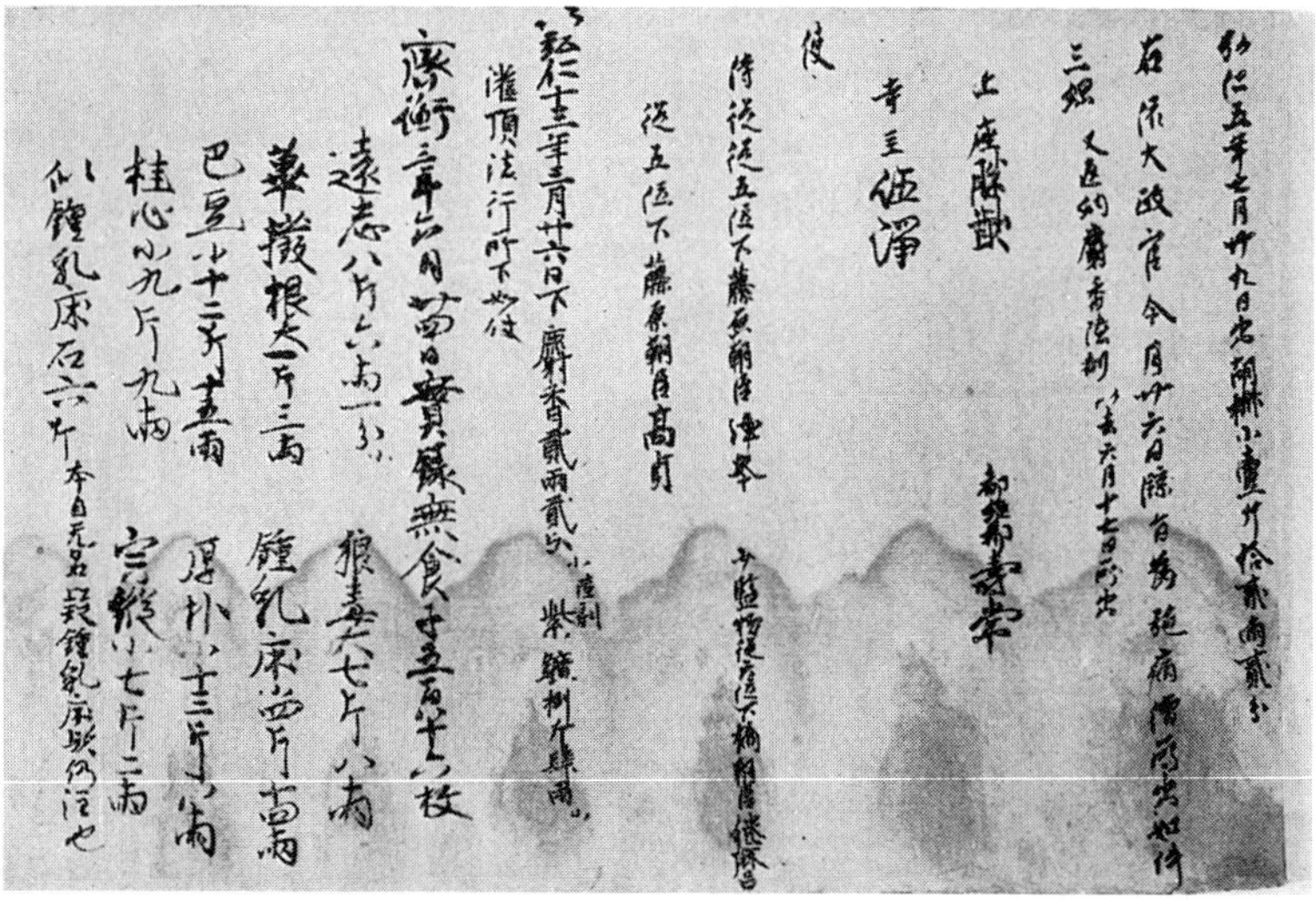

図5　御物納目散帳　第8紙（正倉院宝物）

（中略）

紫鉱五十七斤三両
六
右納第一韓櫃
弘仁二年九月廿四日

（第二紙）

以弘仁四年二月九日下犀角弐箇 一重十両二分 一重八両三分 見下五両二分 三両倉返上
合成斤大壱斤　両解小卌八両
右依太政官当年二月七日符旨右衛門督正四位下藤原朝臣緒嗣
所売如件
三綱
上座法師位「勝猷」
寺主法師位「伍福」
使
侍従従五位下藤原朝臣「浄本」　中監物正六位上「益
鹿」王
以弘仁五年六月十七日下犀角大参両壱分
麝香陸剤 弘仁五年七月廿九日返上了
右依太政官六月十五日牒旨進上如件

三綱

上座「勝猷」　都維那「寿常」　寺主「伍浄」

使大監物従五位下安倍朝臣「兄麻呂」

侍従従五位下藤原朝巨「浄本」

内蔵助従五位下三嶋真人「助成」

（第八紙）

弘仁五年七月廿九日出胡椒小壱斤拾弐両弐分

右依大《ママ》政官今月廿六日牒旨為施病僧所出如件

三綱　又返納麝香陸剤以去六月十七日所出

上座「勝猷」　都維那「寿常」　寺主「伍浄」

使

侍従従五位下藤原朝臣「浄本」　少監物従六位下橘朝臣「継麻呂」　従五位下藤原朝臣「高貞」

以弘仁十三年三月廿六日下麝香弐両弐分小陸剤　紫鉱捌斤肆両小

灌頂法行所下如件

斉衡三年六月廿四日実録（以下略）

さて、はじめの第七紙に列記されている全部で二八種類の薬物は、品名数量とも弘仁二年曝涼帳に記載されている第四櫃の収蔵物に全く一致するから、この第七紙は弘仁二年の曝涼に際して第四櫃の収蔵物を記した文書であることがわかる。(13) 次いで第二紙、第八紙の順に、出納関係の記載が年月日順に続いているが、出納された品物は犀角二箇、犀角三両一分、麝香六剤、胡淑一斤十二両二分、紫鉱八斤四両等で、はじめの第七紙を見れば明らかなようにいずれも第四櫃に収納されていた品物である。なお弘仁四年二月九日に出蔵された犀角二箇のうちの一箇は、注記によると重さ八両三分であったが、実際に出蔵したのは五両二分であり、差し引き三両一分は倉に返納したとある（注記に「三両倉返上」とあるのは、三両一分の誤りか）。従って弘仁五年六月十七日に出蔵された犀角三両一分は、先の出蔵の際倉に返納された分であろう。このように見てくると、この三紙からなる文書は、第四櫃の収納物とその出納を記録した帳簿ということになる。

この帳簿の性格としてまず考えられるのは、曝涼帳や双倉雑物下帳を作成するための案文ということであろうが、しかし筆跡を見ると弘仁四年二月、同五年六月、同年七月の三条は同筆と見られないこともないが、弘仁二年条や同十三年条とは明らかに異筆であり、しかも署名はすべて自署であるから（図3・4・5参照）、案文とは考え難い。私は、双倉雑物下帳と並行して作成された容器別の出納帳であろうと思う。

現在双倉雑物下帳に混入している、一紙からなる次の文書（J断簡）も、容器別の出納帳であることが明らかである。

（斑カ）
□犀角一枚長七寸
（白石鎮子十六箇）
□□□□□□師子形八　牛形六
菟形二
銀平脱合子四合幷納碁子六百丸
右納漆塗厨子
弘仁二年九月廿四日
以弘仁五年六月十六〔七〕日下犀角四枚二角連底一長一尺二寸
一長六寸

一長二尺　一長七寸　合　両数各角付

右依太政官六月十五日牒旨、進上如件

三綱

上座「勝猷」　都維那「寿常」　寺主「伍浄」

使大監物従五位下安倍朝臣「兄麻呂」

侍従従五位下藤原朝臣「浄本」

内蔵助従五位下三嶋真人「助成」

即ち右は弘仁二年の曝涼の際に、漆塗厨子に納められていた品物を列記し、以後その出納を記録した帳簿である。なお右の史料で弘仁五年六月十七日に出蔵された犀角四枚は、弘仁二年曝涼帳を見ると漆塗厨子の収蔵品であることが知られ、第四櫃収蔵の犀角とは別物である。

このほか、延暦十二年六月九日付の第二四櫃についての文書一紙、弘仁二年九月二十四日付の第一、三、一六、一七、二二、二四櫃についての文書各一紙[14]、斉衡三年六月二十四日付の第四櫃についての文書一紙（N断簡）が現存している。これらの文書のうち延暦十二年と弘仁二年のものには、いずれも辛櫃別の収蔵品が列記されているだけで出納についての記載はないが、やはり辛櫃別出納帳の第一紙にあたる文書であろうと思う[15]。斉衡三年のものには、第四櫃の収蔵物が列記され、かつ貞観二年の出蔵のことが記されているから、容器別の出納帳であることは確かであろう。曝涼帳によると、北倉の収蔵物は辛櫃三〇合、第一赤漆綾欟厨子、第二赤漆欟木厨子、棚厨子二箇などに納められていたことが知られるから、これらすべてについて容器別出納帳が作成されたのではないかと思う。またこの容器別出納帳は、延暦十二年の曝涼の時から作成されはじめた可能性が大きい。なぜなら、わずか一点ではあるが延暦十二年六月九日付のものが遺存しており、また延暦六年の曝涼帳が献物帳の記載順に品物を記録するのに対し、同十二年と弘仁二年の曝涼帳は容器別に品物を記録するという、曝涼帳記載形式の変化があるからである[16]。

以上の考察により、北倉の収蔵物は、献物帳並びに曝涼帳を基本台帳とし、出納命令文書を貼り継いだ双倉北継文と、年月日順の出納簿である双倉北物用帳および双倉雑物下帳、それに延暦十二年から作成されはじめたらしい容器別出納帳を基本的な帳簿として管理されていたと考えられる。

2　北倉の管理体制

前節で整理を行った出納関係文書により、北倉の管理体制をめぐる二、三の問題について検討してみたいと思う。

(1)　出納命令の形式

まず双倉北物用帳および双倉雑物下帳により、天平勝宝八歳から天長三年までの北倉収蔵物の出納を表示してみよう。両帳の若干の欠失部分あるいは記載の脱落と思われる部分は、曝涼帳や容器別出納帳によって補うことにする。

さてこの一覧表を見ると、出納命令の形式に変化のあることに気付く。即ち、天平勝宝八歳から天応元年までは御製もしくは宣・宣旨という形をとっているのに対し、延暦十三年以後はほとんど太政官符もしくは太政官牒によって出納命令が出されている。弘仁十四年二月十九日に右大臣宣によって出蔵が行われているのが唯一の例外であるが、全体を見通すならば、奈良時代における出納命令の形式と平安時代におけるそれとの間に変化のあることは認めてよいと思う。

なお御製という形式は、双倉北物用帳に三回見えるのであるが、このうち天平勝宝九歳正月二十一日と天平宝字三年三月二十五日の出蔵については、福山敏男氏が双倉北継文に属すべき文書とされた出蔵命令文書そのものが残って

表1　北倉収蔵物の出納

年月日	出蔵・返納の別	出納命令の形式	品目	出典
天平勝宝　八・十・三	出	御製	人参五十斤小	双倉北物用帳
〃　九・正・二十一	〃	〃	沙金二千十六両	〃
天平宝字　二・十二・十六	〃	飯高命婦宣	冶葛三両小	〃
〃　三・三・二十五	〃	御製	桂心一百斤小	〃
〃　三・四・二十九	〃		花氈六十七枚	〃
〃　三・十二・二十六	〃		大刀一口	延暦六年曝涼帳
〃　五・三・二十九	〃	高丘枚麿宣旨	防葵一斤八両ほか	双倉北物用帳
〃　六・十二・十四	〃	因八麻命婦宣	欧陽詢真蹟屏風	〃
〃　八・七・二十七	〃	賀陽采女宣	桂心小百五十斤	〃
〃　八・九・十一	〃	安寛法師宣	大刀八十八口ほか	〃
〃　八・十・十三	〃		検定文一巻	〃
神護景雲　四・五・九	〃		屏風三牒（ママ）	〃
宝亀　三・八・二十八	返		〃	〃
〃　九・五・十八	出		螺鈿紫檀琵琶一面ほか	〃
〃　十・十二・六	〃	中納言藤原卿宣	冶葛四両	〃
天応　元・八・十二	〃		大小王真蹟書一巻ほか	〃
〃　元・八・十八	返	左大臣宣	雑集一巻ほか	〃
	出		雑薬七種	
〃　二・二・二十二	返		大小王真蹟書一巻	〃
延暦　三・三・二十九	〃		羲之書法八巻	〃

〃	十三・四・二十七	出	官牒 官符	斑犀一枚ほか	延暦十二年曝涼帳 弘仁　二年曝涼帳
〃	十三・六・十三	〃	官符	檳榔子一百枚	弘仁二年曝涼帳
〃	十三・九・十三	〃	〃	呵唎勒一百枚ほか	〃
〃	十三・九・十五	返		犀角一具	延暦十二年曝涼帳
〃	十八・十一・十一	出	官符	大黄二百斤ほか	双倉雑物下帳
〃	二十一・十一・二十一	〃	〃	大黄二十斤大ほか	〃
〃	二十二・正・二十三	〃		大黄二斤大	〃
〃	二十四・十一・十五	〃		臈蜜二十斤大ほか	〃
大同	元・九・七	〃	官符	白犀角一枝	〃
弘仁	四・二・九	〃	太政官符	犀角	容器別出納帳
〃	五・六・十七	〃	太政官牒	麝香六剤ほか	双倉雑物下帳
〃	五・七・二十九	返		麝香六剤	〃
		出	太政官牒	桂心大三斤ほか	
〃	五・九・十七	〃	太政官符	屛風三十六帖ほか	〃
〃	五・十・十九	〃	〃	琴二隻ほか	〃
〃	八・五・二十七	返		〃	〃
〃	十一・十・三	出		大小王真蹟ほか	〃
〃	十三・三・二十六	〃	太政官牒	鏡五面ほか	〃
〃	十三・五・六	〃	太政官符	甘草三斤大ほか	〃
〃	十四・二・十九	〃	右大臣宣	箏琴一面ほか	〃
〃	十四・四・十四	返	太政官牒	新羅琴二面ほか	〃
天長	三・九・一	出	〃	甘草ほか	〃

年	月日	出納		品目	典拠
貞観	二・八・十四	〃		紫鉱	容器別出納帳
〃	元〜九	返		呉竹竿一口ほか	双倉雑物下帳か

（注）双倉北物用帳、双倉雑物下帳、容器別出納帳については、本節1項参照。延暦六年、同十二年、弘仁二年の各曝涼帳については、〔二五附録—一一〜三三、三四〜五四、七一〜八六〕参照。

いる。即ち現在沙金柱心請文と名付けられている二通の文書である。(17) これら二通の文書には、天皇・太上天皇あるいは皇太后の親筆で、裁可を意味する「宜」（「宜」の異体字）という文字が記されている。ところで同じ双倉北物用帳の天応元年（七八一）八月十二日条には、「時々御製書四巻」が出蔵されたことが記されているが、同月十八日の返納の時には「雑集一巻、孝経一巻、頭陁寺碑文幷楽毅論杜家立成一巻、楽毅論一巻」と記されており、御製書がこれら親筆の書跡を意味することが明らかであろう。従って御製とは、親筆による裁可を意味すると考えてよいと思う。

また延暦十三年以後、出納命令が太政官符による場合と太政官牒による場合とがあるが、これは帳簿に記載する際の不統一であって、実際には出納の都度に官符と官牒の両者が発行されたと考えてよいと思う。というのは、延暦十二年曝涼帳の末尾に「右被大《ママ》政官今月一日符偁……」とあって、曝涼の実施を命ずる六月一日付の太政官符が発行されたことが知られるが、一方同じ日付で僧綱と東大寺三綱に宛てて曝涼を命じた太政官牒が現存しており、(18) 曝涼を実施する際に官符と官牒の両者が発行されたことが確かめられるからである。

それでは出納命令の形式が御製・宣・宣旨から官符・官牒に変化したのはなぜであろうか。そこで養老倉庫令の次の条文を検討してみよう。(19)

倉蔵給用、皆承二太政官符一、其供奉所レ須、謂内蔵年新、供御之物、即不レ関二諸司出納一本司依レ宣供奉也、及要速須給、幷諸国依レ式合二給用一、先用後申、（下略）

令文の意味は、倉蔵からの出蔵はすべて太政官符によれ、ただし供奉に用いる場合、急を要する場合並びに諸国において特定の出蔵を行う場合は太政官符を待つ必要はなく、先ず出蔵し後に報告すればよいというのであって、国家財政にかかわる諸官司の出蔵手続きと、供奉のための出蔵即ち内廷経済にかかわる出蔵手続きとの間に、明確な区別の設けられていることが知られる。さらに義解は、「供奉所レ須」の具体例として、「内蔵年料」と「供御之物」を挙げている。義解が内蔵寮の年料を挙げたのは、内蔵寮が内廷経済の中核的な存在であったからであろう。また「供御之物」については、『続日本紀』天平十三年十一月二十三日条に、

始以二赤幡一班二給大蔵、内蔵、大膳、大炊、造酒、主醤等司一、供御物前建以為レ標、

とあるように[20]、大蔵省以下内蔵寮を含む諸官司から供御物を支出していたことが知られるから、義解の言う「供御之物」とはこれら諸官司の支出する供御の物を指しているものと思う。即ち義解は令文に定められた「供奉所レ須」の具体例として、内蔵寮がその正倉から年料を出蔵する場合と、諸官司が供御の物を出蔵進上する場合とを挙げているわけである。そしてその出蔵手続きについて義解は、諸官司一般の出納手続きに関係なく、本司即ち内蔵寮や供御の物を支出する諸官司が宣によって供奉すると述べている。即ち義解は、国家財政にかかわる諸官司の出納は太政官符によって行われるのが原則であるのに対し、内廷経済にかかわる出納は宣によって行われると説いている。

ところで正倉院文書の中には、写経所などで必要とする物資が内裏から支給された例がしばしば見られる。例えば天平宝字四年六月二十五日付の観世音菩薩造像にともなう収支決算書には、造像に要した物資とそれを支給した官司が列記されているが、それによると節部省（大蔵省）、左平準署、大炊司、大膳職、醤司、内史局（図書寮）、油司などの諸官司と並んで、麻紙・朱沙・胡粉・薫陸・雌黄などの物資は内裏から支給されたことが記されている[21]。ここにおいて、内廷経済が国家財政から区別されていたことがうかがわれる。倉庫令義解の注釈は、おそらくこのような奈

良時代以来の実態に基づいて書かれたものと思う。

そこで、正倉院北倉の出納命令の形式に見られる、御製・宣・宣旨から太政官符への変化は、倉庫令並びに義解の注釈と関係があるのではなかろうか。即ち北倉の出納手続きは、奈良時代には供奉の範疇に属していた(22)のに対し、平安時代になると一般諸官司の出納手続きに準じて行われるようになり、太政官の関与するところとなったのではないかと思う。

(2) 出納の立会い

双倉北物用帳並びに双倉雑物下帳には、出納の都度、中央政府派遣の使・僧綱・東大寺三綱・造東大寺司官人などが署名を加えているが、その官人構成にも奈良時代から平安時代にかけての顕著な変化が認められる(23)。即ち天平勝宝八歳から天応二年二月までの出納には、造寺司官人が必らず署名している。延暦三年三月の返納の時には使藤原家依の署名しか見えないが、これは帳簿の末尾が欠損しているためで、元来は造寺司官人や僧官の署名があったはずである。延暦六年曝涼帳の巻末にも造寺司官人の署名が見られるが、『続日本紀』によると延暦八年三月十六日に造東大寺司が廃されており(24)、以後造寺司官人の署名は見えない。ところが造寺司が廃止された後、中央から派遣される使者の中に必らず中務省被官の監物が加わるようになる。即ち延暦六年曝涼帳の巻末に署名しているのは、使石上家成・治部大輔紀作良・内薬侍医難波伊賀麻呂と僧綱・三綱・造寺司官人であって監物の署名は見られないが、造寺司が廃止された後の延暦十二年曝涼帳の巻末署名を見ると、使の中に中監物紀福足が加わっている。

次いで延暦十三年四、六、九月の出蔵については、双倉雑物下帳が欠失しているので弘仁二年曝涼帳を見ると、それぞれ使として石上家成一人しか記載されていない。しかし延暦十八年の出蔵の時には、双倉雑物下帳には宮内卿石上家成・中監物穂積道長・侍医吉水唐の三人が署名しているのに、弘仁二年帳には石上家成一人しか記載されていないから、延暦十三年の三回にわたる出蔵の時にも使の中に監物が含まれていた可能性があろう。延暦十八年以後については、双倉雑物下帳が現存する天長三年まで一回の例外もなく必らず監物が使に加わっている。即ち造寺司の廃止にともない、造寺司官人に代って監物が北倉の出納に立合うようになったと考えられる。養老職員令によると、監物の職掌は「掌下監二察出納一、請中進管鑰上」と規定されている。(25) 監物が北倉の鑰の請進にたずさわったかどうかは明らかでないが、少なくとも出納を監察する任務を帯びて派遣されたことは確かであろう。

さて、平安時代になって北倉の出納に監物が立会うようになったことと、出納命令が太政官符で出されるようになったこととはどのような関係があるのだろうか。そこで『類聚国史』所収の次の勅を検討してみよう。(26)

大同二年十月戊午《五》、勅、拠レ令、倉蔵給用皆承二官符一、而今官符下二中務省一、々移二諸司一然後出納、大乖二令意一、宜下改二此例一一依中令条上、

即ちこの勅は、倉庫令に倉蔵の出納を行うにあたっては本司が太政官符を承くべきことが規定されているのに、現実には中務省が官符を受けて出納を行う本司へ移送することが行われているので、改めて令規に従えと述べている。この勅により、大同二年当時、出納を命ずる官符は中務省に対して下達されるのが慣例となっていたことが知られる。それは、出納の監察や鑰の受け渡しを掌る監物や典鑰といった官職が、中務省に所属していたことによろう。従って平安時代初期において、中央諸官司の出納を監察するために、太政官―中務省―監物・典鑰という機構が実際に機能していたことをうかがうことができよう。

正倉院北倉についての出納命令が太政官符に変化するのとほぼ時を同じくして、出納に監物が立会うようになるのは、太政官―中務省―監物という政府機構が北倉の管理に関与することとなったからであろう。

(3) 容器別出納帳

先に容器別出納帳の存在を明らかにし、その作成は延暦十二年の曝涼の時からはじめられたらしいということを述べた。この容器別出納帳の存在は、収蔵物の現状を把握するためにきわめて有益であることは言うまでもない。なぜなら容器別に帳簿と現物を対照することにより、容易に現存物および欠損量を確認することができるからである。しかし、この容器別出納帳に出納立会人の自署が加えられていることに注目するならば、この帳簿を作成した目的は、単に出納や曝涼の事務を能率化するということだけにとどまらないように思われる。ところで次に掲げる史料は、東大寺政所の管理する諸倉について、責任者の交替の際に欠損物の塡償をさせるいわゆる交替制度が実施されていたことを示している。[27]

西行南第二倉公文下帳

八月廿一日下公文五[六]巻〻（一巻政所東倉員十一枚 一巻同院西南一倉員十六枚）

二巻同院西南二倉（員九枚）已上四巻、綱所進上料（又俗官交度帳一巻 政所在、加此下帳）

一巻人〻所負物抄（下置於政所）

右被僧綱今月十八日牒、治部省同日状云、被勅使右少弁佐伯宿禰社屋同日宣云、月廿四日為勘東大寺倉封開状、令進件倉下文者、仍附僧綱使威儀師慈晧等進上如件、

大同二年八月廿一日都維那「泛忠」

以九月九日返収五巻（四巻倉下 一巻政所交替帳 在政所）（以下略、傍線筆者）

即ち東大寺諸倉の開封のことを勘定するために、西行南第二倉から合計六巻の文書が出蔵進上されているが、うち四巻は政所所管四倉の出納帳であるらしく、また俗官交度帳一巻と人々所負物抄一巻もこれら四倉の管理に関係のあ

る文書であろうと思われる。俗官交度帳は返納の時には政所交替帳とみえるから、政所における交替に際して作成された帳簿であろう。また人々所負物抄は、おそらく交替に際して収蔵物の欠損に責任をもつ人々の塡償を記録した帳簿であろう。従って右掲の史料により、平安時代初期の東大寺政所において、欠損物の塡償をともなう交替制度が行われており、そのための文書として政所交替帳＝俗官交度帳や人々所負物抄といった帳簿が作成されていたことが知られる。

先に見たように、正倉院北倉の出納や曝涼に関して、東大寺宛の太政官牒が発行されているところからみて、北倉の管理に東大寺が関与していたことは確かであるから、東大寺政所において何らかの交替制度が行われていたとすると、北倉収蔵物に関しても同じ制度が実施されていた可能性があろう。もしそうだとすると、収蔵物が辛櫃あるいは厨子といった容器別に分類されている北倉においては、管理責任者の交替にともなう収蔵物の点検は、容器別に行われるのが自然であろう。そのためには容器別に収蔵物とその出納を記録した帳簿が必要であろうし、また出納責任の所在を明らかにするために立会人の自署が加えられることも理解できる。従って延暦十二年にはじまるらしい容器別出納帳の作成は、北倉における何らかの交替制度の実施と関連させて考える余地があろうかと思う。

小　括

本節で考察したところをまとめておこう。まず北倉収蔵物の出納関係文書について、福山敏男氏の復元案を原本について検討し、天平勝宝八歳から延暦三年までの出納を記録した双倉北物用帳については、天平宝字三年四月条と同五年三月条の間に若干の欠失部分があるほかは、ほぼ当初の姿を伝えていることが確認される。ただし、福山氏が双倉北物用帳の一部と考えられた、現在出蔵帳と呼ばれている天平宝字三年十二月の出蔵記録は、双倉北物用帳とは別種の帳簿と考えた方がよいと思われるが、その性格についてはなお明らかでない。

次に双倉雑物下帳については、延暦十八年から天長三年まで帳簿の完全な復原が可能であり、巻首が欠失しているが、曝涼帳によって延暦十三年に数回にわたる出納が行われたことが知られるから、この帳簿は延暦十三年に書き起され、当初その冒頭に「双倉雑物下帳」の軸が貼付せられていたと考えたい。

また福山氏の復元案から除外した一群の文書は、容器別に収蔵物とその出納および出納立会人の自署を記した帳簿であることが、第四櫃および漆塗厨子について確認され、同類と思われる文書の遺存状態および曝涼帳の記載形式が延暦十二年から容器別に変わることからみて、この容器別の出納帳は延暦十二年から作成されたのではないかと思う。

以上のように出納関係文書の整理を行った上で、北倉の管理体制に関する問題を検討すると、まず収蔵物の出納命令が、奈良時代には御製・宣・宣旨の形で行われているが、平安時代になると官符並びに官牒によって行われるようになる。養老倉庫令並びに義解によると、律令国家の諸官司が財政運営の必要上出蔵を行う場合は、太政官符によるのが原則であるが、供奉のために出蔵を行う場合は宣によるべきことが定められている。北倉に関する出納命令の形式の変化を、この規定と関連させて考えるならば、奈良時代における北倉は内廷の管理するところであったが、平安時代になると北倉の管理に太政官が関与するようになるという管理体制の変化として理解することができよう。

次に延暦八年に造東大寺司が廃止された後、それまで姿を見せなかった中務省所属の監物が、必らず北倉の出納に立会うようになる。大同二年の勅によって、太政官―中務省―監物という、諸官司の出納を監察する機構の存在がうかがわれるから、北倉の管理に対する太政官の関与は、具体的には太政官―中務省―監物といったいわゆる太政官機構をもって行われたことが知られる。

また復元を試みた容器別の出納帳は、出納立会人の自署が加えられているから、出納責任の所在を明記することに注意が払われていると考えられること、他方東大寺政所においても欠損物の塡償をともなう交替制度が行われていることなどから、延暦十二年にはじまったらしい容器別出納帳の作成は、北倉における何らかの交替制度の実施と関連させて考える余地があろうかと思う。

二　光明皇太后のサイン

1　御製と「宜」

正倉院北倉には、天平勝宝九歳（七五七）正月十八日の「沙金請文」並びに天平宝字三年（七五九）三月十九日の「桂心請文」と呼ばれる、二通の文書（一三—二〇七）（一四—二七九）が伝えられている。沙金請文は、造東大寺司が沙金の下賜を申請したのに対し、「宜」という許可を意味するサインを加えた文書、桂心請文は、施薬院が桂心を請うたのに対し、同じく「宜」のサインを加えた文書である。（図6・7）。

正倉院北倉には、別に「雙倉北雑物出用帳」と題する帳簿（二五附録—一八六〜二〇五）が伝えられているが、「雙倉北」とは正倉院北倉のことであり、この帳簿は北倉収蔵物の出用（出蔵使用のこと）を記録した帳簿である（以下、「出用帳」と略称する。図8）。この帳簿に、沙金請文や桂心請文によって許可された沙金や桂心出用のことが記録されているから、沙金請文および桂心請文は、正倉院北倉の収蔵物に関する文書であることがわかる。

ところで、沙金請文と桂心請文の二つの「宜」が誰のサインであるかという問題について、従来三つの説が出されている。第一説は前者を孝謙天皇、後者を淳仁天皇（宮内庁書陵部『正倉院棚別目録』一九五一年。正倉院事務所編『正倉院の書蹟』図版解説、日本経済新聞社、一九六四年。松島順正『正倉院の書跡』至文堂、一九七五年）、第二説は前者を孝

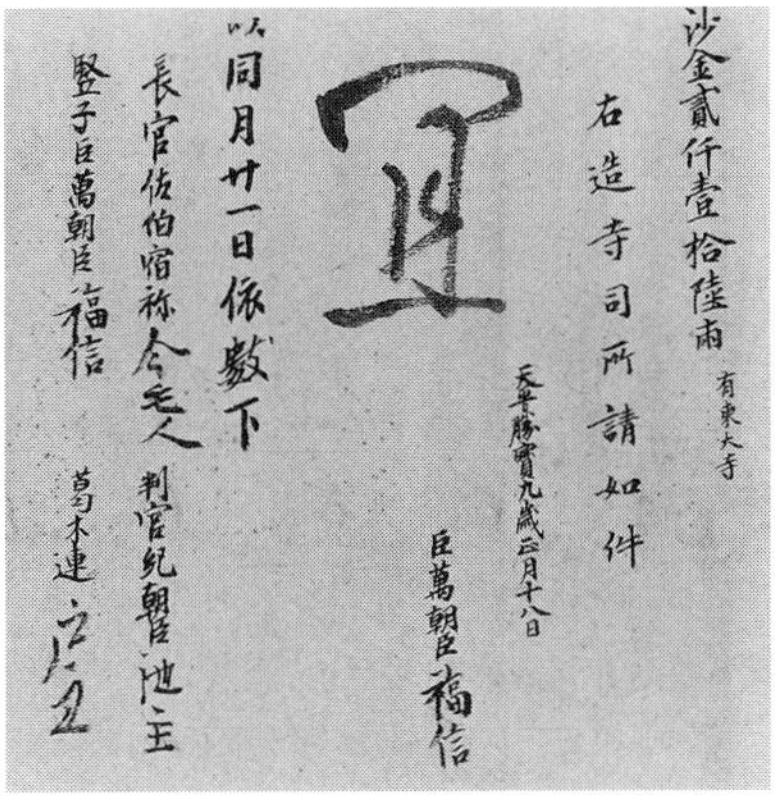

図6　沙金請文（正倉院宝物）

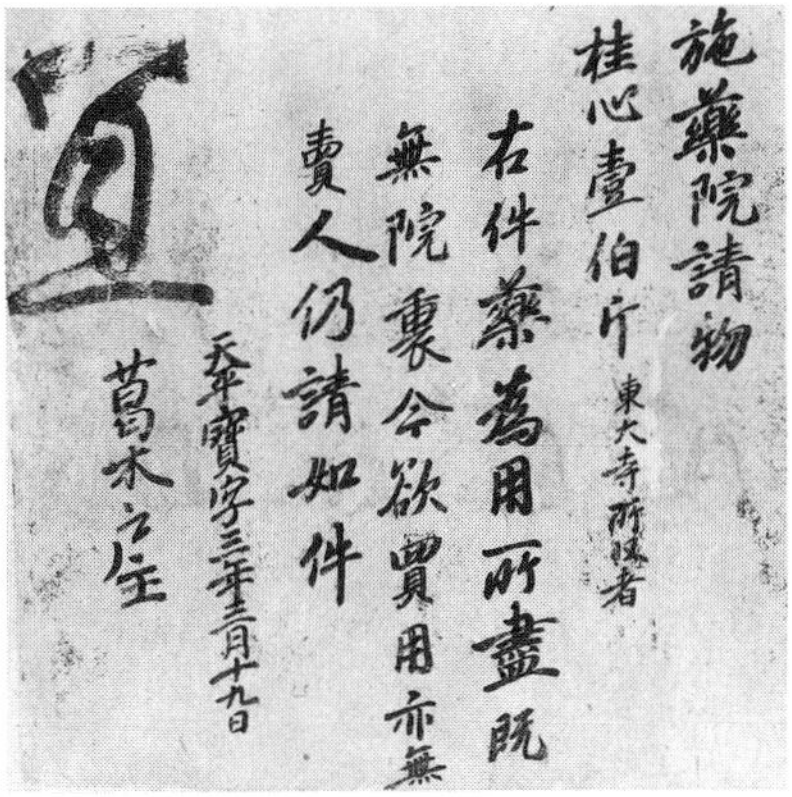

図7　桂心請文（正倉院宝物）

謙天皇、後者を孝謙太上天皇（佐佐木信綱『南京遺芳』解説、一九二七年）、第三説は両者とも光明皇太后とする（福山敏男「東大寺の諸倉と正倉院宝庫」『美術研究』一六六、一九五二年。修正して『日本建築史研究』墨水書房、一九六八年に収載）。ただしその根拠についてはいずれも触れられていない。そこで改めて「宜」のサインの筆者が誰であるかを考えてみたい。

まずこれまでの三説が、いずれも想定可能であることを確かめておこう。先に触れた「出用帳」に、沙金や桂心の出用について次のように記録されている。

依二御製一奉レ塗二大仏像一料下二充造寺司一

依二御製一充二施薬院一付二薬薗司尾張大海一（傍点および返り点柳）

ここに見える「御製」ということばは、天皇などの作歌、著作、書跡などに用いられ、『続日本紀』にも次のような例がある。

神護景雲三年（七六九）十月二十九日条に、律令学者として名高い大和宿禰長岡の没伝が掲げられているが、それによると、賀正の宴において天皇から年齢を尋ねられた長岡が、今日丁度八〇歳になったと答えたところ、「天皇嘉嘆者久之。御製授二正四位下一」とある（前掲『続日本紀』三七二頁）。村尾元融の『続日本紀考証』は、『三代実録』

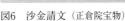

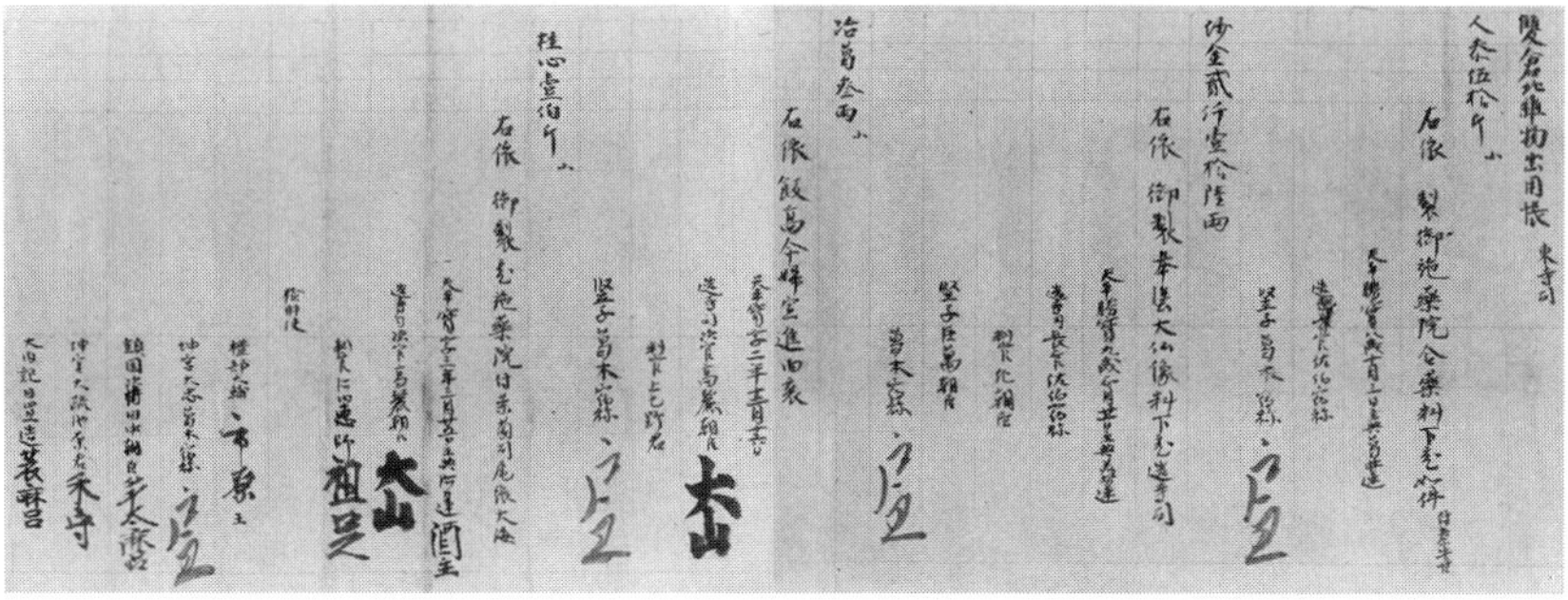

図8　双倉北雑物出用帳（正倉院宝物）

にも「御筆書二告身一」（貞観二年〈八六〇〉十二月二十日条。告身は授位証書である位記のこと）とあるところから、「御製」は、天皇自ら位記をしたためたことを意味すると説いている。即ち『続日本紀』の「御製」は、天皇親筆を意味する。「出用帳」に見える「御製」はこの『続日本紀』の例によって、親筆の文書を意味すると解するのが自然であろう。沙金請文を見ると、本文と「福信」の署名とは異筆であるから、起草された文書に巨万福信が署名を加えて、ある人物に裁可を仰いだことが知られる。従って「宜」だけが、ある人物の親筆である。また桂心請文を見ると、本文冒頭から葛木戸主まで明らかに一筆で書かれているから、この文書を起草して裁可を仰いだのは葛木戸主であり、「宜」のサインだけがある人物の親筆であることがわかる。また「御」ということばが、どのような人々に用いられるかについては、律令に次の規定がある（前掲『令義解』二六八頁）。

　凡称二乗輿、車駕及御一者、太皇太后、皇太后、皇后並同（下略）（傍点柳

右の規定には、太皇太后などに用いられることだけが明記されているが、太上天皇および天皇には当然用いられるとの言外の含みがある。そこで沙金請文と桂心請文が書かれた頃の、天皇、太上天皇、太皇太后、皇太后、皇后の在位年代を示すと表3のようになる。

なお、孝謙天皇は女帝であるから皇后はなく、淳仁天皇については、『続日本紀』の即位前紀に粟田諸姉を妻としたことが見えるが正式の皇后ではなかったら

表3　在位年代

年月日	文書	天皇	太上天皇	皇后	皇太后	太皇太后
			聖武			宮子
天平勝宝六・七・十九						崩御
		孝謙				
同八・五・二			崩御			
同九・正・十八	沙金請文					
					光明	
天平宝字二・八・一		○	○			
同三・三・十九	桂心請文					
		淳仁	孝謙			
同四・六・七					崩御	

しいから、皇后では該当者がない。従って表示した在位年代から見て、「宜」の筆者は、天皇、太上天皇、皇太后のいずれかであることが確認できる。先に紹介した三つの説が提起される所以である。

2　筆跡の比較

さて次は、三つの説のうちいずれが妥当であるかという問題である。残念ながら明確な証拠を見い出すことはできないが、いくつかの角度から検討を試みてみよう。

まず、サインの筆跡であるが、二つの「宜」が同筆であるか異筆であるかが問題である。もし両者が異筆ということになれば、一つは孝謙天皇、一つは淳仁天皇と見てまずまちがいない。先に紹介した第一説の論拠は、おそらく両者を異筆と見るところにあるのであろう。また同筆であれば第二説の孝謙天皇（太上天皇）、あるいは第三説の光明皇太后の両説のいずれかとなる。しかし、すでに先学の間で意見が分かれているこの問題に、二つのサインを直接比較することによって異筆か同筆かの決着をつけることは困難である。

そこで他に比較資料を求めると、孝謙天皇や淳仁天皇の筆跡は全く残されていないが、光明皇后には正倉院宝物楽毅論と杜家立成がある。こ

図9　沙金請文の「冝」

図10　桂心請文の「冝」

図11　光明皇后楽毅論

図12　余清斎帖楽毅論

図13　杜家立成　第6紙

図14　杜家立成　第12紙

図15　杜家立成　第16紙

の両本については、かつて皇后の書写であることに異論が唱えられたこともあるが、現在ではこの説は否定され、皇后自らの書写本であることが確実と見られている。この楽毅論の中に一つ、杜家立成の中に三つ「冝」の字が見い出されるから、これらが比較資料となる（図11・13・14・15）。楽毅論は王羲之の楽毅論を忠実に書き写したいわゆる臨書であり、杜家立成の方は自由奔放な筆致で書かれているから自運（書く人の自由に筆を運ぶこと）に近いと見られている。

しかし楽毅論も、臨書であるとはいえ、皇后の書写である以上、皇后の筆の特徴が多分に残されているであろうことは想像に難くない。光明皇后の楽毅論は、余清斎帖所収の王羲之の楽毅論（『定本書道全集四』河出書房、一九五六年）と字の配置や筆跡がよく似ているといわれているが、「冝」の字を比べると筆跡に相異がある（図11・12）。即ち両者を比べると、皇后の「冝」には、第二画の方向が内側に向かっていること、第二画の転折が強く押えられていること、第四画の最後が撥ねられていることなどの特徴がある。拓影の余清斎帖がどれだけ忠実に王羲之の書を伝えているかという問題は残されているが、「冝」の字に見られる王羲之と異なる特徴は、皇后の自運の特徴である可能性がある。そのように考えることができれば、自運に近いと見られている杜家立成はもちろんのこと、楽毅論の「冝」にも、皇后の筆跡の特徴がうかがわれることになる。

そこで沙金請文の「冝」を、これら皇后の「冝」と比べると、楽毅論の「冝」によく似ている（図9・11）。沙金請文の「冝」は縦八・五センチ、楽毅論の「冝」は縦一センチで字の大きさに著しいちがいはあるものの、第一画の方向、第二画の転折、第四画の撥ねなど、先に指摘した特徴点が共通して認められるように思う。従って沙金請文の「冝」は皇后（その時は皇太后）の筆跡である可能性がある。

桂心請文の「冝」（図10）も縦一〇センチの大きな字であるが、かなりくずした書体で書かれており、楽毅論や杜家立成の「宜」と比べても筆跡が似ているかどうか私には判断しがたい。筆跡の問題は以上にして、次に別の角度から検討してみよう。

3　出蔵の裁可

「出用帳」に沙金と桂心の出用が「御製」によるとあるのが、それぞれ沙金請文と桂心請文に記された「宜」に対応することはすでに述べた通りである。同帳にはもう一回「御製」による出用がみられる。それは、冒頭の天平勝宝八歳十月三日の人参の出用であって（史料に「製レ御」とあるのは「御製」のこと。図8）、許可文書そのものは残っていないが、おそらく人参請文ともいうべき文書が発行され、それに「宜」のサインが施されていたにちがいない。そうすると正倉院北倉の品物の出用について、「宜」のサインのある許可文書が発行されたのは、天平勝宝八歳十月三日、同九歳正月十八日、天平宝字三年三月十九日の三回である。光明皇太后は、天平宝字四年六月七日に崩御しているから、「宜」のサインによる許可は皇太后の在世中に限られることになる。皇太后の崩後には、「宜」のサイン即ち「御製」によって許可された例は一つもない。

さらに、皇太后在世中の天平宝字三年三月十九日の、施楽院宛の桂心の出蔵は「宜」のサインで許可されているのに、皇太后崩後の天平宝字八年七月二十七日の、同じ施薬院宛の桂心の出蔵は賀陽采女の宣旨によって許可されている。即ち全く同じケースの出蔵が、皇太后の在世中には「宜」のサインによって、崩後には宣旨という通例の裁可方式で許可されているという事実がある。これらのことを考えると、「宜」の裁可は光明皇太后のサインである可能性が大きい。

ただし皇太后の在世中にも、宣旨によって出蔵された例がある。即ち、天平宝字二年十二月十六日に、飯高命婦の宣旨によって冶葛が出蔵されている（図8）。しかしこの時は、下からの申請に対して許可を与えたのではなく、むしろ出蔵命令であるから、皇太后の命令が宣旨によって伝達されたか、あるいは出蔵された冶葛が内裏へ進上されていることから見て、天皇（あるいは太上天皇）の命令が宣旨によって伝達されたと見るべきであろう。

次に沙金請文は、巨万朝臣福信が造東大寺司の申請を取り次いで裁可を仰いだ文書であり、桂心請文は葛木戸主が施薬院の申請を取り次いで裁可を仰いだ文書である。そこで、巨万福信と葛木戸主がどのような立場にあった人物かが、サインの筆者を推定する手掛りになる。まず、当時巨万福信は紫微少弼、葛木戸主は坤宮大忠の地位にあったことが『続日本紀』や「出用帳」などによって知られる。紫微少弼は紫微中台の次官、坤宮大忠は坤宮官の判官である。そもそも光明皇后の付属機関であった皇后宮職が、天平勝宝元年に名を改めたのが紫微中台であり、さらに天平宝字二年八月に名を改めて坤宮官となる。従って紫微中台＝坤宮官の次官あるいは判官であった巨万福信と葛木戸主は、当然のことながら光明皇太后の配下にあった人物である。

また、沙金請文や「出用帳」の署名から、巨万福信と葛木戸主は、いずれも竪子（竪は俗字）という肩書を帯びていたことが知られる。この竪子については、山本信吉氏の「内竪省の研究」（『国史学』七一、一九五九年）に詳しいが、それによると竪子は後の内竪の前身であり、貴人に仕えまたその身辺を守衛する従僕的な身分である。

ところで巨万福信は皇太后に仕える竪子であったらしい。なぜならば『続日本紀』延暦八年十月十七日条の巨万福信の没伝に、

小年随二伯父背奈行文一入レ都、時与二同輩一晩頭往二石上衢一遊戯相撲、巧用二其力一能勝二其敵一、遂聞二内裏一召令レ侍二内竪所一自レ是著レ名、初任二右衛士大志一稍遷天平中授二外従五位下一任二春宮亮一聖武皇帝甚加二恩幸一勝宝初至二従四位紫微少弼一（傍点柳）

とみえる（前掲『続日本紀』五四〇頁）。山本信吉氏によると、豎子は天平宝字七年に名称を内豎と改めるから、右の没伝にみえる内豎所は、実は豎子所であるという。そこで巨万福信は、天平以前の少年時代に相撲が巧みであったので、豎子所に召し抱えられて豎子となったことが知られ、また没伝に特に「聖武皇帝甚加㆓恩幸㆒」とあるから、聖武天皇に仕える豎子であったらしい。ところで同じ『続日本紀』の天平宝字元年七月二日条に、

　皇大后詔曰……又豎子卿等者天皇大命以汝多知乎召而屢詔志久、朕後尓太后尓能仕奉利助奉礼止詔伎、

とある（同二二四頁）。即ち皇太后の詔によれば、聖武天皇崩御の後豎子など側近の人々は、皇太后に仕えるようにとの遺詔があったことが知られる。従って巨万福信が聖武天皇の豎子であったとすると、天皇の崩後皇太后に仕えた可能性がある。

　このように巨万福信と葛木戸主は、いずれも紫微中台＝坤宮官の官人であり、特に巨万福信は光明皇太后に仕えた豎子であったらしいから、二人とも光明皇太后との関係が密接である。従ってこの二人が取り次いだ文書にサインしたのは皇太后である可能性が強い。

小　括

　以上甚だ迂遠な議論ではあるが、一見よく似ている二つのサインの筆跡が果たして同筆であるか否かという問題は保留した上で、沙金請文の方のサインは、光明皇后の楽毅論に出てくる「宜」の字に似ていること、正倉院北倉からの出蔵許可に「宜」のサインを用いるのは、光明皇太后の在世中に限られていること、しかも皇太后の崩後においては、全く同じケースの出蔵許可が宣旨という通例の勅命伝達で行われていること、文書を取り次いだ巨万福信と葛木戸主が、いずれも紫微中台＝坤宮官の官人であり、特に巨万福信は豎子として皇太后に仕えたと思われる節があるこ

となどを根拠に、二つのサインの筆者が光明皇太后である可能性を追求してみた。多少なりとも問題の解明に役立てば幸いである。

注

（1）出納関係文書については、福山敏男「東大寺の諸倉と正倉院宝庫」『美術研究』一六六、一九五二年（修正して『日本建築史研究』墨水書房、一九六八年所収）。

（2）現在の表題に「雑物出入継文」とあり、巻末に貼付せられた軸の題籤に「雙倉北継文」とあるが、以下福山敏男氏に従い双倉北継文と呼ぶことにする。この性格について福山氏は、「双倉の北の間の納物を勅命などによって出納したときの命令文書などを年代順に継ぎたしていったもの」と言われる（前掲書、三六九〜三七〇頁）。

（3）巻首に貼付せられた軸の題籤の表に「雙倉北物用帳」、裏に「天平勝宝八歳始」とあり、題籤により双倉北物用帳と呼ぶ。

（4）現在の表題に「雑物出入帳」とあり、巻首に貼付せられた軸の題籤の表に「雙倉」、裏に「雑物下帳」とあり、題籤により双倉雑物下帳と呼ぶ。

（5）福山敏男前掲書、三七一頁。

（6）本書第三部第二章注（1）参照。

（7）斉衡三年雑財物実録の巻末に次のような二つの奥付がある。

斉衡三年六月廿五日

雑財物帳壱巻

就大破、難加修復、仍其儘封納畢、

但、右之巻末、石水氷四斤九両以下、推而令修補、為後代于左接加焉、

斉衡三年六月二十五日

雑財物帳　壱巻

就大破、難加修復、仍其儘封納、但石水氷四斤九両目録以下連署迄、推而令修補、雙倉北継文巻末加之畢、

　天保七年仲夏記之　東大寺〔二五附録―一一四〜一一五頁〕

また双倉北継文の表題の下には次のような注記が付されている。

　内斉衡三年六月雑財帳之巻末壱紙〔二五附録―一一〕

松島順正氏の御教示によると、「雙倉北継文巻末《ヲ》加《ヘ》之畢《ンヌ》」と読めるから、双倉北継文の巻末に混入していた斉衡三年実録の巻末一紙を、天保七年の修理の時に斉衡三年実録の巻末に移したのであろうという。

(8) この断簡に自署を加えている別当真昶は、貞観元年から同十二年まで別当の地位にあり（『群書類従第四輯　補任部』「東大寺別当次第」五七二頁）、同じく藤原貞敏は貞観九年十月四日に卒しているから（『新訂増補国史大系第四巻　日本三代実録』二二一頁）、貞観元年から同九年までの間に書かれた断簡であることがわかる。

(9) 例えば『新訂増補国史大系第二四巻　令集解　後篇』五八八頁。

(10) 出蔵帳によると、天平宝字三年十二月二十六日に念珠一一具が出蔵されたが、この一一具のうちと考えられる四具が延暦十二年曝涼帳に記載されている。延暦三年までの双倉北物用帳にはこの四具返納のことは見えないから、同三年以後十二年までの間に返納された可能性があるが（本書第三部第二章二四六〜二四七頁）、未だ推測の域を出ない。

(11) 福山氏が元来双倉北継文に貼り継がれていたと想定される文書の一つに、延暦十三年四月二十五日付の太政官牒がある（東南院文書之一―二四三）。この文書は、甘草五斤・大黄五斤・人参二斤・呵梨勒一〇〇丸・檳榔子一〇〇丸を大納言藤原小黒麻呂に沽却するため出蔵を命じたものであるが、しかしこれが北倉についての文書であると考えるには次のような疑問がある。弘仁二年曝涼帳によると、延暦十三年四月二十七日に甘草一〇〇斤・大黄一〇二斤・人参一〇〇斤・檳榔子一二〇枚ほか四種の薬物が出蔵されたことが記載されているから、これらの薬物の一部が、延暦十三年四月二十五日付太上官牒に記載されている薬物であると考える余地があるかもしれない。しかし弘仁二年帳によると、甘草・人参・檳榔子および大黄一〇〇斤は内裏へ進められ、大黄二斤は藤原内麿と菅野真道に給わったと明記されている。即ち藤原小黒麻呂に沽却のため出蔵したことは見えない。従って弘仁二年帳の記載を信用するならば、延暦十三年四月二十五日付太政官牒は、北倉以外の東大寺の倉に関する文書ということになろう。この太政官牒が北倉に関する文書であるかどうかは、今のところ疑問としておきたい。

(12)〔二五附録―九〇〜九一〕。

(13) 御物納目散帳の第七紙には「右納第一《六》韓櫃」とあって、「一」を「六」に訂正しているが、松島順正氏の御教示によってさらに原本の紙背を検すると「第四櫃」の墨書がある。
(14)〔二五附録─五～六、八八～九五〕。
(15)第一七櫃を除く他の辛櫃別文書については、双倉雑物下帳を参照すると、該当する辛櫃からの出納が行われていないから、たとえ出納関係の記載がなくても、容器別出納帳の第一紙となるべき文書であったという推定を妨げない。ただし第一七櫃の文書については、双倉雑物下帳によると、この辛櫃から弘仁十三年三月二十六日に鏡の出蔵が行われているのに、そのことが記載されていないという未解決の問題がある。
(16)栗原治夫「正倉院曝涼と四通の曝涼目録」『大和文化研究』一二─一、一九六七年。
(17)〔一三─二〇七〕、〔一四─二七九〕。
(18)〔東南院文書之一─二三七～二三八〕。
(19)『新訂増補国史大系第二二巻　令義解』二六八頁。
(20)『同第二巻　続日本紀』一六七頁。
(21)〔四─四二〇～四二二〕。
(22)先学によって、勅命伝達の迅速化あるいは宮中調度の調達を目的として設置された勅旨省が、天平宝字六年から延暦元年四月まで存続したことが明らかにされている(角田文衛「勅旨省と勅旨所」『古代学』一〇─二・三・四合併号、一九六二年。後に『律令国家の展開』塙書房、一九六五年に収録。米田雄介「勅旨省と道鏡」『古代学』一二─一、一九六五年)。北倉の出納に立合っている藤原縄麻呂、健部人上などは勅旨省の官人であるから、奈良時代における北倉の管理に勅旨省が関与していた可能性があるが、この問題の検討は今後の課題としたい。
(23)説明に必要な宝亀三年から延暦二十二年までに限って、出納に立会った官人を表示すると表2のようになる。
(24)前掲『続日本紀』五三五頁。
(25)前掲『令義解』三二三頁。
(26)『新訂増補国史大系第六巻　類聚国史　前篇』四九二頁。
(27)〔二五附録─五五～五六〕。

表2　出納の立会い

年月日	使	造寺司官人	僧官	出典
宝亀　三・八・二十八	左大弁佐伯今毛人 右衛士佐紀家守	大伴官美努奥麿 主典葛井荒海 〃　阿刀与佐弥	寺主玄愷 都維那舜雲 可信宝業 〃　承天 〃　慚安	双倉北物用帳
〃　九・五・十八	右衛士督藤原小黒麻呂 右少弁紀古佐美	大伴官山口嶋足 少判官柿本猪養 〃高松内弓 主典大和虫麻呂	大都維那満植 可信承天	〃
〃　十・十二・六	右衛士督藤原小黒麻呂	次官紀白麻呂 少判官高松内弓 主典大和虫麻呂	大都維那恵瑤	〃
天応　元・八・十二	藤原家依 健部人上	次官桑原足床 大伴官佐伯福都理 少判官林稲麻呂 〃　大伴水通 主典多摩鷹養	上座大法師 大都那恵瑤 寺主善季	〃
〃　元・八・十八	藤原家依 健部人上	次官桑原足床 大伴官葛井犬養 〃　佐伯福都理 少判官林稲麻呂 主典多摩鷹養	上座善報 □（大）都維那恵瑤	〃

〃　二・二・二十二	藤原鷹取 健部人上	長官吉備泉 □□□（大判官）槻本荖麿 少判官大伴夫子 主典広井嶋人 〃　多鷹養	寺主善季 大都維那恵瑤	〃
延暦　三・三・二十九	藤原家依			〃
〃　十三・四・二十七	石上家成			弘仁二年曝涼帳
〃　十三・六・十三	〃			〃
〃　十三・九・十三	〃			〃
〃　十三・九・十五				延暦十二年瀑涼帳
〃　十八・十一・十一	宮内卿石上家成 中監物穂積道長 侍医吉水唐		寺主修哲 都維那伍浄	双倉雑物下帳
〃二十一・十一・二十一	左京大夫藤原大継 小監持紀大足		寺主修哲 都維那伍浄	〃
〃二十二・正・二十三	治部大輔和今鹿麻呂 少監物賀茂赤兄		上座寿堅 都維那伍浄 別当修哲	〃

第四章　献物帳と奉勅

一　献物帳と紫微中台

聖武太上天皇の崩後、その菩提を弔うために献納された品々の目録として献物帳がある。現存する献物帳としては、正倉院に伝えられている五巻のほかに、東京国立博物館に所蔵の一巻がある。前者は東大寺に対して献納されたものの目録であり、後者は法隆寺に対して献ぜられたものの目録である。ところでこれら献物帳は、作製年次に相違があるばかりでなく、その形式や体裁は必らずしも一様ではない。先に私は、これら献物帳の作製手続きを検討し、献納事業の経過を考察した(1)。しかし、献物帳の作製主体、即ち献納者が誰であるか、また当時の政治制度とどのように関連するか、といった問題がなお残されていた。また、後藤四郎氏から私見に対する厳しい御批判を頂戴した(2)。そこで、御教示によって私見を補訂するとともに、従来気付かれなかった紫微中台の性格も多少解明してみたいと思う。ここに改めて献物帳の作製過程を検討し、紫微中台の性格に論及してみたい。

1　献物帳の作製と献納者

第一章で私は、第一にこの献納事業は、東大寺以下十八ヵ寺に対する献納と、それが完了した後、東大寺だけを対象とした三回にわたる追加献納から成ること、第二に東大寺以下十八ヵ寺への献納にともなう献物帳のうち、現存するのが東大寺に対する国家珍宝帳・種々薬帳、および法隆寺に対する法隆寺献物帳であり、そして追加献納にともなうのが屏風花氈帳・大小王真跡帳・藤原公真跡屏風帳であることを明らかにした。これを表示すると表1のようになる。

ところで献納事業の経過を考える場合には、各献物帳の文書形式、奉勅の日付、願文、署名などが手懸りとなる。そこで、改めて献納事業の経過を検討するために、献物帳の記載のうち必要部分を引用して次に掲げることにしよう。

（1）国家珍宝帳(3)

奉二為　太上天皇一捨二国家珍宝等一入二東大寺一願文　皇太后御製

（願文省略）

献盧舎那仏

（献納品目省略）

右件、皆是先帝翫弄之珍、内司供擬之物、追感疇昔、触目崩摧、謹以奉レ献二盧舎那仏一、伏願用二此善因一、

表1　献納事業

献物帳名	年月日	献納対象	献納事業の経過
国家珍宝帳	天平勝宝八歳六月二十一日	東大寺	十八ヵ寺への献納
種々薬帳	同右	同右	
法隆寺献物帳	同　歳七月八日	法隆寺	
屏風花氈帳	同　歳同月二十六日	東大寺	東大寺への追加献納
大小王真跡帳	天平宝字二年六月一日	同右	
藤原公真跡屏風帳	同　年十月一日	同右	

奉レ資二冥助一、早遊二十聖一、普済二三途一、然後鳴二鑾花蔵之宮一、住二蹕涅槃之岸一、

天平勝宝八歳六月廿一日

従二位行大納言兼紫微令中衛大将近江守藤原朝臣仲麻呂

従三位行左京大夫兼侍従大倭守藤原朝臣永手

従四位上行紫微少弼兼中衛少将山背守巨万朝臣福信

紫微大忠正五位下兼行左兵衛率左右馬監賀茂朝臣角足

従五位上行紫微少忠葛木連戸主

(2)種々薬帳(4)

奉盧舎那仏種々薬

(献納品目省略)

以前、安二-置堂内一、供二-養盧舎那仏一、若有下縁二病苦一可レ用者上、並知二僧綱一後聴二充用一、伏願服二比薬一者、万病悉除、千苦皆救、諸善成就、諸悪断却、自レ非二業道一、長無二夭折一、遂使命終之後、往二-生花蔵世界一、面奉二盧舎那仏一、必欲レ証二-得遍法界位一、

天平勝宝八歳六月廿一日

(署名、国家珍宝帳に同じ)

(3)法隆寺献物帳(5)

献法隆寺

(献納品目省略)

奉二今月八日　勅一、前件、並是先帝翫弄之珍、内司供擬之物、各分二数種一、謹献二金光明等十八寺一、宜下令常二置仏前一、長為中供養上、所レ願、用二此善因一、奉レ資二冥助一、早遊二十聖一、普済二三途一、然後鳴二鑾花蔵之宮一、住二蹕涅槃之岸一、

　天平勝宝八歳七月八日

従二位行大納言兼紫微令中衛大将近江守藤原朝臣仲麻呂

従三位行中務卿兼左京大夫侍従藤原朝臣永手

従四位上行紫微少弼兼武蔵守巨万朝臣福信

紫微大忠正五位下兼行左兵衛率左右馬監賀茂朝臣角足

従五位上行紫微少忠葛木連戸主

（4）屛風花氈帳(6)

献東大寺

（献納品目省略）

右件、今月十七日奉レ勅、献二納東大寺一、具如二前件一、

　天平勝宝八歳七月廿六日

従二位行大納言兼紫微令中衛大将近江守藤原朝臣仲麻呂

従三位行中務卿兼左京大夫侍従藤原朝臣永手

従四位上行紫微少弼兼武蔵守巨万朝臣福信

従四位下守右大弁兼紫微少弼春宮大夫行侍従勲十二等巨勢朝臣堺麻呂

紫微大忠正五位下兼行左兵衛率左右馬監賀茂朝臣角足
従五位上行紫微少忠兼常陸員外介葛木連戸主

（5）大小王真跡帳[7]

勅
献東大寺
（献納品目省略）
右書法、是弈世之伝珍、先帝之玩好、遺在㆓篋笥㆒、追感瞿然、謹以奉㆑献㆓盧舎那仏㆒、伏願、以㆓此妙善㆒、
奉㆑翼㆓冥途㆒、高遊㆓方広之通衢㆒、恒演㆓円伊之妙理㆒、
天平宝字二年六月一日
紫微内相従二位兼行中衛大将近江守藤原朝臣

（6）藤原公真跡屏風帳[8]

献東大寺
（献納品目省略）
右件屏風書者、是　先考正一位太政太臣藤原公之真跡也、妾之珍財莫㆑過㆓於此㆒、仰以奉㆑献㆓盧舎那仏㆒、
願因㆓妙善㆒、奉㆑薫㆓冥資㆒、早遊㆓花蔵之界㆒、恒対㆓芳閣之尊㆒、
天平宝字二年十月一日
太保従二位兼行鎮国太尉藤原恵美朝臣
参議従三位行武部卿兼坤宮大弼侍従下総守巨勢朝臣関麿

さてこの献納事業の経過を考える場合の問題は、法隆寺献物帳に見える「謹献金光明等十八寺」をどう解釈するかにある。即ち、十八ヵ寺の筆頭にあげられている金光明寺は東大寺を指すが、(9)ここに言う東大寺への献納が行われたとするとその献物帳は、現存する五巻の東大寺献物帳のいずれに相当するのであろうか。この点について私は、国家珍宝帳と種々薬帳に相当すると考えたが、後藤四郎氏はそれを批判され次のように述べておられる。(10)

国家珍宝帳における主たる献納者は光明皇太后であり、これに対し法隆寺献物帳における献納者は、同帳が奉勅の形式をとっている点からみて屛風花氈帳と同じく孝謙天皇と考えられ、その相違は見逃し難い。巻末の願文が一部を除き一致している点は必ずしも本質的な問題ではない。

これに対し、法隆寺献物帳と屛風花氈帳とでは、両者共に奉勅の形式をとり、献納者が孝謙天皇である点で一致する。前者の奉勅の日付が七日八日であるのに対し、後者のそれが七月十七日であるという相違については、一八寺の中でも東大寺は別格であり、法隆寺など一七寺に比べて献納宝物の数もかなり多いので、改めて十七日に勅が発せられたものと考えられる。

思うに孝謙天皇は、聖武天皇七七忌における光明皇太后の東大寺に対する大規模な宝物の献納を見て、これに倣って東大寺の外に法隆寺等一七寺を加えた諸寺に宝物の献納を思い立たれたのであろう。

確かに、国家珍宝帳・種々薬帳と法隆寺献物帳が、同一の献納事業であるという私見にとって、後藤氏が指摘された献納主体の相違と奉勅の有無は重要な問題点であり、従来の説明では不十分であったと思う。しかし後藤氏の御教示により、改めてこの問題点を検討したところ、国家珍宝帳・種々薬帳と法隆寺献物帳の間の相違点は、光明皇太后と孝謙天皇がそれぞれの立場から同一の献納事業に関与した結果であると解することが可能であり、そのように考えることによって第一章の論旨を補強することができるのではないかと思う。

まず、後藤氏が言われるように、法隆寺献物帳と屏風花氈帳が関連する献物帳であるという見方が、成立するかどうかを検討することからはじめたい。後藤氏は、法隆寺献物帳の願文に見える「金光明寺」への献物帳が、屏風花氈帳に相当すると考えられる論拠として、両者ともに奉勅の形式をとり、献納者がいずれも孝謙天皇であることをあげられた。しかし、後藤氏も言われるように、法隆寺献物帳の奉勅の日付は七月八日であり、屏風花氈帳のそれは七月十七日であって一致しない。屏風花氈帳の奉勅の日付が遅れた理由として、後藤氏は東大寺が十八ヵ寺の中で別格であることと、献納宝物の数が法隆寺などに比べて多いことをあげられた。しかし、法隆寺献物帳所載の七月八日の勅には、「金光明等十八寺」とあって、東大寺に対する献納も含まれているのであるから、東大寺への献納について七月十七日に改めて勅が発せられなければならなかった理由は、必らずしも明らかでないように思われる。

ここで、法隆寺献物帳には「奉今月八日勅」とあるのに対し、屏風花氈帳には「今月十七日奉ㇾ勅」とあって、奉勅の記載形式にちがいのあることに注意しなければならない(11)。即ち、法隆寺献物帳の方は、勅が今月八日に出されたものであることがはっきりしているが、屏風花氈帳の方は今月十七日に勅を奉じたことは明記されていても、その勅がいつ出されたものであるかは、必らずしも明らかでないのである。そこで、屏風花氈帳の奉勅の記載については、一応二つの解釈が可能である。第一には、法隆寺献物帳と同じ今月八日の勅を十七日に奉じたという解釈、第二には、今月十七日にその日の勅を奉じたという解釈である。ところで、第一の解釈をとる場合、法隆寺献物帳の日付は七月八日であるから、今月八日の勅をその日のうちに奉じているのに対し、屏風花氈帳の方は、同じ今月八日の勅を、十日余り遅れて十七日に奉じたということになる。しかし、同じ今月八日の勅を、法隆寺については八日に奉じ、東大寺については十七日に奉じたというのは、まず考え難い。なぜならば、今月八日の勅には、金光明寺即ち東大寺への献納のことも令せられているからである。従って、「今月十七日奉ㇾ勅」は、今月十七日にその日の勅を奉じたという第二の解釈をとるべきであろう。よって、法隆寺献物帳に見える今月八日の勅と、屛風花氈帳に見える今月十七日に奉じた勅とは、やはり別の勅であると考えなければならない。

勅の日付が異なることに加え、さらに重要な点は、「謹献㆓金光明等十八寺㆒」の文言の有無である。即ち、もし仮に法隆寺献物帳と屛風花氈帳が同一の勅を奉じているとするならば、法隆寺献物帳に明記されている「謹献金光明等十八寺」という勅の文言が、屛風花氈帳に見えてもよさそうに思えるのに、それが全く見えないのである。法隆寺献物帳と屛風花氈帳が直接に関連するとするならば、十八ヵ寺の中の筆頭である東大寺に対する献物帳に、十八ヵ寺への献納のことが見えないのは、やはり不可解と言わねばならない。また、屛風花氈帳における献納宝物の数が、法隆寺献物帳よりかなり多いことも[12]、献物帳の完成が遅れる理由にはなっても、奉勅の日付が遅れる理由にはならないように思われる。従って私は、奉勅の日付が相違することと、「謹献金光明等十八寺」の文言の有無という点から、法隆寺献物帳と屛風花氈帳が直接に関連すると考えるのは、やはり困難ではないかと思う。

それでは、法隆寺献物帳と関連する献物帳は、現存する東大寺献物帳のうちのいずれであろうか。残るは、国家珍宝帳、種々薬帳、大小王真跡帳、藤原公真跡屛風帳であるが、大小王真跡帳の日付は天平宝字二年（七五八）六月一日、藤原公真跡屛風帳は同年十月一日であって、いずれも法隆寺献物帳の日付とはおよそ二年のへだたりがあるから、この二つを法隆寺献物帳に結びつけることはまず無理であろう。

ところで、東大寺献物帳に関する限り、現存する五巻の外に失われた献物帳はおそらくないと思われる。というのは、延暦六年（七八七）六月に正倉院北倉の収蔵品を点検した際の目録に、

記書五巻　一珍宝記　一種々薬記　一書屛風幷氈等記
一書屛風記　一大小王真跡記

と記されており、同十二年、弘仁二年（八一一）の同様の目録にも同じ記載がある[13]。従って、延暦六年以降今日まで、

正倉院北倉に伝えられた献物帳は現存の五巻であり、このほかに失われた献物帳はないことが確認される。それでは、天平勝宝八歳（七五六）から延暦六年までの間についてはどうであろうか。天平勝宝八歳十月から延暦三年三月までは、双倉北雑物出用帳がほぼ完存している。延暦三年三月以後同六年六月までの三年間については同帳が欠損していて不明ながら、延暦三年三月までの二八年間については、北倉収蔵物の出納をすべて知ることができる。[14]同帳の天平宝字八年十月の条には、「検定文一巻」が出蔵され内裏に進められたことが記されているが、[15]検定文とは、北倉収蔵物を点検した際の記録であろうから、もし献物帳の出納があったとすれば、同帳に記載されるはずである。そのような記載はないから、その間献物帳の出納はなかったと考えられる。また延暦六年の点検目録の最後に次の記載がある。[16]

以前、依㆓太政官今月十三日符㆒、曝㆓涼香薬并雑物㆒亦簡㆓択之㆒、即以㆓検珍財帳㆒為㆑本、時有㆓疑似㆒引㆓献物帳㆒改正、亦依㆓出帳㆒定㆑数、具件如㆑前、（傍点柳）

ここに見える検珍財帳とは、天平宝字四、五年頃に作製されたと考えられる点検目録であり、[17]出帳とは先に触れた双倉北雑物出用帳などの出納帳であるが、疑義ある場合には献物帳を引用したというのであるから、当時献物帳は北倉収蔵物の台帳としての役割を果たしていたのであり、厳重に保管されていたと考えてよい。従って、延暦六年までの間に、かつて存在した献物帳が、出蔵によりあるいは散逸により失われたということは、まず考え難い。[18]

そうすると、法隆寺献物帳に見える「金光明寺」への献物帳は、やはり現存する五巻の献物帳のいずれかということになる。そして、先に検討したように屏風花氈帳ではなく、また大小王真跡帳や藤原公真跡屏風帳でもないとすれば、必然的に国家珍宝帳および種々薬帳と考えざるを得ないのである。すでに木内武男氏は、法隆寺献物帳の願文の一部が国家珍宝帳のそれと同一であることから、国家珍宝帳による東大寺への施入と、法隆寺等十七ヵ寺への施入とは、一連の作善業であることを指摘しておられる。[19]両献物帳の願文のうち、一致するのは次の部分である。

……先帝翫弄之珍、内司供擬之物、……用二此善因一、奉レ資二冥助一、早遊二十聖一、普済二三途一、然後鳴二鑾花蔵之宮一、住二蹕涅槃之岸一、

このことも、両帳が関連する献物帳であることの有力な傍証になろうと思う。

しかし、国家珍宝帳・種々薬帳と法隆寺献物帳が、互いに関連する献物帳であると考える場合、次の二つの問題を検討しなければならない。第一に国家珍宝帳・種々薬帳の日付が六月二十一日であるのに対し、法隆寺献物帳のそれは七月八日であって、献物帳の日付に相違があること、第二に、後藤氏が指摘されたように、国家珍宝帳・種々薬帳の献納者が光明皇太后であるのに対し、法隆寺献物帳は孝謙天皇の勅による献物帳である、という重要な相違があることである。加えて、法隆寺献物帳には「謹献二金光明等十八寺一」の文言があるのに、国家珍宝帳・種々薬帳にはそれがないという相違点がある。これらの問題点を解明することは、国家珍宝帳・種々薬帳と法隆寺献物帳がどのように関連するかを明らかにすることになろう。

まず第一の問題点から検討しよう。第一章において私は、「金光明等十八寺」への献納事業は、孝謙天皇と光明皇太后の合意によって発令され、まず国家珍宝帳・種々薬帳による東大寺への献納が六月二十一日に行われた後、他の十七ヵ寺への献納が七月八日に実施されたと考えた。

ここで、前掲献物帳引用文の、（1）国家珍宝帳、（2）種々薬帳、（3）法隆寺献物帳の署名に注目したい。これら三通の献物帳には、いずれも藤原仲麻呂、藤原永手、巨万福信、賀茂角足、葛木戸主の五人が署名を加えている。ところで、これら五人が帯びている官職は、国家珍宝帳と種々薬帳については全く同一であって、これら二通の献物帳が同時に作製されたことを示唆している。ところが、法隆寺献物帳においては、五人のうち永手と福信の二人の官職に異動が見られる。即ち、永手は大倭守を辞して中務卿に任じており、福信は中衛少将を辞し、山背守から武蔵守に

転じているのである。従って、国家珍宝帳・種々薬帳は、日付の通り六月二十一日に作製されたものであり、法隆寺献物帳とは作製の時期を異にすることが確認される。そして、国家珍宝帳・種々薬帳による東大寺への献納と、法隆寺等十七ヵ寺への献納の実施も、相前後して行われたと考えてさしつかえないと思う。

さて、国家珍宝帳・種々薬帳による東大寺への献納に遅れて作製された法隆寺献物帳に、「謹献二金光明等十八寺一」という文言があるのは、どのように解したらよいであろうか。この文言については、二つの解釈が可能であると思う。一つは第一章において明らかにしたように、すでに献納の終わっている東大寺を加えて「謹献二金光明等十八寺一」としたのは、はじめから東大寺への献納と法隆寺など十七ヵ寺への献納が、一連の事業として計画され発令されたものだからであるという解釈である。[20] もう一つ考えられる解釈は、国家珍宝帳・種々薬帳による東大寺への献納が実施された後、同じ趣旨の献納事業を拡大して他の十七ヵ寺にも実施することとなったため、すでに献納済みの東大寺を含め「謹献二金光明等十八寺一」という文言が、法隆寺献物帳に明記されたという解釈である。これら二つの解釈のうち、どちらが妥当であるかはなお検討を要するが、いずれの解釈をとるにしても、国家珍宝帳・種々薬帳による東大寺への献納と、法隆寺など十七ヵ寺への献納が、一連の献納事業であったと解することが可能である。

第二の問題点は、国家珍宝帳には皇太后御製の願文が掲げられており、かつ国家珍宝帳・種々薬帳ともに奉勅の表示がないのに対して、法隆寺献物帳には奉勅の表示があり、かつ「金光明等十八寺」への献納であることが明記されていることである。第一章において私は、十八ヵ寺の中で、太上天皇、皇太后ゆかりの東大寺に対する献物帳には、特に皇太后御製の願文を掲げ、他の十七ヵ寺への献物帳には、天皇の勅による願文を掲げたからであると説明したが、これだけの説明ではなお不十分であろう。ここで第一章の説明を補強してみたいと思う。

国家珍宝帳・種々薬帳と法隆寺献物帳とでは、献納の主体が皇太后であるか天皇であるかという相違があるだけでなく、献納の対象にも明瞭なちがいがある。即ち、国家珍宝帳・種々薬帳においては、献納の対象は東大寺および盧舎那仏に限定されているのに対し、法隆寺献物帳には東大寺を含む十八ヵ寺を献納の対象とすることが明記され、かつ前者における東大寺は、後者においては金光明寺と表記されている。言うまでもなく金光明寺とは、金光明四天王護国之寺という国分寺としての寺名の略称である。また献納の目的は、両者ともに太上天皇の追善供養にあることで共通するが、先にも述べたように、前者は太上天皇の七七の忌日を献物帳の日付としていることからもうかがわれるように、同じ追善供養であっても、信仰的な意味合いは後者よりはるかに強いと言える。そこで、国家珍宝帳・種々薬帳と法隆寺献物帳に見られる献納対象や献納目的の相違は、この献納事業に対する光明皇太后と孝謙天皇の立場の相違と考えることが可能ではなかろうか。即ち、法隆寺献物帳に「奉勅」「謹献二金光明等十八寺一」と表記されているのは、光明皇太后による東大寺への献納を、孝謙天皇は金光明寺即ち国分寺への献納と見なしているのであり、かつ十八ヵ寺への献納の一環として位置づけていると解されるのである。そして、天皇による、国分寺を筆頭とする十八ヵ寺への献納事業には、単なる追善供養を超える国家政策的な性格が看取されるように思われる。このように、同じ東大寺への献納に対して、光明皇太后と孝謙天皇が異なるかかわり方をしているのは、皇太后と今上天皇の立場の相異によると思われる。特に光明皇太后による東大寺への献納が、孝謙天皇によって十八ヵ寺への献納の一つに位置づけられているという点は、今上天皇と皇太后の律令国家における立場の相違に由来すると考えてよいのではなかろうか。

　以上をまとめると、法隆寺献物帳に見える「金光明寺」への献物帳が、屛風花氈帳に相当すると考えることは、いくつかの点で困難であり、かつ献物帳の伝来の状況を勘案すると、「金光明寺」への献物帳は、国家珍宝帳・種々薬帳であると考えざるを得ない。また、国家珍宝帳・種々薬帳と他の十七ヵ寺への献物帳とは、作製の時期を異にするが、法隆寺献物帳の「謹献二金光明等十八寺一」の文言により、一連の献納事業にともなう献物帳であることが確かである。そして、国家珍宝帳・種々薬帳と法隆寺献物帳の間に、献納者、献納対象および献納目的の相違があるのは、同一の献納事業に対し、皇太后と天皇が異なる立場で関与したことによる、と解釈することが可能である。これらの諸点により、天皇と皇太后の合意のもとに国家珍宝帳・種々薬帳による東大寺への献納と法隆寺など十七ヵ寺への献納が、一連の事業として実施され、この十八ヵ寺への献納が完了した後、屛風花氈帳以下三回にわたる追加献納が実施されたものと考える。

なお、この献納事業に認められる天皇と皇太后の立場のちがいは、当時の政治史一般を考える場合にも考慮すべきことであろうと思う。というのは、従来、皇太后と天皇が母―娘の関係にあることから、両者を一体の存在として見なす傾向があるが、そのような関係と同時に、律令国家における天皇と皇太后の間には、明瞭な立場の相違があることを献物帳は物語っていると思うからである。

2　献物帳から見た紫微中台

紫微中台は、『続日本紀』天平宝字四年六月乙丑の光明皇太后の崩伝に、

勝宝元年、高野天皇受レ禅、改二皇后宮職一曰二紫微中台一、妙二-選勲賢一並二-列台司一、

とあるところから、天平勝宝元年に皇后宮職を改めたものであることが知られている。[21]その創設の時期について、瀧川政次郎氏は、孝謙天皇受禅の天平勝宝元年七月甲子から、紫微令以下の職員が任命された同年八月辛未までの間であるとされ、停廃の時期を天平宝字五年の秋頃とされているから、[22]これによれば紫微中台（天平宝字二年八月に坤宮官と改称）は、天平勝宝元年から天平宝字五年までおよそ一二年間にわたって存続したことになる。

さて、紫微中台の職掌については、『続日本紀』天平宝字二年八月甲子の官号改易の記事に、(23)

是日、大保従二位兼中衛大将藤原恵美朝臣押勝、（中略）等、奉レ勅改二易官号一、太政官惣二持綱紀一、掌レ治二邦国一、如三天施レ徳生二育万物一、故改為二乾政官一、（中略）、紫微中台、居レ中奉レ勅、頒二行諸司一、如三地承レ天亭二毒庶物一、故改為二坤宮官一、中務省、宣二伝勅語一、必可レ有レ信、故改為二信部省一、（下略、傍点柳）

とあるが、「居中奉勅」の意味が問題となる。この解釈について瀧川氏は、

文中にある「居中奉勅」なる句の「中」は、勿論禁中の意に解さねばならない。また「勅」という以上は、天皇の命令でなければならない。しかし、紫微中台なる官司は、（中略）続紀、天平宝字四年六月乙丑条の記事によって知られる如く、孝謙天皇によって置かれた官司にあらずして、光明皇太后によって置かれた官司であって、その官吏の人選の如きは、専ら皇太后によって行はれた。故にこの「中」は皇太后宮の宮中の意であり、この「勅」は皇太后の令旨でなければならない筈である。しかし、続紀が皇太后の令旨を勅と書く筈もないから、皇太后の発せられる命令は、すべて孝謙天皇の勅の形式において、発せられたものと解する外ない。故に私は、紫微中台の職は、皇太后に近侍して、その行はせられる大政を輔佐し、皇太后に対して上られる表啓を取次ぎ、皇太后が勅なる形式によって発せられる命令を、諸司に頒下することを掌ったものと考へる。

と述べられ、結局「中」は皇太后宮の宮中、「勅」は皇太后の命と解しておられるようである。(24) しかし、右の官号改易の記事には「勅」の字が三回にわたって使われており、はじめに見える「奉勅改易官号」と、後半部の「中務省、宣伝勅語」とは、ともに天皇の勅を指しているから、「居中奉勅」だけが皇太后の勅であると解するのはやや不自然である。また、この記事は、太政官と紫微中台を対置して述べているから、太政官の職掌である「惣持綱紀、掌治邦国」が国政を総べ掌ることを意味するとすれば、それに対比される紫微中台の「居中」は、外廷に対する内廷といっ

た意味であると解される。従って「居中奉勅」は、内廷にあって天皇の勅を奉ずるという意に解釈するのが自然であろうと思う。

ここで、紫微中台の職掌「居中奉勅」と、同じ紫微中台において作製された献物帳・施入状との関係を検討しよう。すでに由水常雄氏が指摘されたように、献物帳の中には、奉勅の形式を備えているものと、勅の

表2　各献物帳の概要

献物帳名	奉勅の有無	献納品の性格	献納の主体
国家珍宝帳	なし	先帝翫弄之珍	光明皇太后
種々薬帳	なし	皇后宮職施薬院と関連か	同右
法隆寺献物帳	奉今月八日勅	先帝翫弄之珍	孝謙天皇
屏風花氈帳	今月十七日奉勅	？	同右
大小王真跡帳	勅	先帝之玩好	同右
藤原公真跡屏風帳	なし	妾之珍財	光明皇太后

表示のないものとがある[25]。即ち、現存する六巻の献物帳のうち、法隆寺献物帳には「奉今月八日　勅」とあり、屏風花氈帳には「今月十七日奉勅」とあり、大小王真跡帳には冒頭に「勅」の表示がある。これに対し、国家珍宝帳、種々薬帳、藤原公真跡屏風帳には、勅の表示は全く見られない（前掲献物帳引用文参照）。勅の表示の有無は何を意味するのであろうか。この問題についても、由水氏の指摘が重要である。即ち、勅の表示がない藤原公真跡屏風帳の願文に、「先考正一位太政太臣藤原公之真跡」「妾之珍財」とあることから（前掲献物帳引用文（6）参照）、同帳は皇太后を献納の主体としていることが明らかである。この由水氏の指摘を敷衍するならば、勅の表示のない国家珍宝帳には、皇太后御製の願文が掲げられており、種々薬帳も皇后宮職に設けられた施薬院との関係が想定されるから、国家珍宝帳、種々薬帳、藤原公真跡屏風帳は、皇太后を献納の主体として作製されたことが明らかである。勅の表示のない三帳が皇太后を献納の主体とする献物帳であるとすれば、勅の表示を有する法隆寺献物帳、屏風花氈帳、大小王真跡帳は、孝謙天皇の勅による献物帳であると考えなければならない[26]。この関係を表示すると表2のようになる。

さらに、これら献物帳のほかに、紫微中台で作製されたと考えられる施入状として、次の二通がある。(27)

（a）

勅

奉レ入二東大寺一宮宅及田園等

（中略）

以前、奉二去五月廿五日　勅一、所レ入如レ件、

天平勝宝八歳六月十二日

従二位（行脱カ）大納言兼紫微令中衛大将近江守藤原朝臣仲麻呂

従三位行左京大夫兼侍従大倭守藤原朝臣永手

従四位上行紫微少弼兼中衛少将山背守巨万朝臣福信

紫微大忠正五位下兼行左兵衛率左右馬監賀茂朝臣角足

従五位上行紫微少忠葛木連戸主

（下略）

（b）

高市郡飛驒坂所

（中略）

以前、奉二去五月廿五日　勅一、所レ入如レ件、

天平勝宝八歳六月十二日

（a）（b）ともに写しであるらしく、内印は押捺されていないようであるが、（a）には紫微中台官人の連署があるから、紫微中台で作製された施入状であると考えられる。（b）には署名がないが、写しであるため省略されたらしく、奉勅の日付、施入状の日付はともに（a）と同日であるから、おそらく署名も（a）と同じであり、従ってこれも、紫微中台において作製されたと考えてよかろう。これら二通は、いずれも奉勅形式の施入状であるから、奉勅の有無についての献物帳の分類に従えば、孝謙天皇の勅を奉じて作製された施入状ということになる。そうすると、紫微中台において作製された献物帳・施入状合わせて八通のうち、奉勅形式のものが五通、勅の表示のないものが三通となる。そして、この形式の相違は、献納あるいは施入の主体が、天皇であるか皇太后であるかのちがいによると考えなければならない。

そこで、紫微中台で作製された八通の献物帳・施入状の文書形式を、紫微中台の職掌「居中奉勅」と対照するならば、奉勅形式の献物帳・施入状がまさに「居中奉勅」の具体例であると考えることができよう。そうすると、「居中奉勅」の勅もまた孝謙天皇の勅であると考えなければならない。もし仮りに、「居中奉勅」の勅を皇太后の勅と解するならば、奉勅形式の献物帳・施入状もまた皇太后の勅によるということになり、そうすると、勅の表示のない献物帳との区別が説明しがたくなるからである。以上の考察により、紫微中台の職掌「居中奉勅」は、内廷にあって天皇の勅を奉ずるの意であり、現存する献物帳・施入状のうち、奉勅形式のものは、孝謙天皇の勅を奉じて紫微中台で作製されたもの、勅の表示のない献物帳は、皇太后の命により紫微中台で作製されたものと考えられる。(28)

ところで、公式令令旨式に「三后亦准二此式一」とあるから、令の規定によれば、皇太后は令旨を行うのがたてまえである。(29)それでは、紫微中台の設置期間中に、皇太后が令の規定通りに令旨を発令した例があるか否かを検証してみよう。そこで、正倉院文書に目を転じ、次の文書に注目したいと思う。(30)

造東寺司牒　大安寺法宣大徳房下
　奉請起信論疏一部三巻延法師
牒、今依二　令旨一、可レ写二件疏一、此求二他所一、都無レ所レ得、承三聞在二大徳房中一、仍差二舎人少初位上他田
水主一令レ向、乞察二事趣一、須臾之間、分二付此使一、事尤切要、勿レ在二隠惜一、今以レ状牒、
　　天平勝宝三年三月廿五日
　　　　　主典正八位下紀朝臣池主
　　　判官正六位下上毛野君真人
　玄蕃頭正五位下市原王

この造東寺司牒は、大安寺の法宣大徳房に宛てたもので、内容は、書写のための底本として、起信論疏一部三巻の借用を申し入れたものである。文中に見える令旨は、起信論疏の書写を命じているが、この令旨の発令者は誰であろうか。これと同様の内容をもつ造東寺司牒は、このほかに五通あって、日付は天平勝宝三年三月二十五日から同年六月十五日にわたる。借用を申し入れているのは、対法論抄、无量義経疏、法花論子注、唯識論要集、瑜伽抄、正理門論抄、涅槃経疏、大毗婆娑論抄などで、すべて疏である(31)。疏とは経典の注釈書のことである。これらの造東寺司牒は、皆川完一氏が光明皇后御願五月一日経の書写に関連する文書として取り上げておられるが(32)、そうであれば、これら造東寺司牒に見える令旨は、皇太后の令旨と考えてよいことになろう。そこで、関係史料を検討し、そのことを確認してみたい。

　天平勝宝三年三月二十五日から同年六月十五日まで、六通の造東寺司牒によって借用を申し入れた疏は、全部で九部六五巻に及ぶが、このようにして入手された疏は、造東寺司管下の写書所で書写されたらしい。次の文書によって、

天平勝宝三年五月末から同五年二月までの間、写書所において一六〇巻の疏が書写されたことが知られる。[33]

写書所解　申㆓請常疏料紙㆒事
合奉写論幷疏壱伯陸拾巻
用紙陸仟玖伯捌拾伍張
（中略）
以前、起㆓天平勝宝三年五月卅日㆒、尽㆓五年二月廿一日㆒、奉写一切経論之疏幷請紙之用、又所㆑残等、顕注如㆑前、
天平勝宝五年二月廿二日　呉原

疏の借用申し入れが行われた時期と、書写の開始された時期がほぼ照応すること、いずれも対象が疏であることから、造東寺司牒によって借用されたであろう疏は、天平勝宝三年五月末頃から写書所において書写されたものと考えられる。そして、書写が進行していたと思われる同年十二月の写書所の告朔解に、[34]

写書所解　申十二月告朔事
（中略）
書生壱伯壱人
十七人奉写瑜伽論　八十四人台奉写一切経内疏
（中略）
以前、起㆓十二月一日㆒、尽㆓廿日㆒、行事如㆑前、以解、
天平勝宝三年十二月廿一日（署名略）

と記されている。ここに見える「台奉写一切経内疏」は、紫微中台即ち皇太后御願一切経内の疏という意味であるから、令旨による疏の借用は、皇太后御願一切経を書写するために行われたことがわかる。そうすると、造東寺司牒に見える令旨は、光明皇太后の令旨であると考えるのが自然であり、従って、紫微中台が設置されていた期間に、皇太后によって令旨の発令された事例のあることが知られるのである。「可レ写二件疏一」との令旨は、おそらく紫微中台を通じて造東寺司へ伝えられたが、書写すべき疏の底本がなかったため、その借用を申し入れる造東寺司牒の発行となったものと思われる。右の考察に誤りがなければ、天平勝宝三年に皇太后によって発せられた令旨の存在することが知られるのである。

さて、光明皇太后によって令旨の発せられた事例が存在するならば、奉勅形式の献物帳・施入状の勅が、孝謙天皇によって発せられたものであることが、より一層明瞭となる。そして、勅の表示のない献物帳は、勅と令旨の中間的な性格の文書であると考えることができよう。このように、天皇の勅、皇太后の令旨およびその中間的な性格の文書という三種類の文書が紫微中台を通じて発行されたことは、紫微中台の性格を考えるための重要な手懸りになると思われる。ここで、文書形式から見た、天皇、皇太后と紫微中台との関係を図示するならば上図のようになる。

天皇・皇太后と紫微中台図

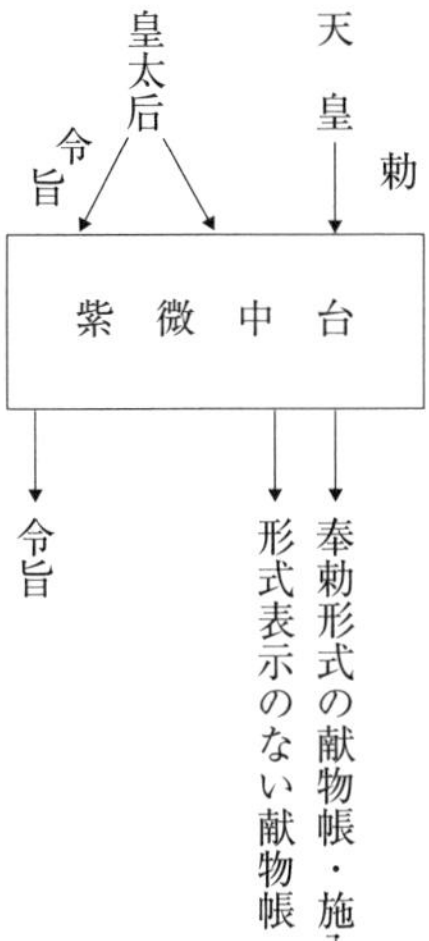

最後に、紫微中台の性格について、若干の見通しを述べて本節の結びに代えたいと思う。

第一に、皇太后の令旨が紫微中台を通じて発行されたとすれば、それは、紫微中台が皇后宮職の後身であり、皇太后の附属官司であることから、容易に理解できることである。しかし、紫微中台が天皇の勅を奉じて献物帳・施入状を作製している事実は、紫微中台の皇太后の附属官司としての性格からは説明しがたいことであろう。従って、右図に示したように、紫微中台は皇太后の附属官司であると同時に、内廷にあって天皇の勅を奉ずるという職掌（「居中奉勅」）を、合わせ有していたと考えなければならない。「居中奉勅」の職掌は、皇后宮職にはない紫微中台特有の職掌であって、皇后宮職を紫微中台に改めたゆえんではなかろうか。

第二に、勅の表示のない献物帳（国家珍宝帳、種々薬帳、藤原公真跡屏風帳）の文書としての性格である。これらの献物帳は皇太后を献納の主体として作製されたものであるから、本来ならば令旨と表示すべきものであるが、献納事業の全体が天皇と皇太后の合意によって行われたものであるため、令旨と表示することもまた勅と表示することも適切でなく、従って、文書の形式を表示しないまま内印を押捺した献物帳の作製となったのではなかろうか。そして、令に規定のない、このような独特な文書の発行は、令外官としての紫微中台の特質に関係するのではないかと思う。

第三に、紫微中台と太政官の関係である。瀧川氏は、献物帳巻末の署名について、紫微中台の官吏と侍従藤原永手の署名があるのみで、太政官の官吏の署名が見えないことは、この頃太政官が国家の重要政務から疎外されていたことを推断せしめるに充分である、と述べておられる(35)。しかし、献納された品々は、本質的には宮廷の用度品であるから、その処分に関することは多分に内廷的な事柄であって、太政官が献物帳の作製に関与していないのは、むしろ当然ではないかと思われる。従って、献物帳の巻末に太政官の職員が署名していないことをもって、太政官の国政統轄官司としての権能が、紫微中台に奪われていたと考えるのはやや早計であり、もし影響を受けたとすれば、太政官諸司の中でも内廷的な官司である中務省や宮内省ではなかったかと思う。

二　皇太后の詔と紫微中台の「居中奉勅」

本節は、第一節の旧稿に対していただいたご示教に従って、問題点を検討し、足りなかったところを補足し、かつ若干の新しい知見を付け加えたものである(36)。検討した問題点は、1二つの皇太后詔の解釈、2官号改易記事「居中奉勅」の意味、3施入状・献物帳における奉勅の再検討である。

1　二つの皇太后詔の解釈

近藤毅大氏は、『続日本紀』天平勝宝九歳七月戊申に「皇太后詔曰」、同月己酉に「太后詔」とあることをもって、光明皇太后が天皇と同じ詔勅を発布した事例であると考えられた。

私は、本章一節においては、これらの詔は二つとも宣命体であり、宣命体の詔は、詔あるいは勅の中でも一定の特殊な機能をもつものと思われるから、皇太后が宣命体の詔を発した例があることをもって、皇太后が日常的に詔や勅を発する立場にあったと考えてよいかどうか検討を要するとして、この史料の取り扱いを保留したところであった(37)。

そこで今改めて、二つの「詔」という表記の意味するところについて検討したいと思う。

「詔」の文字には、天皇のオホミコトそのものを指す場合と、「詔《の》る」と呼んでオホミコトを口頭で述べ聞かせることを意味する場合があると思われる(38)。岸俊男氏は、大宝令施行前の文武天皇元年（六九七）八月庚辰の即位の宣命に(39)、

詔曰、現御神止大八嶋国所知天皇大命良麻止詔大命乎、（中略）諸聞食止詔、（下略）

とあるのが、慶雲四年（七〇七）四月壬午の不比等に食封を給う宣命では(40)、

詔曰、天皇詔旨勅久、（中略）常労弥重弥所念坐久止宣、

とあって、大宝令の施行とともに、宣命末尾の「詔」が「宣」に改められたことを指摘されたが、この宣命末尾の「詔」は、まさにオホミコトを口頭で述べ聞かせることを意味している。このような「詔」の用例は、天平勝宝九歳七月癸酉の(41)、

詔曰、塩焼王者、唯預四王之列、（中略）自今往前者以明直心仕奉朝廷止詔、

にも見られる。

ここで二つの皇太后詔の史料を要約して掲げる。(42)

天平勝宝九歳七月戊申条

詔曰、（中略）詔畢、更召二-入右大臣以下群臣一、皇大后詔曰、汝多知諸者吾近姪奈利、又竪子卿等者、天皇大命以汝多知乎召而屢詔志久、朕後尓太后尓能仕奉利助奉礼止詔伎、又大伴・佐伯宿禰等波、自遠天皇御世、内乃兵止為而仕奉来、又大伴宿禰等波吾族尓母在、諸同心尓為而皇朝乎助仕奉牟時尓、如是醜事者聞曳自、汝多知乃不能尓依弖志如是在良志、諸以明清心皇朝乎助仕奉礼止宣、

同月己酉条

勅（中略）即日夕、内相仲麻呂侍二御在所一、召二塩焼王・安宿王・黄文王・橘奈良麻呂・大伴古麻呂五人一、伝二太后詔一宣曰、塩焼等五人乎、人告謀反、汝等為吾近人、一毛吾乎可怨事者不所念、汝等乎皇朝者己己太久高治賜乎、何乎怨志岐所止志弖加然将為、不有加止奈母所念、是以、汝等罪者免賜、今往前然莫為止宣、詔訖、五人退二-出南門外一、稽首謝二恩詔一、

戊申条は、奈良麻呂の乱直前の緊迫した情勢の中で、孝謙天皇の詔に続いて、皇太后が詔しているが、皇太后の詔の

ポイントは、聖武太上天皇の遺詔、即ち太上天皇が「我が亡き後は皇太后に仕え奉れと遺詔した」ことを述べ聞かせ（前掲史料の傍線部）、自らの立場をオーソライズした上で、群臣に対し謀反に加担するようなことのないように戒めたところにあると思われる。皇太后は、奈良麻呂の乱という皇権の危機に際し、太上天皇の遺詔に依拠することによって、皇権への忠誠を求めたものと思われる。群臣の中に近親者がいることや大伴氏が一族であることにも言及しているが、この詔の主眼は、皇太后が太上天皇の遺詔を「詔《の》る」形を取っているところにあると思われる。それ故に「皇太后詔曰」という表記になったのであろう。

己酉条は、乱が発覚した後、皇太后の御在所に塩焼王等五人を召し、五人の罪を免ずる皇太后の詔を仲麻呂が伝え宣したものである。この皇太后の詔には、太上天皇の遺詔のことは見えないが、五人の罪を免じ事態の収拾を図ろうとした皇太后の言詞は、言外に、前日の群臣への詔と同様に、太上天皇の遺詔を拠りどころとするものであったから、ここでも「太后詔」という表現になったのではなかろうか。

戊申条の末尾には「宣」とあり、己酉条にも仲麻呂が「宣」したことが明記されているので、第三者によって宣せられるという詔の特徴を備えており、皇太后の言詞が詔として宣せられた事例であると考えられるが、右に述べたように二つの皇太后詔は、太上天皇の遺詔を述べ聞かせ、それに依拠することによって発せられたものであるので、この奈良麻呂の乱に際して見られる二つの皇太后の詔をもって皇太后自身が、恒常的に詔や勅を発する立場にあったと考えることはできないのではないかと思う。

2　官号改易記事「居中奉勅」の意味

『続日本紀』天平宝字二年八月甲子の官号改易の記事のうち、太政官と紫微中台の部分を次に掲げる。(43)

太政官、惣二持綱紀一、掌レ治二邦国一、如三天施レ徳（A）生二育万物一。故改為二乾政官一。
紫微中台、居レ中奉レ勅、頒二行諸司一、如三地承レ天（B）亭二毒庶物一。故改為二坤宮官一。

文章の構造は、太政官の職掌を天＝乾になぞらえて乾政官に改め、紫微中台の職掌を地＝坤になぞらえて坤宮官に改めるというものである。そしてここでは、天＝乾には太政官がいただくところの天皇という意味が、また、地＝坤には紫微中台がいただくところの皇太后という意味が含まれているものと思われる。

そして前掲の（A）（B）は対句をなしており、かつここに見える「天」「地」も天皇と皇太后を意味していると考えられる。そうすると、「如三地承レ天亭二毒庶物一」は「地（皇太后）が天（天皇）を承けて、庶物を養い育てるが如し」の意となり、従って、「居レ中奉レ勅、頒二行諸司一」は、皇太后をいただく紫微中台は、天皇の勅を奉じて諸司に頒行するの意と解することができよう。そして紫微中台のこの職能が、天皇と皇太后の本来的な「天・地」の関係に由来するものであるならば、紫微中台設置の当初から備わっていたものと考えるべきではないかと思う。

3　施入状・献物帳における奉勅の再検討

本章第一節において取り上げた施入状は、天平勝宝七歳十二月二十八日孝謙天皇東大寺領施入勅以下三通、献物帳は国家珍宝帳以下六通であったが、吉川敏子氏が天平勝宝七歳十二月二十八日施入勅については偽文書との指摘があるため除外され、また新たに発見された天平宝字元年閏八月二十日と同年十二月十八日の二通の施入状を加えられた[44]。本章第一節において私は、聖武太上天皇崩後の一連の施入・献納事業は、施入状・献物帳のうち「勅」の表記のあるものを孝謙天皇主体のもの、「勅」の表記がなくて、皇太后の願文を有する国家珍宝帳・種々薬帳、「先考」「妾」の文言を有する藤原公真跡屏風帳を皇太后主体の献物帳と考えた。吉川氏は天平宝字元年閏八月二十日の施入勅には、

「朕」の自称が含まれていることを指摘され、『続日本紀』天平宝字元年七月戊申と己酉の二つの皇太后詔における自称は「吾」、献物帳（国家珍宝帳、藤原公真跡屛帳）では「妾」であることを対比され、「勅」の表記の有無による文書の主体についての解釈を進められた。私も右の吉川氏の見解を支持したいと思う。

ところで吉川氏は、施入状・献物帳の署名のあり方を、第Ⅰ期仲麻呂紫微令期、第Ⅱ期仲麻呂紫微内相期、第Ⅲ期仲麻呂大保・大師期の三期に分け、紫微中台の「居中奉勅」の職能は、第Ⅱ期から備わったとされている。ここで一連の施入・献納文書のうち「奉勅」の表記がある最初のものとなる施入状を要約して掲げる。(45)

勅

奉レ入二東大寺一宮宅及田園等

（中略）

以前、奉二去五月廿五日　勅一、所レ入如レ件、

天平勝宝八歳六月十二日

従二位（行脱カ）大納言兼紫微令中衛大将近江守藤原朝臣仲麿

従三位行左京大夫兼侍従大倭守藤原朝臣永手

従四位上行紫微少弼兼中衛少将山背守巨万朝臣福信

紫微大忠正五位下兼行左兵衛率左右馬監賀茂朝臣角足

従五位上行紫微少忠葛木連戸主

本書第三部第一章においては、紫微令仲麻呂以下の紫微中台の官人が皇太后の意向を受け、侍従ないし中務卿である藤原永手が孝謙天皇の勅を受けたものと考えたが、(46)それは「勅」の表記のない施入状・献物帳の場合であり、右掲の

ように「勅」の表記がある施入状・献物帳については、紫微中台が「居中奉勅」の職能により、天皇の「勅」を奉じて作成したものと考えられる。吉川氏は、永手が聖武・孝謙両天皇の寵愛を受ける特殊な立場にあったが故に、孝謙天皇の勅を奉じたとされ、第Ⅰ期の施入状・献物帳のすべてに紫微中台官人とともに永手の署名があることをもって、第Ⅰ期においては紫微中台には「奉勅」の職能はなく、永手の署名がなくなり紫微内相の署名のみとなる第Ⅱ期において、紫微中台に「居中奉勅」の職能が備わるとされた。興味ある見解ではあるが、署名の筆頭が永手より上位の大納言兼紫微令の仲麻呂であることを考えると、この施入状を作成するに際しての奉勅が永手のみによって行われたと考えるのは無理ではないかと思う。

天平感宝元年の「聖武天皇施入勅願文」[47]の奉勅者が、左大臣橘諸兄、右大臣藤原豊成、大僧都行信という高官であることと比較しても、大納言兼紫微令の仲麻呂が奉勅に預かっていないのは不自然であろう。むしろこの施入状は、冒頭に「勅」の表記があり、「以前、奉㆓去五月廿五日　勅㆒、所㆑入如㆑件」という奉勅の文言があるのであるから、紛れもない勅書であると考えるべきではなかろうか。そして勅書が紫微中台で作成されているという事実は、紫微中台に奉勅および勅書作成の権能があったことを意味するのではなかろうか。そうであれば、日付のあとの大納言兼紫微令、少弼、大忠、少忠の連署は、まさに奉勅者および勅書の作成者の位署と考えるべきであろう。

それでは永手はどのような役割をもって署名したのであろうか。職員令中務卿の職掌に「受㆑事覆奏」とあるように、侍従あるいは中務卿として署名した永手の役割は、紫微中台が奉じた勅の覆奏にあったと考えてみたい[48]。

そして「奉勅」の文言を有する法隆寺献物帳と屏風花氈帳も、紫微中台において作成された勅書であると考えられ、従って紫微中台は孝謙天皇の勅を奉じ、勅書を作成し、施行する権能を備えていたと考えられる。さらに、「勅」の表記なく、皇太后の意向を受けて紫微中台において作成された国家珍宝帳、種々薬帳、藤原公真跡屏風帳の存在を併せて考えるならば、天平勝宝八歳の時点で、紫微中台は皇太后の意向を奉じる付属職司であると同時に、併せて孝謙天皇の勅を奉ずる権能を有していたことが明らかであると考えるのである。

そして、本章第一節において「居中奉勅」の職掌は皇后宮職にはない紫微中台特有のものであって、皇后宮職を紫微中台に改めたゆえんであると考えたように、奉勅の権能は紫微中台設置の時にさかのぼるものと思われる(49)。

吉川敏子氏は、奈良麻呂の変の際、『続日本紀』天平勝宝九歳七月庚戌に「傾二皇太后宮一而取二鈴璽一」および戊午に「皇太后朝乎傾、鈴印契乎取」とある鈴印について、同年五月辛亥に「天皇移二御田村宮一、為レ改二修大宮一也」とある平城宮の改作により、一時的に皇太后宮に管理されていた可能性を指摘された。加藤麻子氏はさらに発展させ、平城宮の改修期間中、孝謙天皇の政務は皇太后宮で行われたため、鈴印も同宮に安置されていたと考えられた(50)。両氏の指摘は、皇太后宮と鈴印の関係を考えるために重要な視点であろうと思う。ただし、加藤氏が紫微中台の「居中奉勅」の職掌は、平城宮の改修にともない皇太后宮を孝謙天皇の臨時の内裏としたことに起因する、と考えられることには賛成しがたい。すでに述べたように、「居中奉勅」の権能は、紫微中台設置の時にさかのぼると考えられるからである。

吉川氏の時期区分に従って整理するならば、第Ⅰ期（紫微令期）は、「居中奉勅」によって紫微中台が奉勅の権能を有し、かつ中務の覆奏を必要とした時期、第Ⅱ期（紫微内相期）は、中務の覆奏が必要なくなり、内相単独で奉勅の権能を行使できた時期、第Ⅲ期（太保・大師期）は、仲麻呂が太保・大師として太政官の首班となり、坤宮官を離れるが、藤原公真跡屏風帳の署名によってうかがわれるように、仲麻呂が坤宮官に影響力を保持し続けた時期となろうか。以上、諸氏の所論に触発されて、改めて施入状・献物帳と「居中奉勅」の関係を再検討してみた。重ねて大方のご示教を仰ぐ次第である。

【付　記】

「勅」の表記がある天平勝宝八歳六月十二日の孝謙天皇東大寺宮宅田園施入勅、同歳七月八日の法隆寺献物帳、同歳同月二十六日の屛風花氈帳の三通の施入状・献物帳について、かつては藤原永手が「勅」を奉じ、紫微中台が勅書を作成したものと考えていた（本書第三部第一章）。しかし「居レ中奉レ勅」は、紫微中台が天皇の「勅」を奉ずるの意であると解されるので、右の三通の施入状・献物帳は、紫微中台が天皇の「勅」を奉じて作成したものと考えるに至った。その際、永手の役割は、紫微中台が奉じた「勅」の覆奏にあったと考える（本章第二節）。「勅」の表記のない国家珍宝帳と種々薬帳については、紫微中台が皇太后の意向を受け、藤原永手が天皇の「勅」を奉じて作成されたものと考えている。

注

（1）本書第三部第一章。
（2）後藤四郎「正倉院雑考」井上薫教授退官記念会編『日本古代の国家と宗教　上巻』吉川弘文館、一九八〇年。
（3）〔四―一二一～一七二〕。
（4）〔四―一七一～一七五〕。
（5）〔四―一七六～一七七〕。
（6）〔四―一七七～一七九〕。
（7）〔二五―二二九〕。
（8）〔四―三三七〕。なお『寧楽遺文　中』四三三～四五九頁にも、これら献物帳が収録されている。
（9）坂元正典「法隆寺献物帳」『ミュージアム』一六〇、一九六四年。

(10) 後藤四郎前掲、二一六頁。

(11) 法隆寺献物帳と屛風花氈帳の奉勅の記載形式にちがいがあることは、米田雄介氏の御教示による。

(12) 両献物帳の献納品の数を仮に集計して総点数を出すと、法隆寺献物帳は二四点、屛風花氈帳は八六点である。

(13) 〔二五附録―三二、五一、八五〕。

(14) 本書第三部第三章第一節。

(15) 〔四―一九五〕。

(16) 〔二五附録―三二〕。

(17) 本書第三部第二章。

(18) 斉衡三年（八五六）の雑財物実録に、天平宝字元年閏（ママ）八月二十四日の献物として、大刀子一口と人勝二枚の記載があり〔二五附録―一一三〕、福山敏男氏は、次の断簡がこの時の献物帳の末尾らしいと述べておられる（「東大寺の諸倉と正倉院宝庫」『日本建築史研究』墨水書房、一九六八年、三六八～三六九頁）。

天平宝字元年閏八月廿四日

紫微少忠兼行□（員）外介葛井□□□（連根道）

判官外従五位下河内恵師祖足

主典従六位上阿刀連酒主〔四―二三九〕

□□□□□（正四位下高麗）朝臣福信

従五位下高麗朝臣大山

しかし、福山氏が言われるように、この文書には、紫微中台の官人とともに造寺司の官人が署名を加えている。従って、大刀子一口・人勝二枚の献納文書であったとしても、現存五巻の献物帳とは性格を異にする献納文書である。しかも、法隆寺献物帳とは日付に一年のへだたりがあるから、法隆寺献物帳と関連すると考えるのは無理であろう。

(19) 木内武男「法隆寺献納宝物 法隆寺献物帳」『ミュージアム』二五七、一九七二年。また関根真隆氏も、願文の一部が一致することなどを理由に、法隆寺献物帳は国家珍宝帳に関連するとされる（「献物帳の諸問題」『正倉院年報』一、一九七九年）。

(20) この場合、献納品の選定と目録の作成が完了してから、改めて勅を奉じ献物帳の作成が行われたものと考えられる（本書第一部第一章）。

(21)『新訂増補国史大系第二巻　続日本紀』二七一頁。
(22)瀧川政次郎「紫微中台考」『法制史論叢第四冊　律令諸制及び令外官の研究』角川書店、一九六七年、二八七～二八八、三一五～三一七頁。
(23)前掲『続日本紀』二五五頁。
(24)瀧川政次郎前掲、二九四頁。
(25)由水常雄『正倉院の謎』徳間書店、一九七七年、四二～四四頁。
(26)大小王真跡帳の献納主体について、後藤四郎氏は、同帳の願文に見える「追感瞿然」の四文字は、皇女である孝謙天皇よりは、光明皇太后の感情の表白としてこそふさわしく、従って光明皇太后の献納にかかるものとされている（前掲、二一四頁）。しかし、聖武太上天皇の崩御から二年余りたった時点でのこの文言が、果たして光明皇太后のものであるか、それとも孝謙天皇のものであるかはにわかに断じ難く、願文の内容から献納者を推定することはむずかしいのではないかと思われる。
(27)〔四―一一八～一一九〕〔二五―二〇〇～二〇一〕。
(28)後藤四郎氏は、献物帳に関連して、『続日本紀』天平宝字元年七月戊申条に「皇太后詔曰……」、同月乙酉条に「内相仲麻呂侍二御在所一召二塩焼王（中略）五人一、伝二太后詔一宣曰、……」とあることをもって皇太后の思召が詔と記された例のあることを指摘しておられる（前掲論文）。確かに、「居中奉勅」の勅を孝謙天皇の勅と考える私見にとって、有力な反証であることは認めなければならない。しかし、これらの詔は二つとも宣命体であり、宣命体の詔は、詔あるいは勅の中でも一定の特殊な機能をもつものと思われるから、皇太后が宣命体の詔を発した例があることをもって、皇太后が日常的に詔や勅を発する立場にあったと考えてよいかどうか、なお検討を要するところであり、この史料の取り扱いについては、今は保留しておきたいと思う。
(29)『新訂増補国史大系第二二巻　令義解』一三五頁。
(30)〔三―四九二～四九三〕。
(31)〔三―四九三、五一〇、五一二〕〔一一―五〇〇、五〇二〕。
(32)皆川完一「光明皇后願経五月一日経の書写について」坂本太郎博士還暦記念会編『日本古代史論集　上』吉川弘文館、一九六二年、五三九頁。
(33)〔一二―四一九〕。

(34)〔一一―五〇六〕。

(35)瀧川政次郎前掲、三〇六頁。

(36)本章第一節。関係論考は、次の通りである。近藤毅大「紫微中台と光明皇太后の「勅」」『ヒストリア』一五五、一九九七年。米田雄介「東大寺献物帳作成の意義」大阪大学文学部日本史研究室編『古代中世の社会と国家』清文堂出版、一九九八年。吉川敏子「紫微中台の「居中奉勅」についての考察」『ヒストリア』一六八、二〇〇〇年。東野治之「東大寺献物帳と紫微中台」『佛教芸術』二五九、二〇〇一年。加藤麻子「鈴印の保管・運用と皇権」『史林』八四―六、二〇〇一年。

(37)本章第一節注(28)。なお吉川敏子氏は、天平宝字元年紀は一旦紛失して後補されたものであり、『続日本紀』の撰者が宣命体で書かれた皇太后の戒告の文体に引きずられて「詔」と記したことも考えられ、二つの皇太后詔の信憑性は低いと判断された(前掲、一一七頁)。また東野治之氏は、二つの詔は、どちらも光明子の命を宣命形式で宣り聞かせる場合に関連して現れるものであり、『続日本紀』では省略されているが、宣命本文の冒頭に皇太后の命令を「詔《の》る」と表現されていたものが、『続日本紀』の地の文に取り入れられた可能性があるとされ、皇太后の命令が詔と呼ばれたとするには無理があるとされた(前掲、三四～三五頁)。

(38)岸俊男「宣命簡」柴田実先生古希記念会編『日本文化史論叢』一九七六年。

(39)『新日本古典文学大系三　続日本紀　二』二～四頁。

(40)『同　二』一一〇～一一二頁。

(41)『新日本古典文学大系一四　続日本紀　三』二一八頁。

(42)『同　三』一九六～一九八、二〇〇～二〇二頁。

(43)『同　三』二八四頁。

(44)吉川敏子前掲、一一八～一二〇頁。田島公「天平宝字元年の勅旨と越中国砺波郡の戒本師田」『砺波散村地域研究所研究紀要』一〇、一九九二年。

(45)〔四―一一八～一一九〕。

(46)本書二一六頁。

(47)〔三―二四〇～二四一〕。

(48)『日本思想大系三　律令』一六〇頁。なお、吉川敏子氏は、永手が聖武・孝謙両天皇の寵愛を受ける立場にあったことを指摘され（前掲、一二〇～一二一頁）、東野治之氏は、永手が内臣であった可能性を指摘されているが（前掲、三五～三八頁）、仮にそうであったとしても永手が侍従あるいは中務卿として奉勅の覆奏に当たったと考えることを妨げない。

(49)　なお、東野治之氏は、紫微中台の官司としての格付けが高く大規模であることをもって、設置の目的が当初から奉勅下達にあったことを示唆しておられる（前掲、三四頁）。

(50)　吉川敏子前掲、一二四頁。加藤麻子前掲、五六～五九頁。

一　仁王会関係の木簡

正倉院には、一〇点の文書様木簡が伝えられているが、このうち六点はすでに『正倉院棚別目録』や『大日本古文書』に収録されているもの(1)、また四点は、昭和四十五、六年（一九七〇、七一）に木製品の残材調査が行われた際に発見されたものである(2)。これらの木簡については、すでにいくつかの研究があり、木簡の性格・用途に関して種々の興味ある問題が追求されている(3)。本節においても、同様の問題関心から、次に掲げる二点の木簡を取り上げ、これらの木簡が使用された当時の状況および用途を考えてみたい。

木簡1　表

「
Ⓐ装束司　牒寺政所　従寺々奉請仏五十四〔七〕鋪　寶頂卅三盖　在帛布端　辛櫃二合　仏御櫃三合　右次官佐伯大夫宣安置経所者彼案＝
Ⓒ依数検受上馬養（馬養筆）　以四月十六日返送辛櫃一合敷布二條付並栗秋万呂
」

同　裏

「＝主不受仍録状故牒　天平勝宝五年三月廿五日主典葛井連『犬養』
Ⓑ依牒旨可安置、判官上毛野君『真人』　判官内蔵伊美吉『縄万呂』」（一一一―四二八）

木簡2　表

「仁王会所　合仏五十一像之中五像五大力卄卄々別裏布各八尺／卌六像ㇾ仏々別裏帛六尺　敷帛帳二條一條四幅／一條五幅　納辛櫃一合」

同　裏

「帛帳二條一五副長一丈四尺／一四副長六尺　勝宝五年三月廿八日別当史生山田史浄人

散位内蔵男万呂」〔一二―四二九〕

『続日本紀』天平勝宝五年（七五三）三月庚午《二十九》条に、

於㆓東大寺㆒設㆓百高座㆒講㆓仁王経㆒、是日飄風起、説経不ㇾ竟、於ㇾ後以㆓四月九日㆒講説、飄風亦発、

と見え(4)、天平勝宝五年三月二十九日に東大寺で仁王経が講ぜられたが、旋風のため中断し、同年四月九日に再び講説が行われたことが知られる。木簡1、2には、天平勝宝五年三月二十五日あるいは同月二十八日の日付があり、また「装束司」（後に述べるように「装束仁王講（会）司」の略称）あるいは「仁王会所」の官名が見えるから、天平勝宝五年三月二十九日に東大寺で催された仁王会に関係する木簡であることは明らかである。

まずはじめに、「装束司」と「仁王会所」とが、どのような官司であるかを検討しておきたい。正倉院文書の中の写書所経疏奉請帳に、次のような記載が見られる(5)。

仁王経疏一巻吉蔵師撰　白紙黄表綺緒梨軸

右、依装束仁王会司次官大倭宿禰小東人天平勝宝五年二月廿六日宣、奉請仁王経会所使土師宿禰乙万呂

知呉原生人

ここに、「装束仁王会司」と「仁王経会所」の二つの官司が見えるが、天平勝宝五年二月二十六日といえば、仁王会のほぼ一ヵ月前のことであるから、この文書は、仁王会に必要な仁王経疏を、写書所から仁王経会所へ貸出したこと

図1　木簡1　表（正倉院宝物）

図2　木簡1　裏

図3　木簡2　表（正倉院宝物）

図4　木簡2　裏

を記したものであろう。そして、装束仁王会司の次官の宣によって仁王経会所へ貸出されていることから、装束仁王会司と仁王経会所は、互いに所管・被管の関係にあったことがわかる。同様の例として、造東大寺司と写経所が、やはり所管・被管の関係にあったことを想起したい。

また、別の寺々仁王経散帳には、薬師寺牒が二通収められているが、一通は装束仁王講司務所宛で天平勝宝五年四月二十七日付、また一通は装束仁王会司宛で同年五月二十三日付である(6)。これらの文書にみえる装束仁王会司と装束仁王講司とは、同一の官司と見てまちがいあるまい。そうすると、木簡1に見える「装束司」は、「装束仁王会（講）司」の略称であり、木簡2に見える「仁王会所」は、「仁王経会所」の略称であろうから、従って木簡に見える「装束司」と「仁王会所」とは、互いに所管・被管の関係にあったことが明らかとなる。以下、装束仁王会（講）司は、装束司と略称することにする。

ここで、二通の薬師寺牒のうち、四月二十七日付の一通を次に掲げよう。

　薬師寺三綱牒　装束仁王講司務所
　　仁王経壱部二巻
右、得下野寺三綱牒云、件経、専寺僧宝蔵之私持経者、今依牒状、差彼寺僧神裕、奉請如前、今注事状、以牒、
　天平勝宝五年四月廿七日少寺主僧「善位」
上坐僧「乗囧」　大都維那僧「修智」
寺主法師
「前件状如是、上馬甘等宜依数分付、
　四月廿七日

判官大蔵万里」

「仁王経一部二巻下野寺者

右、以四月廿七日、付便使、令奉請如前、

知上馬甘」

この薬師寺牒は、仁王会にあたって装束司に貸し出した仁王経一部二巻が、下野寺の僧宝蔵の私物であるという理由で、仁王会の終了後同経の返還を求めたものである。注目すべきは、この薬師寺牒の余白に、造東大寺司判官大蔵万里が写経所の上馬甘に対して仁王経の返還を命じ、馬甘が便使に付して同経を返却したことが書き入れられていることである。その時装束司が存在していたならば、薬師寺牒を受け取った同司が、造東大寺司に対して仁王経の返却を依頼する文言を書き入れ、それを受けて造東大寺司が同経の返却を命ずるという手順を踏むはずである。しかるに装束司の書き入れが見えないのは、その時同司がすでに廃止されていたことを示唆している。即ち、四月九日に仁王会が営まれた後、装束司はまもなく廃止されたのであろう。そして、装束司宛の薬師寺牒を造東大寺司が受理したのは、装束司の廃止後同司に関する残務整理を造東大寺司が引き継いでいたからであろうと思われる。このことは、装束司が、仁王会を営むために臨時に設置された官司であることを端的に示している(7)。

さて、木簡1は、図版を参照すれば明らかなように、ⒶⒷⒸの三つの筆跡で書かれている。Ⓐの部分は装束司牒で、宛所は「寺政所」、発行の日付は天平勝宝五年三月二十五日、そして日付の次に署名している判官内蔵伊美吉縄万呂と主典葛井連犬養とは、装束司の判官、主典であろう(8)。装束司が、長官・次官・判官・主典の四等官で構成されることについては、『続日本紀』天平神護元年(七六五)九月癸丑条に、称徳天皇の紀伊国行幸にあたって設置された御装束司に、長官二人・次官三人・判官四人・主典四人が任命されているという類例がある(9)。

天平勝宝五年三月二十五日といえば、仁王会の四日前であるから、「仏五十七鋪」と「宝頂卅三盖」が仁王会のための用度品であり、「辛櫃二合」と「仏御櫃三合」がその容器であることは言うまでもない。装束司から、これらの物品の保管を依頼された造東大寺司では、同司次官の佐伯大夫（今毛人）の宣によって、写経所に安置することになっていたが、なぜか写経所の案主が物品の受領を拒否したため、装束司はこの木簡によって再度造東大寺司に依頼することとなった。従って、この木簡の宛所である「寺政所」は、造東大寺司政所にほかならない。木簡を受け取った造東大寺司では、同司の判官上毛野君真人が、牒旨によって安置すべきことを記入し（Ⓑの部分）、次いで写経所の上馬養が物品を点検受領したことを記入した（Ⓒの部分）。なおⒸの部分には、上馬養の筆跡で、仁王会終了後辛櫃などの物品を返却したことが併せて記入されている。このように、木簡1は、装束司が発行し、造東大寺司を経て写経所へ送付されたものであることがわかる。装束司が臨時の官司であれば、物品の保管に造東大寺司や写経所の施設が利用されるであろうことは、容易に理解できる。

次に、この木簡に直接関係のある二通の文書を掲げよう。(10)

文書1　表

「仏合五十七鋪」

帛帳一條四副長八尺二寸　敷布三條長六尺　一長六尺六寸又一條五尺五寸　紫絞帳卅三條之中四〔五〕條羅

帳十八條合〔緋〕結裏　又十條緑裏　又二條水橡裏　又一條浅黄裏　又一條蘇芳結幡
裏　又一條浅緑裏　各副三納辛櫃二合　又仏櫃三合

三月廿五日使「船連田主」

受上「馬養」

同　裏

「帛絁四條」

文書2

韓櫃一合敷布二條

右、依次官佐伯宿禰天平勝宝五年四月十六日宣、返遺於薬師寺、便使並栗秋万呂

知上馬養

木簡1に書かれている物品を、文書1に記されている品物と比べると次のようになる。

木簡1	文書1
従寺々奉請仏五十四《七》鋪	仏合五十七鋪
宝頂卅三蓋	紫絞帳卅三条
在帛布端	帛帳一条　敷布三条
辛櫃二合	辛櫃二合
仏御櫃三合	仏櫃三合

仏五七鋪と辛櫃二合と仏御櫃三合はまさしく合致する。宝頂卅三蓋は、天蓋のようなものであると思われるから、この天蓋が紫の絞を施した裂製のものであったとすると、宝頂卅三蓋と紫絞帳卅三条とは同じものと考えることが可能であろう。帛布端は、おそらく帛帳一条と敷布三条に相当しよう。従って、木簡1と文書1の物品は一致すると考えて大過あるまい。文書2は、仁王会が終了した後、韓櫃一合と敷布二条を薬師寺に返却したことを記したもので、記載内容は木簡1のⒸの部分に対応する。次に筆跡であるが、木簡1のⒸの部分と文書1、2の三者の間で、「條」「櫃」「合」「敷布」などの文字が酷似しているから、いずれも上馬養の筆跡と見てよいと思う（図版参照）。ただし、

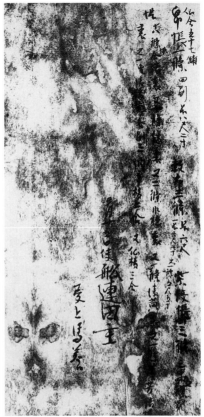

図5　文書1　表（正倉院文書）

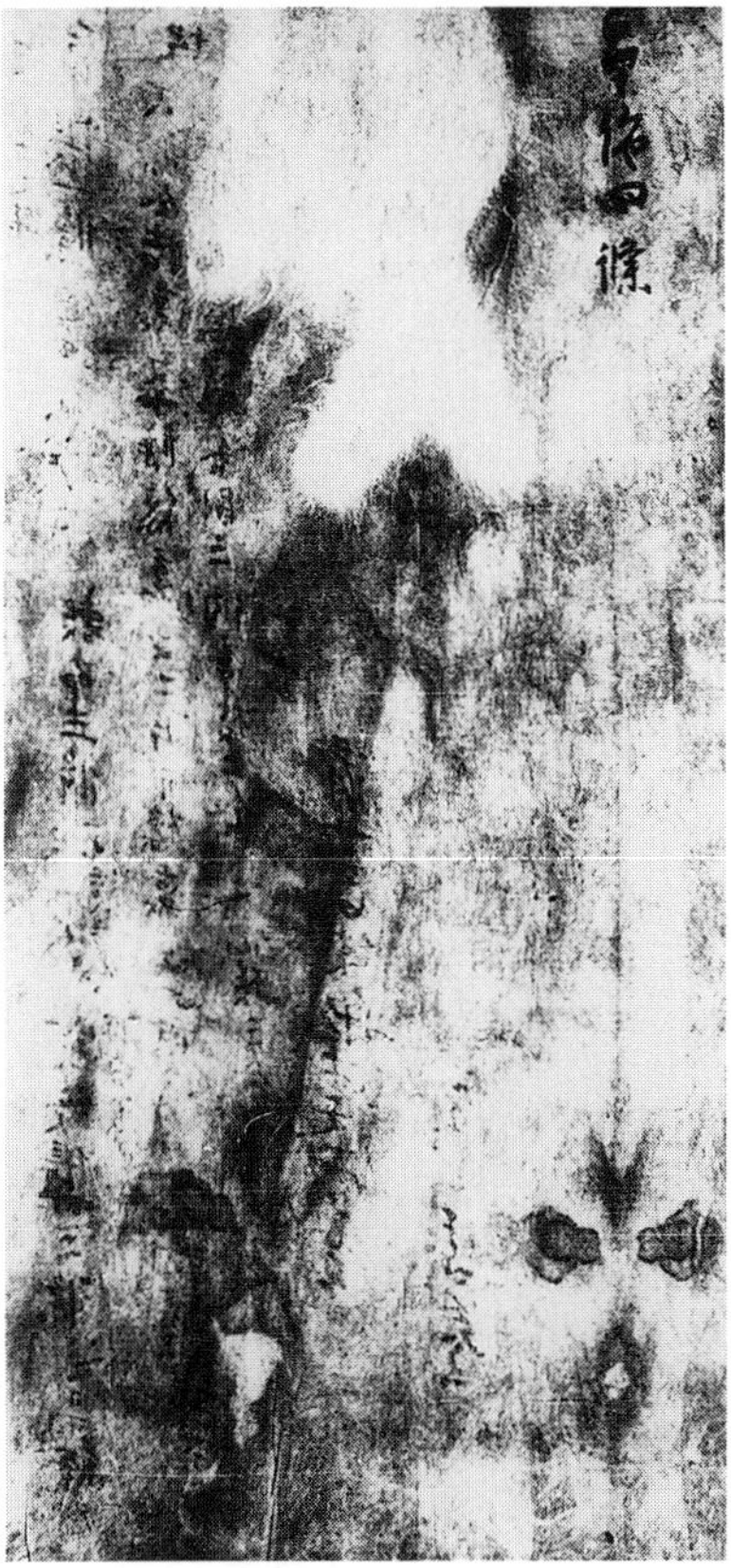

図6　文書1　裏

文書1の「船連田主」だけは異筆のようであり、これは本人の自署であろうと思う。

それでは、これら二通の文書はどのような性格のものであろうか。文書1は、写経所の上馬養が、装束司から送られてきた仏五七鋪以下の品物を三月二十五日に受領したことを記したものである。使船連田主は、装束司から写経所へ派遣された使者であろうから、この文書は、船連田主と上馬養の間で、物品の受け渡しがまちがいなく行われたことを記録した文書であろうと思う。なお、この文書は写真で見ると幅の狭い紙箋に書かれており、しかも紙面がかなり汚損している。紙背にも「帛絁四條」の墨書があるが、松島順正氏の御教示によると、書き損じである可能性があるという。汚損が表にあるか裏にあるか原本について調査する必要があるが、おそらくこの文書は、かつて辛櫃に貼付されていた文書であろう。また、写経所から装束司に宛てて発行された返抄（受領書）ということも考えられるが、宛所が明記されておらず、しかも物品を送り届けた使者が自署を加えているので、返抄とは考えがたい。やはり、物品の授受を記して写経所において辛櫃に貼付した文書と考えておきたい。文書2の内容は、薬師寺宛の送り状のようであるが、正文の方は薬師寺へ送られたはずであるから、これはその控えであろうと思う。

そこで、文書1に見える「三月廿五日」の日付は、装束司から送られてきた物品を写経所が受領した日付であるが、これが木簡1の装束司牒が発行された日付と一致することに注目したい。このことから、木簡1は、発行されたその日のうちに物品とともに写経所へ送られ、上馬養によって受領されたことがわかる。先に見たように、仁王会の用度品は辛櫃二合仏櫃三合に納められていたから、長さ五一・五センチ、幅五・四センチという、普通よりかなり大型なこの木簡の形態は、この木簡を添付して運搬した辛櫃の大きさに関係があるのではないかと思う。辛櫃に添付する送り状であれば、紙の文書より適当な大きさの木簡の方が、取り扱いが便利であろうことは想像に難くない。

次に、木簡2は全文一筆で書かれているようであり、日付の次に見える山田史浄人と内蔵男万呂とは仁王会所の別

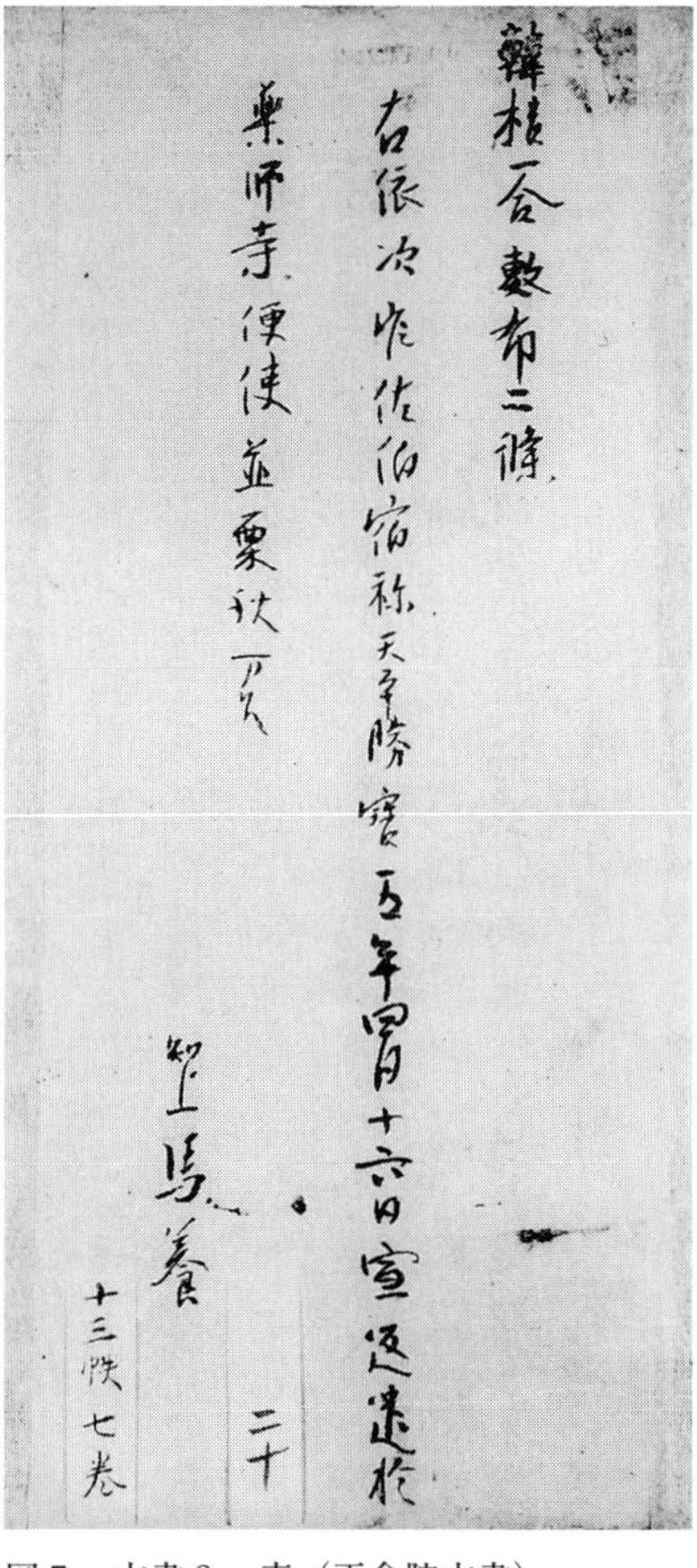
韓櫃一合　敷布二條
右依次官佐伯宿祢天平勝寶五年四月十六日宣返送於
薬師寺便使並粟秋万呂
知上馬養
二十
十三帙七巻

図7　文書2　表（正倉院文書）

当であると思われるから、[11]この木簡は仁王会所で書かれたものであろう。そして、この木簡の日付が天平勝宝五年三月二十八日で、仁王会の前日に当たることに注目すると、この木簡は、先に写経所に安置された物品を、仁王会の設営にあたって、装束司の被官である仁王会所が受け取った際に書かれたものではないかと思う。即ち仁王会所は、物品の品目、受領年月日、受領責任者を記し、この木簡に明記されている辛櫃一合に添付したのであろう。この木簡も、長さ五〇・七センチ、幅四・一～四・五センチであって、木簡1と同形同大であることは、この二枚の木簡が同類の物件に添付されたものであることを示唆している。

以上、木簡が使用された当時の状況を検討した結果、木簡1は装束司から造東大寺司を経て写経所へ送られた用度品の送り状、木簡2は仁王会所が設営のために受け取った用度品に添えた木簡で、いずれも用度品を納めた辛櫃に添付されたと思われる。物品の移動や保管にともなって木簡が使用されることはすでに周知のことであるが、その具体例として、物品を運搬しあるいは保管する辛櫃に添付されたと考えられる場合を報告し、木簡研究の一助としたい。

【付　記】

正倉院伝世のいわゆる文書様木簡については、松嶋順正氏の『正倉院宝物銘文集成』（吉川弘文館、一九七八年）に雑札等として図版および銘文が収められており、また正倉院事務所編『正倉院宝物』（毎日新聞社、一九九四～九七年）に、雑札（『中倉Ⅰ』）、金銅火舎の付木牌（『中倉Ⅱ』）、琴瑟類残材の木札（『南倉Ⅳ』）等として、図版、解説、銘文等が収録されている。

二　国分寺と幡

国分寺の建立は、天平十三年（七四一）二月の国分寺建立の詔によって本格的となり、中央政府による度々の督励を受けながら、およそ一五年後の天平勝宝九歳五月二日には、聖武太上天皇の一周忌斎会が営める程度に造営が進んだと考えられている。この国分寺の造営事業の経過に関する重要な史料として、『続日本紀』天平勝宝八歳十二月己亥条に、越後国以下二六ヵ国に国分寺の荘厳具として幡を頒下したことを示す次の記事がある。

越後、丹波、丹後、但馬、因幡、伯耆、出雲、石見、美作、備前、備中、備後、安芸、周防、長門、紀伊、阿波、讃岐、伊予、土左、筑後、肥前、肥後、豊前、豊後、日向等廿六国、々別頒二下灌頂幡一具、道場幡卌九首、緋

綱一条一、以充二周忌御斎荘飾一、用了、収二置金光明寺一、永為二寺物一、随レ事出用之、

この記事について、『新日本古典文学大系一四　続日本紀　三』（一六八〜一七一頁）の脚注は、次のように注釈している。

二六国は、北陸道の越後の他は、山陰（隠岐を除く）・山陽（播磨を除く）・南海（淡路を除く）・西海（筑前・大隅・薩摩・壱岐・対馬を除く）の諸国で、四畿七道の六二国のうちなぜこれらの国々にだけ頒ち下されたかは未詳だが、六月乙酉条・同壬辰条で諸国に使者を派遣し聖武の一周忌に向けて国分寺の造営を催検していること、頒ち下した灌頂幡等を周忌御斎会のあと国分寺に収置するとしていることなどから、あるいはこれらの諸国では、国分寺以外で周忌御斎会を行うこととしたのかも知れない。これら諸国のなかには、国分寺の造営が遅れていた国が多く含まれていた可能性もある。

この注釈が問題としている、これら二六ヵ国に幡が頒下された事情について、若干の考察を行ってみたいと思う。この注釈にも引用されている六月壬辰条は、次のような記事である。

詔曰、頃者、分二遣使工一検二催諸国仏像一、宜三来年忌日必令二造了一、其仏殿兼使二造備一、如有二仏像並殿已造畢一者、亦造レ塔令レ会二忌日一、夫仏法者、以レ慈為レ先、不レ須三因レ此辛二苦百姓一、国司並使工等、若有レ称二朕意一者、特加二褒賞一、

この詔は、来年の聖武太上天皇の忌日（天平勝宝九歳五月二日）までに仏像および仏殿を完成させること、そして仏像・仏殿が完成している国は忌日までに塔を完成させることを指示したものである。従って、聖武太上天皇の一周忌斎会が国分寺で行われたことはまずまちがいなく、前掲の天平勝宝八歳十二月己亥条に「用了、収二置金光明寺一」とあるのは、周忌の斎会に用いた後は、国分尼寺ではなく僧寺に、即ち金光明寺に幡を収め置くことを指示したもの

と考えられる。従って、少なくとも二六ヵ国における一周忌斎会は、国分寺において行われたと考えてよいと思う。

それでは前掲『続日本紀　三』の脚注が指摘しているように、二六ヵ国のみに幡を頒下したかのように記しているのは、どのように考えればよいであろうか。私は、この記事に見える国々は、必ずしも国分寺の造営が遅れていた国々ではなく、幡の頒下が一定の原則に従って順次行われたことを示すものと思う。そこで、『続日本紀』が、二六ヵ国を北陸道、山陰道、山陽道、南海道、西海道の順序に記していることに注目したい。律令制のもとにおいては、畿内・七道を表記する場合は、畿内、東海、東山、北陸、山陰、山陽、南海、西海道のように、畿内を最初に、そして東海道から順に時計の針と逆廻りに表記するのが原則であり、かつ諸国については、道ごとに都に近い順に表記するのが原則であった。前掲『続日本紀』天平勝宝八歳十二月己亥条は、この原則に従い、北陸道（一ヵ国）、山陰道（七ヵ国）、山陽道（七ヵ国）、南海道（五ヵ国）、西海道（六ヵ国）の順に表記したものである。

ところで、ここに畿内や東海道、東山道の国々が全く見えないのはなぜであろうか。全国の国分寺に、それぞれ灌頂幡一具と道場幡四九首を作製して頒下するという事業は、相当の大事業であり、とうてい短期間のうちに成し遂げられる事業ではないと思われる。

正倉院宝物の中に、東大寺における天平勝宝九歳五月二日の聖武太上天皇一周忌斎会に用いられた灌頂幡と道場幡が伝えられている。灌頂幡は、幡頭が錦の裕、幡身は綾の袷で六坪からなり、各坪は種々の色の綾の花形裁文で飾っている。幡頭および幡身には組紐の垂手が、幡端には綾の幡脚が付けられている。正倉院宝物中には、少なくとも一〇旒の灌頂幡が伝えられたと考えられるが、本来の長さは八メートルに及ぶ長大なものである。正倉院宝物の大幡残欠が灌頂幡に当たると考えられている。道場幡は数百旒が遺存するが、錦道場幡と羅道場幡があり、長さは約三メートルで、聖武太上天皇の一周忌に用いられた道場幡であることを記した題箋を有するものがある。同じ聖武太上天皇

図8　大幡残欠（長八・三m）（正倉院宝物）

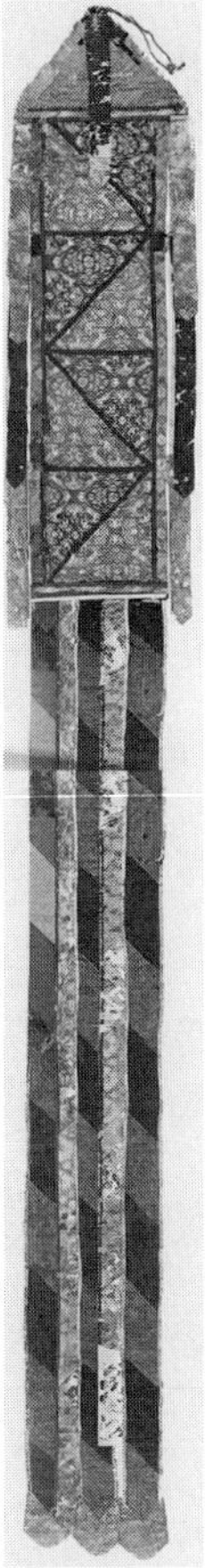

図9　錦道場幡残欠（長さ三・〇m）（正倉院宝物）

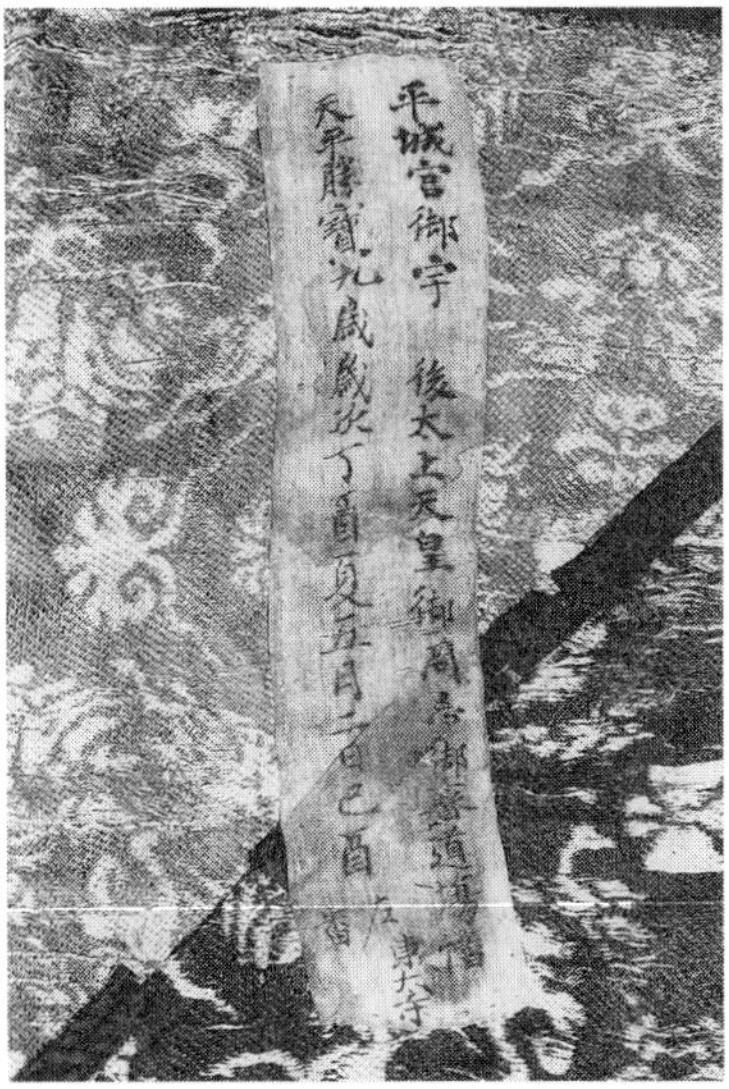

図10　錦道場幡題箋（正倉院宝物）

の一周忌斎会に用いられた幡であるから、国分寺に頒下された幡も同種のものであったと考えることができよう（『正倉院宝物』中倉Ⅲおよび南倉Ⅳ、毎日新聞社、一九九六〜九七年）（図8・9・10参照）。

　このような幡の作成には相当の時間がかかったと考えられ、従って、灌頂幡・道場幡の作製・頒下も、国分寺の造営と平行して進められたものと思われる。そして、幡の頒下は、一定の方針、即ち畿内・七道の順序に従って行われたと考えてはいかがであろうか。

そこで頒下の方針は、次の原則に従って行われたと考えてみたい。

（一）幡の頒下は、畿内・東海道・東山道・北陸道・山陰道・山陽道・南海道・西海道の、いわゆる畿内七道の順序に従って順次行われるのが基本方針であった。

（二）天平勝宝八歳十二月己亥においては、造営が早く進捗したなどの理由ですでに頒下が完了していた国分寺、また逆に造営が著しく遅れていた国分寺は、この時頒下の対象にならなかった。

即ち、天平勝宝八歳十二月己亥条に、畿内・東海道・東山道の国々が全く見えないのは、（一）の原則に従い畿内・東海道・東山道の順に頒下が行われ、これらの地域についてはおおむね頒下を終えていたことを意味するのではなかろうか。そして、聖武太上天皇の崩御にともない、その一周忌を国分寺で営むことになったため、天平勝宝八歳十二月、残る国々に対して幡が一斉に頒下されることとなった。そして北陸道について、越後だけが見えるのは、若狭・越前・越中等の国々に対してはすでに頒下を終えており、天平勝宝八歳十二月には越後国が頒下の対象となったのではなかろうか。

次に、山陰道に隠岐が、山陽道に播磨が、南海道に淡路が、西海道に筑前・大隅・薩摩等が見えないのは、（二）の原則によると考えてみてはいかがであろうか。例えば、西海道の筑前は、天平勝宝八歳十二月以前にすでに国分寺が完成の状態に達していたため、頒下を終えていた可能性がある。即ち筑前国分寺については、観世音寺が完成した天平十八年以後、筑後・肥前・肥後・豊前・豊後・日向の国分寺に先立って完成したとの見方がある（田村円澄・小田富士雄「観世音寺と国分寺」『古代の日本三　九州』角川書店、一九七〇年）。南海道の淡路国分寺については、出土古瓦の年代から、創建は奈良時代後期との推定がある（武田信一・岡本稔「淡路国分寺（一）（二）」角田文衛編『新修国分

寺の研究　第五巻上　南海道』吉川弘文館、一九八七年）。また、大隅・薩摩の国分寺については、天平勝宝八歳十二月の時点では、まだ斎会が営める程度には工事が進んでいなかったために、幡を頒下する対象にはならなかった可能性が高い。即ち両国国分寺については、出土瓦から見て完成は奈良時代末との見方がある（寺師見国・木村幹夫「大隅」、河口貞徳「薩摩」『同　第五巻下　西海道』）。以上により私は、『続日本紀』天平勝宝八歳十二月己亥条の記事は、幡頒下の当時の段階を示しているのではないかと思う。

なお平成十年（一九九八）八月に、大垣市において開催された全史協の東海地区協議会大会の際、史跡美濃国分寺跡を訪れた時に、大垣市教育委員会の高田康成氏から、同国分寺の南門前で幡竿遺構と呼ばれる遺構が検出されていることを教えていただいた。高田氏のご教示によると、

図11　美濃国分寺跡　幡竿遺構

幡竿とは幡を掛ける竿のことで、遺構は南門の南端より二四メートルのところで東西に並ぶ掘立柱の柱痕である。柱痕の径は四〇～六〇センチメートル、残っている高さはともに七六センチメートル、柱と柱の間隔は五メートルであるという（図11参照）。『続日本紀』天平勝宝八歳十二月条には美濃国は見えないが、美濃国分寺に頒下された灌頂幡あるいは道場幡と結びつく遺構である可能性があろうと思う。

畿内・東海道・東山道への幡の頒下が『続日本紀』に記されなかったのは、一定の方針に従って順次頒下が繰り返されたため記事とならなかったが、天平勝宝八歳十二月己亥条の記事は、翌年五月二日の忌日に間に合わせるように

との厳命を受け、一挙に二六ヵ国に頒下することとなったため、大規模な頒下として『続日本紀』に記事を残すことになったのであろうと思う。

天平勝宝八歳十二月己亥条に、畿内・東海道・東山道の国々が見えない理由、そして北陸道以下についてもいくつか見えない国々が存在する理由を、私は以上のように考えてみたいと思う。

注

(1) 六点の木簡に1~6の番号を付す。木簡12は本文所掲。3~6を次に掲げる。〔 〕内の数字は、『大日本古文書』編年文書の巻数と頁数である。

3 表「定坐火炉壱合奩肆合 右依員検納如件」
裏「　五月廿三日史生河内豊継」(宮内庁書陵部『正倉院棚別目録』一九五一年、九七頁)

4 「銅釜壱口 右依員検納如件
九歳正月廿七日史生河内豊継」〔一三―二一二〕

5 表「法花経疏一部十二巻 吉蔵師者
右依飯高命婦宝字元年閏八月十日宣奉請内裏」
裏「使公継舎人　采女家万呂
判官川内畫師　主典阿刀連」〔一三―二二七〕

6 「　阿閇豊庭　子部多夜須　山部吾方万呂
表 可返上筆　三嶋子公　丸部人主　信濃虫万呂
丈部子虫　三嶋百兄　安宿広成」
「前部倉主　秦忍国　若倭部国梓
裏 余乙虫　住道小粳　高東人
忍海広次　将軍水通」〔一三―二四〇〕

（2）　拙稿「正倉院伝世の木簡」（報告要旨）奈良国立文化財研究所編『第一回木簡研究集会記録』一九七六年。松島順正・木村法光「正倉院宝物残材調査報告」（『書陵部紀要』二九、一九七八年）に四点の木簡の釈文および図版が掲載されている。

（3）　「平城宮発掘調査報告Ⅱ」『奈良国立文化財研究所学報』一五、一九六二年、八五〜八六頁。東野治之「奈良平安時代の文献に現われた木簡」『奈良国立文化財研究所学報』三一―研究論集Ⅱ、一九七四年、四三〜四五頁。同「正倉院伝世木簡の筆者」『ミュージアム』三〇四、一九七六年。これら先学の論考について、若干の私見を記しておきたい。「平城宮発掘調査報告Ⅱ」は、正倉院に伝わる六点の木簡のうち、1を除く五点は、他に宛てたものではなく物に添えた添札であると解している。これは、正倉院の木簡が、物品と直接的な関係があることをはじめて指摘した重要な見解である。なお、「同報告」は、1は物資の支給を請求する伝票と解しているようであるが、本節で明らかにするように、この木簡は物品に添えられた送り状であって、やはり添札としての属性を備えていると思われる。

東野治之氏「奈良平安時代の文献に現われた木簡」は、文献に見える板策・板札・倉札が、倉の出納を記録した木簡であることを明らかにされ、正倉院に伝えられる2〜5の四点の木簡はいずれも物品の出納を記録したものであって、倉札に類似する性格の木簡であることを指摘された。四点の木簡の性格を位置づける卓見であろうと思う。ただ付言するならば、これら四点の木簡が物品に添えられたものであることは、「平城宮発掘調査報告Ⅱ」が指摘した通りであって、倉札なる木簡の性質についても、物品の出納記録であるとともに、物品の添札であるという属性を重視すべきであろうかと思う。なお、仁王会に関する2の木簡の用途については、本節で言及するところである。

東野治之氏「正倉院伝世木簡の筆者」は、5、6の木簡についていずれも写経所の他田水主の筆跡であること、5の木簡は寸法が経巻とほぼ同じであり、経巻と直接の関係があることを明らかにされたが、まことに示唆的な指摘である。ただし、5の木簡の用途について、「平城宮発掘調査報告Ⅱ」が借用した経巻の添札と解したのに対し、東野氏は貸出した経巻に関連する木簡との見解を示されたが、いずれであるかはなお断じがたいように思われる。また東野氏は、6の木簡について、筆の返上を命じた一種の下達文書という見解を示されたが、付言するならば、この木簡は正倉院に現存する筆と関係がありそうである。正倉院には、実用品と見られる一七本の筆が伝えられているが（『正倉院御物図録六』第三八〜四二図、帝室博物館、一九三二年）、6の木簡に列記されている一七人の写経生と、現存する筆との数の一致は全くの偶然とは考えがたいように思う。筆の支給手続きを見ると、例えば写書所は、次のような文書によって使用済みの筆墨を返上し新しい筆墨の支給を申請する〔一〇―四四〜四五〕。

写書所解　申請千部法花料筆墨事
合筆十一筒　墨五《六》廷　反上筆十一筒　墨五廷
（人名一七人省略）
天平勝宝二年三月廿四日下道主

このような文書の存在により、写経所が造東大寺司に筆の支給を申請するにあたって返上すべき筆に写経生の氏名を記した木簡を添えることは、十分に想定できる。従ってこの木簡についても、物品の添札としての性格を重視すべきであろうと思う。

（4）『新訂増補国史大系第二巻　続日本紀』二一七頁。
（5）〔一一―三八八〕。
（6）〔一一―四三八～四四〇〕。
（7）装束司の設置された場所は不明であるが、造東大寺司内に臨時に設けられた可能性も十分ある。しかしその場合においても、装束司と造東大寺司は別個の官司と考えるべきである。
（8）『日本古代人名辞典　第三巻』七一七～七一八頁、『同　第六巻』一四八四頁は、この木簡の署名により両人を造東大寺司の判官、主典と解しているが、誤りであろうと思う。葛井犬養の方は、天応元年に造東大寺司の大判官であったことが見えるが〔四―二〇三〕、両人とも天平勝宝五年の前後に造東大寺司の官人であった形跡は全くない。
（9）前掲『続日本紀』三二三頁。
（10）〔二五―六二〕〔一二―四三一〕。
（11）『日本古代人名辞典　第三巻』七一七頁、『同　第六巻』一七八一頁による。

初出一覧

第一部　律令制と公文書制度
第一章　「詔書式の成立」『続日本紀研究』三九六、二〇一二年
付論一　「詔と宣」『神道大系月報』四二、一九八四年
付論二　「朝廷の語義について」『歴史と地理　日本史の研究（一一一）』三〇四、一九八〇年
第二章　「勅符式と飛駅式—勅旨式の成立に関連して—」『日本歴史』七六五、二〇一二年
第三章　「太政官における四等官構成について」『日本歴史』三二四、一九七五年
第四章　「中務省の成立について」『史聚』四六、二〇一三年
第五章　「国分寺建立の詔に関する覚え書き」『史聚』三一、一九九七年
第六章　「太政官奏から見た国史の原史料」『日本歴史』三六九、一九七九年
第二部　日本古代の駅伝制（新稿）
第三部　律令制と正倉院
第一章　「献物帳についての基礎的考察—東大寺以下十八か寺への献納経過—」『ミュージアム』三三九、一九七九年
第二章　「東大寺献物帳と検珍財帳」『南都仏教』三一、一九七三年
第三章第一節　「正倉院北倉の出納関係文書について」『書陵部紀要』二七、一九七六年
第二節　「光明皇太后のサイン」『日本美術工芸』四五四、一九七六年

第四章第一節　「献物帳と紫微中台」『書陵部紀要』三二、一九八一年
　第二節　「献物帳と紫微中台再論」『続日本紀研究』三九一、二〇一一年
第五章第一節　「正倉院伝世の仁王会関係木簡」『ミュージアム』三三二、一九七七年
　第二節　「国分寺と幡―『続日本紀』天平勝宝八歳十二月己亥条をめぐって―」『全史協会報　平成十年度』
　　全国史跡整備市町村協議会、一九九九年

あとがき

私は、宮内庁正倉院事務所保存課、同書陵部編修課、文化庁文化財保護部記念物課に、合わせて三二年奉職し、平成十四年（二〇〇二）三月に退職して一二年余になる。本書に収録した論考の多くは、この間に執筆したものの再録であり、今回新たに執筆したのは、第二部「日本古代の駅伝制」のみである。本書に収録するに当たっては、第一部第一章「詔書式の成立」の第一・二節について、旧稿の一部を書き改めた。そのほかは、誤植を訂正し、記述の統一を図るために手を加えたところがあるが、論旨にかかわる加筆、関連する論考・史料等についての補足は、付記によって行った。

本書の第一部には、律令官制および公文書制度に関する論考を収録した。私は、卒業論文において、『続日本紀』の編纂過程をテーマとしたが、その際に、国史の原史料に関連する公文書制度に関心をもつこととなった。第一部の論考は、おおむねその問題関心から執筆したものである。

第二部は、三十余年前に執筆した駅伝制についての論考をもとにして、頂戴したご批判やご示教に導かれ、今回新たに執筆したものである。駅伝制のうち、主として伝制について、律令制前の交通システムの継承、平安初期における再編成等の問題について、旧稿の構想を具体化することを試みたものである。

第三部は、正倉院事務所における勤務の中で、関心をもったテーマについて執筆したものである。第五章第一節の

「仁王会関係の木簡」は、昭和五一年（一九七五）から三回にわたって、奈良国立文化財研究所において開催された木簡研究集会に参加させていただいたことが、契機となって執筆したものである。また第二節の「国分寺と幡」は、正倉院宝物の大幡残欠・道場幡残欠および『続日本紀』の関係記事、そして文化庁時代の平成十年八月、全史協（全国史跡整備市町村協議会）東海地区大会が、岐阜県大垣市において開催された際、史跡美濃国分寺跡を訪れ、幡竿遺構を見学したことがきっかけとなって執筆したものである。

三二年にわたる勤務の間、多くの皆様からの、多大なるご示教に与った。ここに厚く謝意を表する。また、昭和四十五年から同五十三年まで大阪の続日本紀研究会に、同五十三年から平成二年まで東京の続日本紀注解編纂会に、それぞれ参加させていただき学恩を蒙った。合わせて感謝申し上げる。

本書の出版については、佐藤信氏にご高配をいただき、また、出版事情の厳しい中、出版をお引き受け下さった吉川弘文館には大変にお世話様になった。記して厚くお礼申し上げる。

平成二十六年十一月十八日

柳　雄太郎

索　引

あ　行

か　行

さ　行

た　行

な　行

は　行

ま　行

や　行

ら　行

わ　行

著者略歴

一九四一年、千葉県に生まれる
一九六六年、東京大学文学部国史学専修課程卒業
一九七〇年、東京大学大学院人文科学研究科国史学専門課程博士課程中退
元文化庁文化財保護部記念物課主任文化財調査官

〔主要論文〕

「公式令飛駅式と勅符式について」『日本歴史』二八三、一九七一年

「駅伝制についての若干の考察」井上光貞博士還暦記念会編『古代史論叢　中巻』吉川弘文館、一九七八年

律令制と正倉院の研究

二〇一五年（平成二十七）二月一日　第一刷発行

著者　柳《やなぎ》雄《ゆう》太《た》郎《ろう》

発行者　吉川道郎

発行所　株式会社　吉川弘文館
郵便番号一一三―〇〇三三
東京都文京区本郷七丁目二番八号
電話〇三―三八一三―九一五一〈代〉
振替口座〇〇一〇〇―五―二四四番
http://www.yoshikawa-k.co.jp/

印刷＝藤原印刷株式会社
製本＝誠製本株式会社
装幀＝山崎　登

ISBN978-4-642-04617-6